JIANCHA ZHIDU BIANLUN

检察制度辨论

薛伟宏／著

法律出版社
LAW PRESS · CHINA

目　　录

引　言 …………………………………………………………………… (1)

第一章　国家代表创设检察制度的初心与检察工作志趣 ……… (11)
　第一节　国家代表创设检察制度的初心 ……………………… (11)
　第二节　检察工作志趣 ………………………………………… (17)
　　一、概述 ……………………………………………………… (17)
　　二、检察工作的宏观志趣是保护公益 ……………………… (22)

第二章　检察制度的概念、地位与性质 ………………………… (27)
　第一节　检察制度的概念 ……………………………………… (27)
　　一、概述 ……………………………………………………… (27)
　　二、检察制度 ………………………………………………… (28)
　第二节　检察制度的地位与性质 ……………………………… (31)
　　一、概述 ……………………………………………………… (31)
　　二、新中国检察制度的地位与性质 ………………………… (33)
　　三、法律监督 ………………………………………………… (36)
　　　(一)列宁的法律监督思想 ………………………………… (36)
　　　(二)“法律监督”译法的追根溯源 ………………………… (43)
　　　(三)“法律监督”的初现、较早与现状 ……………………… (45)
　　　(四)“法律监督”的别称与相关概念的关系 ……………… (48)
　　　(五)“法律监督”的词义、概念、主体与种类 ……………… (49)

(六)法律监督与公益的关系 …………………………………………（53）
(七)法律监督及其一般监督与人民民主专政、中国共产党的领导 …………………………………………（54）
(八)坚持检察制度法律监督性质的经验教训…………………………（57）
四、一般监督…………………………………………………………（62）
(一)概述 …………………………………………………………（62）
(二)一般监督为何入宪入法 ………………………………………（65）
(三)如何评价一般监督 ……………………………………………（66）

第三章　衡量检察制度确立与否的标准 ……………………………（75）
第一节　概述 ………………………………………………………（75）
第二节　衡量检察制度确立与否的标准 ……………………………（76）

第四章　各域检察制度的起源 ………………………………………（81）
第一节　世界和三大法系国家检察制度的起源 ……………………（81）
第二节　中国检察制度的起源 ………………………………………（84）
一、(支流)本土自生派 ……………………………………………（84）
二、(主流)西方引进派 ……………………………………………（86）
(一)自主引进说 ……………………………………………………（86）
(二)殖民侵入、被动引进说 …………………………………………（89）
三、伪满洲国检察制度…………………………………………………（96）
(一)确立 ……………………………………………………………（97）
(二)特点 ……………………………………………………………（98）
第三节　中国人民检察制度的起源 …………………………………（104）

第五章　检察法与中外检察宪法规范 ………………………………（106）
第一节　检察法 ……………………………………………………（106）
第二节　中外检察宪法规范 …………………………………………（109）
一、概述……………………………………………………………（109）
二、中国检察宪法规范………………………………………………（111）

第六章　检察权及其变迁、监督制约 …………………………（114）
第一节　检察权 …………………………………………（114）
一、概述 ……………………………………………（114）
二、种类 ……………………………………………（116）
（一）职权层面的检察权 ………………………………（116）
（二）职责层面的检察权 ………………………………（119）
第二节　中国检察权的变迁 ………………………………（121）
一、因宪法立改废释而变迁 ……………………………（122）
二、因人民检察院组织法立改废释而变迁 ………………（123）
三、因“三大诉讼法”立改废释而变迁 …………………（127）
四、因检察官法立改废释而变迁 ………………………（128）
五、因其他法律立改废释而变迁 ………………………（128）
第三节　对检察权的监督制约 ……………………………（129）
一、概述 ……………………………………………（129）
二、两大法系检察权监督制约机制 ……………………（131）
（一）大陆法系检察权监督制约机制之特点 ……………（131）
（二）英美法系检察权监督制约机制之特点 ……………（132）
（三）两大法系检察权监督制约机制之启示 ……………（133）
三、我国检察权监督制约机制 …………………………（134）
（一）概述 …………………………………………（134）
（二）不足、成因与完善 ………………………………（144）

第七章　检察机关的领导体制 ……………………………（148）
第一节　概述 ……………………………………………（148）
第二节　新中国检察机关的领导体制 ……………………（150）

第八章　检察机关的内设部门 ……………………………（155）
第一节　概述 ……………………………………………（155）
第二节　中国检察机关内设部门 …………………………（157）

一、旧中国检察机关内设部门 …………………………………… (157)
二、中国人民检察院内设部门 …………………………………… (159)
(一)人民检察制度的"审检分立" ………………………… (160)
(二)内设部门设置的相关法律 …………………………… (160)
(三)2018年改革前内设部门的名称演进及其职能 ……… (167)

第九章　检察工作方针、基本原则、规律与走向 ……………… (176)
第一节　检察工作方针 ………………………………………… (176)
第二节　检察工作基本原则 …………………………………… (178)
一、概述 …………………………………………………………… (178)
二、人民检察院的活动原则 …………………………………… (180)
(一)概述 ………………………………………………………… (180)
(二)狭义的人民检察院的活动原则 ………………………… (186)

第三节　检察工作规律 ………………………………………… (190)
一、概述 …………………………………………………………… (190)
二、新中国检察工作的基本规律 ……………………………… (193)

第四节　新时代检察工作走向 ………………………………… (194)
一、牢牢把握新时代检察工作的指导思想 ………………… (194)
二、牢牢把握新时代检察工作的时代坐标 ………………… (194)
三、新时代检察工作创新发展,必须服从、服务、
顺应大局 ……………………………………………………… (196)
四、树立正确的检察工作理念 ………………………………… (196)
五、以人民为中心,要体现在细节上 ………………………… (198)
六、严管厚爱——打造过硬检察队伍 ………………………… (199)

第十章　新时代检察改革方向 ………………………………… (201)
第一节　概述 …………………………………………………… (201)
第二节　总体要求 ……………………………………………… (202)

一、指导思想 …………………………………………………… (202)
二、总体目标 …………………………………………………… (202)
三、基本原则 …………………………………………………… (203)
第三节　主要任务 …………………………………………… (204)
一、完善检察机关坚持党的领导制度体系 ……………… (204)
(一)完善检察机关坚持党的领导工作制度……………… (204)
(二)完善检察机关服务党和国家大局工作机制………… (205)
二、健全完善检察机关法律监督体系……………………… (205)
(一)完善刑事立案和侦查活动法律监督机制…………… (205)
(二)完善审查逮捕工作机制 …………………………… (205)
(三)健全发挥检察机关审前程序作用工作机制………… (206)
(四)健全完善以证据为核心的刑事犯罪指控体系 …… (206)
(五)健全与多层次诉讼体系相适应的公诉模式………… (206)
(六)完善刑事执行检察工作机制 ……………………… (207)
(七)建立执法活动中非正常死亡在检察机关主持下鉴定的工作机制 …………………………………………… (207)
(八)健全刑事申诉案件受理、移送、复查机制………… (207)
(九)健全控告检察工作机制 …………………………… (208)
(十)建立完善对司法人员利用职权实施犯罪的侦查机制 ………………………………………………………… (208)
(十一)健全以"精准化"为导向的民事、行政诉讼监督机制 …………………………………………………… (208)
(十二)完善公益诉讼工作机制 ………………………… (208)
(十三)完善未成年人检察工作机制 …………………… (209)
(十四)建立专家委员会制度 …………………………… (209)
(十五)与有关行政机关、金融管理部门等开展干部交流,辅助检察官办理案件 …………………………………… (209)
(十六)完善检察建议制度 ……………………………… (210)

（十七）创新检察案例指导制度 …………………………（210）
（十八）完善各级人民检察院检察长列席人民法院审判委员会会议制度 ……………………………………………（210）
（十九）拓展检察机关参与社会治理工作途径…………（210）
（二十）健全与监察委员会工作衔接机制………………（211）
三、完善检察权运行体系……………………………………（211）
（一）科学设置办案组织和办案团队 ……………………（211）
（二）完善担任领导职务检察官办案制度………………（211）
（三）规范检察官办案权限 ………………………………（211）
（四）完善检察官承办案件确定机制 ……………………（211）
（五）完善检察官业绩评价机制 …………………………（212）
（六）完善案件管理和监督机制 …………………………（212）
（七）完善司法责任认定和追究机制 ……………………（212）
（八）深化检务公开，接受社会监督 ……………………（212）
四、完善检察人员分类管理体系……………………………（213）
（一）完善检察官入额遴选和公开选拔检察官制度………（213）
（二）推动完善检察官遴选委员会制度 …………………（213）
（三）健全和完善检察官逐级遴选制度 …………………（213）
（四）建立检察官员额动态管理和退出机制……………（213）
（五）全面实施检察官单独职务序列管理………………（214）
（六）完善编制内检察辅助人员、司法行政人员管理制度 ……（214）
（七）完善落实检察人员职业保障 ………………………（214）
（八）推行符合检察人员职业特点的司法人才储备、招录和法科学生实习制度 ………………………………………（215）
五、完善检察机关组织管理体系……………………………（215）
（一）深化内设机构改革 …………………………………（215）
（二）健全法律监督机构 …………………………………（215）

（三）有序推进省级以下地方检察院人财物统一管理改革 …………………………………………………………（215）
（四）完善和规范派出、派驻机构管理 ……………………（216）
六、完善法律监督专业能力专业素养提升体系 ……………（216）
（一）健全加强思想政治与职业道德建设机制…………（216）
（二）健全检察人员职业培训制度 ………………………（216）
（三）健全加强纪律作风建设机制 ………………………（217）
（四）健全运用科技手段提升司法办案、检察管理与服务能力机制 ……………………………………………………（217）

第十一章　中国检察制度的“九落九起” ……………………（218）
第一节　概述 ………………………………………………（218）
第二节　中国检察制度的“九落九起” ……………………（220）
一、“一落一起” ………………………………………………（220）
二、“二落二起” ………………………………………………（221）
三、“三落三起” ………………………………………………（222）
（一）概述 ………………………………………………（222）
（二）国统区检察制度的存废论争 ………………………（223）
四、“四落四起” ………………………………………………（229）
五、“五落五起” ………………………………………………（230）
六、“六落六起” ………………………………………………（230）
七、“七落七起” ………………………………………………（231）
八、“八落八起” ………………………………………………（231）
九、“九落九起” ………………………………………………（232）
十、“十落十起” ………………………………………………（233）
十一、“十一落十一起” ……………………………………（235）
十二、“十二落十二起” ……………………………………（236）
十三、落起前的理论纷争…………………………………（239）

第十二章　中国检察工作的经验教训与现存问题 …………… (242)
第一节　概述 …………………………………… (242)
第二节　新中国检察工作的经验教训 …………… (244)
一、官方梳理、总结的 ……………………………… (245)
(一)1949～1959 年 ……………………………… (245)
(二)1960～1964 年 ……………………………… (246)
(三)1978～1983 年 ……………………………… (247)
(四)1984～1988 年 ……………………………… (248)
(五)1989～1993 年 ……………………………… (248)
(六)1994～1998 年 ……………………………… (249)
(七)1999～2003 年 ……………………………… (249)
(八)2004～2008 年 ……………………………… (250)
(九)2009～2016 年 ……………………………… (251)
(十)2017～2018 年 ……………………………… (252)
(十一)改革开放 40 年(1978～2018 年) ………… (253)
二、非官方梳理、总结的 …………………………… (254)
(一)1949～1980 年 ……………………………… (254)
(二)1981～1989 年 ……………………………… (254)
(三)1990 年总结的 ……………………………… (255)
(四)2000 年总结的 ……………………………… (256)
三、笔者梳理总结的 ……………………………… (257)
第三节　新中国检察工作的现存问题 …………… (259)
一、1979～1983 年 ……………………………… (259)
二、1984～1988 年 ……………………………… (260)
三、1989～1993 年 ……………………………… (260)
四、1994～1998 年 ……………………………… (261)
五、1999～2003 年 ……………………………… (261)

六、2004～2008年　…………………………………………（262）
七、2009～2013年　…………………………………………（262）
八、2014～2017年　…………………………………………（263）
九、目前阶段……………………………………………………（267）

第十三章　中国检察官的素质　………………………………（269）
第一节　概述　…………………………………………………（269）
第二节　中国检察官：你姓啥叫啥？法庭上的位置或座签应写啥　……………………………………………………………（270）
第三节　中国检察官的现存问题　……………………………（273）
第四节　如何提高中国检察官的综合素质　…………………（276）
一、要了解检察人员素质状况…………………………………（276）
二、贯彻落实相关规定…………………………………………（278）
三、贯彻落实《素能标准》　…………………………………（280）
（一）概述　……………………………………………………（280）
（二）十类检察业务专业标准　………………………………（281）
（三）八类检察辅助行政业务专业标准　……………………（290）
四、克服检察教育培训的现存问题……………………………（298）

第十四章　（中国）检察学能否成为一门独立的法律科学………（300）

第十五章　检察文献与中国检察文献之最　…………………（304）
第一节　文献及其检察文献　…………………………………（304）
第二节　中国检察文献之最　…………………………………（306）
一、中国最早的检察法律文本…………………………………（306）
二、中国最早的检察专著………………………………………（308）
（一）概述　……………………………………………………（308）
（二）《检察讲义》　…………………………………………（316）

(三)郑言笔述《检察制度》 …………………………………… (321)
(四)《检察制度详考》 ………………………………………… (329)
(五)熊元翰编辑《检察制度》 ………………………………… (332)
三、中国其他检察文献之最…………………………………… (335)
四、中国最早的检察报刊……………………………………… (338)

结 语 ………………………………………………………… (341)

跋 …………………………………………………………… (343)

引　言[①]

公元2018年3月11日下午3时52分，北京，人民大会堂——《中华人民共和国宪法修正案》以1票无效、2票反对、3票弃权、2958票赞成的高票，表决通过并公布施行。至此，自2016年11月6日中央电视台《新闻联播》首播中共中央《关于在北京市、山西省、浙江省开展国家监察体制改革试点方案》，牵动中国检察人一年有余的"职侦、预防转隶"，尘埃落定；好在，第五次修正后的我国《宪法》第134条依然规定"中华人民共和国人民检察院是国家的法律监督机关。"而后，中共中央《关于坚持和完善中国特色社会主义制度，推进国家治理体系和治理能力现代化若干重大问题的决定》(2019年10月31日，以下简称《十九届四中全会决定》)则强调，"深化司法体制综合配套改革，完善审判制度、检察制度，全面落实司法责任制，完善律师制度，加强对司法活动的监督，确保司法公正高效权威，努力让人民群众在每一个司法案件中感受到公平正义"。[②]

诚然，"为了解决社会科学(包括检察学，作者加，下同)问题，最可靠、最必要、最重要的就是不要忘记基本的历史联系，要看某种现象在

---

① 本书之正文内容，按"章……节……一、……(一)……1.……"之数字小标题顺序排列；正文内容中顺序号用"(1)……①……"表示。

② 参见本书编写组编著：《〈关于坚持和完善中国特色社会主义制度，推进国家治理体系和治理能力现代化若干重大问题的决定〉辅导读本》，人民出版社2019年版，第15～16页。

历史上怎样产生,在发展中经过了哪些主要阶段,并根据它的这种发展去考察它现在(乃至将来)是怎样的”。① 因为,历史是最好的老师,也是最好的教科书,更是不可能割断的!② 而此等历史观,无疑也是探究检察制度及其中国检察制度,尤其是中国人民检察制度,特别是新时代中国特色社会主义检察制度的重要途径和手段之一。因为,历史是一面镜子,既能印证昨天,也能照亮今天乃至明天!

时间荏苒,日月如梭。2019 年乃我误入瀍门、“归依”法治的第 39 个年头。于“故纸堆”几近万日的“死磕硬泡”之结果,一得喜怒哀乐的思想不死,一得由法盲到法治信徒的悄然转身,一得衣食住行的添砖加瓦……以致《检察制度辨论》的呱呱坠地……

实践是理论的基础,理论是实践的先导。但当下,我国检察理论或其学术研究,却呈混沌态势。突出表现为,一方面,研究过程中的一字一词一名词一术语一概念一观点一主张……都会引发仁者见仁、智者见智的纷争。究其要因,在于“问东答西”式的语境不一。为此,本书不厌其烦,从诸如《辞源》(合订本)(商务印书馆编辑部等编,商务印书馆 1991 年版)、《辞海》(缩印本)(辞海编辑委员会编,上海辞书出版社 1980 年版)、《新华词典》(商务印书馆辞书研究中心修订,商务印书馆 2001 年版)、《现代汉语词典》(中国社会科学语言研究所词典编辑室编,商务印书馆 1999 年版)、《古代汉语词典》(本书编写组编,商务印书馆 2006 年版),与《中国古代法学辞典》(高潮、马建石主编,南开大学出版社 1989 年版)、《简明法制史词典》(本书编写组编,河南人民出版社 1988 年版)、《法学词典》(信春鹰主编,法律出版社 2003 年版),以及《中国检察百科辞典》(曾龙跃主编,黑龙江人民出版社 1993 年版)、《检察大辞典》(张思卿主编,上海辞书出版社 1996 年版)等常备工具书中

① 参见《列宁全集》(第 29 卷),人民出版社 1984 年版,第 430 页。

② 参见《习近平的历史观》,载人民网,http://politics. people. com. cn/n/2015/0829/c1001/ -27531050. html。

列举名词、术语之定义、概念的本(通)义,以求搭建探讨的语境平台,进而避免问南答北、言不达意甚至指鹿为马情形的出现。

另一方面,尽管中国检察制度之创立已176年,尽管中国人民检察制度之起航也已88年,即便是“文革”重建之后的中国特色社会主义检察制度,亦至不惑之年。[①] 然而,不可否认的是,迄今为止,我国检察理论及其学术研究依然没有走出“墙上芦苇,头重脚轻根底浅;山间竹笋,嘴尖皮厚腹中空”的“芦笋”境遇,并突出表现为,一是“公理式”的论点、论据与“红顶学问”盛行;[②]二是“阳春白雪与宫廷式”的“理论游戏”恣意;三是拿来主义强,自我创新弱;四是“诸侯割据”“拉大旗作虎皮”的横冲直撞;五是“有左反左,有右反右”之批判精神的偃旗息鼓……

而之所以这么说,一则诸如“专家论检察丛书”(中国检察出版社2013年版)等著述,便可证明。[③] 二则每遇法律特别是“三大诉讼法”、检察法立改废释之际,中国检方[检察机关及其内设部门(如公诉部门、检察委员会)、检察人员的统称,下同]都会自觉不自觉地“心有余悸”。究其原因,也许是中国检察制度的“九落九起”所致,也许“天生的色厉内荏”使然……归根结底,是道路、理论、制度和文化的不自信所致。

例如,2016年及其后几年,中国检察制度又将面临“浮沉”。

一个是因为,中共中央办公厅《关于在北京市、山西省、浙江省开展

① 当然,新时代中国特色社会主义检察制度,则随着中国共产党十九大的胜利闭幕而诞生。

② 例如,通常认为中国检察制度诞生于1906年,那么这一结论的依据何在?衡量一国乃至世界检察制度确立与否的标准又是什么……倘若对诸如此类问题不加深究,抑或停留于前人研究成果而不思质疑、发展甚至盲目拿来,抑或故步自封而缺乏自我修正的境遇下,检察理论又怎能摆脱“红顶学问”“芦笋”“静止之学”诸困境。而所谓“红顶学问”,即学术研究结果的正确与否,由官职大者、学历或职称高者、党龄或工龄长者……说了算,但就是掌握真理的人说了不算——位卑未敢忘忧国!

③ 而本书中所列举的著述多为检察名著,并为其中较早面世者,且其编撰者也多为检察著名人士。

国家监察体制改革试点方案》(2016 年 11 月 4 日)和《关于在全国各地推开国家监察体制改革试点方案》(2017 年 10 月 29 日)与全国人大常委会《关于在北京市、山西省、浙江省开展国家监察体制改革试点工作的决定》(2016 年 12 月 25 日)和《关于在全国各地推开国家监察体制改革试点工作的决定》(2017 年 11 月 4 日)以及《中华人民共和国监察法》(2018 年 3 月 20 日,以下简称《监察法》)的颁行。

其中,《关于在全国各地推开国家监察体制改革试点工作的决定》明确规定:(1)在各省、自治区、直辖市、自治州、县、自治县、市、市辖区设立监察委员会,①行使监察职权;将县级以上地方各级人民政府的监察厅(局)、预防腐败局和人民检察院查处贪污贿赂、失职渎职以及预防职务犯罪等部门的相关职能整合至监察委员会。(2)监察委员会按照管理权限,对本地区所有行使公权力的公职人员依法实施监察;履行监督、调查、处置职责,监督检查公职人员依法履职、秉公用权、廉洁从政以及道德操守情况,调查涉嫌贪污贿赂、滥用职权、

① 实践中,因新闻报道较少或突然,也有人误认为,国家监察体制改革并未经过中央全面深化改革领导小组(2013 年 12 月 30 日成立,习近平总书记任组长)顶层设计。其实不然。早在十八届三中全会上,习近平总书记一针见血地指出反腐败体制机制存在的问题——“反腐败机构职能分散、形不成合力,有些案件难以坚决查办,腐败案件频发却责任追究不够。”而坚持问题导向,党中央作出国家监察体制改革的重大决策部署。习近平总书记在中央纪委五次、六次全会上提出明确要求,在十八届六中全会上又作了深刻阐释。中央政治局、政治局常委会和中央深改组 6 次专题研究,决定整合反腐败力量,设立党统一领导下的反腐败机构,纪检机关和监察机关合署办公,构建集中统一、权威高效的监察体系。王岐山同志先后召开 20 多次会议专题研究,对改革目标、方向、思路等提出明确要求。国家监察委员会就是国家反腐败机构,制定国家监察法实质是推进反腐败国家立法。深化国家监察体制改革的根本目的,是加强党对反腐败工作的统一领导(参见张国栋:《积极稳妥推进国家监察体制改革》,载《中国纪检监察》2017 年第 2 期)。随后,2017 年 1 月 18 日、21 日、22 日,晋京浙监察委员会相继挂牌成立。另据中国人大网,http://www.npc.gov.cn/,2017 年 5 月 2 日发布的《全国人大常委会 2017 年立法计划》披露,全国人大常委会将于 2017 年 6 月初次审议《监察法》,随后举行的第十二届全国人大常委会第二十八次会议(6 月 22 ~ 27 日)首次审议了《监察法(草案)》(共 10 章 67 条);2018 年 3 月 20 日《监察法》颁行。

玩忽职守、权力寻租、利益输送、徇私舞弊以及浪费国家资财等职务违法和职务犯罪行为并作出处置决定;对涉嫌职务犯罪的,移送检察机关依法提起公诉。为履行上述职权,监察委员会可以采取谈话、讯问、询问、查询、冻结、调取、查封、扣押、搜查、勘验检查、鉴定、留置等措施。(3)在试点工作中,暂时调整或者暂时停止适用《行政监察法》,《刑事诉讼法》第3条、第18条、第148条以及第二编第二章第十一节关于检察机关对直接受理的案件进行侦查的有关规定,《人民检察院组织法》第5条第2项,《检察官法》第6条第3项,《地方各级人民代表大会和地方各级人民政府组织法》第59条第5项关于县级以上的地方各级人民政府管理本行政区域内的监察工作的规定。其他法律中规定由行政监察机关行使的监察职责,一并调整由监察委员会行使。

而随后颁行的《监察法》更明确规定:“各级监察委员会是行使国家监察职能的专责机关,依照本法对所有行使公权力的公职人员进行监察,调查职务违法和职务犯罪,开展廉政建设和反腐败工作,维护宪法和法律的尊严”(第3条);“监察委员会依照本法和有关法律规定履行监督、调查、处置职责:(一)对公职人员开展廉政教育,对其依法履职、秉公用权、廉洁从政从业以及道德操守情况进行监督检查;(二)对涉嫌贪污贿赂、滥用职权、玩忽职守、权力寻租、利益输送、徇私舞弊以及浪费国家资财等职务违法和职务犯罪进行调查;(三)对违法的公职人员依法作出政务处分决定;对履行职责不力、失职失责的领导人员进行问责;对涉嫌职务犯罪的,将调查结果移送人民检察院依法审查、提起公诉;向监察对象所在单位提出监察建议”(第11条)……“预防、职侦”转隶——中国检察人永远挥不去的“痛”!

那么,为什么要深化国家监察体制改革,实现对所有行使公权力的公职人员监察全覆盖?[①] 深化国家监察体制改革,是以习近平同志为核心的党中央作出的重大决策部署,是事关全局的重大政治体制改革。习近平总书记在《决胜全面建成小康社会夺取新时代中国特色社会主义伟大胜利——在中国共产党第十九次全国代表大会上的报告》(2017 年 10 月 18 日,以下简称十九大报告)中明确要求:"深化国家监察体制改革,将试点工作在全国推开,组建国家、省、市、县监察委员会,同党的纪律检查机关合署办公,实现对所有行使公权力的公职人员监察全覆盖。"这是对国家监察体制改革的再动员、再部署,为这项重大改革在全国推开指明了方向。

而国家监察体制改革的重要性、紧迫性和现实意义表现在:一是加强党对反腐败工作集中统一领导的现实需要;二是强化党和国家自我监督的战略举措;三是推进反腐败斗争法治化的重大探索;四是实现监察全覆盖符合中国特色政治体制和文化传统;五是深入推进党风廉政建设和反腐败斗争的现实需要;六是深化国家监察体制改革的目标任务之一,也是我们党在长期执政条件下对增强自我净化、自我完善、自我革新、自我提高"四自"能力的全新探索,将为我们跳出历史周期率提供有力制度保障。

另一个是因为,中共中央全面深化改革领导小组《检察机关提起公益诉讼改革试点方案》(2015 年 5 月 5 日)以及全国人大常委会《关于授权最高人民检察院在部分地区开展公益诉讼试点工作的决定》(2015 年 7 月 1 日)、《关于修改〈中华人民共和国民事诉讼法〉和〈中华人民共和国行政诉讼法〉的决定》(2017 年 6 月 27 日)的相继下发、颁行。其中后两者先后规定:"人民检察院在履行职责中发现破坏生态环境和资源保护、食品药品安全领域侵害众多消费者合法权益等损害社会公共利益

---

① 参见本书编写组编著:《党的十九大报告学习辅导百问》,学习出版社 2017 年版,第 220 ~ 222 页;肖培:《为什么要实现对所有行使公权力的公职人员监察全覆盖?》,载中央纪委监察部网站,http://www.ccdi.gov.cn/special/zmsjd/zm19da_zm19da/201802/t20180201-163113.html,2017 年 12 月 6 日。

的行为，在没有前款规定的机关和组织或者前款规定的机关和组织不提起诉讼的情况下，可以向人民法院提起诉讼。前款规定的机关或者组织提起诉讼的，人民检察院可以支持起诉”（第 1 条）；“人民检察院在履行职责中发现生态环境和资源保护、食品药品安全、国有财产保护、国有土地使用权出让等领域负有监督管理职责的行政机关违法行使职权或者不作为，致使国家利益或者社会公共利益受到侵害的，应当向行政机关提出检察建议，督促其依法履行职责。行政机关不依法履行职责的，人民检察院依法向人民法院提起诉讼”（第 2 条）。

由上可见，随着中国检察法有关职务犯罪侦查和预防规范的调整与检察公益诉讼规范的确立，①必将影响中国检方及其检察权的变化；中国检方及其检察权的变化，也势必导致中国检察制度的沉浮——福兮祸所伏，祸兮福所倚。

“而经过一段时间努力，国家监察体制改革已经显示出多方面成效：一有利于党对反腐败工作的集中统一领导；二有利于对公权力监督的全覆盖；三有利于坚持标本兼治、巩固扩大反腐败斗争成果……实践证明，党中央关于推进国家监察体制改革的决策是完全正确的。我们要保持战略定力，持续深化改革，促进执纪执法贯通，有效衔接司法，推进反腐败工作法治化、规范化，强化不敢腐的震慑，扎牢不能腐的笼子，增强不想腐的自觉”。② 为此，党的十九届四中全会决定将“深化纪检监察

① 正是“上帝关上了一扇门，必然会为你打开另一扇窗”。而值得说明的是，实践中，人们尤其是有些检察人员，常将检察诉讼监督或检察公益诉讼等同于诉讼监督或公益诉讼；而实际上，前者只是后者的子集之一。但客观上却造成了检方独扛诉讼监督或公益诉讼大旗的包打天下的印象。而对此，值得深思。例如，1956 年 9 月 28 日上午，张鼎丞同志在飞机场上遇到彭真同志，向他请示工作的时候，彭真同志严肃地指出：你们检察院中，有些人整天喊监督、监督。写文章、讲话、解释法律，说一次是需要的；第二次再讲，还可以；第三次再讲，也还容许；再讲，人家不仅不要听，而且讨厌了，不仅觉得讨厌，而且还反感了［参见《1956 年 9 月 28 日彭真同志对检察工作的批评（传达记录）》，载《中央和中央领导同志对检察工作历次指示汇编（1950—1968）》，最高人民检察院办公厅 1993 年编印，第 138 页］。

② 参见习近平：《在新的起点上深化国家监察体制改革》，载《求是》2019 年第 5 期。

体制改革”作为“十三个坚持和完善”之十二“坚持和完善党和国家监督体系，强化对权力运行的制约和监督”的重要内容。

而如下所述，一方面，早在1937年7月，“鄂豫皖革命根据地的人民检察院职能分别由工农监察委员会、革命法庭、政治保卫局担负；工农监察委员会是建议和监督机关。各级监察委员会与各级苏维埃是平行关系，受工农代表大会指挥；鄂豫皖区工农监察委员会担负的检察职权：(1)法律监督权；(2)苏维埃工作人员贪污腐化、徇私舞弊等职务违法犯罪调查预防权；(3)控告、申诉检察权”。[①] 由此可见，中国监察与检察之间，始终上演着“合久必分，分久必合”的“情景剧”，且迄今仍有人坚持御史制度是中国检察制度的“前身”。例如，诸如《洛阳检察十三朝》(刘新年主编，中州古籍出版社2016年版)等文献的客观存在，便是佐证。而清末、民国之所以废除御史制度而由西方特别是日本引进检察制度，关键在于御史是皇帝的“眼睛”，其行动志趣在于维护帝制帝利，而检察制度及其检察官的行动志趣不仅在于维护国家代表的执政地位，更在于保护社会公益和国家利益(以下简称公益)，并防止警察、法官和检察官自身恣意滥权。

另一方面，中国检察公益诉讼制度之确立，也并非始于2015年。而此前甚至可以说，在中国检察制度创设之初，中国检方就始终承担着检察公益诉讼职能。当然，这仅限于学术主张和立法层面。

一是有“中国检察第一书”美誉的、张一鹏笔述的《检察讲义》、郑言笔述的《检察制度》，以及张智远、王枢、王炽昌笔述的《检察制度详考》与熊元翰编辑的《检察制度》，无不指出保护公益是国家代表创设检察制度的宏观初衷或者原动力。正是：“历史的发展与现实的需要，将检察官推向公共利益保护的前台，检察官成为公共利益代表、公共利益保

① 参见《人民检察制度在河南》，河南省人民检察院2011年编印，第5页。而这一点，与苏联建立并废除沙皇俄国司法制度后并未马上建立社会主义检察制度，而由监察机关及其监察人员代行国家检察职责情形，如出一辙。

护人。”①

二是如下所述我国15部广义的检察院组织法中，几乎也都有关于检察公益诉讼的直接、间接规定。

三是以“为公益服务的检察——变化社会中面临的机遇和挑战”为主题，在北京召开的第22届国际检察官联合会年会暨会员代表大会（2017年9月11～14日），似乎也有回归国家代表创设检察制度初心——“保护公益”之迹象。与此同时，国家主席习近平的贺信也明确指出：检察官作为公共利益的代表，肩负着重要责任；本届国际检察官联合会年会以“为公益服务的检察”为主题，围绕建设平安、公正、和谐的法治社会，深入探讨检察官保护公益问题，对推动各国法治建设具有重要意义……中国检察机关是国家的法律监督机关，承担惩治和预防犯罪、对诉讼活动进行监督等职责，是保护国家利益和社会公共利益的一支重要力量。中国在发挥检察官公益保护作用、推进法治建设中积累了不少经验，也愿积极借鉴世界有关法治文明成果。希望各国检察官以本届会议为契机，分享保护公益、推动法治建设的经验，深化司法合作交流，共同为促进人类和平与发展的崇高事业作出新的贡献。②

总而言之，在新的历史条件下，“教育引导政法（包括检察）干警进一步坚定道路自信、理论自信、制度自信、文化自信”的关键，不仅要了解掌握检察理论与实践的现状，更要了解掌握“党史国史（包括司法及

---

① 参见温辉：《检察官：从国王代理人到公共利益代表》，载《广西大学学报（哲学社会科学版）》2007年第3期。而所谓“中国检察第一书”，即由冈田朝太郎、松冈义正、小河滋次郎、志田钾太郎“日本法学四博士”讲义口授、张一鹏笔述的《检察讲义》（载《法政学报》1908年）；郑言笔述的《检察制度》（中国图书公司1911年版）；张智远、王枢、王炽昌笔述的《检察制度详考》（检察制度研究会1912年编印）；熊元翰编辑的《检察制度》（安徽法学社1918年编印）四本最早的中国检察专著。

② 参见《习近平致信祝贺第二十二届国际检察官联合会年会暨会员代表大会召开》，载《检察日报》2017年9月12日。

其检察史)”。[①] 因为,忘记历史等于背叛!

总而言之,历史是最好的老师和教科书;历史的联系是不可能割断的,人们总是在继承前人的基础上向前发展的。因此,我国检察理论或学术研究走出“芦笋”境遇的路径之一,便是回到历史原点,回望、了解我国引进并确立检察制度的“初心”。为此,才能坚持好、巩固好、完善好、发展好新时代中国特色社会主义检察制度。

① 参见中共中央《关于新形势下加强政法队伍建设的意见》(2016 年 11 月 2 日),载《人民日报》2017 年 1 月 19 日;最高人民检察院《关于认真贯彻落实中共中央〈关于新形势下加强政法队伍建设的意见〉全面推行检察队伍建设的实施意见》(2016 年 12 月 21 日),载《检察日报》2016 年 12 月 22 日。

第一章　国家代表创设检察制度的初心与检察工作志趣

第一节　国家代表创设检察制度的初心

诚如《辞海》(缩印本)所云:初心即“本意;本愿”,[①]并与初衷同义。

众所周知,检察制度与警察、审判制度产生的时间不同,[②]不是与国俱来的,而是资产阶级民主革命胜利后的产物;世界上最早的近现代检察制度诞生于法国资产阶级大革命时(1789～1794年)的巴黎。

那么,为什么国家发展到资产阶级民主革命胜利后,其统治者(亦即国家代表或执政者)才想起再创设检察制度呢?抑或国家代表创设检察制度的本意、本愿究竟是什么?观点不一。

---

① 参见《辞海》编辑委员会编:《辞海》(缩印本),上海辞书出版社1980年版,第1799页。

② 诚如恩格斯所云:(原始社会)“这种十分单纯质朴的氏族制度是一种多么美妙的制度呵!没有大兵、宪兵和警察,没有贵族;国王、总督、地方官和法官,没有监狱,没有诉讼,而一切都是有条理的。一切争端和纠纷,都由当事人的全体,即氏族或部落来解决,或者由各个氏族相互解决”(参见恩格斯著:《家庭、私有制和国家的起源》,人民出版社1995年版,第394页)。进言之,只有到了阶级社会——奴隶制社会才有了国家、法律以及诸如警察、法院、监狱、诉讼等国家工具。而现在看来,国家代表为了维护自身的执政地位,一方面,在建立国家的同时,就会创设警察、法院、监狱、诉讼等国家制度。另一方面,随着执政形势任务的变化需要,国家代表既会对与国俱来的国家制度进行相应的调整,也会再创建诸如检察制度、人权保护制度等全新的国家制度。

窃以为，尽管诸如我国现行《宪法》(2018年3月11日第五次修正)强调“剥削阶级作为阶级已经消灭”的今天，但也不可否认，国家代表创设检察制度的初心不外有宏、中、微“三观”或“三说”：

从宏观上说，国家代表创设检察制度在于，维护公益，包括保证法律的正确实施、法律监督等形形色色的公益。因为，有国必有法律，有法律必有保证法律正确实施的相应制度——国家法律监督制度(它通常与法律“孪生”)，包括随后产生的国家专门的法律监督制度——检察制度。因为，一方面，徒法不足以自行；而法贵在行，行贵在有好的执法者。另一方面，人之初性本善也好，性本恶也罢，只要是人包括执法者就有七情六欲或人性弱点；有七情六欲或人性弱点，执法者就有正确和不正确适用法律的可能。为此，也就有了检验、评判法律是否被执法者正确或不正确适用的国家专门机关及其人员——法律监督方或其检方。正是：“世无不弊之法，而贵有杜弊之人”；而“人民现在需要检察机关，将来是否还需要呢？应当肯定地说还需要。这因为国家还存在时，它的法纪必然存在，维护法纪的机关也必然存在。直到国家消亡，人民不需要国家机器的时候，才不需要检察机关”。① 换言之，为维护国家法纪抑或保证法律的正确适用，国家代表就有创设法律监督制度或其检察制度的动机和必要。

基于此，有国家必要法律，有法律必有法律监督制度；而检察制度则是法律监督制度“两翼”中的“一翼”——官方法律监督制度之一种。② 而值得注意的是，党的十九大报告明确提出：“构建党统一指挥、全面覆盖、权威高效的监督体系，把党内监督同国家机关监督、民主监督、司法

---

① 参见《1954年3月29日中央政法委员会董必武主任在第二届全国检察工作会议上的讲话》，载《中央和中央领导同志对检察工作历次指示汇编(1950—1968)》，最高人民检察院办公厅1993年编印，第16页。

② 所谓“两翼”，即官方(如监察、审计、检察、执政党等)法律监督制度与非官方(如舆论、媒介、群众、社会团体、非执政党等)法律监督制度。而这种对法律监督种类的划分，显然是根据监督者身份的不同而为的。

监督、群众监督、舆论监督贯通起来,增强监督合力。"①一言以蔽之,法律监督也属于公益范畴。因为就像追究违法犯罪行为一样,个人的力量是难以胜任法律监督任务的。

从中观上说,国家代表创设检察制度在于,满足国家代表管理国家的内在用意和外在要求——维护自身的执政地位和根基。而这一点,类似于中国传统上的"养儿防老",至少国家代表不希望所创设的检方与自己"唱对台戏",抑或成为自己的"掘墓人"。因为,"国家一直是从社会中分化出来的一种机构,一直是由一批专门从事管理、几乎专门从事管理或主要从事管理的人组成的。人分为被管理者和专门的管理者,后者居于社会之上,称为统治者,称为国家代表。这个机构,这个管理别人的集团,总是把持着一定的强制机构(包括检察机关及其内设部门——笔者注,下同),实力机构,不管这种加之于人的暴力表现为原始时代的棍棒,或是奴隶时代较为完善的武器(包括制定形形色色法律),或是中世纪出现的火器,或是完全据现代最新技术造成的20世纪的奇妙武器,反正都是一样";②而"我们建立这个国家的目标并不是为了某一个阶级的单独突出的幸福,而是为了全体公民的最大幸福;因为,我们认为在一个这样的城邦里最有可能找到正义"。③

而国家为了保证全体公民所追求的最大幸福和公平正义,便创设司法机关并将其打造为维护社会公平正义的最后一道防线。正是"从一定意义上说,公平正义是政法工作的生命线,司法机关是维护社会公平

① 参见《决胜全面建成小康社会,夺取新时代中国特色社会主义伟大胜利》,人民出版社2017年版,第68页。

② 参见列宁:《论国家》,载《马列著作选读(哲学)》,人民出版社1988年版,第478页。当然,尽管人类发展历史上曾经有尧舜禹之间相互"禅让"的传说,但自国家出现之后,"禅让"便实实在在地成了真正的神话;而王位的世袭罔替,与"禅让"水火不容。相反,古今中外任何国家代表为了维护自身的统治地位和执政根基,都会肝脑涂地、不择手段、垂死挣扎地为之奋斗拼命。

③ 参见[古希腊]柏拉图著:《理想国》,郭斌和、张竹明译,商务印书馆1986年版,第313页。

正义的最后一道防线。政法战线要肩扛公正天平、手持正义之剑，以实际行动维护社会公平正义，让人民群众切实感受到公平正义就在身边……（反之，诚如）英国哲学家培根所说：‘一次不公正的裁判，其恶果甚至超过十次犯罪。因为犯罪虽是无视法律——好比污染了水流，而不公正的审判则毁坏法律——好比污染了水源’”；①而被污染的水源，就会流出污水、脏水进而摧毁维护社会公平正义的最后一道防线——司法。由此可见，司法方包括检方和审方（审判机关及其内设机构、审判人员的统称），在人类发展和国家治理过程中的作用、地位，无与伦比。

倘若国家代表创设检察制度或者设立检察机关或其检察官的初衷：一是防止警察、法官和检察官自身恣意滥权，二是维护国家代表的执政地位，三是保护社会国家公益之论点不谬的话，那么，在公检法所构建的维护社会公平正义的最后一道防线——“司法战线”中，检察机关及其内设机构、检察人员特别是检察官，理当挑起“中流砥柱”重担——既要监督法官和警察依法履职的良莠，也要监督自身依法履职的好坏。为此，才能最终彰显法律的功用和国家代表的立法初衷。

当然，一方面，国家代表管理国家的内在用意和外在要求的具体内容不尽相同。但有一点可以肯定——人治国也好，法治国也罢，国家代表管理国家的根本目的，绝不是想致其百姓于水火、于死地；相反，无不

① 参见《2014年1月7日习近平在中央政法工作会议上的讲话》，载《习近平关于全面依法治国论述摘编》，中央文献出版社2015年版，第96页、第71页。而值得说明的是，一方面，其中的“司法机关”也是典型的“政法单位”。据《中国共产党政法工作条例》（2019年1月13日）第3条规定，政法工作是党和国家工作的重要组成部分，也是党领导政法单位依法履行专政职能、管理职能、服务职能的重要方式和途径；党委政法委员会是党委领导和管理政法工作的职能部门，也是实现党对政法工作领导的重要组织形式；政法单位是党领导下从事政法工作的专门力量，主要包括审判机关、检察机关、公安机关、国家安全机关、司法行政机关等单位。另一方面，在我国，特别是清末由西方引进近现代司法制度之后，就像人包括男人和女人一样，司法也始终包括检察和审判，司法制度也始终包括检察和审判制度，司法机关也始终包括检察和审判机关，司法人员也始终包括检察和审判人员。

自觉或不自觉地标榜为人民谋福祉。另一方面,通过检索《正义之美日历》(贺维彤编,法律出版社 2017 年版)等文献不难发现,世界各国人民对正义的认知有相同(如正义图腾——正义女神双手多持天平或宝剑等)的一面,也有不同(如面目类似本国人长相各种姿态等)的另一面;当然,正义女神也常与法律、真理、和平、法院、法庭为伍。一言以蔽之,维护国家代表的执政地位,也属于公益或其国家利益范畴。

从微观上说,国家代表创设检察制度在于,防止诉讼特别是刑事诉讼中侦查、审判与检察三方的恣意滥权,以及私人弹劾之流弊。正是:一方面,"检察官,乃因对法官及警察的不信任而诞生,在此氛围之下,新生儿不但命定要为防范法官恣意与警察滥权而奋斗,更须为自身不被相类的病毒感染而苦战"。① 另一方面,"依此方式(私人弹劾)之诉讼法非经被害人或其亲族之起诉,不得以刑事案件审判之(此指法定证据主义而言之),当依决斗(在法庭上两造决斗)或探汤之类断定原被告之曲直(当时法律非有一定之证据或口供不能决谳)。故是时无肯就原告官之职为刑事诉讼之当事者行决斗、探汤等举动者(使官与被告决斗、探汤,则此时代决无人为检察官者)……且此法对于被害人(指原告)亦有所不便。盖前者既因犯罪受其损害,及提起诉讼,复须决斗、探汤;若有不利,则时或有诬告反坐之处分"。② 而沈家本先生对《刑事诉讼律》(1911 年 1 月 24 日)第 39 条第 1 款"刑事原告之职务,由检察官执

---

① 参见林钰雄著:《检察官论》,法律出版社 2000 年版,第 113 页。而"论及引入检察制度时,德国法学家萨维尼(1779～1861 年,历史法学派主要代表)告诫道,'警察官署……的行动自始蕴藏侵害民权的危险。而经验告诉我们,警察人员经常不利关系人,犯下此类侵害民权的错误。检察官的根本任务,应为杜绝此等流弊并在警察一行动时就赋予其法的基础,如此一来,此新创制(指检察官)才能在人民眼里获得最好的支持'"(参见张鸿巍著:《推开检察这扇门》,中国检察出版社 2011 年版,第 6 页)。

② 参见[日]冈田朝太郎、松冈义正、志田钾太郎、小河滋次郎口授,郑言笔述,蒋士立编纂,陈颐点校:《检察制度》,中国政法大学出版社 2003 年版,第 8～9 页。因此,个人弹劾的最大流弊,一是无人代理被害人起诉;二是若被害人起诉,还面临决斗、探汤以及诬告反坐的危险。而值得说明的是,在我国尤其是内地,1979 年《刑事诉讼法》(1979 年 7 月 1 日)颁行之前,无论刑事还是民事行政诉讼都将"被告"称为"被告";颁行之后,才将刑事诉讼被告改称为"被告人",民事行政诉讼被告仍称为"被告"。

行”规定，还有如下“理由【谨案】犯罪概因侵害国家公益而成立。故为原告请求处罚者，必须由国家设立机关。此本条第一项定检察官为原告官，使之执行提起公诉等职务也”。①

比较而言，检方更愿“为防范法官恣意与警察滥权而奋斗”，不愿“为自身不被相类的病毒感染而苦战”。在此等氛围下，作为以防止侦审双方恣意滥权为立命之本的检方，同样难免恣意滥权；于是，社会上针对检方，诸如“老鸹落在猪身上，只看见别人黑看不到自己黑”的民怨、“谁来监督监督者”的质疑、“既当运动员，又当裁判员”的责难，并非伪命题。进言之，检方必须始终铭记“打铁还需自身硬”的朴素道理。一言以蔽之，防止诉讼特别是刑事诉讼中侦查、审判与检察三方的恣意滥权以及私人弹劾之流弊，也属于公益范畴。

另外，作为当下“主流观点”的“微观说”，②只是国家代表创设检察制度的直接原因，而并非国家代表创设检察制度初心之全部。换言之，国家代表创设检察制度的初心表象，是防止诉讼特别是刑事诉讼中侦查、审判与检察抑或警察、法官与检察官三方的恣意滥权以及个人弹劾之流弊，而其初心本质则包括上述宏观、中观与微观三个层面，且三者互相联系，互相作用，缺一不可，并无孰重孰轻之分，而应一视同仁。

---

① 参见吴红耀、种松志主编：《中国刑事诉讼法典百年》（上册），中国政法大学出版社2012年版，第119页。

② 而之所以称之为“主流观点”，因为多数人认为，近现代检察制度起源于法国刑事诉讼制度之私诉（法定证据主义之个人弹劾式）向公诉（自由心证及发现真实主义之纠问式）制度转变时期。多数人也认为，检察制度是刑事诉讼制度发展到一定阶段的产物——它“产生于‘私诉制度’向‘公诉制度’的转变”过程。而窃以为，对检察制度生成原因的这种“伴生于刑事诉讼或其方式转变”的定位，并不全面，只是检察制度生成原因之一。倘若以“有法必要监督”之法律监督属公益视角考察检察制度生成原因的话，就不难发现并认可“公益”内容之一——法律监督制度才是检察制度的“前身”。易言之，检察制度既“产生于‘任意司法’向‘程序司法’”，也“产生于‘分散法制’向‘统一法制’”；既“产生于‘全能法院’向‘裁判法院’”，也“产生于‘私诉制度’向‘公诉制度’”的“四种转变”（参见龙宗智著：《检察制度》，法律出版社2002年版，第29～34页）。而具有公益性质的法律监督理论是检察制度生成的“原（或基本或根本）动力”，诉讼特别是刑事诉讼制度则是检察制度生成的“直接动力”。

此外，国家代表创设检察制度的“三观”初心论，与“文革”后，我国之所以恢复重建检察机关的下列理由“不谋而合”：“一是重新设立检察院是健全社会主义法制的需要。法律制定以后，就需要有法律监督机关对是否遵守法律实行监督，以便保障宪法和法律的统一实施。二是重新设立检察院，实行公检法分工负责、互相配合、互相制约，有利于运用法律武器准确地打击敌人，惩罚犯罪，保护人民，防止出现冤假错案，巩固人民民主专政。三是重新设立检察院有利于加强对国家机关工作人员遵纪守法的监督，反对违法乱纪和打击报复的行为，保障人民民主权利，保障国家的民主生活。四是重新设立检察院有利于追究国家工作人员玩忽职守、违法失职的犯罪行为，追究破坏经济建设的犯罪案件，从法制上保障国家机器正常运转，保障社会主义建设顺利进行”。①

第二节　检察工作志趣

一、概述

与国家代表创设检察制度的“三观”初心相应，检察工作志趣或检方的行动志趣则有“三要”：一要保护公益，特别是要保障其中的法律监督制度的良性运作；二要维护国家代表的执政地位。正是：“（检察人员）要认识到，党和国家赋予检察机关的监督权，是要我们为党的事业、为无产阶级专政事业做工作的”；②三要防止警察、法官和检方自身的恣意滥权。因此，基于“三要”的公益性，完全可以断言——检察工作志趣在于维护公益。而公益即公共利益的简称；而何谓公共利益？仁者见仁，智者

① 参见李士英主编：《当代中国的检察制度》，中国社会科学出版社 1988 年版，第 183～184 页。

② 参见《1956 年 3 月 31 日高检院党组同志和参加第三次全国检察工作会议的省市检察长向彭真同志汇报以及彭真同志的指示》，载《中央和中央领导同志对检察工作历次指示汇编（1950—1968）》，最高人民检察院办公厅 1993 年编印，第 102 页。

见智。

另外，倘若"恣意滥权就是腐败，而职务犯罪是腐败的终极形态"论断不谬的话，那么，也可得出——检察制度因腐败特别是侦审双方腐败及其职务犯罪的客观存在而孕育、而产生、而发展、而消亡的结论来，但反之却不一定成立。因为，一则检察制度及其检方并不与国俱来，要晚于侦审制度及其侦审双方产生，而腐败或其职务犯罪则与国家及其权力形影相随。二则反腐败或职务犯罪侦查并不是检方的天职。之所以这么说，一是腐败及其职务犯罪，与国家及其权力伴生。二是在现今世界各国所采取的如下"十大"反腐或职务犯罪侦查模式中，检方只算其中的主要力量：(1)检方(如瑞典)；(2)警方(如巴西)；(3)独立反腐败机构(如新加坡)；(4)检方+警方(如德国)；(5)警方+检方+大陪审团(如美国)；(6)警方+检方+预审法官(如法国)；(7)警方+独立反腐败机构(如马来西亚)；(8)独立反腐败机构+其他国家机关(如巴基斯坦和我国)；(9)警方+其他国家机关(如比利时)；(10)检方+其他国家机关(如俄罗斯)。[①] 三则还有一个"趣象"——在现今中译诸如《世界各国宪法》(中国检察出版社2012年版。其中"职务犯罪"出现12次)、《世界各国刑事诉讼法》(中国检察出版社2016年版。其中"职务犯罪"出现39次)等外国法典中，有"职务犯罪"，却鲜有"职务犯罪侦查"一词。

此外，在我国，一方面，早在1908年、1911年4月和8月、1918年面世的、由"日本法学四博士"口授、有中国检察第一书美誉的张一鹏笔述《检察讲义》(第143页)、郑言笔述《检察制度》(第四编第38页)、张智远、王枢、王炽昌笔述《检察制度详考》(第286页)、熊元翰编辑《检察制

① 参见王晓霞著：《职务犯罪侦查制度比较研究》，中国检察出版社2008年版，第60~67页。而就我国目前来说，各级监察委员会既是国家机关，也是国家的政治机关；既是国家的专门反腐败机关，也是行使国家监察职能的专责机关。另据2018年《最高人民检察院工作报告》披露，截止到2018年3月9日，"四级检察院反贪、反渎和预防部门职能、机构及44151名检察干警已全部按时完成转隶"。

度》(第二编第43页)中,都有"公务员职务上所犯之罪"的提法。

另一方面,我国较早含有"职务犯罪"的文献,是最高人民法院办公厅、司法部办公厅1954年10月编印的《中华人民共和国人民检察院组织法历次草稿汇辑》——《中华人民共和国法院组织条例(初稿)(修正稿之一)》(1954年8月10日)第30条:"铁路运输法院和水上运输法院审判关于破坏和危害国家运输事业的案件,以及其它有关运输的职务犯罪案件"(第241页)。

再者,在我国特别是"文革"之后,尽管"查办职务犯罪工作与人民检察事业相伴生",①但之前之后尤其是党的十五大(1997年9月12日召开)确立"党委统一领导,党政齐抓共管,纪委组织协调,部门各负其责,依靠群众的支持和参与"的反腐败抑或查办职务犯罪模式之后,党和国家并未昭示检方有独扛反腐败大旗、专司职务犯罪侦查的地位、性质或职责。尤其是《关于在北京市、山西省、浙江省开展国家监察体制改革试点方案》和《关于在全国各地推开国家监察体制改革试点方案》与全国人大常委会《关于在北京市、山西省、浙江省开展国家监察体制改革试点工作的决定》和《关于在全国各地推开国家监察体制改革试点工作的决定》以及《监察法》的相继出台颁行之后,目前非试点区域检方依法享有的职务犯罪侦查权,也会逐步、稳妥地转给即将全面成立的各级监察委员会享有并行使。而监察体制改革的根本目的在于,改目前"九龙治水"为"一龙治水"式的反腐败抑或查出职务犯罪模式,最终形成收紧拳头,形成反腐败合力,全面覆盖,构建不想腐、不能腐、不敢腐的实效性反腐败常态。

进言之,"各级检察机关要以习近平新时代中国特色社会主义思想为指导……以等不起的紧迫感、慢不得的危机感、坐不住的责任感,讲政治、顾大局、谋发展、重自强,切实抓好各项工作措施的落实,努力答好

① 参见《2017年1月16日曹建明检察长在全国检察长会议上的讲话》,载《检察日报》2017年1月17日。

新时代检察工作人民满意答卷”。①

所谓“讲政治”，就是不断强化政治意识，坚定政治方向，提高政治站位，善于运用政治思维政治智慧，把讲政治落实到各项检察业务工作中。从方向上看，讲政治就是要坚定正确政治方向，坚持党的绝对领导，坚定不移走中国特色社会主义检察道路。从业务上看，讲政治就是要把讲政治要求融入到具体抓业务工作的每一个环节中，把讲政治落实到各项检察业务工作中。为此，要运用政治智慧和法律智慧，把讲政治和抓业务辩证统一于各项业务工作中，统一于司法办案中。在具体案件处理上既要有法治思维、法治方式，也要有政治思维、政治智慧，通过办案最大限度实现政治效果、社会效果、法律效果的有机统一。从目标上看，讲政治就是要明确检察工作的终极目的是为人民服务，所有的工作措施都要贯穿以人民为中心的思想。从措施上看，讲政治要落到实处：一是切实增强政治、大局、核心、看齐“四个意识”；二是领导班子和领导干部要引领政治方向；三是讲政治与抓业务是统一的。

所谓“顾大局”，就是凡事不能只站在自己立场角度谈工作，要充分运用政治智慧、法律智慧和检察智慧开展法律监督工作，使检察工作与党和国家的工作大局相融合。

所谓“谋发展”，包括深入推进司法改革、检察机关内设机构调整，都要着眼于检察事业发展，最根本的是办案。

所谓“重自强”，就是要加快建设适应新时代全面依法治国要求的检察队伍，要按照信念过硬、政治过硬、责任过硬、能力过硬、作风过硬“五个过硬”，忠于党、忠于国家、忠于人民、忠于法律“四忠于”，铁一般的理想信念、铁一般的责任担当、铁一般的过硬本领、铁一般的纪律作风“四个铁一般的”和革命化、正规化、专业化、职业化“四化”的要求，提高检察人员特别是检察官的政治、业务和职业道德素质，提升专业能

① 参见王治国：《张军：讲政治顾大局谋发展重自强　努力答好新时代检察工作人民满意答卷》，载《检察日报》2018 年 3 月 28 日。

力、专业素质，培育专业精神。

为此，是有经验和实例可循的。例如，“1960 年康生、谢富治取消检察机关的活动未能得逞，反而激发了广大检察干部的义愤，决心把工作做得更好，回答‘取消主义者’。正在这时，党中央开始纠正以‘五风’为代表的‘左’倾错误，召开了有七千人参加的扩大中央工作会议，总结 1958 年大跃进以来的经验教训，并采取了一系列正确的政策和措施。在党中央新的方针指导下，高检院也召开会议总结检察工作的经验教训，初步清理指导思想上的‘左’倾错误，工作情况逐步好转。相对于以前的消沉被动状态，可以称为检察工作的中兴小高潮”。① 当然，本次转隶与下述的中国检察制度的“九落九起”，有着本质区别，不可同日而语。相反，“转隶就是转机”，转机是什么？就是要把检察机关的法律监督职能更实地放到刑事、民事、行政和公益诉讼“四大检察”办案业务上来，放在以前我们监督工作中还不足的那一个部分上来，还要有意识地将重心向民事、行政、公益诉讼等方面倾斜，真正做到刑事检察与其他检察工作成为“车之双轮”“鸟之两翼”，行稳致远。

总之，尽管国家代表创设检察制度的初心有如上“三观”，检方的行动志趣也有如上“三要”，但检方行动的最终志趣却在于，维护执政者的执政地位和执政根基。反之，倘若检方的行动有损执政者的执政地位或根基，那么，执政者势必调整检方依法享有的检察职权，甚至缩小、取消检方依法享有的某些检察职权，乃至摧毁自己所创设的检察制度，以求执政地位与根基的永固。究其原因，国家不仅“总是把持着一定的强制机构，实力机构……奇妙武器”，而且必须保证“奇妙武器”真正成为名副其实的、巩固自身执政地位与根基的、好使管用的“枪杆子”“刀把子”。

① 参见王桂五著：《王桂五论检察》，中国检察出版社 2008 年版，第 456 页。

二、检察工作的宏观志趣是保护公益

从大陆与英美特别是社会主义“三大法系”国家检察制度孕育、产生和发展的历程看，检方都始终自觉不自觉地承担着保护公益特别是其中的法律监督职责。无论初始的“国王代理人”身份、地位及其职能志趣——服务于国王私益，①还是近现代的“公益代表人、代理人或起诉人，抑或公益诉讼人”身份、地位及其职能志趣——服务于公益，②无不如此。而对此，下述“中国检察第一书”都指出保护公益，③是国家代表创设检察制度的初衷或原动力之一；进言之，保护公益是古今中外检察工作的宏观志趣。

例如，《检察讲义》不仅56次论及“公益”，而且指出：

——（检察官）会同民事诉讼时，为公益起见，仅陈述其意见而已；非为原告，亦非为被告（第32页）；

——检察官之提起公诉，固出于使审判厅（处）罚以保护国家公益之宗旨。故虽认为有罪之根据，而因起诉审判厅处罚等项转有害国家之公益时，有不起诉之自由（第56页）；

——就法国言，检事初为国王之代理者参与诉讼，以图国王之利益

---

① 而在“普天之下，莫非王土；率土之滨，莫非王臣”的国王眼中，其私益也理应属于国家公益。

② 在最高人民检察院《检察机关提起公益诉讼改革试点方案》（2015年7月2日）规定“检察机关以公益诉讼人身份提起民事、行政公益诉讼”的105年前，诸如《大清法院编制法》［宣统元年（1910年）十二月二十八日］第90条第2款就规定，检察官有权“遵照民事诉讼律及其他法令所定，为诉讼当事人或公益代表人，实行特定事宜”；在“两高”《关于检察公益诉讼案件适用法律若干问题的解释》（2018年3月1日）第4条规定：“人民检察院以公益诉讼起诉人身份提起公益诉讼”的77年前，诸如《晋冀鲁豫边区高等法院组织条例》（1941年10月15日）第16条第6项就规定，检察员有权“为诉讼当事人或公益代理人”。

③ 至于“中国检察第一书”的具体情况和内容，还可参见本人注释、中国检察出版社2019年出版的张一鹏笔述的《检察制度》，郑言笔述的《检察制度》，张智远、王枢、王炽昌笔述的《检察制度详考》，熊元翰编辑的《检察制度》。

为其职务(西历14世纪)。至于现今,为国家之机关参与民刑事件,以图公益为其职务(第101页);

——国家之利益当由国家自主张之。故国家因此特设机关,施行主张公益之任务,即所谓检事局是也(第102页);

——就民事言,检事于裁判有关公益时参与裁判,提出裁判所不知诉讼材料或陈述意见,或立于当事者之地位而为诉讼(第105页);

——婚姻为社会的生活上必要之制度,国家就关于婚姻之各诉讼有利害关系。故使检事为国家之代表者,而参与婚姻事件(第108页);

——养子缘组(即收养子女)为社会的生活上必要之制度,国家就关于养子缘组之各诉讼有利害关系。故使检事参与关于缘组之各诉讼(第110页);

——亲子关系于社会的生活有密切之关系,因之国家就关于亲子关系之各诉讼有利害关系。故使检事参与亲子关系之各诉讼(第100~111页);

——禁治产事件乃限制在心神丧失常况之个人之行为能力,而保护之事件也。于国家之利害有重大之关系,故国家使检事参与禁治产事件焉(第111页);

——准禁治产事件乃限制心神耗弱者、聋与哑者及浪费(残疾)者之行为能力,而保护其利益之事件也。于公益上颇有重大之关系,故国家使检事参与准禁治产事件,其方法类于禁治产事件(第113页);

——失踪乃于法定年间生死不分明之不在者。因裁判上之宣告视为死亡者之状态,故其宣告及取消与人之生死同为重大之事项,事关公益。国家因使检事参与失踪事件焉(第114页);

——破产复权之许否关于公益,故国家使检事参与申请复权之裁判手续,以陈述其意见(第115页);

——诉讼上之救助,乃因当事者,如非灭杀自己及其家族生活所必要之费用,不得支出诉讼费用,则为保护其利益计,准此等当事者暂时缓缴诉讼费用之手续也。其事关于公益,故国家使检事参与(第115页);

——民事非讼事件,乃规定于民法之非讼事件。其裁判不仅系于一私人之利害,而关于国家之利益。故国家使检事参与之(第116页);

——商事非讼事件,乃规定于商法之非讼事件。其裁判关于公益,故国家使检事参与之(第117页)……而上述婚姻、养子缘组、亲子关系、禁治产事件、准禁治产事件、失踪、破产、诉讼上之救助、民事非讼事件、商事非讼事件……不正是对现行《民事诉讼法》第55条第2款“人民检察院在履行职责中发现破坏生态环境和资源保护、食品药品安全领域侵害众多消费者合法权益等损害社会公共利益的行为”之中的“等”的最好诠释吗?!

而郑言笔述《检察制度》不仅含有《检察讲义》的上述内容,而且67次论及“公益”。同时指出:“无论日本及其他各国皆宜以保护人民公益而特立国家机关,如检察制度是也”(第二编第2页)……

《检察制度详考》不仅含有《检察讲义》的上述内容,而且67次论及“公益”。同时指出:“然尔来法律思想,①凡犯罪皆属有害国家公益;害国家之公益同时又害私人之私益者,固不待言。故诉权应专属之于国家,此公诉之称所由来也”(第82页)……

熊元翰编辑《检察制度》不仅含有《检察讲义》的上述内容,而且64次论及“公益”。同时指出:“检察官之职务在维持公益,非专与被告为难。如检察官先以被告为有罪,继知其无罪,或被告虽有罪而不以审判官之判决为然;如被告罪本轻微定刑太重,或有不应处分而处分之类,皆得提起上诉。此等上诉实有益于被告”(第一部第99页)……

当然,有关检方为公益保护者的论述并不限于“中国检察第一书”,之后文献记载也比比皆是。

由上可见,一方面,无论是清末、民国、人民共和国检察制度还是旧中国、新中国检察制度,也无论剥削阶级检察制度还是人民检察制度,创建伊始,其检方都承担着保护公益的职责,抑或它们的缔造者都赋予了检方

① 然尔:近来。

承担保护公益的使命。另一方面,“哪里有公益哪里就应有检方出面的可能,保护公益是中国检方的天职”之结论的不谬。而现在看来,时下的检察“热词”与“主业”——“检察公益诉讼”,只能算作检方保护公益天职的“冰山一角”。

退一步讲,即便公认的检方天职——公诉本身,也属于公益及其法律监督的题中应有之义。例如,郑言笔述《检察制度》、《检察制度祥考》、熊元翰编辑《检察制度》也都有诸如《检察讲义》——“在近年之法律思想,凡犯罪皆因害国家之公益而成立(害国家之公益有同时又害私人之私益者,固不待言)。故‘诉权’专属之于国家,此‘公诉’之称所由来也”(第53页)之阐释。

总而言之,保护公益既是检方特别是中国检方的天职或检察活动的宏观志趣,①也是中国人民检察制度之法律监督性质的“源头活水”。

而何谓公益及其社会公益、国家利益?诚如熊元翰编辑《检察制度》(第四编第二章第12页)所言:“何谓公益?有列举于法律者,有例示之者,因各国立法政策不同,故也。”进言之,公益即“公共利益”的简称;而公益及其社会公益、国家利益都具有“因国制宜”的与时俱进性,其范围是广是狭?因国、因地、因时、因人、因事而宜,没有定式;但有一点可以肯定,只要是公益,检方就有依宪依法出手保护的可能。因为,这是检方天职的固有本能所在。

总而言之,习近平总书记所强调的“中国检察机关是国家的法律监督机关,承担惩治和预防犯罪、对诉讼活动进行监督等职责,是保护国

① 当然,实践中诸如《比较检察制度概论》(金明焕主编,中国检察出版社1993年版,第55页)、《检察院组织法比较研究》(陈健民主编,中国检察出版社1999年版,第206页)、《检察权研究》(邓思清著,北京大学出版社2007年版,第127页)、《21世纪的中国检察制度研究》(甄贞等著,法律出版社2008年版,第138页)、《中国特色社会主义检察制度》(孙谦主编,中国检察出版社2009年版,第200页)、《检察学》(朱孝清、张智辉主编,中国检察出版社2010年版,第464页)等还认为,(保护)公益是检察活动(或工作)抑或检察权运作的基本原则之一,也不无道理。

家利益和社会公共利益的一支重要力量”,是对我国国家代表创设检察制度的初心与中国检方行动志趣的最好回答。为此,2018 年 10 月 26 日新修正的《人民检察院组织法》也明确规定:“人民检察院是国家的法律监督机关。人民检察院通过行使检察权,追诉犯罪,维护国家安全和社会秩序,维护个人和组织的合法权益,维护国家利益和社会公共利益,保障法律正确实施,维护社会公平正义,维护国家法制统一、尊严和权威,保障中国特色社会主义建设的顺利进行”(第 2 条);“人民检察院行使下列职权:(一)依照法律规定对有关刑事案件行使侦查权;(二)对刑事案件进行审查,批准或者决定是否逮捕犯罪嫌疑人;(三)对刑事案件进行审查,决定是否提起公诉,对决定提起公诉的案件支持公诉;(四)依照法律规定提起公益诉讼;(五)对诉讼活动实行法律监督;(六)对判决、裁定等生效法律文书的执行工作实行法律监督;(七)对监狱、看守所的执法活动实行法律监督;(八)法律规定的其他职权”(第 20 条)。①

进言之,《人民检察院组织法》之所以赋予检方“八大职权”在于完成“检方的法定任务”;而只有完成“检方的法定任务”,人民检察院才是名副其实的“国家的法律监督机关”。换言之,“八大职权”也都共同具有公益属性。当然,这一结论主张,也会遭受传统观点质疑、反对——我们研究错了?!

① 其中第 8 项的“法律”,就包括诸如全国人大常委会《关于授权最高人民检察院在部分地区开展公益诉讼试点工作的决定》(2015 年 7 月 1 日)、《关于全面加强生态环境保护 依法推动打好污染防治攻坚战的决议》(2018 年 7 月 10 日)以及《英雄烈士保护法》(2018 年 4 月 27 日)、《民事诉讼法》和《行政诉讼法》(2017 年 7 月 1 日修正)中,有关检察公益诉讼职权的规定。

第二章　检察制度的概念、地位与性质

第一节　检察制度的概念

一、概述

《辞海》(缩印本)(第186页)曰:制度"指要求成员共同遵守的、按一定程序办事的规程"。因而像"盲人摸象"一样,对制度类型的认知和掌控也是多种多样的——看"摸"的角度:据法国思想家孟德斯鸠(1689~1755年)的"三权分立"理论"摸",制度就包括立法、司法和行政制度三种;按我国现在实行的"决策、执行和监督三权分工"理论"摸",制度就包括决策、执行和监督制度三种;按孙中山(1866~1925年)的"五权宪法"理论"摸",制度就包括立法、司法、行政、监察和考试制度五种,不一而足。

但值得注意的是,"三权分立(工)"也罢,"五权分立"也好,都是权力产生之后对其进行抽象总结、概括的结果。就像先有瓜果梨桃,后有其抽象总结、概括的概念结果——"水果",以及先有图书,后有图书分类法一样。正是:先有事实,后有概念。

与此同时,针对权力的抽象总结、概括也都是相对、有所侧重的。因为,古今中外国家代表在管理国家过程中,都会经常自觉不自觉地强调并贯彻分权制衡(约)机制;而经常强调并贯彻分权制衡(约)机制的普

遍方式,就是经常自觉不自觉地将国家权力概分为立法权、行政权、司法权等:

在经常自觉不自觉地强调并贯彻立法方(立法机关及其内设机构、立法人员的统称)主掌立法权的同时,并未完全剥夺立法方对部分行政权(如人事任免)和司法权(如个案监督)的享有与行使;

在经常自觉不自觉地强调并贯彻行政方(行政机关及其内设机构、行政人员的统称)主掌行政权的同时,并未完全剥夺行政方对部分立法权(如制定行政法规)和司法权(如刑罚执行)的享有与行使;

在经常自觉不自觉地强调并贯彻司法方(司法机关及其内设机构、司法人员的统称)主掌司法权的同时,同样也并未完全剥夺司法方对部分立法权(如司法解释)和行政权(如司法人员任免)的享有与行使。

因而立法、司法和行政三权之间,你中有我,我中有你;纯正分立(离)只是一种理想,而相互包融才是一种客观现实。因此,从这个意义上说,百分之百、纯正或绝对的立法、行政、司法制度,或其立法、行政、司法机关,或其立法、行政、司法人员,或其立法、行政、司法权,同样都是没有的;而是你中有我、我中有你,藕断丝连的。

而通过检索《世界各国宪法》(中国检察出版社 2012 年版)不完全统计显示,在联合国现今 193 个成员国中,诸如日本、俄罗斯、巴西、南非、斐济等大陆法系国家宪法中直接规定检察制度或者有"检察"一词的国家,共有 155 个,占联合国成员国总数的 80%;诸如孟加拉国、德国、美国、澳大利亚、埃及等英美法系国家宪法中未直接规定检察制度或者没有"检察"一词的国家共有 38 个,占联合国成员国总数的 20%。而究其原因,主要因为前者实行"审检分立"机制,后者实行"审检合署"机制使然。

所以,从这个意义上说,检察制度及其检方是近现代各国国家代表对本国实行统治管理的不可或缺因素和"刀把子""印把子"。

二、检察制度

何谓检察制度?见仁见智。例如,《中国检察百科辞典》(曾龙跃主编，黑龙江人民出版社1993年版，第1页）、《诉讼法学词典》（徐进主编，中国检察出版社1992年版，第532～533页）、《中国检察制度》（姜伟主编，北京大学出版社2009年版，第1页）等云，检察制度是宪法和法律对检察机关的性质、任务、职权、地位、组成、活动原则等法律规范的总和。

《中华法学大辞典·诉讼法学卷》（陈光中主编，中国检察出版社1995年版，第269页）、《检察制度原理》（樊崇义主编，法律出版社2009年版，第50页）、《检察业务概论》（梁国庆主编，辽宁人民出版社1989年版，第1页）等曰，检察制度是由国家（或其统治者）制定和认可的有关检察机关及其性质、任务、职权、组织机构和活动原则等一系列制度的总和。

《检察大辞典》（张思卿主编，上海辞书出版社1996年版，第679～680页）、《检察制度教程》（龙宗智著，法律出版社2002年版，第9页）、《21世纪的中国检察制度研究》（中国检察出版社2008年版，第1页）等称，检察制度是国家确定的，有关检察机关的性质、任务、职权、机构、活动原则、工作程序等法律规范的总和。

《中国检察学》（王淑贤主编，兰州大学出版社1988年版，第9页）等讲，检察制度通常是指国家法律规定的检察机关的职权及其行使职权应遵循的行为规则，而构成的一种法律制度……

由上可见，上述检察理论大儒针对检察制度的定义概念，完全可概述为"检察制度就是关于检察机关的制度"。① 而此等概念定义，既是大陆法系之传统，也势必引出如下质疑：

一是此等定义概念与制度本义相悖——"要求成员共同遵守"中的"成员"，是成员全体（即检方）而非部分——检察机关。

二是作为制度一种，检察制度不要求、也不规范检察机关内设部门

① 其实这种概念定义，早在"中国检察第一书"中，就有所采用。例如，"盖'检察制度'之用语，本包含检察厅之组织与权限，及关于实施检察事务之一切规则而言也"（《检察制度详考》第15页）；"本论之顺序，先组织，次权限，次事务章程及监督。检察制度即包以上三项；重言以申明之，则检察制度者，即检察厅之组织及其权限与关于实施检察事务之一切规则是也"（熊元翰编辑《检察制度》第一部，第13页）。

与检察人员特别是其中检察官的行为、权力(利)能行吗？因为,法制(治)是制(治)吏——规范管理国家公职人员包括其中的检察人员及其检察官的,而不是制(治)民的。[①]

三是检察制度的主体或对象——所要求规范的“成员”,究竟是谁？对此,大陆法系国家多强调检察机关的成员属性,英美法系国家更强调检察官的成员属性。而窃以为,两者都有失片面:前者在凸显检察机关主体作用——职能承受成员的同时,既忽视了检察机关内设部门的主体作用,也忽视了具有主观能动性、可赋予检察机关及其内设部门生命活力的检察人员特别是其中检察官的主体作用。后者在凸显检察官的主体作用——职能执行成员属性的同时,则无视检察机关及其内设部门的主体作用——检察人员及其检察官的“官署”或机关法人属性。[②]

因此,窃以为,一方面,检方才是检察制度包括其下位诸如刑事、民事、行政、侦查监督、刑事执行、控告申诉等各色检察制度的真正主体或对象——成员的全部,且缺一不可。因为,唯此才能使检方与检察权合体,并赋予检察制度生命活力,且推动其运作。

另一方面,检察制度就是指由国家制定或认可的规范检方行为、权力(利)的规范总和,抑或它就是检察法律适用的现实、客观结果。因为,作为法律和制度的子集,检察法律也是检察制度的载体,检察制度也是检察法律适用的现实、客观结果;有什么样的检察法律就会孕育出什么样的检察制度,没有检察法律就没有检察制度——检察法(律)是检察制度的“种子”“母胎”;而一国国体、政体尤其是国情,则是该国检察制度生成的主要“土壤”“养分”。

---

① 参见辞海编辑委员会编:《辞海》(缩印本),上海辞书出版社 1980 年版,第 185 页、第 924 页——“制”“治”本义。

② 所谓官署,亦称官厅、官府,“行政机关旧称。多指地方行政机关”(参见商务印书馆辞书研究中心:《新华词典》,商务印书馆 2001 年版,第 347 页);而所谓机关法人,“指行使国家权力,以国家预算作为独立履行职责和从事民事活动的物质基础,具有民事权利能力和行为能力的中央和地方各级国家机关”,参见信春鹰主编:《法律词典》,法律出版社 2003 年版,第 700 页。

第二节　检察制度的地位与性质

一、概述

作为制度的子集，检察制度在国家制度体系中的地位、性质如何？见智见仁。大陆法系国家多从检察机关在国家机关体系中的地位、性质推导——检察机关的地位、性质，决定检察制度的地位、性质；①英美法系国家多从检察官在国家公职人员中的地位、性质推导——检察官的地位、性质，决定检察制度的地位、性质；反之亦然。而其出发和落脚点，则是始终奉行的“三权分立”原理。

而窃以为，两种推导就像它们所奉行的“三权分立”理论一样，也有管中窥豹之嫌。于是，检察机关或其检察官的地位、性质，也就有了国家机关与国家公职人员、行政机关与公务员、司法机关与司法人员、兼有司法和行政机关与兼有司法和行政人员双重属性、法律监督机关与法律监督人员诸观点，随之检察制度的地位、性质也便有了国家制度或者国家行政制度、司法制度、兼有行政与司法制度双重属性、法律监督诸制度之地位、性质的五花八门乃至“身份血统”的不纯正。

比较而言，“检察制度兼有行政与司法制度双重属性之地位、性质观”有一定合理性，但其不合理性也是显而易见——“兼有”毕竟不等于“全有”，就像具有父母基因的孩子，并不等于其父其母一样。因此，从“物种变异”上说，在国家制度体系中，检察制度既不属于立法、行政或司法制度，也不属于兼有行政与司法双重属性的一种新制度。这样，它便有了另立门户、牌位——国家专门法律监督制度的机会与必要。

从三大法系国家检察制度孕育、产生和发展的历程看，检方都始终自

① 而此种推论，早在“中国检察第一书”中也有所记载。例如，“检事局者乃于司法为适当之共力之官厅，非为司法权行使之官厅”（《检察讲义》第 102 页）；“检察事务不入于司法事务之内，而入于行政事务之内”（郑言笔述《检察制度》第一编，第 20 页）。

觉不自觉地承担着公益特别是其中的法律监督职责。无论初始的“国王代理人”身份、地位及其职能志趣——服务于国王私益，还是现今的“社会公益代理人”身份、地位及其职能志趣——服务于社会公益，无不如此。而对此，四部“中国检察第一书”，无不指出维护“公益”特别是“国家或其统治者利益”，是国家代表创设检察制度的初衷之一或者原动力。

退一步讲，即便是检方的“天职”——公诉本身，也蕴含着公益内容之一——法律监督的合理内核。例如，沈家本针对《刑事诉讼律》(1911年1月24日)第39条第1项“刑事原告之职务，由检察官执行”，就有如下谨案——“犯罪概因侵害国家公益而成立。故为原告请求处罚者，必须由国家设立(检察)机关”；第357条第2项“检察官因被告人利益，亦得为上诉”，亦有如下谨案——“惟检察官为代表国家公益之官吏，有要求正当适用法律之职权，故依第2项，亦得因被告人利益而为上诉”。[①]所以从这个意义上说，检察制度在国家制度体系中的地位、性质，属于国家专门法律监督制度。一方面，法律监督制度是相对国家的法律适用——执法制度与非专门法律监督制度(如议会、新闻、群众等监督)而言的。换言之，没有执法制度或者非专门法律监督制度，国家专门法律监督制度也不会孕育、产生、发展乃至消亡。

另一方面，法律监督制度也属于国家代表创设检察制度初衷理应维护之“公益”的题中应有之义。究其原因，因为有国必有法，国家统治者立法的志趣在于满足其管理国家事务的客观需要；法贵在行，行必有执法者；而作为人的执法者，必有七情六欲或人性弱点，[②]而七情六欲或人性弱点就会导致执法者正确和不正确适用法律可能的客观存在；而不

---

① 参见吴宏耀、种松志主编：《中国刑事诉讼法典百年》(上册)，中国政法大学出版社2012年版，第119、186页。同时值得说明的是，其中法条中的“项”实为现在的“款”，亦即旧中国法条中的“项、款”，与当代中国法条中的“款、项”相应。

② 而人的七情六欲或人性弱点与人之初性“本善”或“本恶”，并无直接关系。因为，若人之初性“本善”，而后既有保持“本善”的一面，也有蜕变学坏的另一面；若人之初性“本恶”，而后既有保持“本恶”的一面，也有蜕变学好的另一面。

正确适用法律的结果，必然减损、违背统治者的立法初衷并放大法律的负能量。因而为保证立法初衷的实现与法律正能量的释放，统治者势必自觉不自觉地创建专门的法律监督制度，包括随资产阶级民主革命胜利而创立的近现代检察制度。

二、新中国检察制度的地位与性质

就中国特别是新中国检察制度在国家制度体系中的地位、性质而言，它同样也属于具有公益制度性质的、国家专门的法律监督制度之地位、性质。正是："列宁（1870～1924 年）在十月革命后，曾坚持检察机关的职权是维护国家法制的统一。我们的检察院组织法运用列宁这一指导思想，结合我们的情况，确定检察院的性质是国家的法律监督机关"。①

而上溯到中国人民检察制度诞生之初——1931 年 11 月 20 日诞生的中华苏维埃共和国检察制度的理论渊源，同样也是列宁的法律监督、监察、检察思想。因此，那种认为中国人民检察制度没有理论渊源或照搬照抄苏联的观点，是站不住脚的。正是："苏联的司法制度也并不是那么完善的。它是第一个社会主义国家，错误难免会多一些。他们犯了错误，我们就应当少犯错误"；而"现在要整风，反对主观主义，主要是反对教条主

---

① 参见彭真：《关于七个法律草案的说明——1979 年 6 月 26 日在第五届全国人民代表大会第二次会议上》，载《彭真文选》，人民出版社 1991 年版，第 377 页。申言之，"不管你是什么新疆、西藏，什么广东、广西，都要由法律统一。谁来监督法律呢？由检察院监督。检察院的权比过去扩大了，这不是你们检察长争取来的，是党中央、全国人民代表大会赋予的，也就是全国人民赋予的。为什么？就是要保证法律统一，避免出现独立王国。如果这个党委干涉一下，那个党委干涉一下，那还有什么统一的法律？那样中国不知要出多少诸侯啊……有了法，就要执行。谁监督执行？除了党委，就是检察机关。你们的权很大，这是党给的，是为了保证政策、法律、法令的统一贯彻实施。独立行使职权，是党赋予的，是全国九亿人民赋予的。有了这个权就要行使，不行使就是渎职……独立行使职权，就是保证全党意志、全国人民意志在全国统一实现。这是关系国家统一和安定团结的大问题"（参见《彭真同志在各省、市、自治区检察长座谈会上的讲话——1979 年 7 月 24 日下午》，山东省人民检察院 1979 年 8 月 20 日翻印，第 4 页）。

义，反对机械地搬运苏联经验，或依法办事中的形式主义、片面观点等。”①

另外，值得说明的是，在列宁的著作尤其是有关法律监督、监察、检察的下列5篇近2.3万字论述中，却鲜有“法律监督”一词。而窃以为，“法律监督”是我国无产阶级法学(律)、司法人士(如梁柏台、何叔衡、董必武、谢觉哉、李默庵、李六如、彭真、陈启育、陈新民、王桂五等)，对列宁所主张并“坚持的检察机关的职权是维护国家法制的统一”之思想的高度抽象概括：《关于工农检查院的任务、对任务的理解和执行的问题》(1921年9月27日)；《论“双重”领导和法制——给约·维·斯大林并转政治局的信》(1922年5月20日)；《我们怎样改组工农检查院——向党的第十二次代表大会提出的建议》(1923年1月23日)；《〈我们怎样改组工农检查院〉一文的材料》(1923年1月)；《宁肯少些，但要好些》(1923年3月2日)。②

此外，列宁所主张并“坚持的检察机关的职权是维护国家法制的统一”之思想的主要观点包括：③(1)工农检查院的任务，④不仅仅是甚至

① 参见《1957年12月梁国斌同志传达刘少奇同志的指示》，《1957年4月谭政文同志传达中央对检察工作和其他问题的指示》，载《中央和中央领导同志对检察工作历次指示汇编(1950—1968)》，最高人民检察院办公厅1993年编印，第157、185页。

② 其中“工农检查院”“检察长”，实际应为“工农监察院”“监察长”。因为十月革命胜利苏联成立后，在废除沙皇俄国司法包括检察制度时，并未立即创建苏联检察制度，而创建的是国家监察制度，并规定由其国家监察机关——“工农检查院”在行使监察权的同时，还行使检察机关的所有职权。而我国中华苏维埃共和国在借鉴苏联检察制度时，既设立了监察委员会行使国家监察权，也设立了检察委员会行使国家检察权，并非简单地照搬照抄苏联。因为早在1927年4月，中国共产党第五次全国代表大会就表决设立中央监察委员会，并选举了中央监察委员会委员。这是中央纪律检查委员会的前身。1928年7月，中国共产党第六次全国代表大会通过的《中国共产党章程》，将“监察委员会”改为“审查委员会”。1933年9月，中共中央作出《关于成立中央党务委员会及中央苏区省县监察委员会的决定》。1934年1月，党的六届五中全会选举产生了以李维汉为书记的中央党务委员会。1949年10月，中华人民共和国成立。中央人民政府委员会第三次会议决定成立中央人民政府政务院人民监察委员会。

③ 参见中共中央马恩列斯著作编译局编：《列宁全集》(第42～43卷)，人民出版社1987年版。

④ 工农检查院：实际为当时苏联的国家监察机关而非检察机关，并承担国家检察职责。因为，在苏联成立而废除沙皇俄国司法制度后，当时苏联的检察机关并未设立。

主要不是“捕捉”和“揭发”(这是法院的事,工农检查院虽然和法院密切有关,但决不等同),而是善于纠正。善于及时地纠正,这才是工农检查院的主要任务(第42卷第150页)。(2)法制不能有卡卢加省的法制,喀山省的法制,而应是全俄统一的法制,甚至是全苏维埃共和国联邦统一的法制(第43卷第195页)。(3)检察长有权利和有义务做的只有一件事。注意使整个共和国对法制有真正一致的理解,不管任何地方差别,不受任何地方影响。检察长的唯一权利和义务是把案件提交法院裁决(第43卷第195页)。

再者,诚如我国较早介绍苏联法院和检察机关的专著——《苏联法院和检察机关》([苏联]维辛斯基编著,张子美译,商务印书馆1949年6月初版)所云:“苏维埃检察机关组织的基本原则,在前已述及的1922年列宁致史大林《关于“双重”管辖和法纪》的著名函件中,①曾有说明。列宁从单纯法纪通行共和国‘和整个联邦’的原则,以及检察官负有督察各地方当局每一判决不得违反法律的义务中,推演出所有检察机关组织最重要的原则,为使检察机关得以‘不顾任何种类的地方特点和地方势力’维护真正统一的全国法纪它必须集权中央,对地方政权完全独立……列宁的这些原则,便是1922年苏维埃检察机关组织的基础”(第39~40页)。

因此,尽管中国人民检察制度的创设与发展有过“以俄(苏)为师”的经历,但绝非简单机械地照搬照抄。细言之,“中国特色社会主义检察制度是我们党探索符合国情的社会主义民主政治和权力监督制度的伟大创举,是马克思主义法学理论中国化的重要成果。它发端于战火纷飞的革命年代,形成、发展于社会主义建设和改革开放伟大实践,既传承中华传统法治文化,也借鉴了其他国家有益做法,有着广泛的实践基础和深厚的历史渊源。它具有顽强的生命力,虽历经风雨,仍不断开拓发展新境界。中国特色社会主义检察制度来之不易,凝聚着我们党在法

① 该信亦即《论“双重”领导和法制——给约·维·斯大林并转政治局的信》;史大林,即斯大林。

治领域的奋斗与探索，也承载着几代检察人的光荣与梦想。我们必须倍加珍惜、始终坚持、永不动摇”。[①]

三、法律监督

（一）列宁的法律监督思想

如上所述，“法律监督”是我国无产阶级法学（律）、司法人士，对列宁所主张并“坚持的检察机关的职权是维护国家法制的统一”之思想的高度抽象概括。而之所以这么说，还可以通过《苏联的检察制度》｛［苏联］高尔谢宁著，陈汉章[②]（1925～2011年）译，新华书店1949年10月初版，第27～59页｝一书针对如下两个专题的主要阐释，[③]得以验证：

针对专题一：“无产阶级革命与革命法制的保护”的主要阐释：

——获得胜利的无产阶级建立了新的革命秩序，创立了新的革命法制。伟大的十月社会主义革命前夜，列宁在其《国家与革命》这一著作中指出：“工人阶级夺取了政权以后就要打碎旧的官僚机关，要根本毁坏它，要彻底铲除它……沙俄的检察机关——这一只保护了资本家和地主利益的沙皇制度的看家狗也被消灭了。”1917年11月24日所公布的《关于法院的第一号法令》已经决定：“废弃从前所有的侦查人员和检察监督制度”（第28～29页）。而33年后的1949年2月28日，中共中央也发布《关于废除国民党的六法全书与确定解放区的司法原则的指示》

① 参见曹建明：《紧紧围绕“四个全面”战略布局在新的起点上推动人民检察事业创新发展——2016年7月20日在第十四次全国检察工作会议上的讲话》，载《检察日报》2016年7月21日。

② 陈汉章（1925～2011年），我国当代民法学家。1949年10月在中央人民政府法制委员会工作；1951年经组织派遣去苏联攻读法律；1956年毕业于莫斯科大学法律；回国后先后在国务院法制局、国务院秘书厅、国务院法规编纂委员会、中央政法小组等单位从事法制工作；1981年入中国社会科学院法学研究所专门从事民法理论研究；1979～1982年参加全国人大常委会法制工作委员会组织的民法起草工作。著译有《民法简论》《人身权》《苏联民法》《捷克斯洛伐克社会主义共和国民法典》等。

③ 限于篇幅，该书中注释省略。

指出:“在无产阶级领导的工农联盟为主体的人民民主专政政权下,国民党的六法全书应该废除。”

——还是在苏维埃国家存在的第二天——1917 年 11 月 8 日,即已用特别训令责成彼得堡苏维埃的军事革命委员会的各委员,各按所管的部门,“对于确切实行人民委员(苏维埃)和军事革命委员会的决议加以监督,并于每周向军事革命委员会委员局至少有两次的书面报告”。在 1917 年年底对于各苏维埃所颁发的第一个训令曾经规定“……各苏维埃应将中央政府的一切法令和决议付诸实行……”在 1917 年至 1918 年各地方对执行法律之监督会由地方工人、士兵、农民代表苏维埃所选举的司法委员担任实行,后来是由各省执行委员会附设的省司法处实行(第 32 ~29 页)。

——在这一时期,国家监察人民委员部及其地方机关,在确切执行法律的监督上也曾起了重大的作用……嗣后,国家监察人民委员部的职权即移归 1920 年所建立的工农检察人民委员部。1920 年 2 月 8 日全俄中央执行委员会曾以法令责成工农检察人民委员部:对于各苏维埃机关里的官僚主义及延宕现象进行斗争,对于实行中央及地方苏维埃政府的一切法令和决议加强监督,由实际上所收效果的观点,对于一切苏维埃政权机关的活动加以考核。工农检察院会受委托“对于确切执行第六次全俄苏维埃非常大会的关于法制的决议实行监督”。因此,在检察机关创立以前,对于国内法纪的监督,曾由中央及地方各苏维埃机关在政府的监察下实行一系列的办法得到了保证。其他的检察职权在苏维埃检察机关建立以前,则曾由其他机关行使(第 35 ~37 页)。[①]

针对专题二:“苏联检察机关的建立”的主要阐释:

——列宁在 1921 年第六次全俄苏维埃代表大会上曾说:“现在在我们面前有一个发展公民经济流通的任务,这一任务是为新经济政策所

① 而上述规定,一方面,可折射出法律监督有专门与非专门法律监督之分。另一方面,在专门法律监督中,又包括由国家监察人民委员部及其地方机关、工农检查人民委员部、检察机关等国家专门法律监督机关享有并施行的法律监督。

需要,而这一任务则需要有强大的革命法纪……我们愈进入巩固的政权的条件,公民经济流通愈加向前发展,而提出实现更大的革命法纪的坚决口号亦更加迫切需要……”根据列宁的这些指示,1921 年 12 月的联共(布)党第六次代表会议曾经决定:“因为劳动人民的胜利给苏维埃俄国保证了即使是临时的不巩固的和平,并使可能从外部和内部战场上的军事紧张状态转入和平的经济建设。所以当前的任务是在生活的各方面奠定革命法制的严格的基础。”联共(布)党第六次全俄代表会议在其决议中指出:在加强保障公民的身体和财产的同时,应当实行一切公务人员和公民违反苏维埃法律的严格的责任(第 52 ~ 53 页)。

——列宁曾说:“自由贸易便是资本主义,资本主义便是投机,不看到这一点是可笑的,又怎么办呢?宣布投机事业不受惩罚吗?不是的,要重新审查和重新制定关于投机的一切法律,要把一切窃盗公物行为和一切直接或间接、公开或隐密的逃避国家监察监督和统计的不法行为宣告为应受惩罚(实际上应比以前加倍查究)。”因此,革命法制的任务也就改变了(第 53 ~ 54 页)。

——在和平建设的条件下,进行建立新的法典的巨大工作有了可能。在 1922 年曾经通过:《刑法》《民法》《土地法》《刑事诉讼法》《民事诉讼法》,也曾通过了新的《劳动法》代替了 1918 年的旧法。这些法典的通过,曾奠定了苏维埃法制的巩固的基础。监督国内法制的特别机构——检察机关的组织有了必要(第 54 页)。

——关于检察机关的组织原则和权利问题,曾在 1922 年的全俄中央执行委员会的 5 月例会上引起了热烈的辩论。许多全俄中央执行委员会的委员曾经表示反对各省检察机关直接和专一地服从于中央,并反对省检察机关对省执行委员会的非法决议有抗议之权。因此,列宁曾为政治局写了一封有名的《关于“两重”从属制和法制》的信给斯大林同志,①这一封信是苏联检察机关的组织和活动的理论基础(第 55 页)。列

① 该信亦即《论“双重”领导和法制——给约·维·斯大林并转政治局的信》。

宁在该信中解释道："在需要能够考虑真正存在着不可避免的差别的地方，'两重'从属制（即服从于省执行委员会和中央的该管人民委员会）是必要的……但是法制应当是统一的，并且在我国全部生活中和一切不文明现象中，主要的祸害是对于旧俄传统观念和企图保留加路格法制以别于嘉桑法制的半野蛮人的积习的一种宽容态度。"列宁继续地指示说："检察官唯一的职权是：监督全共和国内对法律有真正一致的了解，既不顾任何地方上的差别，也不受任何地方上的影响"（第55～56页）。

——1922年5月28日所通过的《关于检察监督的章程》曾在苏俄司法人民委员部的机构中建立了检察机关，根据该项章程曾经责成检察机关执行下列职务：(1)用国家的名义对于犯罪人提起刑事检举及对于违法决议提出抗议，实行监督一切政权机关、经济机关、公共的及私人的团体和私人的一切行为之合法性；(2)直接监督侦查机关和讯问机关在揭发罪行方面的活动，并监督国家政治保卫局的活动；(3)在法院中支持控告；(4)监督拘禁的正当性（第56页）。一言以蔽之，1922年5月8日《关于检察监督的章程》颁布之前，抑或苏联成立并废除沙皇俄国检察制度之后并未马上建立前苏联检察制度，而建立的是监察制度，且由监察机关既履行国家的监察权，也履行国家的检察权。而1918年列宁身体每况愈下，为防止未来可能出现的领导人个人独裁，列宁决定设立检察机关。于是，苏联检察制度于1922年5月28日随着《关于检察监督的章程》的颁行而建立。

另外，列宁的法律监督思想，也并非像某些人所言："只是只言片语"；而如上所述，它主要由5篇著述构成，①共计2.3万字。

① 众所周知，1918年8月30日列宁遇刺后身体健康每况愈下，决定苏联命运的权力也逐步转移到列宁的接班人斯大林手中。而获得权力的斯大林开始显现残暴、独裁等倾向。而为防止这种倾向的发生，列宁决定设置苏联检察制度以防止斯大林残暴、独裁。但事与愿违的是，新创设的苏联检察制度不仅没有达到防止斯大林专治的目的，而且成了斯大林实施专治、清除异己的工具。2014年笔者有幸到俄国进行学术访问，得知现今的俄国老百姓依然痛恨当年的克格勃和现今的检察院。这一点，在《苏联检察院对5810例反苏维埃鼓动宣传活动案件的司法复查》（[俄]埃德尔曼编，方琼、唐福山译，人民出版社2010年版）一书有充分展现。

此外,也有人会提出,在苏联已经解体、形势发生很大变化的情况下,不应固守列宁的法律监督思想和苏联检察制度模式。而窃以为,这种观点也是不正确的:①

一是苏联检察制度模式与社会主义民主政治(如共产党执政、人民代表大会制度等)具有内在的联系,其基本精神和框架是适合我国国情的。

二是与我国在政权建设的其他方面没有照搬照抄苏联模式一样,我国在检察制度的具体设计上,也没有完全照搬照抄苏联的具体做法,而是充分考虑我国国情,进行了中国化的具体改造,体现了对列宁法律监督思想的创造性运用和发展。

三是我国检察制度不仅借鉴了苏联经验,也借鉴了其他社会主义和非社会主义国家的检察制度;②同时,也吸取了中国历史上政治法律制度的精华,继承了新民主主义革命时期检察工作的优良传统,具有深厚的本国文化底蕴和自身的检察实践基础。

四是各国司法包括检察制度都是在互相吸收借鉴中发展起来的。由于历史的原因,我国检察制度不仅与苏联检察制度相似,也与大陆法系国家的检察制度比较接近,特别是创立之初既有以日本检察制度为蓝图的“照搬照抄”,也有结合本国国情的自主变通。因此,可以说它吸收了人类法治文明的许多成果。特别是改革开放以来,我国在建立中国特色社会主义法律体系的过程中,借鉴了当代各国法律制度的一些有益做法,修改完善了《刑法》《刑事诉讼法》等一系列法律,检察制度

---

① 参见《关于司法体制改革的专题研究意见》,最高人民检察院 2003 年 7 月 30 日编印。

② 例如,早在 1954 年 6 月 26 日,中央人民政府最高人民检察署办公厅就编印了《(社会主义)检察署组织法研究》;1956 年,北京政法学院编印了《中华人民共和国审判法参考资料汇编第三辑——人民检察院组织法与人民法院组织法》;1959 年,最高人民检察院办公厅编印了《检察制度参考资料第三编(外国部门)》(上、下)等借鉴国外检察制度之文献。

也在改革中与时俱进，不断得到完善和发展。与此同时，列宁的法律监督思想也未因苏联解体、东欧剧变而失去理论光辉和现实指引意义，并依然是中国特色社会主义检察制度的理论渊源之一。然而，对于那些存在贬损、“拉黑”中国检察制度的“欲加之罪，何患无辞”者来说，即便它再有道理、字数再多，也无济于事，更何况“苏东”还确确实实倒台了呢！

再者，“我国宪法把检察机关确立为国家法律监督机关，[①]不仅是中国检察制度最鲜明特色，而且也是中国司法制度乃至中国政治制度重要特色。发展和完善中国特色社会主义检察制度，不能离开法律监督这

① 尽管中国人民检察制度创建之后，就有人主张检察制度及其检察机关、检察人员具有法律监督的地位、性质，但真正依法确立检察机关是国家法律检察机关性质的法律，却是1979年7月1日颁行的《人民检察院组织法》。其中，第1条开宗明义“中华人民共和国人民检察院是国家的法律监督机关”。随后颁行的1982年《宪法》第129条，将“中华人民共和国人民检察院是国家的法律监督机关”，上升为宪法规范。而后修正的《宪法》与《人民检察院组织法》，都始终保留着上述规定。但是，不无遗憾的是，我们并没有始终很好地坚持“发展和完善中国特色社会主义检察制度，不能离开法律监督这个根本属性”之要求。譬如，在外界质疑检方法律监督性质之际，往往在检方内部随声附和的声音也不绝于耳。甚至在“鱼与熊掌不可兼得”的情形下，最高人民检察院《中华人民共和国人民检察院组织法修改草案（建议稿）》（2016年7月1日，共5章11节62条）却取了“中华人民和国人民检察院是国家的法律监督机关，也是国家的司法机关”（第2条）的提法。其中，之所以加“也是国家的司法机关”后缀，因为2006年《中共中央关于进一步加强人民法院、人民检察院工作的决定》明确检察院、法院均是国家的司法机关，检察机关也是司法机关的争论随之减少。党的十八大之后中央的相关文件表述中的司法机关也均将检察机关包含在内。因此，在立法上明确检察机关是国家的法律监督机关，同时也是国家的司法机关，具有非常重要的意义，有利于消除检察机关是否应当具备审查逮捕权、司法解释权等司法性权力的争论。而窃以为，这样做只是解决了“得鱼”的问题，却忽略了“得熊掌”——职务犯罪侦查问题。不想，随后不久，不仅全国人大内司委《〈中华人民共和国人民检察院组织法（修订草案）〉（征求意见稿）》（2016年10月）和2018年《人民检察院组织法》未采用上述“得鱼”建议，反而紧缩采用“人民检察院是国家的法律监督机关，依法行使检察权”（第2条）的提法，而且“京晋浙开展国家监察体制改革试点方案与决定”便“不期而至”。但凡翻检一下我国近现代法学（律）文献就不难发现，在我国，司法始终包括审判和检察，并非上述决定才开启司法机关包括审判和检察机关之先河。

个根本属性。要从法治建设全局出发，正确认识法律监督性质、特点和职能作用，完善法律监督范围、方式、程序和格局，构建系统完备、科学规范的检察监督体系。要坚持敢于监督、善于监督、依法监督、规范监督，切实保障宪法法律统一正确实施。要把法律监督贯穿全部检察工作中，无论是深化检察改革、检察队伍建设，还是加强检务保障、夯实基层基础，都要紧紧围绕强化法律监督来展开，努力使检察机关的法律监督属性更加鲜明，更好地发挥检察监督在社会主义法治国家建设中的作用”。①

最后，值得欣慰的是，一方面，“一个国家实行什么样的司法制度，归根到底是由这个国家的国情决定的。评价一个国家的司法制度，关键看是否符合国情、能否解决本国实际问题。实践证明，我国司法（包括检察）制度总体上是适应我国国情和发展要求的，必须增强对中国特色社会主义司法制度的自信，增强政治定力。同时，我国司法制度也需要在改革中不断发展和完善。执法司法中存在的突出问题，原因是多方面的，但很多与司法体制和工作机制不合理有关”。② 而解决根治这些突出问题的良方，就是必须进行司法或其检察改革。另一方面，检察官作为公共利益的代表，肩负着重要责任；中国检察机关是国家的法律监督机关，承担惩治和预防犯罪、对诉讼活动进行监督等职责，是保护国家利益和社会公共利益的一支重要力量。③ 而这也是新时代中国检察机关的定位和发展方向、思想理论方针指南。

总之，检察制度的概念、地位、性质，随国体、政体等国情以及研究者

---

① 参见曹建明：《紧紧围绕“四个全面”战略布局在新的起点上推动人民检察事业创新发展——2016 年 7 月 20 日在第十四次全国检察工作会议上的讲话》，载《检察日报》2016 年 7 月 21 日。

② 参见中共中央文献研究室编：《习近平关于全面依法治国论述摘编》，中央文献出版社 2015 年版，第 76 ~ 77 页。

③ 参见《习近平致信祝贺第二十二届国际检察官联合会年会暨会员代表大会召开》，载《检察日报》2017 年 9 月 12 日。

素质、认知的差异而有所不同;但窃以为,作为规范检方权力(利)、行为的中国检察制度,其地位、性质属于国家专门法律监督制度范畴。当然,通过检索《世界各国宪法》(中国检察出版社 2012 年版)、《世界各国刑事诉讼法》(中国检察出版社 2016 年版)以及《世界各国检察院组织法选编》(中国社会科学出版社 1994 年版)、《最新国外检察院组织法》(中国检察出版社 2018 年版)也不难发现,除我国之外,在宪法、刑事诉讼法、检察院组织法中直接规定"检察机关(院)是国家的法律监督机关"的,却不多见,但也是有的。① 因此,从这个意义上说,"检察院(机关)是国家的法律监督机关"既是新中国首创的检察立法例,也是中国特色社会主义检察制度最重要的"中国元素"之一。一言以蔽之,坚持好、巩固好、完善好、发展好新时代中国特色社会主义检察制度,是坚持和巩固、完善和发展"中国之治"的内在要求。

(二)"法律监督"译法的追根溯源

就像俄语"布拉吉"("Blazy"——"连衣裙"的中文译音)一样,在中国特别是中国人民检察制度管辖时空内,除"法律监督"是我国无产阶级法学(律)、司法人士,对列宁所主张并"坚持的检察机关的职权是维护国家法制的统一"之思想的高度抽象概括之外,它还有浓重的"以俄为师"的"照搬照抄"——即对俄语"правовой надзор"一词进行直译的色彩。因为俄语"правовой"一词为汉语的"法(律)的,权(利)的"——"职权"之意,而俄语的后缀定语"надзор"一词则为汉语的"监督"之意。②

因此,现在看来,一方面,倘若当初按汉语习惯,将俄语"правовой надзор"译为汉语"监督法律",不仅更为妥帖,也容易让人理解;倘若当

① 例如,《几内亚比绍共和国宪法》(1984 年 5 月 16 日)第 97 条第 1 款"公共部(即检察机关)是和各级法院共同实行法律监督的国家机关,其代表公众和社会利益,为刑事诉讼的名义领导";《拉脱维亚检察院法》(1994 年 6 月 2 日)第 1 条第 1 款"检察院是在本法规定的职权范围内独立行使法律监督权的司法机关"。

② 参见竺一鸣等编:《精选俄汉、汉俄词典》,商务印书馆 1999 年版,第 141、334 页。

初按当时苏俄法律监督的专门性或实际运作，而将俄语“правовой надзор”译为汉语“检察机关的监督”或“检察监督”也未尝不可。当然，历史不能重演，何况“法律监督”“侦查监督”“执行监督”“诉讼监督”等“监督＋××”的构词方式，在我国已约定成俗。所以，也没有再将“法律监督”等返璞归真地改称为“监督法律”的必要。但值得注意的是，在《苏联检察院对5810例反苏维埃鼓动宣传活动案件的司法复查》（人民出版社2010年版）一书中，译者在翻译编者序言时，却将“检察监督”译为“检察机关的监督”，将“诉讼监督”译为“监督诉讼”的译法，值得玩味。例如，“在苏联的司法实践中，对国家安全机关审讯活动进行的监督，是由州、加盟共和国和联盟检察院的特殊部门进行的。检察机关的监督，是以监督诉讼的形式被确定下来的，而监督诉讼是在检察院机关里，与侦察机关在它们的监督之下记录的刑事案件并行完成的。除此之外，监督诉讼是根据囚犯的申诉书和要求对案件进行重新审理的请求书事后立案的”（第1页）。

另一方面，通过检索《世界各国宪法》、《世界各国刑事诉讼法》、《世界各国检察院组织法选编》和《最新国外检察院组织法》等相关文献也不难发现，中外有关“监督法律”的立法例并不鲜见，且主要存在于以下三个层面：

一是宪法层面。有诸如《老挝人民民主共和国宪法》（1991年8月15日）第86条“检察院依法监督法律实施”；《黎巴嫩共和国宪法》第65条第2款“（内阁有权）监督法律和制度的执行”；《阿拉伯叙利亚共和国宪法》第146条“最高宪法法院负责……监督法律、立法法令、章程和制度的合宪性……”《厄立特里亚国宪法》（1997年5月23日）第32条第7款“国民议会有权监督法律的执行”；《佛得角共和国宪法》（1992年8月5日）第135条第1款第17项“共和国总统有权要求最高宪法法院监督法律规范的合宪性”；《刚果民主共和国宪法》（2006年2月18日）第160条“宪法法院负责监督法律和具有法律效力的文件的合宪性”；《毛里塔尼亚伊斯兰共和国宪法》（1991年7月20日）第43条第3款“政府监督法律、法规的公布与执行”等。

二是检察院组织法层面。有诸如《波兰人民共和国检察院法》(1985年6月20日)第45条第1款“在行政和经济仲裁程序及其他法律规定的程序中,检察官监督法律实施”等。

三是刑事诉讼法层面。有诸如《巴西共和国刑事诉讼法典》(2012年7月4日修正)第257条第2项“检察院负责监督法律的执行”。

而早在20世纪四五十年代,我国就有将“监督法律”与“法律监督”相互替代运用之情形。例如,《新中国检察制度概论》[陈启育(1909~1980年)著,新华书店1950年11月初版]第31页也有“社会主义苏联及新民主国家的检察机关,它们设立的目的是为监督法律的严格执行,决不只限于人民间的刑事方面,而且还有对于机关及公务人员的法律监督”之记载。而由上可见,与“法律监督”主体的多元化一样,“监督法律”的主体同样也是多元化的。

(三)“法律监督”的初现、较早与现状

从历史渊源、生成逻辑上说,“法律监督”理应随中国人民检察制度之法律监督性质的确立而出现。但事与愿违的是,作为中国人民检察制度最早的立法文献——《工农检察部的组织条例》(1931年11月20日),只有第5条规定有针对法律及其检察监督情形的描述(如“监督苏维埃机关对于苏维埃的经济政策。首先是财政与租税政策,是否执行得正确”),却没有“法律监督”一词。

另外,《工农检察部的组织条例》中没有“法律监督”,并不标志当时中外其他法律文献中也没有“检察监督”一词。例如,《关于管理基尔吉兹边区的革命委员会》(苏俄人民委员会1919年7月10日法令)第14条“基尔吉兹人之间的一切诉讼案件,由被告人住所地的仲裁审判会在阿乌尔的和乡的执行委员会主席参加下来解决。对于仲裁审判会的裁判,可以依照上诉程序,最终地向县人民法院基尔吉兹案件庭声明不服。县人民法院有权依照法律监督程序撤销仲裁审判会的刑事判决并将案件送交已更换审判组织的仲裁审判会重新审理”。①

此外,与《工农检察部的组织条例》相反,《苏联的检察制度》一书不仅有针对法律乃至检察监督情形的具体描述——“在1917~1918年各地方对执行法律之监督会由地方工人、士兵、农民代表苏维埃所选举的司法委员担任实行,后来是由各省执行委员会附设的省司法处实行”(第32~33页)、“苏联检察机关就是负有监督苏联全体公务人员与公民严格守法的苏维埃国家机关”(第3页),还有“法律监督”一词——“在新的和平建设条件下,要求检察机关更好地组织对确切遵守法律实行监督,更有效地对于罪行进行斗争。一切对确切执行法律监督的基础,是在对于坚定不移地执行《苏联斯大林宪法》所实行的监督”(第107页)。

再者,在我国还有如下含有“法律监督”之“较早”记载:②

较早的外国法律——《关于管理基尔吉兹边区的革命委员会》(苏俄人民委员会1919年7月10日法令);

较早的中文译著——《苏联的检察制度》([苏联]高尔谢宁著,陈汉章译,商务印书馆1949年12月初版);

较早的中文小册子——李六如(1887~1973年)著《检察制度纲要》(中国政法大学教务处1950年1月编印);③

较早的中文专著——陈启育著《新中国检察制度概论》(1950年5月1日完成,新华书店1950年11月初版);④

---

① 参见[苏]古谢夫编:《苏联和苏俄刑事诉讼及法院和检察院组织立法史料汇编(1917—1954年)》(上册),王增润等译,法律出版社1958年版,第228页。当然,此等对“法律监督”的采用,也受翻译者对法律监督认知程度的影响。

② 而之所以用“之较早”而未用“之最”,囿于笔者视野与考察所限。

③ 该小册子面世不久,被《中央政法公报》转载;1950年1月,中国政法大学教务处与最高人民检察署以《各国检察制度大纲》书名,翻印了该小册子;1950年6月,司法部干部轮训班又以《各国检察制度纲要》名称,将其收入了《检察制度》等。当然,不同版本的它都有“法律监督”提法。

④ 该书1950年版至少有三个以上印本;1951年4月,人民出版社出版《新中国检察制度概论》(修订本)。而该书的这些版本中都有“法律监督”一词。

较早的中央文件——《中共中央关于建立检察机构问题的指示》(亦称《中共中央发给中央局、分局,省、市、县委关于建立检察机构问题的电报》,1950 年 9 月 4 日);

较早的《人民日报》社论——《加强人民检察工作》(1951 年 9 月 5 日);

较早的“准司法解释”——《辽宁省沈阳市人民检察院与市公安局、市法院、市监察委员会工作关系的暂行规定》(1954 年 9 月 28 日);

较早的检察解释——最高人民检察院《各级人民检察院侦查工作试行程序》(1956 年 8 月);

较早的最高人民检察院工作报告——《关于 1956 年以来检察工作情况的报告——张鼎丞(1898～1981 年)在第一届全国人民代表大会第四次会议上》(1957 年 7 月 1 日);

较早的立法解释——《彭真关于七个法律草案的说明——关于〈中华人民共和国人民法院组织法(草案)〉和〈中华人民共和国人民检察院组织法(草案)〉》(1979 年 6 月 26 日);

较早的法律——《中华人民共和国人民检察院组织法》(1979 年 7 月 1 日);

较早的宪法——《中华人民共和国宪法》(1982 年 12 月 4 日);

较早以“法律监督”为书名、有关法律监督的专著——《法律监督论》(钟海让著,法律出版社 1993 年版)……

总之,在我国,一方面,自“法律监督”于 1979 年 7 月 1 日正式载入我国《人民检察院组织法》之后,迄今它已成为名副其实的法学及其检察学、法律及其检察法律的专门名词术语。而之所以得出这一结论,因为,诸如《法律词典》《中国检察百科辞典》等工具书,诸如现行《宪法》(第 134 条)、《人民检察院组织法》(第 2 条)、国务院《看守所条例》(1990 年 3 月 17 日,第 8 条)、公安部《公安机关办理刑事案件程序规定》(2012 年 12 月 13 日修正,第 6 条)、宁夏回族自治区人大常委会《关于加强检察机关法律监督工作的决定》(2010 年 1 月 16 日)等狭义和广义的法律,都有“法律监督”条目、一词的客观存在。

另一方面,截止到2019年3月底,尽管我国现行《宪法》经过了1988年、1993年、1999年、2004年和2018年五次修正,尽管1979年《人民检察院组织法》也经过了1983年、1986年和2018年三次修改,却始终没有改变——“(中华人民共和国)人民检察院是国家的法律监督机关”的宪法法律性质、定位。

(四)“法律监督”的别称与相关概念的关系

通过检索诸如《苏联的检察制度》《苏联法院和检察机关》《各国检察制度大纲》《新中国检察制度概论》等20世纪50年代以前的检察文献不难发现,一方面,“法律监督”是有别称的,主要有:监督法律、法律上的监督、法律之监督、法律的监督、一般法律监督,等等。

另一方面,与“法律监督”相关的概念主要有:司法监督(或司法检察)、一般监督(或一般检察)、直接监督、最高监督、检察机关的监督,以及法律监督权、法律监督的职能、法律监督机关、国家法律监督机关,等等。

而回到或接近历史源头看,陈启育同志则认为,“所谓一般监督又称为一般检察,即代表国家维护国家和人民的权益,检查政府的法律、法令、决议、政策等等之严格执行。换句话说:即是对于政府机关的措施,与公务人员和公民的行为,是否合法之监督……检察机关的监督,首先由注视各机关、各国家或社会机构,均不得颁发或施行与法律不相符合的命令或措施……所谓司法监督又称为司法检察,即代表国家保障一切法律的正确施行和运用。换句话说:即是对司法公安等机关的侦缉、捕禁、判案是否适当有无违背法律之监督”(《新中国检察制度概论》第21~23条)。

王桂五(1918~1995年)同志回忆,“所谓最高监督是苏联法学界提出的一种观点,认为检察机关的监督其中主要是一般监督,是最高监督。其理由是检察机关的监督权是由国家最高权力机关赋予的,因而是最高层次的监督”。①

另外，基于上下定义不难发现，法律监督与一般监督是两个既有联系，又有区别的法学概念。一则两者都是法学概念，同时“法律监督”又是法律乃至宪法概念，而“一般监督”却不是。当然，实践中，除法学理论与实务界大都讳言、规避一般监督提法之外，诸如中国银监会《银监会内部监督暂行办法》(2004 年 10 月 28 日)等广义法律中，却有“银监会各级部门在实施自我监督时，除可采用一般监督的相关方法外，还可采用以下方法加强自我监督……”(第 14 条)等有关“一般监督”的提法，但此“一般监督”并非本书所谈的“一般监督”。二则像法律监督一样，一般监督也是公益的子集，而一般监督又是法律监督的子集。因此，从位阶或“辈分”上说，一般监督属于法律监督“之子”、公益“之孙”；法律监督属于公益“之子”、一般监督“之父”。

此外，与一般监督一样，司法监督、检察监督、诉讼监督、侦查监督、审判监督，既属于法律监督的子集，也属于公益的子集。

(五)“法律监督”的词义、概念、主体与种类

1.“法律监督”的词义与概念

如上所述，“法律监督”亦称“监督法律”、“法律上的监督”、“法律之监督”、“法律的监督”，是指对法律适用情况结果的监督。它既有监督法律正确适用之意，也有监督法定职权正当行使之意。因为，俄语“правовой”就有“法(律)的，权(利)的”——“职权”本义。

何谓法律监督？见智见仁。窃以为，它有三层含义：

宏观上，是指国家、单位、组织和个人依法对法律的适用情况或结果所进行的检查、督促；

中观上，是指受国家委托的单位及其工作人员依法对法律的适用情况或结果所进行的检查、督促；

① 参见王桂五：《最高监督是非谈》，载王桂五著：《王桂五论检察》，中国检察出版社 2008 年版，第 446 页。

微观上，是指国家法律监督机关及其工作人员依法对法律的适用情况或结果所进行的检查、督促。其中的法律，是指包括宪法、法律、行政法规等在内的广义的法律。而在中国，微观上的法律监督则专指由检方而为的法律监督，亦即检察监督，特指检察机关及其内设部门、检察人员依法对法律适用情况或结果所进行的检查、督促。

另外，倘若将中国检察权比作形形色色的树枝的话，那么，法律监督就是承载这些树枝的树干，①并深深地植根于中国特色的政制沃土——国体政体基础之上。其中，人民中国的政体，主要经历了苏维埃制（1954 年之前）、人民代表大会制基础上的“一府两院”（1954 ~ 2018 年）和“一府一委两院”（2018 年之后）的变迁。当然，这种政体架构只是表象；而现实中，目前我国政体的实质架构，应为“一党（中国共产党）一军（中国人民解放军）一会（各级人大及其常委会）一府（各级人民政府）一委（各级监察委员会）两院（各级人民法院与检察院）”。

此外，通过检索《世界各国宪法》、《世界各国刑事诉讼法》、《世界各国检察院组织法选编》和《最新国外检察院组织法》等文献也不难发现，的确，只有或者仅有少数社会主义国家才有“法律监督”称谓、提法，②并主要包括以下两个层面：

一层是由宪法规定的“法律监督”，主要有 3 个国家：我国现行《宪法》第 134 条“中华人民共和国人民检察院是国家的法律监督机关”，

---

① 抑或检察机关及其内设部门的公诉、侦监、执检、控申、民行、未检、公益诉讼等职权，或者检察官依法进行法律监督工作、代表国家进行公诉等职责，抑或“四大检察”“十大业务”或者诸如高检院第一至十厅等业务部门之职责，都源于检方的法律监督属性、地位和检察监督这一“母胎”“种子”。正是“我国的检察机关，是无产阶级专政的武器，它通过审查批捕、审查起诉、出庭公诉、劳改检察、社改检察等法律监督职能，镇压敌人，惩罚犯罪，从法律上保证对敌斗争的正确进行”[参见《1958 年 9 月 6 日，最高人民检察院党组关于召开第四次全国检察工作会议向中央的报告》，载《中央和中央领导同志对检察工作历次指示汇编（1950—1968）》，最高人民检察院办公厅 1993 年编印，第 230 页]。

② 当然，这也受翻译者对法律监督认同认知程度的影响。

以及《亚美尼亚共和国宪法》(1995 年 7 月 5 日)第 108 条“为了保障地方自治机关活动的合法性,应当依照法律规定的程序实施法律监督。对市镇权限行使情况实施国家监督的程序,由法律予以规定”;《匈牙利根本法》(2011 年 4 月 18 日)第 34 条第 4 款“政府通过都会和县政府机构对地方政府予以法律监督。”

另一层是由检察院组织法规定的“法律监督”,主要有以下五个国家:

我国现行《人民检察院组织法》第 2 条第 1 款“中华人民共和国人民检察院是国家的法律监督机关。”

保加利亚人民共和国(1944 ~ 1990 年)《检察院组织法》(1983 年 11 月 11 日)规定:“检察官在实行法律监督时:……”(第 44 条第 1 款)、“受法律监督单位的义务”(第 47 条),《检察院组织法实施条例》(1981 年 7 月 17 日)第 2 条第 1 款规定:“检察官在其权限范围内,不管其履行何种具体职责,均可进行法律监督范围内的一切工作。”

古巴共和国《总检察院组织章程》(1977 年 8 月 10 日)规定:“(共和国总检察院)行使法律监督权,及时向上级机关报告所发现的有关违反法令或决议的行为,以便按照法律程序采取必要措施”(第 3 条第 2 款),“共和国总检察院设置下列机构:(1)法律监督局……”(第 9 条),“省检察院设置下列机构:(1)法律监督部……”(第 11 条),“市检察官应依照本章程所赋予的职权,行使法律监督部门,审理监督,刑事、民事、行政和劳工诉讼以及劳教监督部门的职权”(第 12 条第 2 款),而“第四章检察院”之“第四节”还专门规定了“法律监督局”事宜。

罗马尼亚社会主义共和国(1965 ~ 1989 年)《检察院组织和工作法》(1968 年 12 月 27 日修正)第三章“罗马尼亚社会主义共和国检察院行使职权的程序”之“第一节”专门规定了“刑事侦查及其监督,对拘留场所的法律监督”事宜。

阿根廷共和国《检察院组织法》第 1 条规定:“阿根廷共和国检察院系独立机构,具有机构设置和财政预算的自主权,旨在维护法律公正和社会平等。阿根廷共和国检察院以独立和协作相结合的方式行使职能，协作特指在阿根廷其他政府部门的协助下行使职能，但在其履行职能的过程中不受到其他政府部门颁布法令法条的约束。协作行使职能秉承的原则为其作为检察机构的特殊职能即检察权、法定辩护权、法律监督权等不会受到影响，以保证检察院维护司法公正。阿根廷共和国检察院组织机构设有不同等级，根据此项规定，每位检察长和检察院公务员各司其职，在不同地区不同级别岗位履行检察人员职能。"

2. "法律监督"的主体与种类

关于法律监督的主体，实践中有两种不同观点：主流的多元论强调，法人、国家机关、社会组织和公民都可成为法律监督的主体，检方是专门的法律监督主体；支流的一元论认为，检方特别是其中的检察机关是法律监督的唯一主体。而窃主张多元论。

例如，国外不仅有诸如波兰人民共和国（1944～1989年）的《检察院法》（1985年6月20日）第12条第2款"省、区（县）检察长享有动议权，既可以向相应的人民议会、议会主席、地方一般行政机关提出建议，也可以向这些单位通报检察院的重要工作情况，如监督法律遵守的情况，以及省、市、区、社的犯罪及犯罪控制情况等"，由检方主导法律监督或监督法律的立法例，也有诸如《卡塔尔国永久宪法》（2005年6月7日）第121条第3款"（内阁有权）监督法律、法令、规章和决议的执行"，《黎巴嫩共和国宪法》（2004年9月4日修正）第19条"建立宪法委员会以监督法律的合宪性"，《蒙古国宪法》（1992年2月12日）第25条第1款第8项"国家大呼拉尔有权监督法律和国家大呼拉尔其他决议的实施"，《阿拉伯叙利亚共和国宪法》（2012年2月27日）"最高宪法法院根据下列各项监督法律的合宪性：……"（第147条），《阿尔及利亚民主人民共和国宪法》（2008年11月16日修正）"除本宪法其他条款明确授予总理的权力以外，总理还行使下列权力：……②监督法律和条例的执行……"（第85条），"最高法院与国务委员会确保判例在全国范围内的统一和一致,并监督法律的遵守"(第152条第3款)等由内阁、宪法委员会、宪法法院、议会、司法机关、总理、最高法院、国务委员会等主导法律监督或监督法律的立法例。

而基于上述分析,既可将法律监督分为宏观、中观与微观的法律监督三种,亦即由社会公众(包括法人与自然人)而为的法律监督、由专门国家机关及其工作人员而为的法律监督、由检方而为的法律监督,也可将其分为广义与狭义的法律监督两种,亦即宏观和中观的法律监督亦属于广义的法律监督,微观的法律监督亦即由检方而为的法律监督则属于狭义的法律监督。

(六)法律监督与公益的关系

基于上述材料和分析不难发现,在我国,尽管清末、民国和人民检察制度都始终以保护公益为检察活动的宏观志趣,而人民检察制度却进一步强调法律监督是检察工作的宏观志趣。那么,检察监督与公益两者间是何种关系呢?一言以蔽之,法律监督是公益的子集。

第一,国家代表创设检察制度的宏观初心在于,保护公益及其法律监督。究其原因,有国必有法律,有法律必有保证法律正确实施的相应制度——国家法律监督制度(它通常与法律"孪生"),包括随后产生的国家专门的法律监督制度——检察制度。而没有法律监督制度,国家代表的立法初衷就难以实现。因为法贵在实施,实施贵在监督。

第二,有国家必要法律,有法律必有法律监督制度。那么,谁有权进行法律监督呢?无外两类:一类是由官方主导的官方法律监督。例如,议会或人大、监察、审计、检察机关和执政党等实行的法律监督;另一类是由非官方主导的法律监督。例如,舆论、媒介、群众、社会团体、非执政党等实行的法律监督。而两者共同构成了国家法律监督势力的全部。但比较而言,非官方的法律监督势力显然弱于官方法律监督势力;而官方法律监督势力中,专门法律监督势力又要强于其他官方法律监督势力。因为专门法律监督势力有依法授权,名正言顺,并享有相应的法律监督方式、措施的手段。

第三，官方也好，非官方也罢，之所以自觉不自觉的参与法律监督活动，根本原因在于法律监督本身的公益性使然。因为，法律监督效果的良莠，直接影响法律适用情况与结果的好坏；而法律适用情况与结果的好坏，直接影响立法目的的最终实现——保护公益。

第四，从某种意义上说，党的十九大所提出的“构建党统一指挥、全面覆盖、权威高效的监督体系，把党内监督同国家机关监督、民主监督、司法监督、群众监督、舆论监督贯通起来，增强监督合力”的“多元监督体制”，①其根本也在于实现法律监督的最终目的——维护国家法制的统一和尊严，从而保护公益。

（七）法律监督及其一般监督与人民民主专政、中国共产党的领导

应如何处理好法律监督及其一般监督与人民民主专政、中国共产党的领导的关系呢？

1. 尽管“党的十一届三中全会以后，由于一般监督问题而被错误地定为右派分子的干部得到了平反”，尽管“在中共最高人民检察院党组的领导下，由李士英、王桂五、梁国庆主编的《当代中国的检察制度》一书中，已对一般监督问题进行了初步拨乱反正”，②但不无遗憾的是，迄今为止，不仅理论、实务界讳言一般监督，在国家特别是最高人民检察院文件中，也难觅“一般监督”踪迹，更别说现行法律、法规中了。

而处理好法律监督及其一般监督与人民民主专政、中国共产党的领导之关系的关键在于，一方面，要掌握好两者的融合度——不能将两者片面地割裂、对立起来，只强调法律监督及其一般监督而不强调人民民主专政或党的领导及共党的绝对领导，或者只强调人民民主专政或党的领导及共党的绝对领导而不强调法律监督及其一般监督，都是不可

① 参见习近平：《决胜全面建成小康社会，夺取新时代中国特色社会主义伟大胜利》，人民出版社 2017 年版，第 68 页。

② 参见王桂五著：《王桂五论检察》，中国检察出版社 2013 年版，第 189、192 页。

取的。正是:“现在,那种片面强调监督的错误受到批判以后,又有一些同志误认为检察机关既是专政机关,就不应该具有法律监督的职能,主张缩小检察机关的工作范围,连审查批捕也不搞;有的则主张扩大检察机关的工作范围,想把检察机关变成第二公安。这种片面认识,同样是不利于专政的。”①为此,我国现行《宪法》不仅明确规定“中国各族人民将继续在中国共产党领导下,在马克思列宁主义、毛泽东思想、邓小平理论、‘三个代表’重要思想、科学发展观、习近平新时代中国特色社会主义思想指引下,坚持人民民主专政,坚持社会主义道路,坚持改革开放,不断完善社会主义的各项制度,发展社会主义市场经济,发展社会主义民主,健全社会主义法治,贯彻新发展理念,自力更生,艰苦奋斗,逐步实现工业、农业、国防和科学技术的现代化,推动物质文明、政治文明、精神文明、社会文明、生态文明协调发展,把我国建设成为富强民主文明和谐美丽的社会主义国家”(序言)、“中国共产党领导是中国特色社会主义最本质的特征”(第1条第2款),也明确规定“全国各族人民、一切国家机关和武装力量、各政党和各社会团体、各企业事业组织,都必须以宪法为根本的活动准则,并且负有维护宪法尊严、保证宪法实施的职责”(序言),“一切国家机关和武装力量、各政党和各社会团体、各企业事业组织都必须遵守宪法和法律。一切违反宪法和法律的行为,必须予以追究”(第5条第3款)。

另一方面,也不能因为“剥削阶级作为阶级已经消灭”,②而“不强调检察机关的专政职能,把自己的打击锋芒对准反革命和其他刑事犯罪分子,并且通过办案实现这种职能;而是片面地强调和热衷于对国家机

① 参见《1958年9月6日最高人民检察院党组关于召开第四次全国检察工作会议向中央的报告》,载《中央和中央领导同志对检察工作历次指示汇编(1950—1968)》,最高人民检察院办公厅1993年编印,第230页。

② 诚如我国《宪法》序言所云,尽管“在我国,剥削阶级作为阶级已经消灭。但是,阶级斗争还将在一定范围内长期存在”;有阶级斗争的客观存在,检方的专政职能就难以寿终正寝。

关和干部实行法律监督,不仅要对公安、法院实行监督,并且还要对所有国家机关实行所谓一般监督。是的,按照《(检察院)组织法》,检察机关是有一般监督的职权的。但实际上,这只是准备在发现国家机关和工作人员抗拒领导,发生严重违法行为的时候,使用的一种武器。在我们的国家中,这样的情况并不多。即便发生的话,一般地也会是首先由党发现,纵然是首先由检察机关发现,也不能设想,对于这些重大的事情,检察机关可以摆脱党的领导,来行使这种职权"。① 进言之,检察法律监督既要节制准确,也要刚柔并济。

2. 实践表明,中国共产党的领导是中国特色社会主义最本质的特征:②

第一,没有共产党,就没有新中国,就没有新中国的繁荣富强;坚持中国共产党这一坚强领导核心,也是中华民族的命运所系。中国共产党的领导,就是支持和保证人民实现当家做主。

第二,中国共产党的领导是包括各民主党派、各团体、各民族、各阶层、各界人士在内的全体中国人民的共同选择,是中国特色社会主义最本质的特征。

第三,中国有了中国共产党执政,是中国、中国人民、中华民族的一大幸事。只要我们深入了解中国近代史、中国现代史、中国革命史,就不难发现,如果没有中国共产党领导,我们的国家、我们的民族不可能取得今天这样的成就,也不可能具有今天这样的国际地位。在坚持党的领导这个重大原则问题上,我们脑子要特别清醒、眼睛要特别明亮、立场要特别坚定,绝不能有任何含糊和动摇。

第四,坚持党中央集中统一领导,确立和维护党的领导核心,是全党全国各族人民的共同愿望,是推进全面从严治党、提高党的创造力凝聚

① 参见《1958 年 4 月 10 日最高人民检察院党组关于召开全国省、市、自治区检察长会议情况向中央的报告》,载《中央和中央领导同志对检察工作历次指示汇编(1950—1968)》,最高人民检察院办公厅 1993 年编印,第 216 页。

② 参见《习近平治国理政》(第二卷),外文出版社 2017 年版,第 18 ~ 21 页。

力战斗力的迫切要求,也是保持党和国家事业发展正确方向的根本保证。

第五,党政军民学,东西南北中,党是领导一切的。党中央制定的理论和路线方针政策,是全党全国各族人民统一思想、统一意志、统一行动的依据和基础。只有党中央有权威,才能把全党牢固凝聚起来,进而把全国各族人民紧密团结起来,形成万众一心、无坚不摧的磅礴力量。如果党中央没有权威,党的理论和路线方针政策可以随意不执行,大家各自为政、各行其是,想干什么就干什么,想不干什么就不干什么,党就会变成一盘散沙,就会成为自行其是的“私人俱乐部”,党的领导就会成为一句空话。

总之,在强调并坚持法律监督时,必须强调党对检察工作的绝对领导。也就是说,必须把法律监督置于党的绝对领导之下,而不能抛开党的绝对领导进行所谓的法律监督或者依法独立行使检察权。而这,恰是党的十九大所提出的“必须把党的领导贯彻落实到依法治国全过程和各方面”的题中应有之义,也恰是现行《宪法》第 2 条第 2 款“社会主义制度是中华人民共和国的根本制度。中国共产党领导是中国特色社会主义最本质的特征。禁止任何组织或者个人破坏社会主义制度”的内在要求。而如何保证党对检察工作的绝对领导,关键是将习近平《论坚持党对一切工作的领导》(人民出版社 2019 年版)之精神,中共中央《中国共产党政法工作条例》之规定学深悟透做实。

(八)坚持检察制度法律监督性质的经验教训

毋庸讳言,在我们始终坚持中国检察制度之法律监督宪法定位、根本属性的实践过程中,也是有不胜枚举的正面经验与发人深省的反面教训的。

例如,20 世纪 50 年代,曾主张、坚持法律监督及其一般监督理论的王桂五、王仁卿、李甫山、刘惠之、王立中、刘汝棫、白步洲,以及安汝涛、郑北辰、卢伟良、林芳等检察人士,多被错误地打成“右派分子”或“极右分子”,清出了检察队伍。为此,1958 年 6 月 3 日,全国人大常委会还曾决定：撤销右派分子刘惠之的最高人民检察院铁路水上运输检察院副检察长、最高人民检察院检察员的职务；撤销右派分子李甫山、王立中、白步洲、刘汝槭、王仁卿的最高人民检察院检察员的职务。① 而这无疑是新中国检察事业的重大损失。究其原因，没有处理好法律监督及其一般监督、依法独立行使检察权原则与人民民主专政、中国共产党的领导的关系。之所以这么说，因为浏览一下 1958 年他们被错误地打成"右派分子"或"极右分子"的"欲加之罪理由"，便可佐证：②

——李甫山的"主要错误事实"：一是利用整风时机，到处煽风点火，进行阴谋搞垮领导等一系列的反党、反领导的阴谋活动；二是在检察工作两条路线的斗争中，积极支持右派分子刘惠之、王立中的反党路线，阻挠高检院党组对中央指示的贯彻和实施；三是长期对党不满，经常抗拒和反对领导。

——刘惠之的"主要反动言行"：一是散布"最高监督""监督的监督""二线监督"等谬论，③篡改检察机关的专政职能，把检察机关凌驾于党和其他国家机关之上，特别强调监督一切的一般监督工作；二是反对党领导检察机关，广泛散布党不应领导检察工作的谬论；三是抗拒中央对检察工作的指示，企图把他所领导的运输检察院变成独立王国。

---

① 参见《全国人民代表大会常务委员会撤职人员》(1958 年 6 月 3 日)，载中国人大网，http://www. npc. gov. cn/，2017 年 4 月 4 日。

② 参见《关于清除党内右派分子的决定汇编(二)》，中共中央监察委员会办公厅 1958 年编印。

③ 所谓最高监督是苏联法学界提出的一种观点，认为检察机关的监督其中主要是一般监督，是最高监督。其理由是检察机关的监督权是由国家最高权力机关赋予的，因而是最高层次的监督。刘惠之同志接受了这种观点，并作了进一步的解释，说最高监督是"监督的监督"、"二线的监督"。提出这种说法的根据，是《中央人民政府组织法》第 28 条规定"最高人民检察署对政府机关、公务人员和全国国民之严格遵守法律，负最高的检察责任"，参见王桂五：《最高监督是非谈》，载《王桂五论检察》，中国检察出版社 2008 年版。

——王立中①的“主要反动罪行”：一是反对中央对检察工作各项方针政策的规定。中央负责同志一再指示，检察机关一般监督工作基本上不要做，但要作为武器保持起来，他却反对说：“要不要一般监督工作是区别社会主义制度与资本主义制度检察工作的标志”；中央指示，侦查监督工作从限制人身自由开始，通过批捕、起诉对公安机关侦查活动进行监督，他却反对说：“我对中央指示侦查监督搞宽了的问题有怀疑”；中央指示，检察院起诉的案件应全都出庭，否则就等于违法，他却反对说：“有些案子比较简单，如果都出庭，可能成为形式”；中央指示，检察机关主要是办案，劳改监督是一个重要环节，他却反对说：“劳改监督不是各级检察院普遍的任务。”二是诬蔑中央和高检院领导为“反对派”，进行分裂党的活动，以实现其把一般监督凌驾于党和其他国家机关之上的野心。三是发表文章公开与中央指示相对抗。

——刘汝械②的“主要罪行”：一是反对中央和高检院领导对检察工作的指示，攻击检察工作方针、任务不明确。对于高检院领导根据中央指示没把一般监督放在中心，表示极端不满；二是歪曲和夸大事实，攻击谩骂高检院领导，诬蔑高检院领导不懂业务；三是抗拒执行党的决议，反对检察工作的方针、任务，常说“检察工作没有灵魂”。

——白步洲③的“主要反党反领导事实”：一是以全组名义写了《领

---

① 王立中（1916 年～）：1931 年 4 月入党。曾任旅政治部正副主任、师副政委。中华人民共和国成立后历任最高人民检察署办公厅副主任、正副处长、最高人民检察院一厅厅长。“文革”后任云南省人民检察院检察长。

② 刘汝械（1911 年～）：1940 年 9 月入党，曾任解放区县教育科长，副县长、师政治部联络科副科长等职。解放后曾任最高人民检察院检察员。

③ 白步洲（1917～1987 年）：1934 年入党。曾任陕西省清涧县公安局局长，东北松江省公安处副处长。中华人民共和国成立后历任江西省公安厅副厅长、省检察院副检察长，最高人民法院侦查监察厅厅长，最高人民检察院刑事检察厅副厅长等，曾参与对日本战犯的起诉工作。

导干部特殊吗》的反党大字报;二是支持右派分子企图推翻高检院机关党委会的活动;三是攻击、诬蔑高检院领导,常说"高检院的业务方针长期摇摆不定,跟着公安、法院跑","高检院党组集体领导未形成,民主空气淡薄"。

——安汝涛①的"主要反动言行":一是反对党中央,诬蔑苏联共产党,攻击领导干部;二是攻击无产阶级专政,反对社会改革运动,幻想"无为而治";三是攻击党不重视检察工作,"检察署不起作用"。

——郑北辰②的"主要反动罪行":一是大肆攻击省委;二是恶毒攻击镇压反革命运动;三是一贯反抗党对检察机关的领导。常说"党委不懂业务""党委不按法律办事""党委不解决问题",极力强调"垂直领导","法律是中央制定的,服从法律就是服从党委,执行最高人民检察院的指示就是执行中央的指示";四是企图篡改检察机关的性质,

① 安汝涛(1915年~?):中共党员,曾任察绥游击军第一支队政治处主任,冀晋区党委秘书长。中华人民共和国成立后历任天津市检察署副检察长、政务院人民监察民会副厅长、监察部第一司副司长等职。

② 郑北辰(1908~1988年):1934年入党,曾任东北呼伦贝尔保安司令、公安局长等职。中华人民共和国成立后历任广州市公安局秘书长、广州市检察署第一副检察长、广东省检察院第一副检察长。1951年冬,中央在京召开全国编制会议,检察机关不幸被列为精兵简政范围,并决定检察机关"名存实亡"——只保留名义,不再单独设立机构,不配备专职干部,凡现行属于检察机关工作,一律移交公安机关。随后吉林等省实行。时任广州市检察院检察长的郑北辰得知决定后,一气之下直接给毛主席写信坚决反对"名存实亡"决定。看到信后,毛泽东亲笔批示:"请检察署党组提出意见。"之后,最高检察署党组立即组织力量给毛泽东写详细汇报,历陈国家保留检察机关的必要性和重要性,特别指出检察机关在镇反运动中的积极作用。正在南京出差的时任最高人民检察院副检察长李六如也立即赶回北京,又给周恩来总理写信:全国编制会议在他不知道的情况下作出取消检察机关的决定是错误的,强烈地表达了自己的不满。而后,毛泽东作出了继续保留检察机关的决定。因此,郑北辰的那封信让检察机关躲过了中华人民共和国成立初的一劫(参见侯宗一:《郑北辰与新中国的检察制度》,载《深圳特区报》2012年11月20日)。"文革"后,郑北辰任广东省人民检察院顾问、检察委员会委员,省政协委员等职。

极力强调搞一般监督，强调监督公安、法院，反对党委委员兼任检察长。

——卢伟良①的"主要反动罪行"：一是一贯抗拒党对检察机关的领导，不执行党的指示。强调"党的决定政法部门不一定执行，政法系统可以独立活动""检察机关上下级关系是父子关系""在党委和上级检察机关意见不一致时，下级检察院按法律不能违背上级检察机关在法律上作出的决定，否则就是违法"。二是攻击肃反、镇反、土改运动。

——林芳②的"主要反党罪行"：一是攻击党委不懂法制，反对党对检察工作的领导，阴谋篡改检察机关的政治方向。常说"党在司法工作中是宗派主义"，攻击省委"不重视检察工作，不懂法制"，主张"检察院办案自审自批，不须经党委批准，可以直接向法院起诉"；二是组织反党小集团，进行宗派活动，阴谋篡夺检察院的领导权；三是散布不满省委对某些案件的处理，歪曲事实向最高人民检察院汇报。

总之，作为国家法律监督机关的人民检察院，在依法从事检察活动特别是履行法律监督职能活动过程中，既不能以监督者自居，抛开党的绝对领导而依法独立行使检察权，也不能不依法履行职责而让党包办

① 卢伟良（1910～1988年）：1928年1月入党入伍，曾任中华苏维埃共和国国家保卫局总队部参谋长，中国工农红军第三军团保卫局侦察员等职。中华人民共和国成立后历任广东省兴梅地区行政公署专员，广东省人民检察院副检察长、检察委员会委员等。

② 林芳（1921～1980年）：1938年4月从桂林奔赴延安投考抗日军政大学，同年6月入党。后分配到八路军后方留守兵团政治部烽火剧团工作，历任政治部宣传员、分队长、政治指导员、教育科长等职。中华人民共和国成立后历任中共雒容县委书记，柳州地区公安处长，广西壮族自治区公安局长、人民检察院检察长，广西省人民检察院副检察长、党组书记等。

代替;既不能把自己的"成绩""快乐"建立在被监督者的"错误""痛苦"之上,也要始终坚持双赢共赢多赢的检察法律监督理念,让被监督者心悦诚服。正是:"我国宪法、人民法院组织法、人民检察院组织法和相关诉讼法律明确规定:人民法院、人民检察院依照法律规定独立行使审判权、检察权,不受行政机关、社会团体和个人的干涉。党的十八大将'进一步深化司法体制改革,坚持和完善中国特色社会主义司法制度,确保审判机关、检察机关依法独立公正行使审判权、检察权'作为新一轮司法体制改革的主要任务。保证司法机关依法独立公正行使职权是我们党的明确主张。中央反复强调,各级党组织和领导干部应当带头执行宪法和法律,支持司法机关依照宪法和法律依法行使职权、履行职责,保证司法机关积极主动、独立负责、协调一致开展工作。要做到这一点,正确处理好坚持党的领导与确保司法机关依法独立公正行使职权的关系非常重要。我们既要坚持党对政法工作的领导不动摇,又要加强和改善党对政法工作的领导,不断提高党领导政法工作能力和水平。党对政法工作的领导是管方向、管政策、管原则、管干部,不是包办具体事务,不要越俎代庖,领导干部更不能借党对政法工作的领导之名对司法机关工作进行不当干预。因此,各级领导干部要带头依法办事,带头遵守法律,始终对宪法法律怀有敬畏之心,牢固确立法律红线不能触碰、法律底线不能逾越的观念,不要去行使依法不该由自己行使的权力,更不能以言代法、以权压法、徇私枉法。"①

四、一般监督

(一)概述

何谓一般监督?莫衷一是。窃以为,一般监督亦称一般法律监督,

① 参见本书编写组编:《党的十八届四中全会〈决定〉学习辅导百问》,学习出版社2014年版,第74~75页。

在中国人民检察制度发展语境下，它既是对 1954 年《宪法》（1952 年 9 月 20 日）第 81 条第 1 款［1978 年《宪法》（1978 年 3 月 5 日）第 43 条也有类似内容］“最高人民检察院对于国务院所属各部门、地方各级国家机关、国家机关工作人员和公民是否遵守宪法和法律，行使检察权”的抽象概括，也是对 1954 年《人民检察院组织法》（1954 年 9 月 21 日）“最高人民检察院对于国务院所属各部门、地方各级国家机关、国家机关工作人员和公民是否遵守法律，行使检察权”（第 3 条）、“地方各级人民检察院，依照本法第二章规定的程序行使下列职权：对于地方国家机关的决议、命令和措施是否合法，国家机关工作人员和公民是否遵守法律，实行监督”（第 4 条第 1 项）的抽象概括。

如上所述，我国迄今不仅理论、实务界讳言“一般监督”，在国家立法乃至最高人民检察院文件中也难觅其踪迹。当然，现实中，一方面，在我国立法上，也有诸如中国银监会《银监会内部监督暂行办法》（2004 年 10 月 28 日）相对于“特殊监督方法”（第 12 条）而言的“一般监督方法”（第 11 条）的提法，但此“一般监督”并非本书所称的“一般监督”。

另一方面，通过检索《世界各国宪法》《世界各国刑事诉讼法》《世界各国检察院组织法选编》《最新国外检察院组织法》也不难发现，在国外立法上，却有“一般监督”提法：①

第一，宪法层面有。例如，《圭亚那合作共和国宪法》（1980 年 10 月 6 日）第 223 条第 5 款“公共账目委员会应该根据规章、政策和由审计长准备并经公共账目委员会批准的规定审计长职能的程序手册，对审计长职能行使一般监督权”，《萨尔瓦多共和国宪法》（1983 年 12 月 20 日）第 195 条“共和国审计法院系对公共财政实施一般监督、对预算执行实施特别监督、职责独立于行政部门的机关”等。

① 当然，这同样也受翻译者对一般监督认知程度的影响。

第二,刑事诉讼法层面有。例如,《新西兰 2011 年刑事诉讼法》第 185 条第 1 款(副总检察长对公诉有进行一般监督的责任)“副总检察长对公诉的实施正确进行一般监督的责任”等。

第三,检察院组织法层面有。例如,《保加利亚人民共和国检察院组织法》第三章及其《实施条例》第四章有针对本书所称的“一般监督”的规定,①而捷克斯洛伐克(1918~1992 年)的《检察院法》(1978 年 4 月 5 日修正)第 14 条(一般监督)也规定:“(1)检察员对国家各部委、其他国家管理机关、人民委员会、经济组织和其他组织及公民是否严格执行和遵守法律实行监督,并为每个人的权利不受到非法限制进行监督。(2)在执行上述任务时,检察员尤其有权:a. 审查一般法规(《宪法》第 80 条、第 139 条,1968 年《法律汇编》第 143 期)、各级人民委员会法令(《宪法》第 94 条)、本条第(1)款所述各机构颁布的指示、决定、决议等文件的合法性;b. 审查本条第(1)款所述各机构在各种情况下的措施和决定的合法性;c. 对本条第(1)款所述各机构是否遵守法律进行检查。”

第四,检察院法有。例如,德意志民主共和国(1949~1990 年)的《检察院法》(1977 年 4 月 7 日)第五章专门规定有“一般法律监督的任务、权利和义务”;②匈牙利人民共和国(1949~1989 年)的《检察院

① 例如,其《检察院组织法》第 25 条(一般监督的任务)规定:“检察院对下列情况进行监督:(1)各部和其他主管部门、人民委员会、经济组织、企业事业、合作社以及其他社会组织颁布的法规,与保加利亚人民共和国宪法、法律、命令、部长会议决议及其他法规相符合。(2)公务人员和公民是否准确、统一地遵守宪法,法律和其他法规。”其《实施条例》第 27 条第 1 款规定:“实行法律的一般监督有如下情况:(1)总检察院对各部和其他主管部门的工作,以及经济和社会组织的中心领导工作,实行一般监督;(2)各州检察院对州人民委员会及其机构、州其他地方国家机关、社会组织以及州经济组织等,实行一般监督;(3)各区检察院对所有其他机关与组织实行一般监督。”

② 其中,第 29 条第 1 款规定:“检察院在德意志民主共和国宪法、法律和其他法规的基础上,负责监督各部和其他中央国家机关、地方委员会、经济领导机构、联合企业、工厂机关、合作社、社会团体以及公民是否严格遵守社会主义法制。”

法》(1973年1月1日)第五章也专门规定有“一般法律监督”。例如,第13条第2款规定:“为了维护法制,检察人员进行一般法律监督的任务是:(1)审查公民和法人针对国家行政管理机关和除法院以外的法律执行机关的决定及玩忽职守向检察院提出的法律请求、告诉和违法预告;(2)可以提出颁布、修改对地方议会以及其他地区和地方机构普遍有效的条例(议会条令、规定和章程等),或宣布其中某些条款无效;(3)有权参加地方议会、议会执行委员会和人民监督委员会会议;(4)可以检查属于一般法律监督范围的机关的普遍有效的规定和单项决定。为维护法制,必要时可进行调查,也可请具有监督权的机关进行调查;(5)可以要求有关机关负责人提供和寄送文件、材料及说明情况。”

而由上可见,上述第一、二层面中的“一般监督”并非本书所称的“一般监督”,第三、四层面中的“一般监督”才是通常意义上的“一般监督”抑或本书所称的一般监督。

(二)一般监督为何入宪入法

为何我国要在1954年《宪法》和《人民检察院组织法》中规定一般监督呢?“那是因为我们没有经验”,“是抄苏联的,是一个教条”。①

正基于此,“毛主席称赞法院组织法写得好,熨熨帖帖;而检察署组织法则写得别别扭扭”——1954年9月21日凌晨4时左右,我(王桂五)接到彭真办公室的电话,要我立刻到彭真家里去。去到那里以后,彭真的秘书李琪说中央政治局会议刚刚结束,彭真同志才回到家里,接着向我转达了中央讨论《检察署组织法》的情况。正说话间,彭真穿着

① 参见《1956年3月31日高检院党组同志和参加第三次全国检察工作会议的省市检察长向彭真同志汇报以及彭真同志的指示》,《1957年4月谭政文同志传达中央对检察工作和其他问题的指示》,载《中央和中央领导同志对检察工作历次指示汇编(1950—1968)》,最高人民检察院办公厅1993年编印,第103~155页。

睡衣进来了,看样子很兴奋,他把已经向李琪、项淳一(1927~2014年)说过的话又说了一遍。彭真说,毛主席称赞法院组织法写得好,熨熨帖帖;而检察署组织法则写得别别扭扭。当时彭真回答说,对检察工作我们没有经验,现在只能写成这个样子;又说,好是不算好,但是要驳也驳不倒。讨论到最后,毛主席说既然检察工作这样重要,为什么不把检察署叫做检察院呢?对于毛主席的这一提议大家都很赞成,于是就把全国人大之下两院(国务院、最高人民法院)一署(检察署)的体制改为三院体制,在地方上则为一府两院的体制。①

(三)如何评价一般监督

窃以为,一方面,高检院对一般监督的如下评介,是比较客观的:

"在1954年的《人民检察院组织法》中,规定了检察机关的一般监督职权,即对国务院所属各部门、地方各级国家机关的决议、命令和措施,以及国家工作人员的行为是否合法,实行监督。由于缺乏经验和认识不一致,对于是否应当做一般监督工作发生了争论。在1957年的反右派斗争中,把主张做一般监督工作的干部作为'凌驾在党政之上''把专政矛头对内'等'政治错误'进行批判,并打成了右派,这显然是不适当的。就整个国家工作来说,对政府各部门和干部是否遵守法律实行监督是有必要的,问题在于由哪个机关承担这个任务。由于这一条法律是在缺乏经验的情况下制定的,如果不适当,应通过立法程序加以修改。在法律上已作明文规定的情况下,检察干部主张开展这项工作,是依法办事,并没有错误。即使在某些方面超出了法律监督的范围,做了行政监督方面的工作,或者在工作方法上有不恰当的地方,也属于缺乏经验

① 参见《王桂五论检察》,中国检察出版社2008年版,第433页。1955年6月4日,最高人民检察署印发《通知启用新印章由》[(55)高检办字第268号]指出:"本院的印章已经印制好,印文为'中华人民共和国最高人民检察院',自1955年6月10日起开始启用。原借用的'中央人民政府最高人民检察署印'即予封存,不再使用。特此通知。附:'中华人民共和国最高人民检察院'印章式样一纸。"

和认识问题。但是，当时却采取了简单化的方法去解决思想认识问题和工作上的不同意见，以致伤害了干部。这是一个值得吸取的深刻教训。"①但是，在党中央提出"一般监督在宪法上也写了，那是因为我们没有经验"，发现一般监督存在"教条"，决定对其"备而少（不、待）用"或"基本不用"或"只搞重点搞经验"或"只有党才能做"的情况下，检方再坚持原有的一般监督规定，就值得商榷了。因为，这既有违党创建检察制度的初心，也有违检察工作志趣。

另一方面，"文革"前，中共中央及其领导同志有关法律监督及其一般监督、侦查监督、审判监督、刑事执行监督的下列论述，直到今天，也值得深思、铭记（以发布时间先后为序）：②

——苏联的检察机关是法律监督机关，对于保障各项法律、法令、政策、决议等贯彻实行，是起了重大作用的［1950 年 9 月 4 日，《中共中央发给中央局、分局，省、市、县委关于建立检察机构问题的电报》，第 1 页］。

——凡是法院判的不对，检察署有权可以抗议、不服［1950 年 10 月 18 日，《刘少奇同志在全国第二次公安会议上的讲话记录》，第 2 页］。

——检察署是法律监督机关，它检察所有国民包括国家工作人员的违法犯罪案件，并代表国家向法院提起公诉［1954 年 3 月 12 日，《中央政法委员会党组建议批准最高人民检察署党组〈关于检察工作情况和当前检察工作方针任务的意见的报告〉》，第 6 页］。

——我们一定要同违法犯罪作斗争，而且要搞得正确，一定要保障国家法律的正确实施。所以加强检察机关十分需要［1954 年 12 月 17 日，《刘少奇（1898 ~ 1969 年）同志对检察工作的指示》，第 22 页］。

① 参见李士英主编：《当代中国的检察制度》，中国社会科学出版社 1988 年版，第 135 ~ 136 页。

② 参见《中央和中央领导同志对检察工作历次指示汇编（1950—1968）》，最高检办公厅 1993 年编印。

——一般监督工作检察院做具体工作，发现违法情况，提出意见，报告党委决定，由党委出面，或由检察院出面处理。有重大问题、特殊问题，经党委决定后，才依照法律程序办理。一般监督只搞重点搞经验[1955年1月8日，《中央负责同志（彭真：1902～1997年）对检察工作的指示》，第28页]。

——检察院主要搞批捕、起诉。要很快把批捕、起诉工作做起来。一般监督备而少用，因为力量来不及，干部水平不高。每个省只搞两个点，取得经验，点不要多，其他只搞批捕、起诉。事实上，一般监督只有党才能做，你们是做不了的……宪法、法律上规定给检察院的任务很宽、很大、很广，就是再增加一万两万个干部，也是担负不了的。就是在苏联，直到现在，检察院的职权范围也还没有明确肯定下来。按照我们法律上的规定，检察院对于地方国家机关的决议、命令和措施是否合法实行监督，这条任务是否能做呢？我看，检察院是没有这个水平的，这件事是党委的工作。中央发现了，需要的话，指定检察院依照法律程序行使检察权，或者由中央指定检察院去检查，向中央作出报告[1955年1月至6月，《中央负责同志（邓小平）对检察工作的指示》，第26、42页]。

——党中央和中央各位负责同志历次指示过，我们过去也曾经常常讲过，公安工作和公安机关是一把刀，是我们对内外敌人作斗争的锐利武器。这个武器掌握使用得好，可以打击敌人；掌握使用得不好，可以伤害自己。因此，公安工作必须强调接受监督。首先是党的监督。另外一个重要的监督是来自检察机关的监督[1955年9月19日，《罗瑞卿同志在全国21个省、市公安厅、局长会议上张鼎丞检察长报告后的讲话》，第44页]。

——我们现在不要去争论检察制度要不要的问题。那里说检察制度可以不要，你们就派强的干部到那里去检查工作，发现问题，摆开来，追究责任。这样做，这些地方的法制和检察机关就会很快建设起来[1956年2月，《刘少奇、彭真等同志对检察工作的指示》，第56页]。

——一般监督，检察院是做不了的，就是在党内，真正有这样的水平，能够搞一般监督的人也不多。以后，你们在文字上也不要再写很多“监督”的字样，应当通过实际工作、通过办案来进行监督……过去你们的毛病就是能够做、应该做的事情，不去积极提、积极做；不应该做的事情，偏要提[1956 年 3 月 6 日，《彭真同志的指示》，第 59 ~ 60 页]。

——检察机关是侦查机关，又是监督侦查、监督审判的机关，抓住这一点，就可以保证在贯彻革命法制过程中比较少出毛病……历史上有过教训，一“逼、供、信”，很容易把自己的队伍搞乱，伤害自己人。所以，检察机关在进行侦查监督时，就要注意防止和纠正逼、供、信……检察机关是受全国人民和党委之托的这么个法律监督机关，对这些错误均应采取严肃态度[1956 年 3 月 31 日，《彭真同志在第三次全国检察工作会议上的报告》，第 82、83、87 ~ 88 页]。

——检察机关自己不要被一般监督弄糊涂，觉得检察机关什么也要监督，是监督一切的，好像检察机关是在一切之上的，这就错了。检察机关不是只监督别人，自己也要受监督。如像检察院决定不起诉，决定得不对，公安机关可以提出意见；决定起诉的案子，决定错了，法院可以要求撤回起诉。此外，检察机关还要受党的监督、受人民的监督……所谓一般监督，据说苏联很强调。我问了很多人，听说只有华西里夫斯基(1895 ~ 1977 年)当莫斯科市检察长的时候，莫斯科市苏维埃通过一个决议，是违法的，他进行了一般监督。其他实际上也没有做……苏联检察机关是不是真正监督了呢？如果真正监督了，在肃反中也不会发生这么多的错误了，实际上，他们的肃反连党也没有进行监督。再如，郭步岳①是市委委员，在党委讨论市委的决议、命令、措施时，你发现有违法

① 郭步岳(1911 ~ 2000 年)：1927 年加入中国共产主义青年团。次年转入中国共产党。曾任中共靖边县委书记、陕甘宁边区延属分区保安处处长、第一野战军政治部保卫部部长。中华人民共和国成立后历任最高人民检察署西北分署副检察长，北京市人民检察院检察长、市高级人民法院院长，中共北京市委政法部部长，北京市第六届政协副主席。

的地方,在市委讨论时就可以提出来嘛！为什么一定要等到通过了,再来“一般监督”呢？一般监督在宪法上也写了,那是因为我们没有经验……搞一般监督一定要通过党委[1956年3月31日,《高检院党组同志和参加第三次全国检察工作会议的省市检察长向彭真同志汇报以及彭真同志的指示》,第102~103页]。

——我看法院判案子就一定会有判错的,如果说没有错,为什么还有二审呢？为什么还要审判监督呢？一个人做工作总要犯错误的,不过错误大小程度不同。所以,公安、检察、法院不要闹纠纷,有错,纠正就是了[1956年3月31日,《高检院党组同志和参加第三次全国检察工作会议的省市检察长向彭真同志汇报以及彭真同志的指示》,第102页]。

——要检察院,就是为了检查有没有搞错的,它的职能就是求得搞正确……关于一般监督问题,少奇同志讲,留着它有好处,如果省人民委员会有了什么错误的决定,当然,省委是可以纠正的,但是有些也可以用检察院的方式去纠正。不过要向干部讲清楚,不能每个事情都去这样搞[1956年7月7日,《刘少奇同志对检察工作的指示》,第114~118页]。

——关于一般监督工作问题,少奇同志讲:这不是检察院的工作重点,检察院主要是搞案子,搞对公安、法院的监督工作[1957年1月,《梁国斌同志①传达刘少奇同志指示精神》,第151页]。

——中央指示,检察机关的任务是办理各种案件,主要是做好审查批捕工作、审查起诉工作、出庭支持公诉工作、审判监督工作(对违法判决的抗议)和劳改监督工作[1957年3月27日,《最高人民检察院关于贯彻执行中央对检察工作指示的通知》,第154页]。

---

① 梁国斌(1910~1980年):中华人民共和国成立后曾任上海市第七届人大常委会副主任,上海市人民政府原副市长,中共贵州省委原书记,公安部副部长、党组成员,最高人民检察院副检察长、党组副书记。

——关于一般监督工作,中央指示基本上不要做(但要保持这个武器)。《检察院组织法》上这一条是抄苏联的,是一个教条。实际上在苏联也没有真正做……中央指示检察机关的任务主要是办案,应抓住以下几个中心环节:批捕、起诉、出庭公诉、审判监督、劳改监督等[1957 年 4 月,《谭政文同志①传达中央对检察工作和其他问题的指示》,第 155 页]。

——这次会议严格批判了某些政法干部强调垂直领导和司法独立,对抗地方党委领导,尤其是不少检察干部强调一般监督,以监督者自居企图凌驾一切之上和党分庭抗礼的危险倾向[1957 年 9 月 27 日,《最高人民检察院关于贯彻执行中共中央法律委员会对当前政法工作中几个问题的指示给各省一市检察院的通知》,第 175 页]。

——在检察院系统中,要同党分庭抗礼的,是强调实行驾乎一切之上的所谓一般监督,并且用独立行使职权和垂直领导来摆脱地方党委的干预和领导。试想,中央、省、市、自治区的检察机关,如果不根据党中央和省、市、自治区党委的决定和指示,怎样对国务院所属各部门或者省、市、自治区人民委员会和它所属的部门实行监督呢?摆脱了地方党委的领导,实行所谓垂直领导,又怎样对地方国家机关实行监督呢?实际上,能够真正实行一般监督的,只有党中央和地方各级党委,检察机关的一般监督,一般地说,大都应该是按照党的指示,履行法律程序的一种形式。要想离开党的领导实行行所谓一般监督,不是妄想,就是想利用一般监督同党分庭抗礼[1957 年 10 月 8 日,《彭真同志在八届三中全会上的发言》,第 179 ~ 180 页]。

——它(检察机关)应该保持一般监督的武器,备而待用,以维护国

① 谭政文(1910 ~ 1961 年):中华人民共和国成立后曾任中共中央华南分局常委、社会部长,广东省公安厅长、广州市公安局长,最高人民检察署副检察长。曾出色地领导了侦查、起诉和处理日本侵华战犯的工作,并著有《审讯学》。

家法律的统一。因此,我国的检察机关既是专政机关,又具有法律监督职能,这种监督是在专政前提下的监督,又是为专政服务的,专政和监督两者是统一的[1958 年 9 月 6 日,《最高人民检察院党组关于召开第四次全国检察工作会议向中央的报告》,第 230 页]。

——1961 年 1 月 11 日下午,我(张鼎丞)分别向少奇同志和彭真同志请示了有关检察工作的一些主要问题,他们做了重要的明确的指示。我汇报了三个问题:第一,我国检察制度和检察机关有无实际存在的必要?我认为是必要的:一是在社会主义国家建立检察制度是列宁的国家学说的内容之一。事实上各社会主义国家都有检察机关,资本主义国家也有,我国历史上也有。二是我国是一个大国,需要从法制上保障国家的统一。在社会主义革命和社会主义建设期,阶级斗争还存在,有些情况还很复杂,保留检察制度这个武器有好处。三是 11 年来的实践证明,检察机关是有作用的……第二,几年来检察工作的情况和今后如何工作的问题……第三,我们感到有必要稳定一下检察机关的组织……彭真同志说:关于我国检察制度、检察机关有无实际存在之必要的问题,中央从来没有讲过不要。如果不要,对这么一个制度改变的大问题,中央总会有个指示的。中央没有这么个不要的指示,就是要嘛……刘少奇同志听了我的汇报后说:你今天谈的问题,主要是检察制度、检察机关要不要?做什么?怎么做的问题。要,是没有问题的。现在有些人认为检察机关可有可无,这是一个思想认识问题[1961 年 1 月 22 日,《张鼎丞同志传达刘少奇同志、彭真同志的指示记录》,第 264 ~ 266 页]。

——从专政的历史发展上看,也需要把检察机关加强起来。虽然反革命分子和其他刑事犯罪分子应当说是越来越少了……为了防止混淆两类矛盾,①法律监督更要强。因此,检察机关要加强……检察机关从法律监督上发挥作用,就是支持共同对敌[1961 年 8 月 30 日,《中

① “两类矛盾”,即敌我矛盾与人民内部矛盾。

央政法小组徐子荣①、吴德峰②同志对检察工作的指示》,第 290 ~ 291 页]。

——关于检察机关要不要监督的问题。检察机关的中心任务是什么呢？中心是批捕、起诉。首先要明确检察机关是专政的武器,它的中心任务是搞对敌专政。因此,检察工作的中心当然是批捕、起诉。我到现在还没有看到过,一般监督是解决敌我矛盾的。高检院对国务院所属各部门的决议、命令和措施是否合法,实行监督。法律是这样写的。就是有了违法,你说是什么矛盾？当然不是敌我矛盾,而是人民内部的问题。如果我们把一般监督作为中心,就会把检察工作的中心转移,不是以对敌斗争为中心了。1957 年少奇同志同张老(张鼎丞)谈话时,也讲了要以批捕、起诉为中心。这几年少奇同志又说过对违法也要管,这是应当管的,但还是要以批捕、侦查、起诉为中心……那么,侦查监督、审判监督、劳改监督,怎样去监督呢？主要是要通过批捕、起诉,通过办案子来进行监督。不管公安机关搞了多少侦查工作,它侦查一个案子,最后得出了结论,需要捕人的时候,一定要拿到检察院去审查,由检察院决定能不能逮捕,以后还要由检察院决定能不能起诉。通过批捕、起诉就对这个案子的整个侦查工作,包括侦查手段、侦查过程都实行了监督。你不批准逮捕,也就是监督了公安机关的侦查工作。审判是否有错误怎么监督呢？《(人民检察院)组织法》规定了你要起诉、出庭,如果你起诉的案子,法院不判,你可以抗议;或者法院判了,你不同意,可以提出意见,这不就是监督了审判工作吗？所以,所谓侦查监督、审判监督的意思,就是批捕、起诉。要不是这样,你怎么监督呢？总之,通过批捕、起诉、出庭,侦查工作监督了,审判工作监督了,这是一直很明确的。应当抓住

① 徐子荣(1907 ~ 1969 年):1927 年入党,曾任中共确山县委书记。中华人民共和国成立后,历任公安部办公厅主任、副部长,中共八届中央候补委员等。

② 吴德峰(1896 ~ 1976 年):湖北保康县石磐岭人。中华人民共和国成立后曾任第一至三届全国人大代表,第四届全国人大常委,第八届中央监察委员会委员等职。

批捕、起诉、出庭这个环节来实行监督[1962 年 11 月 12 日,《彭真同志在全国政法工作会议上的报告》,第307~308页]。①

总之,实践证明,一方面,1954 年、1978 年《宪法》和 1954 年《人民检察院组织法》之所以规定或保留一般监督,有其历史局限性。另一方面,随后我国现行《宪法》并未保留一般监督规定,却规定"中华人民共和国人民检察院是国家的法律监督机关"(第 129 条);而"我国宪法把检察机关确立为国家法律监督机关,不仅是中国检察制度最鲜明的特色,而且也是中国司法制度乃至中国政治制度的重要特色。发展和完善中国特色社会主义检察制度,不能离开法律监督这个根本属性"。② 一言以蔽之,一般监督不等于法律监督,而是法律监督的子集。

---

① 这与我们现在所提出的"在办案中监督,在监督中办案"理念,异曲同工。

② 曹建明:《紧紧围绕"四个全面"战略布局在新的起点上推动人民检察事业创新发展——2016 年 7 月 20 日在第十四次全国检察工作会议上的讲话》,载《检察日报》2016 年 7 月 21 日。

第三章　衡量检察制度确立与否的标准

第一节　概　　述

检察制度是从哪里来的？不是从天上掉下来的，也不是与国俱来的，而是资产阶级民主革命胜利后的产物。

自世界上最早的检察制度诞生于法国资产阶级大革命时（1789～1794 年）的巴黎之后，迄今它已成为世界各国和地区（以下统称“国家”）不可或缺的国家制度之一。

《辞海》（缩印本）有言：衡量即“比较、评定事物的是非或轻重得失”，[①]标准即“衡量事物的准则”；[②]《新华词典》有云：准则即“作为依据的标准或原则”，[③]原则即“观察和处理问题的准则”。[④] 可见，标准、准则与原则三者可互为解释、替代。

因此，衡量检察制度确立与否的标准，是指评定检察制度是否确立

---

① 参见《辞海》编辑委员会编：《辞海》（缩印本），上海辞书出版社 1980 年版，第 813 页。

② 参见《辞海》编辑委员会编：《辞海》（缩印本），上海辞书出版社 1980 年版，第 1280 页。

③ 商务印书馆辞书研究中心修订：《新华词典》，商务印书馆 2003 年版，第 1305 页。

④ 商务印书馆辞书研究中心修订：《新华词典》，商务印书馆 2003 年版，第 1212 页。

的标准、准则或原则是什么?

第二节 衡量检察制度确立与否的标准

衡量检察制度确立与否的标准究竟有哪些?对此,莫衷一是。代表性观点有四:

一则诸如王洪俊《检察学》(重庆出版社1988年版,第15页)、王然冀《当代中国检察学》(法律出版社1989年版,第32页)、龙宗智《检察制度教程》(法律出版社2000年版,第23页)等著述代表的主流观点认为,检察法是否客观存在,是衡量检察制度确立与否的唯一标准。

二则诸如《检察大辞典》(黑龙江人民出版社1993年版,第680页)、樊崇义《检察制度原理》(法律出版社2009年版,第51页)、《中国检察制度论纲》(孙谦主编,人民出版社2004年版,第8页)等著述代表的支流观点认为,检察官是否客观存在,是衡量检察制度确立与否的唯一标准。

三则检察机关是否客观存在,是衡量检察制度确立与否的唯一标准。而衡量检察机关是否存在的标准,又主要包括两种观点:一种是宣布检察机关成立,即标志其成立。例如,"1949年10月22日,最高人民检察署检察委员会议于中南海勤政殿举行第一次会议。会议由罗荣桓检察长主持,全体成员出席。罗荣桓检察长宣布最高人民检察署成立,并讲了话";[①]1949年"10月22日,最高人民检察署举行第一次检察委员会议,宣布最高人民检察署成立"。[②] 另一种是检察机关印玺的启用,标志其成立。例如,"1978年6月1日,最高人民检察院启用印玺,正式办公";[③]而湖南省桑植县革命委员会《关于启用"桑植县人民检察院"

① 参见李士英主编:《当代中国的检察制度》,中国社会科学出版社1988年版,第21页。

② 参见王桂五主编:《中华人民共和国检察制度研究》,法律出版社1991年版,第58页。

③ 参见李士英主编:《当代中国的检察制度》,中国社会科学出版社1988年版,第185页。

印章的通知》称:“省区公所、公社革委会:县委已于1978年7月19日通知成立‘桑植县人民检察院’。为便于工作,定于从10月1日起启用‘桑植县人民检察院’印章。特此通知”。

四则其他。即除上述三种之外的观点。

而窃以为,上述前三种观点均存片面,而须“三看”:一看检察法是否客观存在?二看检察机关及其内设部门是否客观存在?三看检察人员特别是其中的检察官是否客观存在?且三个被看者,亦即检察制度构成的“三要素”(如图1所示)缺一不可时,才标志一国检察制度确立。若仅有“三要素”之一或之二的客观存在,并不标志检察制度的确立。细言之,还可分两方面阐释:

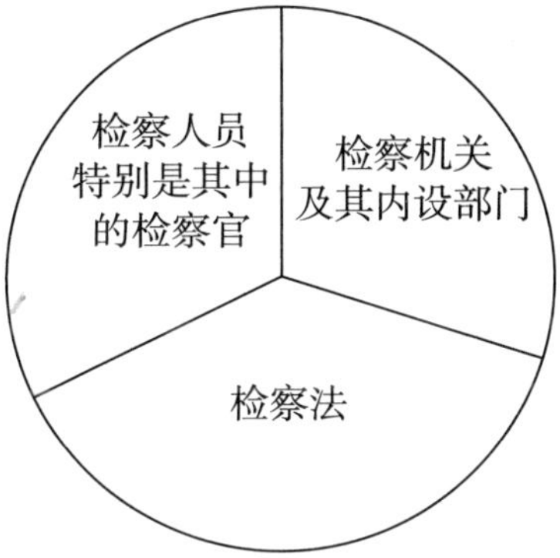

图1　检察制度构成要素

一方面,若仅有检察制度构成“三要素”之一的客观存在,并不标志检察制度的确立或客观存在:

一仅有检察法客观存在,并不标志检察制度的确立或客观存在。因为,检察法还有束之高阁之时。例如,尽管多数人主张,光绪三十二年十月二十七日(1906年12月12日)清廷《大理院审判编制法》的颁行,标志着中国大陆检察制度的确立或客观存在;也有少数人认为,1906年2月1日《黑龙江裁判处章程》、1907年12月4日《高等以下各级审判庭试办章程》、1909年1月19日《法院编制法》的颁行,标志着中国大陆检察制度的确立或客观存在；甚至还有人毫无根据地认为，①中国检察制度肇始于清光绪三十一年(1905年)。与此同时，也有人强调，大陆最早的检方出现于光绪三十三年十一月五日(1907年12月9日)的北京。②而通过查阅各省检察志不难看出，大陆最早的检方应出现于光绪三十三年二月初十(1907年3月23日)的天津。③ 因此，窃以为，大陆最早的检方出现于天津也好，北京也罢，都很难得出1906年12月12日至1907年3月23日或1907年12月9日期间大陆的检察制度业已确定或客观存在的结果。进言之，检察法的颁布既不标志检方的与之诞生，也不标志检察制度的即时确立；而没有检方客观存在的“检察制度”能算确立或客观存在吗——皮之不存，毛将焉附！

二仅有检察机关及其内设部门的客观存在。那么，检察机关及其内设部门不仅没有存在的法律基础，其职权也难以产生，而且它也难以变成有血有肉具有主观能动性的、拟制的机关法人，进而享有并行使检察职权。

三仅有检察人员特别是其中检察官的客观存在。那么，检察人员不仅没有存在的法律基础，其检察职责也难以产生，而且也失去了依法履行职责的官署性质。

另一方面，若仅有检察制度构成“三要素”之二的客观存在，同样并不标志检察制度的确立或客观存在：

一仅有检察法与检察机关及其内设部门的客观存在。那么，因检察人员特别是其中检察官的缺失，而导致检察制度失去运作的“发动机”、推力和前进方向。

---

① 参见张鸿巍著：《推开检察这扇门：第三只眼睛看检察》，中国检察出版社2011年版，第6页。

② 参见《广西检察志资料》，广西壮族自治区人民检察院史志编辑室1990年编印，第2页；北京市地方志编纂委员会编：《北京志·政法卷·检察志》，北京出版社2007年版，第17页。

③ 参见天津市地方志编修委员会编：《天津通志·检察志》，天津社会科学院出版社2002年版，第3页。

二仅有检察法与检察人员的客观存在。那么,因检察机关及其内设机构的缺失,而导致检察人员失去推动检察制度运作的官署。

三仅有检察机关及其内设机构与检察人员的客观存在。那么,因检察法的缺失,而导致检方失去存在的法律基础。

此外,关于衡量检察制度确立与否的标准问题,还受两种观点驱使:一种是强调检察制度与公诉制度伴生;另一种则是强调检察制度是法律监督制度发展到一定阶段的产物。

而窃以为,一方面,后一种观点驱使较妥。易言之,驱使国家代表创设检察制度的动因,首要在于中观——维护自身的执政地位和根基;次要在于宏观——保护公益,包括保证法律的正确实施——法律监督;再要在于微观——通过公诉机制进而保障侦审双方与检方自身在刑事诉讼中不恣意滥权。

另一方面,检察制度并不是伴随着刑事公诉制度而来的,并且要早于刑事公诉制度产生——有法律必有法律监督机制,二者孪生。而之所以这么说,因为,尽管"中国检察第一书"都强调,检察制度胚胎于国家纠问主义——"苟采用限于私人起诉之主义,则或因恐惧或因私欲或因冷淡不即起诉者有之。虽有犯罪,而不得行其审判。个人弹劾式及公共弹劾式,俱不免此弊。故或关于一定之犯罪使被害人或其亲族担负起诉之义务,或由公共选定适当之人委任起诉之事务,或特派一定之人监督私人之诉讼,或不待他人起诉由审判官用纠问式审判案件,此等制度,均为补救私人起诉主义之缺点而设。检察制度即胚胎于此。盖国家欲完全行使刑事诉权,除去私人弹劾式及纠问式之弊,固非特设检察官不可"。① 但其中的下列观点也值得深思,抑或佐证"检察制度并不是伴随着刑事公诉制度而来的"观点的不谬:

第一,检方的职能始终不限于刑事公诉。例如,"就法国言,检事初为国王之代理者参与诉讼,以图国王之利益为其职务(西历 14 世纪)。

① 参见熊元翰编辑:《检察制度》,安徽法学社 1918 年编印,第一部,第 4 ~5 页。

至于现今，为国家之机关，参与民刑事件，以图公益为其职务……英国之检事制度则显其固有之特色，与法国检事制度异。盖以国家之辩护士为检事，于刑事则使提起公诉，于民事则使参与离婚之裁判焉”；[①]“检察官之职务涉及刑事、民事、行政、国际各法，其范围甚广；而常以关于刑事法为其最重要者”。[②]

第二，刑事公诉只是检方所保护的公益之一，且晚于公益产生。例如，“总之，世界日日进步，人民之事务日渐发达，则欲保护一切公益而委之人民，断不能行。所以，不能不以检事制度为重。此无论日本及其他各国皆宜以保护人民公益而特立国家机关，如检察制度是也”。[③]

第三，检方只是国家公诉权的承受（或职能）和执行主体，并不是国家公诉权的原始、基本主体。例如，“如前所述，犯罪之被害者必为国家。故有公诉权者亦不得不为国家。因此，特设检察官，使之行使公诉权。故检察官非公诉权之本体，乃代国家行使此权之机关也”。[④]

总之，检察理论研究也应坚持“以事实为根据，以法律为准绳”“让证据说话”原则；而不能人云亦云、猜或“拍脑袋”，更不能不加思索地“照方抓药”式的相信“师傅”“前辈”。

① 参见张一鹏笔述：《检察讲义》，载《法政学报》1908 年，第 101 ~ 102 页。

② 参见张智远、王枢、王炽昌笔述：《检察制度详考》，检察制度研究会 1912 年编印，第 49 页。

③ 参见郑言笔述：《检察制度》，中国图书公司 1911 年版，第二编，第 2 页。

④ 参见熊元翰编辑：《检察制度》，安徽法学社 1918 年编印，第一部，第 83 页。

第四章　各域检察制度的起源

第一节　世界和三大法系国家检察制度的起源

世界上最早的检察制度起源于何时何地？见智见仁。代表性观点有“三论”：

作为主流的二源论认为，大陆和英美法系国家检察制度各有各的起源，并主张法国是世界上最早建立检察制度的国家。

作为支流的一源论认为，世界检察制度起源于大陆法系的法国，并经拿破仑（1799～1804年）东征西讨而传入德国、英国等欧洲国家后，再逐渐传到世界各国包括英美法系国家。例如，陈国庆《检察制度原理》（法律出版社2009年版，第48页）就持此观点。

作为支流的同源同时论认为，大陆和英美法系国家检察制度分别产生于13世纪的法国、英国。例如，梁国庆《检察业务概论》（辽宁人民出版社1989年版，第2页）就持此观点。而窃主张主流二源论。

另外，尽管人们普遍认为，法国是世界抑或大陆法系最早建立检察制度的国家，但其检察制度究竟诞生于法国何时？众说纷纭。代表性观点，至少有如下21种：《中华人民共和国检察制度研究》（法律出版社1991年版，第4页）认为，它诞生于法国中世纪（476～1453年）；“中国检察第一书”认为，“然现今多数国所采用检察制度之发端，实在中古（即500～1500年）之法国”；《中国检察制度论纲》（人民出版社2004年版，第7页）、王淑贤《中国检察学》（兰州大学出版社1988年版，第19

页)、《检察制度史略》(曾宪义主编,中国检察出版社 1991 年版,第 310 页)、《转型与变革:中国检察的理论与实践》(陈卫东著,中国人民大学出版社 2015 年版,第 54 页)都认为,它诞生于法国 12 世纪末叶;《中国检察百科辞典》(黑龙江人民出版社 1993 年版,第 1 页)认为,它诞生于法国 13 世纪中叶;《检察大辞典》(上海辞书出版社 1996 年版,第 680 页)认为,它诞生于法国 1285 ~ 1314 年间;《检察制度比较研究》(甄贞等著,法律出版社 2010 年版,第 6 页)认为,它诞生于法国 1303 年 3 月 23 日;龙宗智《检察制度教程》(法律出版社 2000 年版,第 25 页)、《检察学新论》(石少侠主编,中国检察出版社 2013 年版,第 34 页)、《中外检察制度之比较》(黄东熊著,中国台湾中央文物供应社 1986 年版,第 6 页)、《中华人民共和国检察业务全书》(张思卿主编,吉林人民出版社 1991 年版,第 1 页)都认为,它诞生于法国 14 世纪;陈国庆《检察制度原理》(法律出版社 2009 年版,第 49 页)、《中国特色社会主义检察制度》(孙谦主编,中国检察出版社 2009 年版,第 7 页)都认为,它诞生于法国 1489 年;《检察制度史》(何勤华主编,中国检察出版社 2009 年版,第 142 页)认为,它诞生于法国 16 世纪;樊崇义《检察制度原理》(法律出版社 2009 年版,第 51 页)认为,它诞生于法国 17 世纪;朱孝清、张智辉《检察学》(中国检察出版社 2010 年版,第 54 页)认为,它诞生于法国 1670 年;何家弘《检察制度比较研究》(中国检察出版社 2008 年版,第 23 ~ 25 页)、《法德检察制度》(魏武著,中国检察出版社 2008 年版,第 9 页)都认为,它诞生于法国 18 世纪末大革命时期;林钰雄《检察官论》(法律出版社 2008 年版,第 5 页)认为,它诞生于法国 1808 年。

此外,尽管人们普遍认为,英国是英美法系最早建立检察制度的国家,但其检察制度究竟诞生于英国何时?莫衷一是。代表性观点,至少有如下 16 种:何家弘《检察制度比较研究》(法律出版社 2008 年版,第 24 页)、《中国特色社会主义检察制度》(中国检察出版社 2009 年版,第 57 页)都认为,它 1311 年诞生于英国;《检察大辞典》(上海辞书出版社

1996 年版，第 447 页）、甄贞《检察制度比较研究》（法律出版社 2010 年版，第 62 页）、《检察制度史略》（中国检察出版社 1991 年版，第 24 页）、《转型与变革：中国检察的理论与实践》（中国人民大学出版社 2015 年版，第 57 页）都认为，它诞生于英国 1461 年；何勤华《检察制度史》（中国检察出版社 2009 年版，第 222 页）、姜伟《中国检察制度》（北京大学出版社 2009 年版，第 4 页）、樊崇义《检察制度原理》（法律出版社 2009 年版，第 52 页）、《检察学新论》（中国检察出版社 2013 年版，第 41 页）都认为，它诞生于英国 1515 年；《21 世纪的中国检察制度研究》（法律出版社 2008 年版，第 3 页）认为，它诞生于英国 19 世纪末 20 世纪初；龙宗智《检察制度教程》（法律出版社 2000 年版，第 28 页）认为，它诞生于英国 1893 年；《中国检察制度论纲》（人民出版社 2004 年版，第 17 页）认为，它诞生于英国 1908 年；朱孝清、张智辉《检察学》（中国检察出版社 2010 年版，第 63 页）认为，它诞生于英国 1985 年。

再者，尽管人们普遍认为，苏联是社会主义法系最早建立检察制度的国家，但其检察制度究竟诞生于苏联何时？见智见仁。代表性观点，至少有如下 3 种：多数人误认为，它诞生于 1917 年 5 月革命胜利之后；《中国检察百科辞典》（黑龙江人民出版社 1993 年版，第 516 页）认为，它诞生于苏联 1922 年；《中华人民共和国检察制度研究》（法律出版社 1991 年版，第 13 页）、《中国特色社会主义检察制度》（中国检察出版社 2009 年版，第 22 页）和《中国检察制度论纲》（人民出版社 2004 年版，第 17 页）都认为，它诞生于苏联 1922 年 5 月 28 日……

而之所以存在对世界检察制度起源于何时何地，以及“三大法系”最早建立检察制度的法国、英国、苏联检察制度诞生具体时间的不同认知，关键是，对检察制度构成“三要素”客观存在的全面掌控不同——只见其中之一或者之二，尤其是通过检察法的颁行时间，便主观片面地推出该国检察制度诞生日。

第二节　中国检察制度的起源

我国检察制度起源于何时何地？亦见智见仁，并可将其概分为“两派七说”。

一、（支流）本土自生派

本派认为，中国自古就有检察制度，但其诞生的具体时间又有“五说”：

第一，御史即（就）是说认为，中国历史上的御史制度，即（就）是中国古代的检察制度；中国古代的御史，即（就）是近现代的检察官。而由于我国先秦（公元前21世纪至公元前221年）时就有御史制度，因此，我国检察制度起源可追溯到先秦时期。但本人并不赞同这种观点和如下四种观点，且认为御史制度及其御史是我国监察制度及其监察官的“前身”“祖先”；同时认为，清末、民国之所以废除御史制度而由西方日本引进检察制度及其检方，关键在于御史是皇帝的“眼睛”，其行动志趣在于维护帝制帝利，而检察制度及其检方的行动志趣不仅在于维护国家统治者的执政地位，更在于保护公益包括法律监督，并防止侦查、审判和检察三方恣意滥权。

第二，前身御史说认为，御史制度及其御史就是我国检察制度及其检察官的前身。因此，我国检察制度起源于先秦时期。

第三，司直即（就）是说认为，中国古代司直制度及其司直，即（就）是我国古代检察制度及其检察官。因此，我国检察制度起源于汉武帝设置司直官职时的公元前118年。例如，光绪三十二年九月二十日（1906年11月6日）《军机处、法部、大理院会奏核议大理院官制折》就曾指出：“远师法德，近仿东瀛，其官称则参以中国之旧制，亦既斟酌中外得所折中。查推官之名肇自有唐，相传甚古，然历代皆属外僚，不系京职。考宋时大理有左右推事之称。拟改推官为推事。司直官称，亦缘古制，惟名义近于台谏，拟改总司直为总检察厅丞；改司直为检察官。”

第四，前身司直说认为，司直制度及其司直是我国检察制度及其检察官前身。因此，我国检察制度及其检察官便起源于汉武帝设置司直官职时的公元前 118 年。

第五，其他说。例如，“惟亦有人认为，《周礼》记载的：‘禁杀戮掌司斩杀戮者，凡伤人见血而不以告者，攘遏狱者，遏讼者，以告而诛之’的‘禁杀戮’之官，及‘禁暴氏掌禁庶民之乱暴力正者，矫诬犯禁者，作言语而不信者，以告而诛之’的‘禁暴氏’之官，《礼记·主制篇》（记载）的：‘史以狱告于正，正听之’的‘史官’，以及汉武帝时之‘绣衣直指’之官和以后的‘御史台’之官，都是当时的‘检察官’”。①

另外，在《中华人民共和国检察制度研究》（法律出版社 1991 年版），王洪俊《检察学》（重庆出版社 1987 年版），王然冀《当代中国检察学》（法律出版社 1989 年版），朱孝清、张智辉《检察学》（中国检察出版社 2010 年版），赵登举《检察学》（湖南人民出版社 1988 年版）、《通俗检察学》（李广祥等著，群众出版社 1988 年版）、《检察制度论纲》（人民出版社 2004 年版）、《洛阳检察十三朝》（刘新年主编，中州古籍出版社 2016 年版）等著述中，都可找到上述前“五说”的蛛丝马迹和主张。

此外，倘若国学大师钱穆（1895 ~ 1990 年）先生之“某一制度之创立，决不是凭空忽然地创立，它必有渊源，早在此项制度创立之先，已有此项制度之前身，渐渐地创立”论点不误的话，②那么，上述前“五说”也理应成立。

但是，窃也以为，针对上述“其他说”之实例，“其实一考此等官的性质，则‘禁杀戮’、‘禁暴氏’，相当于今日的警察；‘史官’，相当于今日的

① 参见庄作铭著：《检察制度之研究》，国立武汉大学第十三届（1944 年度夏季）毕业论文，第 43 ~ 46 页。

② 参见钱穆著：《中国历代政治得失》，三联书店 2005 年版，前言，第 2 页。

书记官;'绣衣直指'与'御史台'(以及'御史'、'司直')均为言官,相当于今日之监察委员。概非代表国家追诉犯罪,如今日之检察官"。①

二、(主流)西方引进派

本派认为,我国检察制度由西方引进,即"远师法德,近仿东瀛"的结果。它又包括如下"两说":

(一)自主引进说

本说认为,我国检察制度是清末国人自主"远师法德,近仿东瀛"的结果。但诞生的具体时间,又有如下观点:

第一,诸如《推开检察这扇门:第三只眼睛看检察》(中国检察出版社 2011 年版,第 6 页)等认为,中国检察制度诞生于 1905 年。

第二,诸如张培田《中国检察制度考论》(中国检察出版社 1997 年版,第 62～63 页)、《近现代中国审判检察制度的演变》(中国政法大学出版社 2004 年版,第 242～243 页)认为,中国检察制度以《黑龙江裁判处章程》[光绪三十二年正月初八日(1906 年 2 月 1 日)]的颁行为生日。因为,其中"稽查委员"既有检控犯罪之权,又有监督审判职权,同时还规定了相当于检事的"稽查委员"的级别和薪金事宜。但窃以为,同御史与检察官"名不正"一样,此时的"稽查委员"并非检方中的检察官,故此说不能成立。

第三,诸如《河北省志 · 第 72 卷 · 检察志》(河北省地方志编纂委员会编,中国书籍出版社 1996 年版,第 1～2 页、第 13 页)等认为,中国检察制度以《天津府属试办审判厅章程》(1906 年 10 月)的颁行为生日。因为其中不仅有关于检事长、检事官以及检察职权的规定,还规定"设检事长 1 员,职任监督所属之检事及指挥所属检事之施行"。

① 参见庄作铭著:《检察制度之研究》,国立武汉大学第十三届(1944 年度夏季)毕业论文,第 46 页。

第四，诸如《中国检察百科辞典》（黑龙江人民出版社1993年版）、《检察大辞典》（上海辞书出版社1996年版），樊崇义《检察制度原理》（法律出版社2009年版）、《中国检察制度论纲》（人民出版社2004年版），龙宗智《检察制度教程》（法律出版社2000年版）、《21世纪的中国检察制度研究》（法律出版社2008年版）、《检察学新论》（中国检察出版社2013年版）、《检察业务概论》（中国检察出版社1999年版）、《转型与变革：中国检察的理论与实践》（中国人民大学出版社2015年版）等都认为，中国检察制度以《大理院审判编制法》［光绪三十二年十月二十七日（1906年12月12日）］的面世为生日，①并是"自主引进说"的主流观点。

第五，诸如黄东熊《中外检察制度之比较》（中国台湾中央文献供应社1986年版）认为，中国检察制度以《高等以下各审判庭试办章程》（1907年12月4日）的颁行为生日。

第六，诸如《中华人民共和国检察业务全书》（吉林人民出版社1991年版）、《中国检察制度》（北京大学出版社2009年版）都认为，中国检察制度以《法院编制法》（1909年1月19日）的颁行为生日。

第七，诸如庄作铭《检察制度之研究》认为，"在中国固有刑事程序法的历史中，自始即无检察制度的发生；犯罪概由一般人民自行告劾，与英美之历史情况相同；今日之检察制度乃继受外国法而来，论其在中国之历史沿革则始自清末。光绪二十八年（1902年），因袁世凯、张之洞、刘坤一的奏请，派沈家本、伍廷芳为修律大臣，先后修改旧律，并翻译德、法、日各国法典。至光绪三十三年（1907年）八月二日，沈家本奏

① 大理院则为全国最高审判院，按照1906年《大理院官制草案》规定，大理院置正卿1人，总理全院事务。下设刑、民二科共置6庭，其中刑科置推丞1人，推官16人；民科亦置推丞1人，推官则为10人。除此之外，大理院还设有司直厅检察官、司法警察官、司法警察、书记官及录事若干人。因机构新设，人员不敷应用，大理院不得不从各部抽调人手，于1907年间"爰就刑部司员中择其熟悉例案而又长于听断者前后奏调数十人"。至1908年时，大理院再以各省呈报案件日多，乏人分核为由，奏设"详谳处"，以专司核查外省死刑案件。

拟《法院编制法草案》规定，各审判衙门分别配置检察院厅，各置检察长1人，检察官2人以上。同年(1907年)十月二十九日，《法部奏准各级审判试办章程》亦规定，各级审判厅均设置检察官，统属于法部大臣而受制于检察长。宣统二年(1910年)十二月二十四日，沈家本等奏拟《刑事诉讼律草案》，详细规定检察官进行(刑事)诉讼主义的实施，是为中国采行检察制度的开始"。[①] 但此说，却犯了以检察法颁布与否衡量检察制度确立与否的"通病"。

而窃以为，一方面，上述12说既有合理之处，也有可质疑的地方甚至存在明显错误。例如，比较而言，在"远师法德，近仿东瀛"的借鉴过程中，"近仿东瀛"的多，"远师法德"的少。进言之，我国检察制度从西方引进中的"西方"，实际上是东方的日本。正是："日本在明治维新后，[②]经过几乎半个世纪的不懈努力，至20世纪初，终于完成了移植西方近代法律的过程。经由这些浸满欧洲色彩的新法典的约束和指引，日本成功实现了'脱亚入欧'的梦想，并一跃成为亚洲最为进步的国家。日本当代学者千叶正士在回顾这一历史过程时指出：'日本一个多世纪以前向世界敞开国门的时候，她主要是从德国，其次是从其他国家，系统地接受了西方法。确实，她的建立在第一部宪法之上的新法律体系，可能是非西方国家尝试的对西方法规模最大、最成功的继受之一。'也正是由于日本的成功蜕变，以及其在与中国的碰撞中所展现出的薪新实力，使中国这一仍昏聩僵化的老朽帝国深受震动，并进而产生了模仿

① 参见庄作铭著：《检察制度之研究》，国立武汉大学第十三届(1944年度夏季)毕业论文，第46~47页。

② 明治维新，即19世纪60~90年代，日本在受到西方资本主义工业文明冲击下所进行的，由上而下、具有资本主义性质的全盘西化与现代化改革运动。政治上建立君主立宪政体，经济上推行殖产兴业，学习欧美技术，进行工业化浪潮，并且提倡文明开化、社会生活欧洲化，大力发展教育等。因此，它是日本近代化的开端，也是日本近代历史上的重要转折点。

日本进行法制变革的强烈呼声（和行动）。”①

另一方面，窃主张殖民侵入、被动引进说。进言之，中国检察制度最早诞生于1843年5月4日英国殖民统治的我国香港地区。

（二）殖民侵入、被动引进说

本说认为，中国检察制度最早起源于19世纪末，外国列强在华殖民地特别是1843年5月4日的我国香港地区。进言之，早在1906年12月12日《大理院审判编制法》面世之前，我国港澳台乃至青岛、旅大等殖民地既有相关检察法，也有相关检察机关及其内设部门、检察人员的客观存在。因此，中国检察制度早在这些殖民地就已确立或客观存在。

第一，在1906年12月12日《大理院审判编制法》面世之前，英国殖民统治的我国香港地区，既有诸如《英皇制诰》（1843年5月4日）、《皇室训令》（1843年）和《香港高等法院条例》（1844年10月）等检察法的客观存在，也有检察机关及其内设部门、检察人员——律政司及其律政人员（英国专有检方称谓）的客观存在。因此，中国检察制度理应最早诞生于1843年5月4日的我国香港地区。

第二，在1906年12月12日之前葡萄牙殖民统治的我国澳门地区，既有诸如“1847年8月法令”、《检察官署刑事诉讼章程》（1852年11月）和《华务检察官署民事诉讼章程》（1862年）等检察法的客观存在，也有检察机关（如检察院）及其内设部门、检察人员（如检察长）的客观存在。进言之，1906年12月12日之前的我国澳门地区，检察制度已客观存在。

第三，在《大理院审判编制法》面世之前被日本殖民统治的我国台湾地区，既有诸如《台湾住民治罪令》（1895年11月17日）和《台湾总

① 参见翟海涛：《法政人与清末法制变革研究——以日本法政速成科为中心》，华东师范大学2012年历史系博士学位论文。与此同时，1898年8月，清廷还曾颁布上谕称：“现在讲求新学，风气大开，惟百闻不如一见，自以派人出国游学为要。至游学之国，西洋不如东洋，诚以路近费省，文字相近，易于通晓。且一切西书均经日本择要翻译，刊有定本，何患不事半功倍。”

督府法院条例》(1896 年 5 月 1 日)等检察法的客观存在,也有检察机关(如检察厅)及其内设部门、检察人员(如检事、检察长、检察官)的客观存在,甚至有办案数量(如表 1 所示)、检察服饰等检察制度运作痕迹的客观存在。①

表 1 1897 ~ 1899 年我国台湾地区检察制度运作情况

年 度	总人数(人)	检察官长(人)	检察官(人)	受案总数(件)	办结总数(件)
1897	19		19	3330	3149
1898	10	4	6	4439	4099
1899	14	4	10	5892	5487

第四,在 1906 年 12 月 12 日之前的我国大陆,俄国、日本先后殖民统治的我国辽东半岛,德国殖民统治的我国青岛地区,同样既有检察制度构成“三要素”的客观存在,也有检察制度运作痕迹的客观存在。

因此,若承认早在 1906 年 12 月 12 日《大理院审判编制法》面世之前,我国台湾地区就客观存在检察制度的话,那么,就不可否认,我国检察制度最早诞生于 1843 年 5 月 4 日的我国香港地区,其次是 1847 年 8 月的我国澳门地区,再次是 1897 年的我国台湾地区,最后才是辽东半岛、青岛乃至中国大陆。

此外,也会有人质疑本人所提出的——我国检察制度最早诞生于 1843 年 5 月 4 日我国香港之观点。质疑的核心论点在于,1843 年 5 月 4 日我国香港的检察制度,是英国殖民者领导创设的,并非中国人自己创设。然而,窃不以为然。将港澳台等殖民地检察制度的客观存在视为一种制度现象客观存在的话,那么,上述治权质疑迎刃而解、不攻自破。何况熊元翰编辑《检察制度》中有关统治权(含战时占领权)的如下解说,亦可导致上述治权质疑的不能成立——“战时占领地。例如,普法战争。

① 参见王泰升主编:《台湾检察史》,台湾地区“法务部”2008 年编印,第 2 ~ 55 页。

法国巴黎为普占领，一切行政权、司法权皆在普军掌握。自表面观之，似普国在法国领土内有统治权，而不知非也。譬之，盗贼窃人之物，事实上有处分收益之权；而其物之所有权，仍归物主。占领地之统治权，可为同一之解释……租借地之性质如何？至今尚无定论。德国学者以为附期限之割让领土，信如其说，则领土已属他国，本国之统治权，当然不能行使。反对此说者，谓租借地不过普通贷借关系，不得谓之割让。譬如，以物假人，物仍属我，仍无害于统治权。两说孰优，尚待异日之研究。"①

进言之，倘若承认上述治权亦即"殖民统治权"的客观存在，那才真是"割地赔款""丧权辱国"。何况香港（包括澳门）当时是"租"，并非彻底"割让"？更何况关于租借地性质还有"租借地不过普通贷借关系，不得谓之割让"之说。这样，才有"租期"到来之后的1997年、1999年港澳的先后回归。退一步讲，即便对我国台湾地区当时是"割让"，而这种"割让"也没法理依据。因此，才有我们的始终坚持——台湾地区是中国固有的、不可分割的领土。

另外，据各省级《检察志》检索显示，旧中国大陆各省检察制度诞生的具体时间（如表2所示），都要晚于《大理院审判编制法》的面世时间——1906年12月12日。而这也充分说明并佐证——检察法的颁行既不标志着检察机关及其内设部门的当即建立，也不标志着检察制度的相应确立。

表2　旧中国各省、自治区、直辖市以及港澳台检察制度诞生的具体时间

黑龙江	吉　林	辽　宁	北　京	天　津	河　北
1909	1908.5.30	1908	1907.12.9	1907.3.23	1910.12
山　西	内蒙古	山　东	江　苏	安　徽	浙　江
1910	1928.11	1911.1.26	1910.8	1910.12.25	1910
江　西	福　建	上　海	河　南	湖　北	湖　南
1910	1909.6	1911.12.30	1910	1910	1912

① 参见"日本法学四博士"口授，熊元翰编辑：《检察制度》第二部分"检察制度与对外关系"，安徽法学社1918年12月编印，第14～15页。

续表

广东	广西	海南	四川	云南	贵州
1910.12	1910.7.1	1910	1910.12.2	1910.12.1	1909.1
重庆	西藏	陕西	甘肃	青海	宁夏
1910.12	1958.1	1910.10.2	1910.12	1916	1920.8
新疆	新疆生产建设兵团		香港	澳门	台湾
1910.11.21	1958.10		1843.5.4	1847.8	1895.11.17

再者,还可将我国检察制度"坐胎"、萌芽、诞生和发展,作如下两方面梳理:一方面,1843 年 5 月 4 日之前的中国奴隶、封建社会,一直实行司法行政合一,地方各级官吏兼理司法事务。而这种监理,在中华民国与新中国成立之初,仍有类似痕迹存在。例如,《县司法处组织暂行条例》(1936 年 4 月 9 日)与《最高人民检察署试行组织条例》(1949 年 11 月 2 日,其中第 3 条第 6 款规定:"前项各款之职权,在下级检察署尚未设立的地区,得暂委托各该地公安机关执行)等检察法颁行及其实践"。

1840 年鸦片战争之后,随港澳台和辽东半岛、青岛等殖民地的相继确立,先后在中国版图上出现了与英国、葡萄牙、日本、德国、俄国殖民国家相类似的中国殖民地检察制度。

而在中国大陆管辖的主要地域,直至 1906 年 9 月 1 日,清廷才颁发明谕宣示预备立宪,编定官制,并于当年 11 月 6 日宣布改刑部为法部责任司法,改大理寺为大理院专掌审判。1906 年 12 月 12 日清政府颁行《大理院审判编制法》规定,在大理院下设立各级审判厅,并在各级审判厅内设立各级检察局,各级检察局设置检察长一人,负责对刑事案件提起公诉,监视判决的正当执行。

1907 年 3 月 23 日,天津检察各厅正式成立;7 月 7 日,清廷宣布外官制,将各按察使改为提法使,又分设审判、检察各厅,命由东三省先行试办,直隶、江苏亦择地先办,其余各省分年分地请旨办理,通限 15 年一律通行;9 月 9 日清廷颁行的《法院编制法》第十一章专门规定了"检察厅"事宜;12 月 4 日,清政府法部奏请皇帝批准颁布《各级审判厅试办章程》。

12 月 9 日，京师审判、检察各厅成立办公。

因此，中国检察制度的“坐胎”、萌芽和诞生，既是外国殖民者强加和国人被迫接受的结果，也是国人自觉“远师法德，近仿东瀛”的产物。例如，中国检察第一书既是 1907 年冬，“京师高等检察长徐季龙先生所发起，邀同京师地方以下各级推检官，开检察研究会于法律学堂，延请日本法学博士冈田、松冈、小河、志田四先生，以一月至短之光阴，讲授刑事、民事、行刑、对外 4 种检察制度”之记录结果，①也是国人自觉引进并效仿日本检察制度的产物。

再如，“检察”一词，亦有“海归”经历。它较早见于范晔（398～445 年）著的《后汉书》（成书于 448 年）——“里魁掌一里百，什主十，伍主五家，以相检察。民有善事恶事，以告监官”；而后《晋书》（成书于 648 年）有“时天大雨雪，宫门夜失行马，犟官检察，莫知所在”；章太炎在《驳康有为论革命书》（写于 1903 年）中道：“今天下四万万人之材性，长素岂尝为其九品中正，而一切检察差第之乎？”可见，最初“检察”有检举、稽查、查找、寻找之义，但并非法学（律）术语。明治维新时“检察”传入日本后，并逐渐变成法学（律）术语。清末变法时，国人［如梁启超（1873～1929 年）等——和制汉语］又像“出庭”“代理”“民法”“刑法”“法定”“判决”“法学”“法庭”“警察”等法学（律）词汇有“海归”经历一样，从日语中又将“检察”引回中国并变成名副其实的法学术语。为此，汉语繁体“檢察”与日语“検察”至今仍难分伯仲。②

当然，实践中也有人认为，“检察”一词，系我国清朝末年由英语的 public prosecution 翻译而来。public prosecution 的原意为告发、检举、指控、公共起诉。然而，修法大臣沈家本等人在起草我国法律时，没有将英语的 public prosecution 直译成“指控”或“公共起诉”，而是创造性地将其翻译为“检察”，其原因在于西方的检察制度特别是清廷所主要借鉴的法国、德国、

---

① 参见陈颐点校：《检察制度》之“编纂例义”，中国政法大学出版社 2003 年版。

② 参见［日］实藤惠秀著：《中国人承认来自日语的现代汉语词汇》，谭汝谦、林启彦译，载《中国人留学日本史》，三联书店 1983 年版，第 326～335 页。

日本等国的检察制度，其检察官都履行对刑事案件提起公诉、监督、指挥警察侦查和监督法官审判等职能，这既与“检察”一词所包含的“检视、查验”“检举、制止”的意思相近，又与我国封建社会御史的职能具有一定的相似之处。可见，修法大臣的这一翻译，既揭示了西方检察制度所蕴含的“指控”“监督”的内涵，又传承了我国封建社会御史制度“纠察百官、监督狱讼”所蕴含的“监督”内核，可谓“神来之笔”。① 然而此等“神来之笔”，则是中国重刑轻民传统使然。

另一方面，中国检察制度的曲折发展，还经历了一个由殖民者强加的不得不“引进”（1843～1906 年），到“远师法德，近仿东瀛”的自觉效仿

① 参见朱孝清、张智辉主编：《检察学》，中国检察出版社 2010 年版，第 4 页。甚至有人进一步认为，“检察”是沈家本“确立的”（参见卢建平主编：《检察学的基本范畴》，中检察出版社 1927 年版，序言）。而窃以为，此观点缺少证据，主观“合理”想象、推测成分居多。梁启超曾从日本引入“和制汉语”以解决明治维新以来，日本从西方引进的日语译词，并积极借鉴日本改革经验。所谓和制汉语亦称日制汉语，指日本人借用汉字创造或翻译出的汉语新词汇，以及延伸了含义的汉语既有词汇。19 世纪明治维新时代，日本人借用汉字大量系统性意译了西方先进概念，其中很多汉语词汇具备“海归”身份后，又传回中国。正是：“考察清末立法，在法律体系、法典结构、法律术语以及条文内容等方面都是大量移植了日本的同时期立法”；“关于晚清乃至民国《法院编制法》对日本法的移植，何勤华教授曾经在立法体系和法律术语方面进行过详尽的考察。在立法体系方面，《大清法院编制法》的模仿程度较为明显。另外，在该法的法律术语方面，只有极少数在移植中国之后有所改变，主要包括将日本的‘判事’改为‘推事’、‘言渡’改为‘宣告’、‘裁判长’改为‘审判长’、‘民事部’改为‘民庭’、‘刑事部’改为‘刑庭’、‘司法省’改为‘司法部’、‘执达吏’改为‘承发吏’、‘执行犹予’改为‘缓期执行’等等；绝大多数术语则是原封不动进行了照搬，包括‘司法’‘行政’‘检察官’‘庭丁’‘书记’‘辩护士’‘公诉’‘预审’‘审判’‘法庭’‘民事’‘刑事’‘罢免’‘审问’‘法科’‘议员’‘惩戒’‘监督’‘管辖’‘制服’‘合议’‘评议’‘公务员’等等。《大清法院编制法》对日本法的移植，为后世也带来了极大的影响。单就立法本身而言，民国四年六月（1915 年 6 月），北京政府对《大清法院编制法》予以修正字句后重新颁行，于民国五年二月（1916 年 2 月）又略作修正，其后大半个民国时期都是实施这部立法；民国二十一年（1932 年），南京政府改《法院编制法》为《法院组织法》，进行局部修改后于同年 10 月 28 日公布，民国二十四年七月一日（1935 年 7 月 1 日）起实施。另就法律术语和具体制度而言，对日本法的移植直到今天仍然发挥着巨大的影响力，诸多术语甚至早已融入了中国法的血液”（参见何勤华主编：《法院编制法》点校者序，上海人民出版社 2013 年版，第 1～2、5～6 页。）

（1906～1931 年），再到中国检察制度与中国人民检察制度（1931 年至今）的分野并行发展过程。同时，中国人民检察制度既经历了一个由旧中国人民检察制度到新中国人民检察制度（1931～1949 年）、再到“文革”前中国人民检察制度（1949～1978 年）、再到中国特色社会主义检察制度（1978～2017 年 10 月 18 日）、再到新时代中国特色社会主义检察制度（2017 年 10 月 18 日至今）的发展“明线”，也经历了一个由全面“以俄为师”的“照搬照抄”（1931～1954 年）、到部分“以苏为师”的本土化（1954～1978 年）、再到“汲取中华法律文化精华，借鉴国外（包括各法系国家）法治有益经验，但决不照搬外国法治理念和模式”的中国特色社会主义和新时代中国特色社会主义检察制度（1978 年至今）的发展“暗线”。其间，既有诸如 1954 年政法委员会邀请苏联法学专家鲁涅夫①（1910～?）

① 鲁涅夫（1910～?）：1942 年于苏联社会科学院法学所取得副博士学位，1956 年获得博士学位。曾任苏联军队军事法律学院教学部和教研室负责人。1953 年 4 月至 1954 年 9 月，受我国政法委员会邀请来华讲学，并参与了我国 1954 年《人民检察院组织法》的制定。著有《中华人民共和国社会主义国家所有制的法律问题》《中华人民共和国刑事诉讼法的基本特征》《人民群众参加中华人民共和国国家机关工作的形式》《中华人民共和国宪法的社会主义本质》等。而在中华人民共和国成立之初，高检院先后聘请过 4 位苏联法律专家作为法律顾问，是和高法院、司法部共同聘请的。苏联法律顾问是苏达里可夫和贝可夫，苏达里可夫又是苏联专家团的总顾问。当时他们的工作主要是参与有关法律草案的起草，列席高检检察委员会会议，以及向高检院、高法院、司法部的干部讲授法律知识，作学术报告等。1953 年，斯大林逝世后，苏达里可夫和贝可夫奉调回国，又来了一位苏联法律专家鲁涅夫。此人比较年轻，曾参加过盟国纽伦堡国际军事法庭对德国纳粹战犯的审判，担任检察官。也许正因为有了这个政治资本，所以，非常高傲自大，锋芒毕露，完全是一副大国沙文主义的派头。后来，高检院党组把这种情况向彭真同志写了报告，彭真批评了鲁涅夫，鲁涅夫就被调回国了。后又换了一位苏联法律专家，名叫巴萨温，他原是苏联最高法院的一位审判员。此人年纪较大，也比较老练，他和鲁涅夫正好相反。巴萨温走后，再没有聘请苏联法律专家（参见《王桂五论检察》，中国检察出版社 2008 年版，第440～441页）。其中，《苏联检察工作任务及工作方法》之出版说明指出：“这本小册子是苏联专家鲁涅夫同志的讲稿”，《苏联专家鲁涅夫同志关于检察、审判工作演讲的记录》之前言也指出：“鲁涅夫同志关于 1954 年 5 月间在上海、杭州、南京对检察机关和法院干部作的多次演讲，比较详细地介绍了一些苏联检察工作和审判工作的先进经验。这本小册子是鲁涅夫同志各次演讲的记录。”

来华介绍苏联检察、审判工作的情形,也有诸如1956年中国司法工作者代表团访问苏联司法工作的情形,并有诸如《苏联检察工作任务及工作方法》(中央人民政府最高人民检察署1954年3月编印)、《苏联专家鲁涅夫同志关于检察、审判工作演讲的记录》(最高人民检察院办公厅1955年4月编印),以及《苏联司法工作访问记——关于检察工作部分》(中国司法工作者访苏代表团1956年8月1日编印)等相关检察文献的出现及其佐证。

总之,不管你承认或不承认,在1906年12月12日《大理院审判编制法》颁行之前,作为英国、葡萄牙、日本、德国、俄国等殖民者检察制度的延伸也好,作为它们检察制度的变种也罢,作为一种客观存在的社会现象,检察制度在华夏大地是实实在在地客观存在的。而否认这一点,就会深陷主观唯心主义泥潭。而经过176年发展,新时代中国特色社会主义检察制度,已成为世界上唯一一个集大陆(中国大陆、澳门特别行政区与台湾地区)、英美(香港特别行政区)、中华(中国大陆与港澳台地区)和社会主义(中国大陆)四法系检察制度特点于一身的检察制度。一言以蔽之,我们只有知道从哪里来,才知道到哪里去;只有坚持中国特色社会主义检察制度的道路、理论、制度、文化自信,才能坚持好、巩固好、完善好、发展好新时代中国特色社会主义检察制度。

三、伪满洲国检察制度①

如上所述,与1906年之前我国港澳台地区检察制度一样,伪满洲国乃至抗战时期日本占领区、汪伪政权统治区域的检察制度,②也理应属于

---

① 参见《伪满政权检察制度考》,载赵润山主编:《长春市检察志》,吉林人民出版社1996年版;钟放著:《伪满洲国的法治幻象》,商务印书馆2015年版,第27~32页;吴旅燕等著:《伪满洲国法制研究》,中国政法大学出版社2013年版,第74~77页。

② 汪伪政权,亦称汪伪国民政府等,是抗战期间以汪精卫(1883~1944年)等投靠日本的中国国民党党员为首建立的政权,其以"中华民国国民政府"为名,实际上则是日本在侵华战争期间扶持的傀儡政权之一。成立于1940年3月至1945年8月,与以蒋介石为首的重庆国民政府分庭抗礼。

中国检察制度范畴。

（一）确立

伪满成立之初，尚无一定法律法规。1932 年（伪大同元年）3 月 9 日，发了“第三号教令”要求暂援用“九·一八”前民国法令——“凡不抵触于建国主旨、国情及法令之条项均一律援用，以资司法之运用周全而保持社会之秩序”。按此规定，伪满检察机关亦暂沿袭民国检察体制，实行审检合署，即在法院内设置检察处，以首席检察官领导一切检察事务。同年 5 月 16 日，伪满司法部颁布“第一号训令”规定，所有各级法院检察处均改称“高等或地方检察厅”，首席检察官改为“厅长”，与各级法院列平等地位，实行审检分立，以符合“伪满组织法”所定之国家体制。因此，作为各类案件的起诉机构，检察厅及其人员在伪满洲国成立的时候便存在了。1932 年 3 月 9 日在伪满公布的《政府组织法》和《官制》中就有设立检察厅之规定。

然而，“九·一八”事变前后，东北很多地方没有设立法院及检察厅。伪满《法院组织法》公布施行以后，日本帝国主义一方面要标榜伪满的“法治”。另一方面，又要继续实行“警宪特”的法西斯统治，便在未设检察厅的地、县仍以旧有的司法机关代行检察职权。这些旧有的司法机关分别为县司法公署、兼理司法的县公署、县承审处等，统称之为“代行司法机关”。

根据 1935 年（伪康德三年）“敕令第 102 号”规定，司法部大臣有权授予司法警察官处理检察厅以外的司法机关的检察事务，被授权的司法警察官的法律名称为“检察官事务处理者”。在代行司法机关内具体被授权者如下：一是县司法公署由日籍警务指导官在司法部大臣、所辖检察厅长及所属县长监督下处理检察官应办事务。二是兼理司法的县公署、县承审处统由县长全权处理检察事务。三是伪满曾把其统治下的蒙古族居民区域划为兴安东、西、南、北四省，最初在省公署内设检察署，以省公署警正掌理检察官职务。后经司法机关改组，其各省相继建立高等、地方检察厅。1937 年，根据伪满《兴安各省审判署条例》规定，于兴安各省各旗或县内设置检察署，由司法部大臣指定司法警察官充任检察官，履行检察官的职权。

而时至1936年1月4日，以“第一号敕令”公布《法院组织法》，并于同年7月1日起施行后，才正式全面确立了伪满检察制度。

（二）特点

1. 行政组织和人员

按伪满《法院组织法》规定，与各级法院对应设置，伪满检察机关分为区、地方、高等和最高检察厅四级，伪满最高检察厅设在新京（今长春）。

伪满司法部大臣对各级伪满检察厅有行政监督权。如其为处理检察事务之需要，有权特别设置高等检察厅分处和地方检察厅分处。

各级检察厅均设检察官行使检察权。在区检察厅，当设有两名以上检察官时，其中一名为监督检察官；只有一名检察官时，为独任检察官。

监督检察官或独任检察官在亲自处理检察事务的同时，还作为区检察厅的行政机关领导，掌握区检察厅的一切行政事务，并监督全体职员。

在地方、高等、最高检察厅除设检察官之外，还设有厅长，领导本厅行政事务。地方检察厅长监督指挥本厅、分处及管内的区检察厅；高等检察厅长监督指挥本厅、分处及管内地方、区检察厅；最高检察厅长监督指挥本厅及下级检察厅的全部事务。

伪满检察厅长一般由中国人担任，但日本帝国主义为了牢固地控制伪满检察权，特在《法院组织法》中规定：“在需要时，各级检察厅可设置次长作为厅长辅助人员”。因而由日本人担任各级检察厅次长凌驾于厅长之上，从而独揽各级检察厅大权。但也有例外，如牡丹江高等检察厅厅长为日本人担任。所以，该厅未设次长。由此可见，设日籍次长辅助是假，总揽检察大权实行殖民统治是真。

另外，按照伪满《检察厅办事章程》规定，各级检察厅检察事务的分配，应按照案件种类、地区或受理案件的顺序等，在区检察厅由监督检察官分配给包括自己在内的各检察官；在地方、高等和最高检察厅则由厅长与次长协议之后(实际上由日籍次长决定),再分配给各检察官。

此外,各级检察厅除设若干检察官外,还配备相当数量的书记官,辅助执行检察事务和检察行政事务。① 在地方以上的各级检察厅设书记官长,多由中国人担任;同时,在书记官中还设一日籍首席书记官。法律规定监督书记官与书记官长管理本厅书记官行政事务,但实际上日籍首席书记官才是真正的行政负责人。为此,1936 年 6 月公布的《检察厅书记官执务规程》规定,(1)书记官之事务分为五课,每课有书记官两人以上时,以资深者为主任书记官,统辖其课之事务,并与其他书记官共同分担处理事务。(2)书记官诸项事务中,庶务课掌理关于司法行政之事务及不属于他课主管之事务;事件课掌理关于刑事案件检察官所需之辅助,民事事件及刑事统计之事务;执行课掌理关于裁判或处分等执行事务;保存课掌理关于诉讼记录、裁判原本、类聚记录及账簿保存并犯罪票及其他前科等事务;会计课掌理有关会计事务。

再者,各级检察厅还设置一定数量的翻译官担任翻译事务。

2. 检察官

(1)资格与义务。伪满对检察官人选很重视,为此《法院组织法》规定,只有具备下列条件之一的人方可任用为检察官:①作为学习法官曾在法院或检察厅实习 1 年以上并考试及格者;②作为教授或副教授,在建国大学或司法部法学校担任法律教学 3 年以上者;③从事 5 年以上律师事务者;④在外国具备检察官资格者。

另外,学习(亦即实习)法官包括见习审判官和见习检察官,其资格的取得一般为毕业于司法部法学校或参加司法科高等官资格考试及格者。同时,与检察官需具备条件之④一样,在外国(实际上专指日本)具备学习法官资格者也可以充当伪满学习检察官。因此,在伪满检察官中,日本人

① 所谓检察事务,即讯问人犯、询问证人,参加搜查及整理调查报告书等;所谓检察行政事务,指文件往返保存、表格制作填写、会计事务等。在区检察厅,书记官中有一人为监督书记官(多为日籍)。

占有相当数量,许多重大检察事务均由日籍检察官处理。更有甚者,伪满成立伊始,便在“肃整官纪”的名义下,以老朽或其他原因,迫使“九·一八”事变后留任的中国人检察官退职,代之以日本人或伪满学校培养出来的官员。时至1935年,伪满全国共有检察官115人,其中日籍仅13人,占11%;至1940年,伪满已有日籍检察官71人,占全部检察官291人的24%。

此外,在检察官选人上,《法院组织法》还规定,被判处徒刑者、破产者以及因惩戒处分被免官或被剥夺律师资格者不得充当检察官。同时,检察官还必须承担如下义务:不得参与有关政治活动,不得加入任何政党和会社;不得经营商业或充当营利法人的重要职员。

(2)任用与地位保障。伪满检察官享受伪满高等官待遇,其官等分别为文官等级中的特任、简任和荐任三种。①

最高检察厅厅长为特任官,由伪满皇帝特别委任;最高检察厅次长、各高等检察厅厅长、次长均为简任官,由司法部大臣出具奏章,国务总理大臣委任;地方检察厅厅长、次长及其他检察官则由司法部大臣以简任官或荐任官分别任命。

另外,司法部大臣还有权分配初任检察官者赴某区检察厅或地方检察厅暂时工作,担当候补检察官,但执行所在厅检察官职务。

此外,检察官享有与审判官同等的法律地位保障,即除因刑事处分或法官考迁委员会惩戒处分外,不得随意免职,也不得违背本人意志而停薪、转官或减薪。但检察官与审判官有所不同的是,审判官在任职期间不得转职(由某法院审判官转任其他法院审判官),而检察官则可因司法行政上的需要转职。

再者,伪满检察官实行退休制,最高检察厅厅长与次长年满63岁时退官,其他检察官年满60岁时退官。

3. 管辖

各级检察厅管辖案件的审级与同级法院相同,其管辖区域原则上与

① 特任:由总统或国家主席以特令任命;简任:选拔任用;荐任:举荐任用。

同级法院相同，即高等检察厅的辖区以两个省为限，并于未设高等检察厅之省公署所在地设高等检察厅分处，地方检察厅及分处按“九・一八”事变前地方法院及其分庭所在地设置；凡设地方检察厅或分处之地皆设区检察厅。

到1940年伪满司法机关改组基本结束为止，共设最高检察厅1处；高等检察厅6处（分别为“新京”、奉天、哈尔滨、牡丹江、锦州、齐齐哈尔）；高等检察厅分处8处，地方检察厅29处；地方检察厅分处86处；区检察厅130处。

为保证检察官能够直接迅速地处理案件，伪满《法院组织法》对检察厅管辖区域又专门规定：当检察官遇有紧急必要或法令另有规定时，可以于其检察厅管辖区域外或对于不属其管辖之案件行使检察权。

4. 检察权限

伪满无预审制度，由检察厅“掌管侦查及公诉之实行、刑事裁判之指挥并其他法令所定之事项”；检察厅权限具体由检察官行使：

第一，搜查权。侦查在伪满亦称搜查。（1）检察厅所受理的案件一般源于检察官自行检举、警察厅呈送或案件有关人员的告诉、告发。（2）一经发现犯罪事实或犯罪嫌疑时，唯检察厅作为法律规定的搜查主体部门，有权搜查犯人，犯罪事实及犯罪证据。（3）在搜查中，检察官有权出入任何公私场所，拘留逮捕人犯。（4）由于检察官数额不多，各种案件应接不暇，因而搜查事务多是检察官指挥下由司法警察官吏具体执行。① （5）在搜查时如果遇到紧急情况，检察官还可向就近之军事长官请求派遣军队协助搜查。

第二，公诉权。伪满刑事诉讼采用弹劾主义，公诉权属检察厅及其检察官专有。（1）当搜查终结后，其犯罪事实足以构成犯罪时，检察官原则上必须提起公诉，但也可以根据实际情况作出不起诉处分。（2）检察官

① 伪满司法警察官由警尉以上警察官、宪兵军官、准尉军官及军士等组成。司法警官官吏包括司法警察官属下的警察和宪兵等。

提起公诉后，必须出庭，陈述公诉事实及要求调查证据，并可就被告人的量刑幅度向法院提出具体的“求刑意见书”。(3)法院在判决时亦重点参考检察官的意见，检察官如果认为法院判决中违反法令或误认事实时，不仅可以上诉，还可以请求复审。

第三，刑事裁判执行权。伪满法律规定，对于判处死刑的执行，检察官必须亲临刑场监督执行；对于判处其他徒刑的刑事判决，一经生效，罪犯即交由检察官分别依法处理。

第四，根据伪满《监狱法》规定，检察官得以随时视察监狱，监督狱政。

第五，根据伪满其他法律规定，检察官还拥有请求恩赦、请求下达解散会社命令、监督律师，参与处理公益、人事、民事诉讼案件等职权。

5. 检察权行使

在伪满，检察权的行使与审判权不同。审判官以适用法律为审判原则，检察官则是基于维护国家利益对危害国家的社会行为，包括对中国人民的反满抗日行为采取刑事措施，以巩固日本帝国主义对伪满的殖民统治。

另外，伪满检察官奉行检察一体原则，其实质乃在检察官上下左右互相保持有机的联系，以示一个统一之整体——是以司法部大臣为首，最高检察厅厅长以下各级检察官在上命下从的关系中，形成全国统一的组织体系。

此外，按伪满《法院组织法》规定，司法部大臣对于检察事务之执行得指挥检察官；检察官对其职务之执行承上司之指挥。这就是说，检察官在办理案件过程中，如果检察厅长或次长认为需要，可随时中止改派已分配给该检察官的事务。必要时，厅长或次长可亲自受理属于本厅管辖权限内的检察事务。这在当时的司法理论上称之为“职务继承权和职务迁移权”。这一点与法院事务分配截然不同。因为法院事务一经分配，在司法年度中就不允许任何更改。鉴于行政长官(如司法部大臣等)有权干涉检察事务，及检察官要在上司指挥下执行检察事务。因此，伪满检察权的行使无独立可言。这种现象并不是伪满法律制订过程中的缺陷，恰恰相反，正是由于检察官奉行上命下从的检察一体原则，伪满统治者才可以得心应手地利用法律为其反动政治服务。

再者，除检察官在统一指挥下行使检察权之外，1939 年以后，由于刑事诉讼繁冗，检察官难以应付。因此，书记官也可被任命为“检察官事务助理”，办理区检察厅所辖急需办理而又简单的案件。同时，下级检察厅的检察官亦可被任命为上级检察厅之“检察官事务助理”，办理上级检察厅所辖案件。

6. 专项检察事务

第一，思想检察。即检察厅及其检察官对政治犯所提起的刑事诉讼。1938 年，为镇压中国人民的反满抗日活动，在高等检察厅内特别设置了一至两名日籍治安检察官，专门处理“思想犯”案件，并采取特别诉讼程序——直接由高等检察厅治安检察官提起诉讼，以高等法院治安庭为第一审，最高法院为终审，但这也只是个形式。①

第二，监管刑满释放人员。根据伪满《保护监督法》规定，在各高等检察厅内还设有保护监察所，由治安检察官兼任所长，用以监管因违反《治安维持法》而刑满释放人员的活动。

第三，强制劳动。1944 年，伪满又制定颁布了《保安矫正法》。而根据这项法令规定，“检察厅可以不经法院裁判，直接逮捕违反该法人员并施以强制劳动等处分”。

第四，经济检察。由于侵略战争导致日本国内资源匮乏，日本帝国主义便加紧对伪满经济物资的掠夺，1940 年伪满司法部召开第一次经济系审判官检察官会议，确立了处理经济犯的方针，决定采取严惩主义，“重则为 1 年以上有期徒刑或 10 万元以下之罚金”，并在全国范围内增加经济检察官 15 人。同年还规定，税务官吏、海关官吏、专卖官吏皆得以执行经济司法警察官吏之职务，并在经济检察官指挥下执行经济检察事务。

① 伪满的一般诉讼程序为四级三审制，以区法院或地方法院为第一审，以高等法院或最高法院为第三审（终审）。

当然,伪满维护日本帝国主义殖民统治的检察制度,随着1945年日本帝国主义投降和伪满的覆灭而告终。

第三节　中国人民检察制度的起源

中国人民检察制度究竟起源于何时何地?见智见仁。代表性的观点有三个:

第一,以《人民检察制度的历史变迁》(孙谦主编,中国检察出版社2009年版,第33~35页)、《人民检察史》(最高人民检察院编,中国检察、江西美术出版社2009年版,第19页)、《人民检察始于何时:一位老检察官的考证》(张永恩,载《检察史的新闻阅读》,中国检察出版社2011年版,第200~203页)等著述为代表的主流观点认为,它起源于1931年11月20日在瑞金成立的中华苏维埃共和国,并以《工农检察部的组织条例》(1931年11月20日)的颁行与"九部一局"之工农检察部的成立(1931年11月20日)为标志。

第二,以《鄂豫皖革命根据地的人民检察制度》(刘建国主编,中国检察出版社2011年版,第79~80页)、《人民检察制度在河南》(河南省人民检察院2011年编印,第5页)等著述为代表的支流观点认为,它诞生于1931年7月的鄂豫皖革命根据地,并以1931年7~10月该革命根据地颁行的《革命军事法庭暂行条例》《政治保卫局工作条例》《革命法庭的组织及其与政治保卫局的关系》,以及国家公诉处和国家公诉人(1931年7月)的出现为标志。

第三,以《人民检察始于何时:一位老检察官的考证》等著述为代表综述的支流观点认为,一方面,"(人民检察制度)始于建立革命根据地政权时期。中国人民大学法学院教授曾宪义主编的《检察制度史略》一书认为,根据中国革命'由农村包围城市最后夺取全国政权'的特点,对人民检察机构建立的时间,应认定为1927年秋收起义至中华苏维埃共和国成立"。另一方面,"(人民检察制度)始于第一次国内革命战争时期,由共产党领导的工农群众运动建立的具有地方性质的工农政权。这种观点认为,诸如香港罢工委员会,上海三次工人武装起义产生的上海平民政府,广东、湖南农民运动中建立的乡村自治政权,都具有镇压和惩治破坏工农运动的司法机构。例如,香港罢工委员会就设有军法处、会审处。当时的条例规定,如果纠察队、军法处主任失职,致使在押人犯脱逃,军法处主任等相关人员要'按律惩戒';如果是受贿后放任罪犯脱逃,则要严加惩处。这即是检察机关反渎、反贪和监所检察的职能。在当时的历史条件下,香港罢工委员会的会审处没有设置检察官,对案件的起诉还要借助广州国民政府的检察官完成"。

而窃持主流观点,既不赞成上述第三种观点,原因在于其间难寻检察制度构成"三要素",也不赞成上述第二种观点。原因在于,尽管1931年7月的鄂豫皖革命根据地既有诸如《鄂豫皖苏维埃政府临时组织大纲》《革命军事法庭暂行条例》《政治保卫局工作条例》《革命法庭的组织及其与政治保卫局的关系》等检察法,也有检察机关("工农监察委员会")及其内设部门("国家公诉处")、检察人员[程玉阶①等"国家公诉员"],甚至还有"人民检察制度"运作痕迹的客观存在。但是,基于其检察机关及其内设部门、检察人员的称谓是"工农监察院、工农监察委员会""国家公诉处""国家公诉员"之因,即便它们也享有并履行了法律监督权、职务违法犯罪调查预防权、控告申诉检察权,②但也不能称其为"检察机关及其内设部门、检察人员",就像既不能将"御史机关及其御史"称为"检察机关及其检察官",也不能将当下的监察委员会及其监察官称为"检察机关及其检察官"一样——名不符实。

总之,中国人民检察制度起源于1931年11月29日的中华苏维埃国内共和国首府——瑞金。

---

① 程玉阶(1910~1931年):又名程汝阶,1928年4月参加革命。1928年10月任中共黄麻县乘马岗区委书记,1931年7月任鄂豫皖区革命法庭国家公诉处处长,1931年冬牺牲。他有人民检察制度第一国家公诉人之称。

② 参见《人民检察制度在河南》,河南省人民检察院2011年编印,第5~6页。

第五章　检察法与中外检察宪法规范①

第一节　检　察　法

能否将由国家制定或认可的、规范检方权(利)力、行为的法律和法律规范统称为检察法律,简称检察法呢?对此,有肯定与否定两种观点,窃持肯定观:

一方面,先有事实,后有概念;在我国,无论是旧中国还是新中国特别是新时代中国特色社会主义的当下,都已经有了“检察法”诞生的社会氛围及其必要、可能性。换言之,由国家制定或认可的、规范检方权(利)力、行为的法律和法律规范比比皆是、层出不穷。

另一方面,诚如德国哲学家黑格尔(1770~1831年)在其《小逻辑》(贺麟译,商务印书馆1982年版,第6页)导言中所言:“凡是合乎理性的东西都是现实的,凡是现实的东西都是合乎理性的。”

例如,我国时下就有诸如《劳改检察法规政策类编》(最高人民检察院一厅编,中国政法大学出版社1988年版)、《中外检察法律研究》(薛伟宏著,中国检察出版社2013年版)、《未成年人检察法律政策指南》(吴燕著,法律出版社2016年版),以及《新中国检察法之特点》(薛伟

① 具体论述,还可参见拙著《中外检察法律研究》,中国检察出版社2013年版,不赘述。

宏、曹南江,载《第七届国家高级检察官论坛会议文章》,国家检察官学院、中国人民大学法学院 2011 年编印)等以“检察法(律)”为研究对象之著述的客观存在。

而何谓检察法? 见智见仁。窃以为,作为检察制度生成“种子”或“母胎”的检察法,是指规范检方权力(利)、行为之法律与法律规范的总称,并包括专门检察法律与检察法律规范两方面。进言之,由于《法律词典》(法律出版社 2003 年版,第 288、297 页)有云:法律“泛指法律、法规、决定、条例等所有国家有权机关制定的具有规范性效力的文件”,法律规范即“由国家制定或认可的体现掌握国家政权者意志,并以国家强制力保证实施的行为规则”。因此,专门检察法律亦即专门检察法典、法律或法规的统称,包括检察院组织法、检察官法、检察监督法和其他专门检察法;而检察法律规范亦即规范检方权力(利)、行为的法律条文,包括检察宪法规范、检察基本法律规范、检察法律规范与检察其他规范,如图 2 所示。

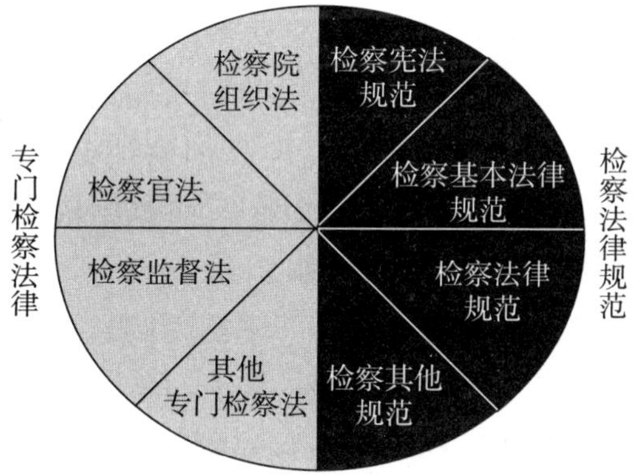

图 2　检察法构成

据划分标准的不同,可将检察法分为:国内与国际两大类;而国内或国际检察法又可细分为附属与专门性,制定与认可性,全局(或全国、中央)与局部(或地方)性,实体与程序性,显性与隐性,大陆、英美和社会主义法系国家检察法律等多种类型。

在各种检察法中，除检察宪法规范具有描绘检察制度的“蓝图”“定盘星”作用之外，通常，其他检察法律对检察制度的支撑、架构作用力度的大小，依次为：“检察院组织法”或“司法（或法院）组织法中的检察法律规范”→“三大诉讼法”等“基本法律中的检察法律规范”→“检察官法和检察监督法”［如《苏联检察监督条例》（1955 年 5 月 24 日修正）］→“其他专门检察法”［如《日本检察官俸给法》（2004 年 12 月 1 日修正）和我国《检察人员纪律处分条例（试行）》（2007 年 5 月 14 日）］→“其他专门检察法律规范”（如行政法规、规章、地方性法律中的检察规范）→“检察其他文件规范”［如湖北省人民检察院《刑事立案与侦查活动监督调查办法（试行）》（2006 年 9 月 25 日）第 5 条第 1 款“人民检察院控告申诉检察部门负责接待公民、法人或其他组织对刑事立案与侦查活动中违法行为的投诉，接待的检察人员应当制作笔录，必要时可以录音、照相和录像”］。但值得注意的是，据我国现行《立法法》（2015 年 3 月 15 日修正）第 8 条第 2 项规定，有关“人民检察院的产生、组织和职权”必须由法律规定。

比较而言，曾经和现在的社会主义法系国家更热衷于制定检察院组织法和检察官法。其中，世界上最早的检察院组织法，是苏联南高加索社会主义联邦苏维埃共和国制定的《南高加索社会主义联邦苏维埃共和国检察机构条例》（1931 年 8 月 22 日）；而我国历史上，先后颁布了《中华苏维埃共和国工农检察部的组织条例》（1931 年 11 月 20 日）、《中华苏维埃人民共和国工农检察局的组织条例》（1935 年 12 月 2 日）、《陕甘宁边区暂行检察条例》（1946 年 10 月 16 日）、《旅大检察工作条例（草案）》（1947 年 4 月），以及《最高人民检察署试行组织条例》（1949 年 12 月 20 日）、《中央人民政府各级（大行政区直属市、省、市、县）人民检察署试行组织通则（草案）》（1950 年 4 月 20 日）、《最高人民检察署暂行组织条例》和《各级地方人民检察署组织通则》（1951 年 9 月 3 日）、1954 年《人民检察院组织法》（1954 年 9 月 21 日）、《最高人民检察院组织条例（草稿）》（1954 年 11 月 29 日）、1962 年《内蒙古自治区人民检察院检察工作条例（草案）》（1962 年 5 月 23 日）、1979 年《人民检察院组织法》(1979 年 7 月 1 日)、1983 年《人民检察院组织法》(1983 年 9 月 2 日)、1986 年《人民检察院组织法》(1986 年 12 月 2 日)和 2018 年《人民检察院组织法》(2018 年 10 月 26 日)等 15 部广义的检察院组织法典。

另外,为何说 2013 年底启动的《人民检察院组织法》修正,是针对 1983 年《人民检察院组织法》的第二次修正呢?因为,1986 年 12 月 2 日第六届全国人大常委会第十八次会议修正通过的《关于修改〈中华人民共和国地方各级人民代表大会和地方各级人民政府组织法〉的决定》第 26 条规定:"……《中华人民共和国人民检察院组织法》第 22 条第 1 款按照本决定第 18 条作相应的修改。"

此外,至今我国只颁行 1995 年 2 月 28 日、2001 年 6 月 31 日、2017 年 9 月 1 日和 2019 年 4 月 23 日四部《检察官法》,以及一部检察监督法——《内蒙古自治区人民检察院检察工作条例(草案)》。

总之,有什么样的检察法,就会孕育出什么样的检察制度;比较而言,检察宪法规范、检察院组织法、司法(或法院)组织法与"三大诉讼法"中的检察规范、检察官法对检察制度的"基因"作用,其强度依次递减。

第二节　中外检察宪法规范

一、概述

毋庸讳言,检察宪法规范具有规范一国检察制度的"蓝图""定盘星"作用。

顾名思义,检察宪法规范,即一国宪法中有关本国检察制度的具体规范或条文。另据《世界各国宪法》(中国检察出版社 2012 年版)统计显示,在联合国 193 个成员国宪法中,直接规定检察制度的有 155 个占 80%,间接(抑或隐含、实行审检合署机制)规定的 38 个占 20%。因此,从这个意义上说,检察制度属于现代国家的必备制度,也是现代国家宪法制度的必备内容。其中：

第一，直接规定检察制度的大陆法系国家135个——亚洲(36个)：中国、阿富汗、阿拉伯联合酋长国、阿曼、阿塞拜疆、巴林、不丹、朝鲜、东帝汶、菲律宾、格鲁吉亚、哈萨克斯坦、韩国、吉尔吉斯斯坦、柬埔寨、卡塔尔、科威特、老挝、黎巴嫩、蒙古、尼泊尔、日本、沙特阿拉伯、塔吉克斯坦、泰国、土耳其、土库曼斯坦、乌兹别克斯坦、叙利亚、亚美尼亚、伊拉克、伊朗、以色列、印度尼西亚、约旦、越南；欧洲(40个)：阿尔巴尼亚、爱沙尼亚、安道尔、奥地利、白俄罗斯、保加利亚、比利时、冰岛、波兰、波斯尼亚和黑塞哥维那、丹麦、德国、俄罗斯联邦、法国、芬兰、荷兰、黑山、捷克、克罗地亚、拉脱维亚、立陶宛、列支敦士登、卢森堡、罗马尼亚、马其顿、摩尔多瓦、摩纳哥、挪威、葡萄牙、瑞典、瑞士、塞尔维亚、圣马力诺、斯洛伐克、斯洛文尼亚、乌克兰、西班牙、希腊、匈牙利、意大利；美洲(21个)：阿根廷、巴拉圭、巴拿马、巴西、秘鲁、玻利维亚、多米尼加、厄瓜多尔、哥伦比亚、哥斯达黎加、古巴、海地、洪都拉斯、墨西哥、尼加拉瓜、萨尔瓦多、苏里南、危地马拉、委内瑞拉、乌拉圭、智利；非洲(35个)：阿尔及利亚、埃及、埃塞俄比亚、安哥拉、贝宁、布基纳法索、布隆迪、赤道几内亚、多哥、厄立特里亚、佛得角、刚果(布)、刚果(金)、吉布提、几内亚、几内亚比绍、加蓬、科摩罗、科特迪瓦、利比里亚、利比亚、卢旺达、马达加斯加、马里、毛里塔尼亚、摩洛哥、南苏丹、尼日尔、塞内加尔、圣多美和普林西比、苏丹、索马里、突尼斯、乍得、中非；大洋洲(3个)：马绍尔群岛、密克罗尼西亚、帕劳。

第二，直接规定检察制度的英美法系国家58个——亚洲(10个)：巴基斯坦、马尔代夫、马来西亚、孟加拉国、缅甸、斯里兰卡、文莱、新加坡、也门、印度；欧洲(4个)：爱尔兰、马耳他、塞浦路斯、英国；美洲(14个)：安提瓜和巴布达、巴巴多斯、巴哈马、伯利兹、多米尼克、格林纳达、圭亚那、加拿大、美国、圣基茨和尼维斯、圣卢西亚、圣文森特和格林纳丁斯、特立尼达和多巴哥、牙买加；非洲(19个)：博茨瓦纳、冈比亚、加纳、津巴布韦、喀麦隆、肯尼亚、莱索托、马拉维、毛里求斯、莫桑比克、纳米比亚、南非、尼日利亚、塞拉利昂、塞舌尔、斯威士兰、坦桑尼亚、乌干达、赞比亚；大洋洲（11个）：澳大利亚、巴布亚新几内亚、斐济、基里巴斯、瑙鲁、萨摩亚、所罗门群岛、汤加、图瓦卢、瓦努阿图、新西兰。

第三，间接（或隐含）规定检察制度的38个国家——亚洲（5个）：阿联酋、孟加拉、沙特、马来西亚、印尼；欧洲（12个）：冰岛、波斯尼亚和黑塞戈维亚、丹麦、德国、拉脱维亚、卢森堡、北马其顿、摩尔多瓦、摩纳哥、挪威、瑞士、英国；美洲（3个）：哥斯达黎加、加拿大、美国；大洋洲（5个）：澳大利亚、巴布亚新几内亚、密克罗尼西亚、帕劳、新西兰；非洲（15个）：埃及、埃塞俄比亚、安哥拉、贝宁、厄立特里亚、刚果（布）、吉布提、喀麦隆、科摩罗、利比亚、马里、塞内加尔、苏丹、索马里、乍得。

另据《世界各国宪法》（中国检察出版社2012年版）、《中外宪法关于检察体制的规定》（海南省人民检察院海南分院2004年编印）规定，155个直接规定检察制度的国家宪法，除普遍规定检方的公诉职能、各类检察人员任免问题之外，还着重规定了如下10个问题：（1）检察制度立法；（2）检察机关性质问题：检察机关具有行政机关、法律监督机关或司法机关属性，检察机关具有司法属性，检察机关具有其他国家机关属性；（3）法律监督、一般监督、检察公益诉讼等职能；（4）依法独立行使检察权、客观公正等检察工作（或活动）基本原则；（5）检察领导体制、检察一体化以及上级检察院对下级检察官的任免、领导；（6）检察院设置与区域、专门检察院设置；（7）检察委员会，以及遴选、惩戒（司法或检察官）委员会；（8）检方立法建议、法律解释动议；（9）检察官管理：可发言、参加相关会议，书面报告工作，财产申报公示，政党不法原则，薪酬法定，身份保障，从业禁止与例外等；（10）其他。

二、中国检察宪法规范

无疑，检察宪法规范依附并出现于宪法颁行之后。因此，可将我国检察宪法规范概分为两类：

一类是间接规范检察制度的宪法规范。概言之，由于旧中国实行审检合署机制，因而诸如《钦定宪法大纲》(1908 年 8 月 27 日)、《宪法重大信条十九条》(1911 年 11 月 3 日)、《中华民国临时约法》(1912 年 3 月 11 日)、《中华民国宪法(草案)》(1913 年 10 月 31 日)、《中华民国约法》(1914 年 3 月 18 日)、《中华民国宪法》(1922 年 10 月 10 日)、《中华苏维埃共和国宪法大纲》(1931 年 11 月 7 日)、《中华民国宪法(草案)》(1936 年 5 月 5 日)、《中华民国宪法》(1947 年 1 月 1 日)等宪法或宪法性文件，都没有关于检察制度的规定抑或检察宪法规范。

另一类是直接规范检察制度的宪法规范。概言之，由于新中国实行审检分立机制，因而除《中国人民政治协商会议共同纲领》(1949 年 9 月 29 日)之外，1954 年《宪法》(1954 年 9 月 20 日)、1975 年《宪法》(1975 年 1 月 17 日)、1978 年《宪法》(1978 年 3 月 5 日)、1982 年现行《宪法》(2018 年 3 月 11 日修正)，都有关于检察制度的规定抑或检察宪法规范。

此外，尽管我国现行《宪法》经过了 1988 年、1993 年、1999 年、2004 年和 2018 年五次修正，却始终没有改变“中华人民共和国人民检察院是国家的法律监督机关”之规定内容。当然，其间也有过反复甚至否定。例如，“在修改宪法过程中，有位领导同志提出，为了精简机构，检察机关可以同司法部合并，不再设立独立于行政部门之外的人民检察院，像美国、日本那样，检察机关属于司法部，司法部部长就是总检察长。台湾的检察机关是设在法院，但它是独立的，同法院不是隶属关系。我们国家的检察制度是学苏联的，采取列宁的主张，设立检察院，保证法制的统一。在苏联，检察机关的权力是很大的。秘书处研究认为，作为精简机构是有道理的。但是，恐怕不能取消检察机关。当时我主持研究，写了八九条理由，最主要的是两条：一条是我们建国以来一直是检察机关独立于行政部门之外，这么多年的实践表明并没有什么大的问题和不可行的地方；另一条是，检察机关独立于行政部门之外，有利于行使职权。因为检察机关除了刑事案件外，还要对国家工作人员的违法、渎职行为，进行侦查起诉，包括像贪污罪、贿赂罪，还有公安机关刑讯逼供、虐待犯人等。检察机关独立于行政部门之外,就能使办案超脱一些,有利于行使职权,保证司法公正。我当时拉着张友渔同志,联名写了个意见,建议保留人民检察院。彭真同志审阅修改后,报小平同志审核。小平同志批示:检察院仍维持现状,不与司法部合并"。[①]

再者,1975 年《宪法》第 25 条第 2 款"检察机关的职权由各级公安机关行使",则是值得中国检察人永远铭记的"痛"!

① 参见王汉斌著:《王汉斌访谈录》,中国民主法制出版社 2012 年版,第 111 ~ 112 页。

第六章 检察权及其变迁、监督制约

第一节 检 察 权

一、概述

《辞海》(缩印本)(第1252、1736页)有云:权即"权利"或"权力"之简称;权利"与'义务'相对。指公民依法享有的权力和利益";权力"如掌权;当权;有职有权";利益亦称权益,即"好处"。因此,窃以为,检察权有广狭两义:广义的包括检察权利与检察权力,狭义的仅指检察权力。而现在看来,国家、法人和自然人都可成为权利或权力的主体。所以,从权力(利)本义出发,检察权的含义、定义或概念有如下两层含义:

从权利层面上说,检察权即检方依法执掌的权力与享有的利益。一方面,它是检方依法执掌的权力;另一方面,检方也可以成为民法意义上的机关法人,进而享有利益。为此,诸如我国《民法总则》(2017年3月15日)第97条明确规定:"有独立经费的机关和承担行政职能的法定机构从成立之日起,具有机关法人资格,可以从事为履行职能所需要的民事活动。"因此,检察权也是检方依法享有的权利。

从权力层面上讲,检察权即检方依法执掌的权力。其中,检方依法执掌的权力又包括两层含义:一层是针对检察机关及其内设部门而言,它是指检察机关及其内设部门依法享有的职权。为此才有了诸如我国

《人民检察院组织法》第5条"各级人民检察院行使下列职权……"的立法惯例；另一层则是针对检察人员特别是其中的检察官而言，它是指检察人员及其检察官依法享有的职责。为此也才有了诸如我国《检察官法》第6条"检察官的职责……"的立法惯例；而职权即"职务范围以内的权力"，职责即"职务和责任"。①

所以说，检察权就是检察机关及其内设部门依法享有的职权与检察人员特别是其中检察官依法享有的职责的统称。简言之，检察权就是检察职权与职责的总称；而不能顾此失彼——若仅强调检察权仅指检察机关及其内设部门的职权，那么，检察权就因检察人员或其检察官的无法享有而失去生命活力和主观能动性；若仅强调检察权仅指检察人员特别是其中检察官的职权，那么，检察权就因检察机关及其内设部门的无法享有而使检察人员及其检察官失去履行职责的官署。

另外，与检察制度的地位、性质一样，检察权在国家权力体系中的地位、性质，也是随着检方在国家机关及其公职人员体系中地位、性质的不同而变化的。进言之，检察制度地位、性质随着检方地位、性质的变化而变化，并相向、同质变化；检察权地位、性质随着检察制度地位、性质的变化而变化，且相向、同质变化。因此，检察权地位、性质也随着检方地位、性质的变化而变化，也相向、同质变化。

此外，检察权的地位、性质究竟如何？众说纷纭。代表性观点有四：一属行政权，二属司法权，三属兼有行政与司法双重属性的国家权力，四属专门法律监督权之地位、性质。而如上所述，窃主张，作为国家权力的子集，检察权之地位、性质属于专门法律监督权之地位、性质；进言之，检察权也属于法律监督权（包括专门与非专门法律监督权）的子集。

再者，谁是检察权的主体？莫衷一是。窃以为，与其他国家权力一样，检察权的主体也是多层面的——它的原始主体是人民，基本主体是

① 参见商务印书馆辞书研究中心修订：《新华词典》，商务印书馆2001年版，第1264页。

国家,承受(或职能)主体是检察机关及其内设部门,执行主体是检察人员特别是其中的检察官。当然,比较而言,检察权的生命活力与正负能量释放,直接源于检察人员特别是其中检察官的主观能动性。而这种多层面的形成,源于多层面主体的依次授予——原始主体将全部检察权整体授予基本主体,基本主体再将所承受的整体检察权整体授予承受(职能)主体,承受(职能)主体再将整体检察权分解后再分别将部分检察权(如公诉权、侦查监督权等)授予检察内设部门,检察内设部门再将所承受的部分检察权整体授予本部门的检察人员特别是其中的检察官。

二、种类

据划分标准不同,可将检察权分为许多种类。例如,据检察权承受主体与检方性质的不同,就可将其分为检察机关权力、检察机关内设部门权力与检察人员权力三种,抑或最高人民检察院权力与地方各级人民检察院权力两种。

(一)职权层面的检察权

以我国为例,2018年《人民检察院组织法》已将职权层面的检察权分为地方各级人民检察院与最高人民检察院职权。

另外,2018年《人民检察院组织法》规定:"人民检察院行使下列职权:(一)依照法律规定对有关刑事案件行使侦查权;(二)对刑事案件进行审查,批准或者决定是否逮捕犯罪嫌疑人;(三)对刑事案件进行审查,决定是否提起公诉,对决定提起公诉的案件支持公诉;(四)依照法律规定提起公益诉讼;(五)对诉讼活动实行法律监督;(六)对判决、裁定等生效法律文书的执行工作实行法律监督;(七)对监狱、看守所的执法活动实行法律监督;(八)法律规定的其他职权"(第20条);"人民检察院行使本法第二十条规定的法律监督职权,可以进行调查核实,并依法提出抗诉、纠正意见、检察建议。有关单位应当予以配合,并及时将采纳纠正意见、检察建议的情况书面回复人民检察院。抗诉、纠正意见、检察建议的适用范围及其程序,依照法律有关规定"(第21条)。

此外,2018 年《人民检察院组织法》还规定:“最高人民检察院对最高人民法院的死刑复核活动实行监督;对报请核准追诉的案件进行审查,决定是否追诉”(第 22 条);“最高人民检察院可以对属于检察工作中具体应用法律的问题进行解释。最高人民检察院可以发布指导性案例”(第 23 条)。

再者,根据《最高人民检察院职能配置和内设机构设置》(2019 年 1 月)第 1 条规定:“最高人民检察院的主要职责:(一)深入贯彻习近平新时代中国特色社会主义思想,深入贯彻党的路线方针政策和决策部署,统一检察机关思想和行动,坚持党对检察工作的绝对领导,坚决维护习近平总书记的核心地位,坚决维护党中央权威和集中统一领导。(二)依法向全国人民代表大会及其常务委员会提出议案,向全国人民代表大会常务委员会提出法律解释要求,向全国人民代表大会常务委员会提出对行政法规、地方性法规、自治条例和单行条例是否符合宪法和法律进行审查的要求。(三)领导地方各级人民检察院和专门人民检察院的工作。对下级检察院相关业务进行指导,研究制定检察工作方针、总体规划,部署检察工作任务。(四)依照法律规定对由最高人民检察院直接受理的刑事案件行使侦查权,领导地方各级人民检察院和专门人民检察院开展对依照法律规定由人民检察院直接受理的刑事案件的侦查工作。(五)对全国性的重大刑事案件依法审查批准逮捕、决定逮捕、提起公诉,领导地方各级人民检察院和专门人民检察院开展对刑事犯罪案件的审查批准逮捕、决定逮捕、提起公诉工作。(六)负责应由最高人民检察院承办的刑事、民事、行政诉讼活动及刑事、民事、行政判决和裁定等生效法律文书执行的法律监督工作,领导地方各级人民检察院和专门人民检察院对刑事、民事、行政诉讼活动及判决和裁定等生效法律文书执行的法律监督工作。(七)负责应由最高人民检察院承办的提起公益诉讼工作,领导地方各级人民检察院和专门人民检察院开展提起公益诉讼工作。(八)对最高人民法院的死刑复核活动实行监督。(九)对省级人民检察院报请核准追诉的案件进行审查、决定是否追诉。(十)负责应由最高人民检察院承办的对监狱、看守所等执法活动的法律监督工作,领导地方各级人民检察院和专门人民检察院开展对监狱、看守所等执法活动的法律监督工作。(十一)受理向最高人民检察院的控告申诉,领导地方各级人民检察院和专门人民检察院的控告申诉检察工作。(十二)对地方各级人民检察院和专门人民检察院在行使检察权中作出的决定进行审查,纠正错误决定。(十三)对属于检察工作中具体应用法律的问题进行解释,发布指导性案例。(十四)指导全国检察机关的理论研究工作。(十五)负责检察机关队伍建设和思想政治工作。领导地方各级人民检察院和专门人民检察院依法管理检察官及其他检察人员的工作,协同中央主管部门管理人民检察院的机构设置及人员编制,制定相关人员管理办法,组织指导检察机关教育培训工作。(十六)协同中央主管部门管理和考核省、自治区、直辖市人民检察院和专门人民检察院的检察长,协同省级党委管理和考核省、自治区、直辖市人民检察院和专门人民检察院的副检察长。(十七)领导地方各级人民检察院和专门人民检察院的检务督察工作。(十八)规划和指导全国检察机关的财务装备工作,指导全国检察机关的检察技术信息工作。(十九)组织检察机关的对外交流合作,开展有关国际司法协助工作。(二十)其他应当由最高人民检察院承办的事项。"

最后,在我国,曾经或目前遭受质疑或诟病的检察权主要有:免予起诉权,以及职务犯罪侦查和预防权、审查批准或决定逮捕权和最高人民检察院司法解释权。当然,检方法律监督地位、性质或专门法律监督权也时不时地会遭到质疑。而质疑者既有来自检察系统外的,也有来自检察系统内的。例如,早在1978年修改1954年《人民检察院组织法》时,四川省、云南省、内蒙古自治区人民检察院就曾书面向最高人民检察院建议,取消1954年《人民检察院组织法》第4条第2项规定——"地方各级人民检察院,依照本法第二章规定的程序行使下列职权:……对于刑事案件进行侦查,提起公诉,支持公诉。"理由是:"鉴于检察机关人力、物力限制。”①

（二）职责层面的检察权

以我国为例，2017 年《检察官法》不仅规定检察官的职责包括：（1）依法进行法律监督工作；（2）代表国家进行公诉；（3）对法律规定由人民检察院直接受理的犯罪案件进行侦查；（4）法律规定的其他职责（第 6 条），而且规定“检察长、副检察长、检察委员会委员除履行检察职责外，还应当履行与其职务相适应的职责”（第 7 条）。

另外，据最高人民检察院《关于完善人民检察院司法责任制的若干意见》（2015 年 9 月 25 日）规定，（1）检察长（包括副检察长、检委会专职委员）统一领导检察院工作，②依照法律和有关规定履行以下 10 项职责：决定是否逮捕或是否批准逮捕犯罪嫌疑人；决定是否起诉；决定是否提出抗诉、检察建议、纠正违法意见或提请抗诉，决定终结审查、不支持监督申请；对检察院直接受理立案侦查的案件，决定立案、不立案、撤销案件以及复议、复核、复查；对检察院直接受理立案侦查的案件，决定采取强制措施，决定采取查封、扣押、冻结财产等重要侦查措施；决定将案件提请检委会讨论，主持检委会会议；决定检察人员的回避；主持检察官考评委员会对检察官进行考评；组织研究检察工作中的重大问题；法律规定应当由检察长履行的其他职责。副检察长、检委会专职委员受检察长委托，可以履行前款规定的相关职责（第 16 条）。（2）检察官依照法律规定和检察长委托履行职责。检察官承办案件，依法应当讯问犯罪嫌疑人、被告人的，至少亲自讯问一次。下列 7 项办案事项应当由检察官亲自承担：询问关键证人和对诉讼活动具有重要影响的其他诉讼

① 参见《部分省、市、自治区人民检察院和北大、人大法律系对检察院组织法的修改意见汇集》，最高人民检察院研究室 1978 年 10 月 5 日编印。

② 2006 年 5 月中共中央下发《关于进一步加强人民法院、人民检察院工作的决定》中，曾专门提到“专委”设置的问题——“加强法院审判委员会和检察院检察委员会建设，根据工作需要，可以设置专职委员两名左右，按照同级党政部门副职规格和条件，从具备良好政治业务素质、符合任职条件的法官、检察官中产生”。

参与人；对重大案件组织现场勘验、检查，组织实施搜查，组织实施查封、扣押物证、书证，决定进行鉴定；组织收集、调取、审核证据；主持公开审查、宣布处理决定；代表检察机关当面提出监督意见；出席法庭；其他应当由检察官亲自承担的事项（第17条）。（3）主任检察官除履行检察官职责外，还应当履行以下两项职责：负责办案组承办案件的组织、指挥、协调以及对办案组成员的管理工作；在职权范围内对办案事项作出处理决定或提出处理意见（第18条）。（4）业务部门负责人除作为检察官承办案件外，还应当履行以下5项职责：组织研究涉及本部门业务的法律政策问题；组织对下级检察院相关业务部门办案工作的指导；召集检察官联席会议，对重大、疑难、复杂案件进行讨论，为承办案件的检察官或检察官办案组提供参考意见；负责本部门司法行政管理工作；应当由业务部门负责人履行的其他职责（第19条）。（5）检察官助理在检察官的指导下履行以下7项职责：讯问犯罪嫌疑人、被告人，询问证人和其他诉讼参与人；接待律师及案件相关人员；现场勘验、检查，实施搜查，实施查封、扣押物证、书证；收集、调取、核实证据；草拟案件审查报告，草拟法律文书；协助检察官出席法庭；完成检察官交办的其他办案事项（第20条）。而随着国家监察体制改革的推进，涉及职务犯罪侦查与预防的上述检察职权也会调整。

此外，据最高人民检察院《关于完善检察官权力清单的指导意见》（2017年3月28日）规定，（1）检察官权力清单由省级检察院制定（第2条）。（2）检察官权力清单应当以明确检察委员会、检察长（副检察长）、检察官办案事项决定权为主要内容（第3条）。（3）现阶段，检察官权力清单应当以具体列明检察委员会、检察长（副检察长）、检察官各自的办案事项决定权为宜；对实践中可能出现决定权限不明的，由检察长或检察委员会行使，也可以由本院检察长根据情况以书面指令形式委托检察官行使（第4条）。（4）检察官权力清单中检察官决定事项范围要根据不同层级检察院办案职责、不同业务类别的性质和特点，综合考虑对当事人权利、其他执法司法机关的影响程度，承办案件的重大、复杂、疑难程度等因素予以确定(第5条)。

再者,2019年4月23日修改并自2019年10月1日起施行的现行《检察官法》不仅规定"检察官的职责:(一)对法律规定由人民检察院直接受理的刑事案件进行侦查;(二)对刑事案件进行审查逮捕、审查起诉,代表国家进行公诉;(三)开展公益诉讼工作;(四)开展对刑事、民事、行政诉讼活动的监督工作;(五)法律规定的其他职责。检察官对其职权范围内就案件作出的决定负责"(第7条),而且规定"人民检察院检察长、副检察长、检察委员会委员除履行检察职责外,还应当履行与其职务相适应的职责"(第8条),还规定"检察官享有下列权利:(一)履行检察官职责应当具有的职权和工作条件;(二)非因法定事由、非经法定程序,不被调离、免职、降职、辞退或者处分;(三)履行检察官职责应当享有的职业保障和福利待遇;(四)人身、财产和住所安全受法律保护;(五)提出申诉或者控告;(六)法律规定的其他权利"(第11条)。

总之,中外检察权地位、性质及其立改废释范围的变迁,既是国家代表创设检察制度初心的内在要求,也是实现检察工作志趣的基础和动力。

第二节　中国检察权的变迁

从"中国检察第一书"中不难发现,中国检察权最初涉及的范围主要有四:一刑事,二民事,三行刑,四对外关系,且不局限于诉讼活动。正是:"检察官之职务涉及民事、刑事、行政、国际各法其范围甚广,而常以关于刑事法为其最重要者。"①

而从某种意义上说,中国检察制度"九落九起"中的"九",既有再增加的可能,也有保持不变甚至减少的可能。而这主要取决于人民的希望,也取决于国家代表——执政的中国共产党管理国家的内在用意和外

① 参见郑言笔述:《检察制度》第一编,中国图书公司1911年版,第38页。

在要求,更取决于检方“挽起袖子加油干”的检察工作实际——既看它是否满足了国家代表创设检察制度的“三观”初心,也看它的实际运作是否实现了检察活动的“三要”志趣。

当然,检察权包括中国检察权或其中国人民检察权的增减、变迁,主要是靠检察法特别是其中的检察院组织法、检察官法以及检察宪法规范、“三大诉讼法”中的检察法律规范的立改废释推动、固定的。而总的来说,中国检察权特别是职权层面的中国检察权的变迁,可概分为两方面:

一方面,是清末与民国检察权的变迁。它主要依靠诸如清廷制定的《大理院审判编制法》(1906 年 12 月 12 日)、《京师高等以下各级审判厅试办章程》(1907 年 12 月 4 日)、《法院编制法》(1910 年 9 月 9 日)、《刑事诉讼律(草案)》[宣统三年十二月二十四日(1911 年 2 月 7 日)],以及民国政府援用清政府制定的诸如《法院编制法》等检察法和民国政府制定的《刑事诉讼律》(1911 年 3 月 2 日)、《刑事诉讼条例》(1921 年 11 月 15 日)、《各省高等法院检察官办事权限暂行条例》(1927 年)、《地方法院检察官办事权限暂行条例》(1927 年)、《刑事诉讼法》(1928 年 7 月 28 日)、《法院组织法》(1932 年 10 月 28 日)、《刑事诉讼法》(1935 年 1 月 1 日)等检察法律的立改废释推动、固定的。

另一方面,中国人民检察权的变迁,主要包括以下 5 种情形。

一、因宪法立改废释而变迁

这主要包括两个层面:一个层面,是《中华苏维埃共和国宪法大纲》《共同纲领》无关于检察权的明确规定。另一个层面,是下列中华人民共和国宪法有针对检察权的相应规定。

1954 年《宪法》规定:“中华人民共和国最高人民检察院对于国务院所属各部门、地方各级国家机关、国家机关工作人员和公民是否遵守法律,行使检察权”(第 81 条第 1 款,一般监督);“……任何公民,非经人民法院决定或者人民检察院批准,不受逮捕”(第 89 条)。

1975 年《宪法》第 25 条第 2 款规定："检察机关的职权由各级公安机关行使。"

1978 年《宪法》规定："最高人民检察院对于国务院所属各部门、地方各级国家机关、国家机关工作人员和公民是否遵守宪法和法律，行使检察权。地方各级人民检察院和专门人民检察院，依照法律规定的范围行使检察权。人民检察院的组织由法律规定"（第 43 条第 1 款，一般监督）；"任何公民，非经人民法院决定或者人民检察院批准并由公安机关执行，不受逮捕"（第 47 条第 2 款）。

1982 年《宪法》规定："任何公民，非经人民检察院批准或者决定或者人民法院决定，并由公安机关执行，不受逮捕……"（第 37 条第 2、3 款）；"人民检察院依照法律规定独立行使检察权，不受行政机关、社会团体和个人的干涉"（第 131 条）。

二、因人民检察院组织法立改废释而变迁

中国人民检察权因下列 15 部广义的中国人民检察院组织法的立改废释而变迁：

——《中华苏维埃共和国工农检察部的组织条例》（1931 年 11 月 20 日，共 5 章 16 条）与《中华苏维埃共和国工农检察局的组织条例》（1935 年 12 月 22 日，共 5 章 16 条，后者是前者的修正案）第 5 条都规定，工农检察部（局）的任务，是监督着国家企业和机关及有国家资本在内的企业和合作社企业等，要那些企业和机关坚决地站在工人、雇农、贫农、中农、城市贫苦劳动群众的利益上，执行苏维埃的劳动法令、土地法令及其他一切革命法令，要适应某阶段的革命性质、正确地执行苏维埃的各种政策，特规定工农检察机关的具体任务如下：(1) 监督苏维埃的机关，要他们正确地站在工人、雇农、贫农、中农的利益上去没收并分配土地。(2) 监督各级苏维埃机关正确地去执行苏维埃的政纲和策略，以适合某阶段的革命利益。巩固苏维埃区域和苏维埃政权，并向外发展。(3) 监督苏维埃机关对于苏维埃的经济政策。首先是财政与租税

政策，是否执行得正确。(4)有向各该级执行委员会建议撤换或处罚国家机关与国家企业的工作人员之权，但对于该企业或机关的工作设施，有直接建议之权。(5)若发觉了犯罪行为，如行贿、浪费公款、贪污等，有权报告法院，以便施行法律上的检察和裁判。

——《陕甘宁边区暂行检察条例》(1946年10月19日，共4章15条)第1条规定，检察职权如下列：(1)关于刑事法规内之事项；(2)关于宪法内所定人民权利义务，经济财政及选举等之违反事项；(3)关于行政法规内所定之惩罚事项；(4)关于一般民事案件内之有关公益事项，如土地租佃，公营事业，婚姻等；(5)实施侦查；(6)提起公诉，或提付行政处分；(7)协助自诉；(8)担当自诉；(9)指挥刑事判决之执行；(10)其他法令所定职务之执行。上列各款职务之执行，各检察员应互相协助。

——《旅大检察工作条例(草案)》(1947年4月草订)规定，检察官的职权如下：(1)实施侦查犯罪逮捕犯人；(2)指挥刑事裁判之执行；(3)提起公诉，协助自诉，宣告不起诉处分，及其他法令有关所规定职务之执行(第5条)；"检察官有权指挥司法警察实行侦查逮捕"(第17条)。

——《最高人民检察署试行组织条例》(1949年12月20日，共16条)第3条规定，最高人民检察署受中央人民政府委员会之直辖，直接行使并领导下级检察署行使下列职权：(1)检察全国各级政府机关及公务人员和全国国民是否严格遵守人民政协共同纲领及人民政府的政策方针与法律、法令；(2)对各级司法机关之违法判决提起抗议；(3)对刑事案件实行侦查，提起公诉；(4)检察全国司法与公安机关犯人改造所及监所之违法措施；(5)对于全国社会与劳动人民利益有关之民事案件及一切行政诉讼，均得代表国家公益参与之；(6)处理人民不服下级检察署不起诉处分之声请复议案件。

——《中央人民政府各级(大行政区直属市、省、市、县)人民检察署试行组织通则(草案)》(1950年4月)第3条规定，各级人民检察署之职权如下：(1)检察政府机关公务人员和全国国民是否严格遵守人民政协共同纲领、人民政府的法律法令与政策方针;(2)对于法院之违法判决提出抗议;(3)检察司法与公安机关的犯人改造所及监所有无违法措施;(4)关于行政诉讼,亦得代表国有公益,参与或受理之;(5)对刑事案件实行侦查、检举、提起公诉;(6)参加与当地社会及劳动人民利益有关之民事案件。

——《各级地方人民检察署组织通则》(1951 年 9 月 3 日,共 7 条)第 2 条规定,各级地方人民检察署之职权如下:(1)检察各级政府机关、公务人员和国民是否严格遵守中国人民政治协商会议共同纲领、人民政府的政策方针和法律法令;(2)对反革命及其他刑事案件,实行检察,提起公诉;(3)对各级审判机关之违法或不当裁判提起抗诉;(4)检察监所及犯人劳动改造机构之违法措施;(5)处理人民不服下级检察署不起诉处分之声请复议案件;(6)代表国家公益参与有关社会和劳动人民利益之重要民事案件及行政诉讼。

——《最高人民检察署暂行组织条例》(1951 年 9 月 3 日,共 17 条)第 3 条规定,最高人民检察署受中央人民政府委员会之直辖,直接行使并领导下级检察署行使下列职权:(1)检察全国各级政府机关、公务人员和全国国民是否严格遵守中国人民政治协商会议共同纲领、人民政府的政策方针和法律法令;(2)对反革命及其他刑事案件,实行检察,提起公诉;(3)对各级审判机关之违法或不当裁判,提起抗诉;(4)检察全国监所及犯人劳动改造机构之违法措施;(5)处理人民不服下级检察署不起诉处分之声请复议案件;(6)代表国家公益参与有关全国社会和劳动人民利益之重要民事案件及行政诉讼。

——《人民检察院组织法》(1954 年 9 月 21 日,共 3 章 22 条)规定:"最高人民检察院对于国务院所属各部门、地方各级国家机关、国家机关工作人员和公民是否遵守法律,行使检察权"(第 3 条);地方各级人民检察院,依照本法第二章规定的程序行使下列职权:(1)对于地方国家机关的决议、命令和措施是否合法,国家机关工作人员和公民是否遵守法律,实行监督;(2)对于刑事案件进行侦查,提起公诉,支持公诉;

(3)对于侦查机关的侦查活动是否合法,实行监督;(4)对于人民法院的审判活动是否合法,实行监督;(5)对于刑事案件判决的执行和劳动改造机关的活动是否合法,实行监督;(6)对于有关国家和人民利益的重要民事案件有权提起诉讼或者参加诉讼(第4条)。

——《最高人民检察院组织条例(草稿)》(1954年11月23日,共16条)第5条规定,本院设下列各厅,分管各项业务,在必要的时候可以设其他厅:(1)第一厅(一般监督厅),掌管一般监督事项;(2)第二厅(侦查厅),掌管侦查事项;(3)第三厅(侦查监督厅),掌管侦查监督事项;(4)第四厅(审判监督厅),掌管审判监督事项;(5)第五厅(监所、劳动改造机关监督厅),掌管监所、劳动改造机关监督事项;(6)人事厅、掌管干部管理、教育、训练等事项;(7)办公厅、掌管秘书、编研、控诉、行政等事项。

——1962年《内蒙古自治区人民检察院检察工作条例(草案)》第3条规定,人民检察院的主要职权是:一是审查批准公安机关提请逮捕的各种犯罪案件;二是审查公安机关侦讯结移送起诉的案件;三是代表国家公诉人出席法庭支持公诉;四是审查人民法院刑事判决和裁定;五是对劳动改造机关和看守所的违反政策现象实行监督,及对在押犯的重新犯罪实行检察;六是对国家工作人员的严重违法乱纪实行检察;七是处理人民群众来信来访控告的案件。

——《人民检察院组织法》(1979年7月1日,共3章28条)不仅规定"中华人民共和国人民检察院是国家的法律监督机关"(第1条),而且规定各级人民检察院行使下列职权:(1)对于叛国案、分裂国家案以及严重破坏国家的政策、法律、法令、政令统一实施的重大犯罪案件,行使检察权;(2)对于直接受理的刑事案件,进行侦查;(3)对于公安机关侦查的案件,进行审查,决定是否逮捕、起诉或者免予起诉;对于公安机关的侦查活动是否合法,实行监督;(4)对于刑事案件提起公诉,支持公诉;对于人民法院的审判活动是否合法,实行监督;(5)对于刑事案件判决、裁定的执行和监狱、看守所、劳动改造机关的活动是否合法,实行监督(第5条)。

——《人民检察院组织法》(1983年9月2日,共3章28条)与1986年《人民检察院组织法》(1986年12月2日,共3章28条)不仅都规定“中华人民共和国人民检察院是国家的法律监督机关”(第1条),也都规定了1979年《人民检察院组织法》第5条所规定的上述检察职权。

——2018年《人民检察院组织法》第20条规定的前述“八大检察职责”。

三、因“三大诉讼法”立改废释而变迁

这主要包括以下3种情形:

——1979年7月1日、1996年3月17日、2012年3月14日通过的《刑事诉讼法》,不仅都始终规定“人民检察院依法对刑事诉讼实行法律监督”,也都始终规定了诸如职务犯罪侦查权、侦查监督权、公诉权、不起诉权、抗诉权、刑罚执行权等刑事诉讼检察权。与此同时,1996年3月17日、2012年3月14日通过的《刑事诉讼法》,还取消了检方的免予起诉权,增加了检方的技术侦查权,等等。而值得注意的是,2018年10月26日全国人大常委会《关于修改〈中华人民共和国刑事诉讼法〉的决定》,以及2018年3月,十三届全国人大一次会议审议通过《监察法》都对检察院侦查职权作出相应调整。

——1982年3月8日通过的《民事诉讼法(试行)》,以及1991年4月9日、2007年12月28日、2012年8月31日和2017年6月27日通过或修正的《民事诉讼法》,不仅都始终规定“人民检察院有权对民事诉讼实行法律监督”,也都始终规定了诸如抗诉权、检察建议权、民事公益诉讼检察权等民事诉讼检察权。

——1989年4月4日、2016年11月1日和2017年6月27日通过或修正的《行政诉讼法》,不仅都始终规定“人民检察院有权对行政诉讼实行法律监督”,也都始终规定了诸如抗诉权、检察建议权、行政公益诉

讼检察权等行政诉讼检察权。

四、因检察官法立改废释而变迁

这主要是指1995年《检察官法》(1995年2月28日,共17章52条)、2001年《检察官法》(2001年6月31日,共17章56条)与2017年《检察官法》(2017年9月1日)第6条以及现行《检察官法》规定。

五、因其他法律立改废释而变迁

例如,《中央人民政府组织法》(1949年9月27日)、《人民法院暂行组织条例》(1951年9月4日)、《惩治贪污条例》(1952年4月18日)、《人民法院组织法》(1954年9月21日)、《森林法(试行)》(1979年2月23日)、《关于加强法律解释工作的决议》(1981年6月10日)、《邮政法》(1986年12月2日)、《香港特别行政区基本法》(1990年4月4日)、《澳门特别行政区基本法》(1993年3月31日)、《枪支管理法》(1996年7月5日)、《立法法》(2000年7月1日)、《引渡法》(2000年12月28日)、《关于授权最高人民法院、最高人民检察院在部分地区开展刑事案件速裁程序试点工作的决定》(2014年6月27日)、《国家安全法》(2015年7月1日)、《关于授权最高人民检察院在部分地区开展公益诉讼试点工作的决定》(2015年7月1日)、《关于授权最高人民法院、最高人民检察院在部分地区开展刑事案件认罪认罚从宽制度试点工作的决定》(2016年9月3日)、《关于在北京市、山西省、浙江省开展国家监察体制改革试点工作的决定》(2016年12月26日)、《关于修改〈中华人民共和国民事诉讼法〉和〈中华人民共和国行政诉讼法〉的决定》(2017年6月27日)、《监察法》(2018年3月20日)等法律或其修正案的立改废释,都直接或间接地引起了中国人民检察权的增减变迁。

总之,检察权包括中国检察权或其中国人民检察权的增减、变迁,是影响中外检察制度起落、沉浮的不可或缺内容——有权,才有为有位；无权，如“巧妇难为无米之炊”。当然，权力包括检察权力是个好东西，但既有利的一面，也有弊的另一面。因此，必须将权力包括检察权力关进制度的笼子里——扬其利，弃其弊。一言以蔽之，权力包括检察权力增减废释，都是执掌者理应服从服务于国家代表的执政地位与根基的应然结果。

第三节　对检察权的监督制约

一、概述

诚然，“明智的立法者知道，在没有人比法官更需要立法者进行仔细的监督了，因为权势的自豪感是最容易触发人的弱点的东西”①；而“一次不公正的裁判，其恶果甚至超过十次犯罪。因为犯罪虽是无视法律——好比污染了水流，而不公正的审判则毁坏法律——好比污染了水源”（英国哲学家培根语）。因此，“监督是权力的伴生物，随着阶级国家的出现而产生。虽然不同国家、不同社会监督制度的阶级属性、内容和作用不同，但它始终是统治阶级巩固政权、维护其阶级利益、保障国家机器正常运转的有力工具。其本质都是共同的——对政治权力的制约”。② 所以，权力监督制约机制与权力孪生——有权力，就有针对权力监督制约机制；没有权力，就没有权力监督制约机制；不受权力监督制约的权力是不存在的，而是腐败的推手。

究其原因，还因为不受监督制约的权力（包括检察权），定会演变为绝对权力；而绝对权力，势必导致绝对腐败。因而从这个意义上说，“要加强对权力运行的制约和监督，把权力关进制度的笼子里，形成不敢腐

① 参见［法］让·雅克·皮佑著：《皮佑选集》，陈太先译，商务印书馆1985年版，第69页。

② 参见刘剑华著：《中外监督体制比较研究》，中国方正出版社2005年版，第23页。

的惩戒机制、不能腐的防范机制、不易腐的保障机制”。①

所谓检察权监督制约机制,即检察权监督机制与检察权制约机制的总和。其中,前者是指法定监督主体(含官方与非官方)依法对检方行使检察权(亦即适用法律之行为)合法性而实行监督的机制总和;后者是指法定制约主体(仅限于官方)依法对检方行使检察权(亦即适用法律之行为)合法性而实行制约的机制总和。因此,检察权监督制约机制有以下特点:

第一,它是由“检察权监督制约”与“机制”组成的偏正词组,包括与检察制度同时产生的检察权监督机制与检察权制约机制两方面。

第二,它不是一种与国俱来的控权机制,而是一种与检察制度相伴生的控权机制,并以检方所执掌的检察权为对象、客体。

第三,它实质就是监督制约主体依法对检方行使检察权(亦即适用法律之行为)合法性而实行监督制约的机制统称。

第四,从理论上说,检方行使检察权的一切行为、活动都应受到正当的监督制约。而之所以这么说,分权制衡与法律监督理论的推动使然,也是检察工作之“三观”志趣的题中应有之义。

第五,作为监督制约机制的子集,它同样也由主体、条件、对象、客体、行为、范围、内容、方式、程序和惩戒“十要素”构成。②

第六,它的种类繁多。例如,据主体及其所执掌的监督制约权之性质的不同,可将其分为官方(或以权力)与非官方(或以权利)对检察权的监督制约机制两种;据检察权监约主体与对象关系的不同,还可将其分为检察权内部与外部监督制约机制两种,等等。

---

① 参见习近平:《依纪依法严惩腐败,着力解决群众反映强烈的突出问题》,载《十八大以来重要文献选编》(上),中央文献出版社 2014 年版,第 136 页。

② 具体情况,参见薛伟宏、杨迎泽主编:《诉讼监督研究——中国检察诉讼监督视角》,中国检察出版社 2012 年版,不赘述。

二、两大法系检察权监督制约机制

(一)大陆法系检察权监督制约机制之特点

第一,法国检察权监督机制之特点:(1)奉行司法团体一体化原则,[①]依法在最高司法委员会、司法部下设管辖检察官会议和中央行政管理部门;(2)尽管目前司法部长不再兼任最高司法委员会副主席,但仍享有监督检察官行为的权力;(3)“2008 年 7 月 23 日的宪法法律”规定,在法定情况下,当事人可直接向最高司法委员会提出针对司法官(包括检察官)之诉;(4)依法确立检察一体化原则,建有高效的检察权内部监督机制;(5)依法创设民事原告人制度、赋予告发人针对检方不予追诉决定的异议权;(6)依法设立预审法官制度,以审判权监督检察权的正当适用;(7)依法以权力(利)监督公诉的随意变更等,从而形成了保证检察权正当行使的权力与权利监督制约网络。

第二,德国检察权监督机制之特点:(1)依法实行司法团体一体化原则,检方行为受司法行政长官监督;(2)依法确立检察一体化原则,建有高效的检察权内部监督机制;(3)依法设立侦查法官制度,以监督检方侦查权的适用;(4)依法确立中间程序,以便监督检方起诉决定权的正当适用;(5)根据《德国刑事诉讼法典》第 171 ~ 172 条规定,设立强制起诉制度,以监督检方不起诉决定权的正当适用;(6)依法严格限制公诉的随意变更、撤回等,从而构建起监督制约检察权的外部与内部网络。

第三,俄罗斯联邦检察权监督机制之特点:(1)依法确立检察一体化原则,建有高效的检察权内部监督机制;(2)依法确立检方与侦查方协调配合机制;(3)依法规定审判方对检察权的正当适用实行监督;(4)依法规定诉讼参与人对检察权的正当适用实行监督;(5)依法建立

① 所谓司法团体一体化,是指法官和检察官的司法官地位由统一的法令予以规定,两者出自统一的国家司法学校并由统一的最高司法委员会管理。因此,它亦称“法律职业共同体”。

检察人员的考评和惩戒机制等，从而构建起对检察权进行内外监督制约体系。

第四，日本检察权监督机制之特点：（1）实行司法团体一体化原则，检方活动受司法行政长官监督；（2）依法确立检察一体化原则，建有高效的检察权内部监督机制；（3）依法奉行司法令状主义；（4）根据《检察审查会法》设立检察审查会制度，以监督检方特别是其对不起诉决定权的正当适用；（5）根据《日本刑事诉讼法》第262～269条规定，设立准起诉制度；（6）依法规定诉讼参与人对检察权的正当适用实行监督等，进而构建起内外联动的检察权监督制约机制。

（二）英美法系检察权监督制约机制之特点

第一，英格兰和威尔士检察权监督机制之特点：（1）议会、总检察长有权监督检方行为；（2）依法确立检察一体化原则，建有高效的检察权内部监督机制；（3）根据《2000年皇家起诉机构监督法》规定，设立独立的皇家检控署督察院，以监督审查皇家检控署的决定；（4）根据《1980年治安法院法》设立治安法官制度，以节制检察行为；（5）通过治安法官所主导的预审程序，对检方适用公诉权实行监督；（6）根据普通法规定，刑事诉讼被告人或者被害人可针对皇家检控署作出的起诉或不起诉决定，有权向有关法院申请进行司法审查；（7）依法防止检察起诉权的滥用；（8）依法确立诉讼终止制度，以防止检方滥用诉讼程序；（9）警方根据检察官的指导开展侦查并向检察官报告，但无权节制检察官行为；（10）为防止检察权恣意怠用，于2000年12月成立皇家检察监督机构等，以监督制约检察权的正当行使。

第二，苏格兰检察权监督机制之特点：（1）与英格兰和威尔士一样，苏格兰检察官也是通过总检察长向议会负责的；（2）依法确立检察一体化原则，建有高效的检察权内部监督机制；（3）警方绝对服从于检方，根据检察官的指导开展侦查并向检察官报告，且无权节制检察官行为；（4）依法设立起诉替代方式；（5）2000年11月，在阿伯丁地区检察院成立了第一个受害人联络办公室，为符合条件的犯罪受害人、亲属和某些易受攻击的证人介绍有关刑事司法制度的一般情况，并有针对性地介绍有关案件的情况，接受对检察官的投诉等，进而保证检察权的正当行使。

第三，美国检察权监督机制之特点：(1)实行司法团体一体化原则；(2)总统、司法部长(亦即总检察长或首席检察官)和刑事局有权节制联邦检察官行为；(3)依法防止并限制检察官自由裁量权的滥用；(4)依法奉行司法令状主义，强调通过法官签发司法令状，以监督检方侦查权的正当适用；(5)依法确立预审听证制度，以监督检方针对重罪的指控权；(6)依法确立撤销起诉制度，以监督检方起诉权的正当适用；(7)依法赋予刑事诉讼参与人权利以对抗检察权；(8)依法规定刑事被告人对检方公诉权的正当适用实行监督；(9)依法确立监督公诉变更机制；(10)依法确立大陪审团起诉和公众投票选举、罢免首席检察官等机制，强化社会公众对检察权的监督；(11)尽管联邦与州检察系统之间不实行检察一体化，但各检察系统内部也依法存在相应的监督措施；(12)尽管《全美检察准则》第 14.2 条建议，刑事检察官之办公场所应尽可能与法院、警察及看守所合署办公；即便尚不存在上述合署场所，检察机关也应尽可能在离法院较近的地点办公等，以保证检察权的正当行使。

(三)两大法系检察权监督制约机制之启示

第一，有检察权，必有与之相应的监督制约机制；但各国监督制约机制的“十要素”，则有同有异。

第二，监督制约模式无外包括官方(或以权力)与非官方(或以权利)、内部与外部监督制约四种，且你中有我，我中有你，共同编织起疏而不漏的检察权监督制约“法网”。

第三，为防止检察权的违法适用，各国据本国国体、政体和司法及其诉讼制度等国情差异，通常都构建起了多层次的防止检察权恣意怠用的监督制约体系。

总之,“我们既要强调对自由裁量权的需要,也要注意它的危险性”。① 因而尽管“检察官,乃因对法官及警察的不信任而诞生,在此氛围之下,新生儿不但命定要为防范法官恣意与警察滥权而奋斗,更需为自身不被相类的病毒感染而苦斗。”②所以,在构建新时代中国特色社会主义检察权监督制约机制时,既要始终坚持从国情出发,也要认真研究和吸收借鉴三大法系检察权监督制约机制的有益成果;既要改革完善对检察诉讼监督权的监督制约机制,也要建立健全对检察非诉讼监督权的监督制约机制。一言以蔽之,不受监督制约的检察权,就会沦为绝对权力;绝对权力,必然导致腐败;而检察腐败,势必“毁坏法律——好比污染了水源”,而流出坏水,进而摧毁维护社会公平正义的底线——司法及其检察公正,也无法实现检方在依法治国中的中流砥柱作用。

三、我国检察权监督制约机制

(一)概述

毋庸讳言,中外检方都患有“愿意监督制约别人,不愿意监督制约自己”的通病。然而,自中国检察制度确立至今,也不乏对检察权的监督制约内容。一方面,在“中国检察第一书”中,都有关于“检察官之监督”之阐释。另一方面,无论新中国还是旧中国也都有针对检察权监督制约机制的法律规定。

1. 清末时期主要的相关规定

《天津府属试办审判厅章程》[光绪三十二年九月(1906 年 11 月)]第 17 条第 1 项规定,检事长有权监督所属之检事(官)。

《大理院审判编制法》[光绪三十二年(1906 年)十月二十七日]规定:

---

① 参见[美]E. 博登海默著:《法理学、法律哲学和法律方法》,邓正来译,中国政法大学出版社 1999 年版,第 369 页。

② 参见林钰雄著:《检察官论》,法律出版社 2008 年版,第 94 ~95 页。

“大理院长官指挥大理院一切事务,并监督院中行政事务(含检察行政事务)”(第17条);“高等审判厅置厅丞一员,指挥厅内一切事务并监督行政事务(含检察行政事务)”(第27条)。

《法部官制草案》[光绪三十二年(1906年)]第1条规定:“法部监督大理院并直省各厅局、检察局、调度检察事务,管理民事、刑事、牢狱,并一切司法上之行政事务。”

《京师高等以下各级审判厅试办章程》[光绪三十三年(1907年)十月二十九日]第98条规定:“凡属检察官职权内之司法行政事务,上级检察厅有直接或间接监督之权。(1)总检察厅厅丞,监督总检察厅及其下各级检察厅;(2)高等检察长,监督高等检察厅及高等审判厅管辖区域内之各检察厅;(3)地方检察长,监督地方检察厅及所附置地方审判厅管辖区域内之各检察厅”。

《法院编制法》[宣统元年(1910年)十二月二十八日]规定:“初级检察厅如置检察官二员以上,得以资深者一员为监督检察官,监督该厅事务。其置检察官一员者,该厅事务由该管地方检察长监督之。地方及高等检察长、总检察厅丞,分别监督各该检察厅事务。地方以上各检察分厅,如置检察官二员以上,得以资深者一员为监督检察官,监督该分厅事务”(第87条);“司法行政监督权之施行其区别如下:(1)法部堂官监督全国审判衙门及检察厅;(2)大理院卿监督大理院;(3)各省提法司监督本省各级审判厅及检察厅;(4)高等审判厅厅丞监督该厅及所属下级审判厅;(5)地方审判厅厅丞或厅长监督该厅及所属初级审判厅;(6)初级审判厅监督推事或独任推事监督该厅各员;(7)总检察厅厅丞监督该厅及各级检察厅;(8)高等检察厅检察长监督该厅及所属下级检察厅;(9)地方检察厅检察长监督该厅及所属初级检察厅;(10)初级检察厅监督检察官或检察官监督该厅各员。审判分厅、大理分院及检察分厅,如置监督推事及监督检察官时,准前项之例,由该推事及检察官行监督权”(第158条)……

2. 民国时期主要的相关规定

《高等检察厅办事章程》[民国八年(1919年)八月二十三日]第7条规定:“检察长总理本厅一切事务,并指挥、监督厅员及所属各厅、县监所应办事务。对于本厅及所属厅、县事务,有所指挥以训令行之。对于本厅及所属厅、县职员之请示,以指令行之。”

《各省高等法院检察官办事权限暂行条例》[民国十六年(1927年)十二月十三日]规定:“高等法院首席检察官,归最高法院首席检察官指挥监督”(第6条);“高等法院首席检察官,对于所属检察官或行使检察职权之县长及办理检察事务之书记官,有指挥监督权”(第7条)。

《最高法院检察署处务规程》[民国十八年(1929年)五月四日]第2条规定:“最高法院检察署检察长,指挥监督本署及各级检察事务。”

《最高法院组织法》[民国十七年(1928年)十一月十七日]第6条规定:“最高法院配置检察署。检察署置检察长一人,指挥监督并分配该管检察事务;设检察官七人至九人处理关于检察之一切事务。”

《法院组织法》[民国二十一年(1932年)十月二十八日]规定:“检察官服从监督长官之命令”(第31条);“司法行政之监督依下列之规定:……(2)司法行政部部长监督最高法院所设检察署及高等法院以下各级法院及分院……(6)检察长监督全国检察官;(7)高等法院首席检察官监督该省或该特别区域内之检察官;(8)高等法院分院首席检察官监督该区域内之检察官;(9)地方法院首席检察官监督该院及分院检察官”(第87条)。

《伪满洲国法院组织法》(1936年1月4日)规定,“有检察官二人以上之区检察厅置监督检察官……”(第11条)“法院长及检察厅长掌管各该院厅之行政事务。区法院之监督审判官及独任审判官并区检察厅之监督检察官掌管各该院厅之行政事务。分庭之资深庭长、分处之资深检察官及庭长掌管各该分庭分处或庭之行政事务。法院及检察厅之次长辅中该院长或厅长之行政事务”(第112条)……

3. 人民政权主要的规定

（1）旧中国时期人民政权颁布的相关规定主要有：

《陕甘宁边区高等法院组织条例》（1939年4月4日）第13条规定："检察长之职权如下：（一）执行检察任务；（二）指挥并监督检察员之工作；（三）处理检察员之一切事务；（四）分配并督促检察案件之进行；（五）决定案件之裁定或公诉。"

《山东省高级审判处暂行组织条例》（1941年4月23日）规定："高级审判处及其分处各设首席检察官一人，检察官若干人，由省及行政主任区检察委员会选举之，受各该级检察委员会之领导"（第10条）；"首席检察官之职权如下：（1）执行检察职务；（2）指挥监督所属检察官之工作；（3）分配并监督检察案件之进行；（4）决定案件之裁定或公诉"（第13条）。[①]

《山东省各级检察委员会组织条例》（1941年4月23日）规定："各检察委员会依管辖区域之大小及事务繁简，推选有法律知识或有司法经验者为同级法院首席检察官及检察官（不限定检察委员会委员）若干，受该检察委员会之领导执行职务"（第4条）；"（检察委员会）主任委员之职权如下：（1）召集会议；（2）代表检察委员会指导监督政令之执行"（第8条）。

《晋冀鲁豫边区高等法院组织条例》（1941年10月15日）第15条规定："检察长之职权如下：（1）执行检察任务；（2）指挥并监督检察员之工作；（3）处理检察员一切事务；（4）分配并监督检察案件之进行；（5）决定案件之裁定或公诉；（6）指定检察员莅庭陈述对于案件处理之意见；（7）对高等法院判决如有不同意见，有权向边区政府提出控告，边区政府接受其控告可组织特别法庭或交还高等法院复审。"

《晋察冀边区法院组织条例》（1943年2月4日）第22条规定："司

① 而《山东省地方法院暂行组织条例》（1941年4月23日）第12条、第15条也有类似规定。

法行政之监督依下列之规定：……（4）高等法院首席检察官监督全边区之检察官；（5）高等法院分院首席检察官监督该区域内之检察官；（6）地方法院首席检察官监督该法院之检察官。”

《陕甘宁边区暂行检察条例》（1946 年 10 月 19 日）规定：“高等检察长，领导全边区各级检察员”（第 11 条）；“高等分庭检察员，领导所属各县检察员”（第 12 条）；“地方法院首席检察员领导该院检察员”（第 13 条）；“在全国和平统一未实行前，高等检察长由边区政府领导之”（第 14 条）；“有领导权者，对于被领导人员，得为下列处分：（1）得发命令促其对于职务上事项之注意；（2）对于废弛职务者，侵越权限，或行为不检者，得警告之；（3）前两款情节较重，或经警告不悛者，得提付惩（戒）”（第 15 条）。

《旅大检察工作条例（草案）》（1947 年 4 月）规定：“高院及各地院检察官，均受高院首席检察官领导及指挥”（第 3 条）；“旅大行政委员会及人民，有监督、任免检察官之权”（第 19 条）。

《关东地区关于各级司法机关暂行组织条例草案》（1947 年 6 月）规定：“高等法院首席检察官秉承人民之意志，与法院院长共同领导全关东地区之司法工作，任免司法人员”（第 31 条）；“各地方法院检察官，受上级检察官之监督”（第 35 条第 3 款）。

《关东高等法院各部门（庭、处、室）工作条例》（1947 年 7 月）第 2 条规定：“本院首席检察官由关东各界人民代表选举，对外代表本院之检察机关，对内领导并综理本院之检察事宜。”

《华北人民政府各部门组织规程》（1948 年 10 月）第 17 条规定：“华北人民法院主管全区终审审检，及监督下级审检事宜，具体管辖下列事项……（10）关于下级审判检察之监督事项……”

（2）中华人民共和国颁布的相关规定主要有：

第一，党对检察权进行领导、监督制约的规定。例如，《宪法》（2018 年 3 月 11 日修正）第 1 条第 2 款规定：“社会主义制度是中华人民共和国的根本制度。中国共产党领导是中国特色社会主义最本质的特征。

禁止任何组织或者个人破坏社会主义制度”；全国人大常委会《关于在北京市、山西省、浙江省开展国家监察体制改革试点工作的决定》（2016年12月25日）规定：“实行监察体制改革，设立监察委员会，建立集中统一、权威高效的监察体系，是事关全局的重大政治体制改革。试点地区要按照改革试点方案的要求，切实加强党的领导，认真组织实施，保证试点工作积极稳妥、依法有序推进。”

第二，人大及其常委会对检察权进行监督制约的规定。例如，《宪法》规定：“国家行政机关、监察机关、审判机关、检察机关都由人民代表大会产生，对它负责，受它监督”（第3条第2款），全国人民代表大会常务委员会有权“监督国务院、中央军事委员会、国家监察委员会、最高人民法院和最高人民检察院的工作”（第67条第6项）；《各级人民代表大会常务委员会监督法》（2006年8月27日）第5条规定：“各级人民代表大会常务委员会对本级人民政府、人民法院和人民检察院的工作实施监督，促进依法行政、公正司法。”

第三，政协及其常委会对检察权进行监督制约的规定。例如，最高人民检察院《关于贯彻落实〈中共中央关于全面推进依法治国若干重大问题的决定〉的意见》（2015年1月29日）第35条规定：“坚持向人大及其常委会报告工作制度，健全与政协及民主党派的重大决策咨询制度、重大问题联合调研制度，完善人大代表、政协委员联络工作机制，认真听取代表、委员的批评意见，及时办理和答复建议、提案，更加主动接受人大监督、政协民主监督。”

第四，人民监督员对检察权进行监督制约的规定。例如，最高人民检察院《关于人民监督员监督工作的规定》（2015年12月21日）第2条规定：“人民监督员认为人民检察院办理直接受理立案侦查案件工作中存在下列情形之一的，可以实施监督：（一）应当立案而不立案或者不应当立案而立案的；（二）超期羁押或者延长羁押期限决定违法的；（三）采取指定居所监视居住强制措施违法的；（四）违法搜查、查封、扣押、冻结或者违法处理查封、扣押、冻结财物的；（五）阻碍当事人及其辩护人、诉讼代理人依法行使诉讼权利的；（六）应当退还取保候审保证金而不退还的；（七）应当给予刑事赔偿而不依法予以赔偿的；（八）检察人员在办案中有徇私舞弊、贪赃枉法、刑讯逼供、暴力取证等违法违纪情况的。人民监督员对当事人及其辩护人、诉讼代理人或者控告人、举报人、申诉人认为人民检察院办理直接受理立案侦查案件工作中存在前款情形之一的，可以实施监督。人民监督员对人民检察院办理直接受理立案侦查案件工作中的下列情形可以实施监督：（一）拟撤销案件的；（二）拟不起诉的；（三）犯罪嫌疑人不服逮捕决定的。”随后，2018 年《人民检察院组织法》第 27 条也明确规定“人民监督员依照规定对人民检察院的办案活动实行监督”。

第五，人民群众对检察权进行监督制约的规定。例如，《宪法》第 27 条第 2 款：“一切国家机关和国家工作人员必须依靠人民的支持，经常保持同人民的密切联系，倾听人民的意见和建议，接受人民的监督，努力为人民服务”；《人民检察院组织法》第 11 条也规定：“人民检察院应当接受人民群众监督，保障人民群众对人民检察院工作依法享有知情权、参与权和监督权。”

第六，有关“（分工负责、）互相配合、互相制约”的规定。例如，《宪法》规定：“监察机关办理职务违法和职务犯罪案件，应当与审判机关、检察机关、执法部门互相配合，互相制约”（第 127 条第 2 款），“人民法院、人民检察院和公安机关办理刑事案件，应当分工负责，互相配合，互相制约，以保证准确有效地执行法律”（第 140 条）；《刑事诉讼法》（2012 年 3 月 14 日修正）第 7 条规定：“人民法院、人民检察院和公安机关进行刑事诉讼，应当分工负责，互相配合，互相制约，以保证准确有效地执行法律”。而值得说明的是，“（分工负责）互相监督、互相制约”这一宪法法律原则，还是最高人民检察院对我国法制（治）建设的贡献之一。[①]

① 参见王桂五：《高检对〈刑事诉讼法〉的贡献》，载王桂五著：《王桂五论检察》，中国检察出版社 2008 年版，第 460 页。

第七，有关检察内部监督的规定。例如，《宪法》第137条第2款规定“最高人民检察院领导地方各级人民检察院和专门人民检察院的工作，上级人民检察院领导下级人民检察院的工作”；《人民检察院组织法》规定“检察官在检察长领导下开展工作，重大办案事项由检察长决定。检察长可以将部分职权委托检察官行使，可以授权检察官签发法律文书”（第29条），“检察官可以就重大案件和其他重大问题，提请检察长决定。检察长可以根据案件情况，提交检察委员会讨论决定”（第33条），“人民检察院检察长领导本院检察工作，管理本院行政事务。人民检察院副检察长协助检察长工作”（第36条）；最高人民检察院《关于加强检察机关内部监督工作的意见》（2011年11月28日）第5条还规定“加强检察机关内部监督工作，要进一步健全党组统一领导，检察长负总责，班子成员分工负责，纪检监察部门组织协调，部门各负其责，全体检察人员共同参与的工作体系。要坚持把内部监督制约放在与强化法律监督同等重要的位置，以领导干部为重点，以执法规范化为核心，以制度建设为关键，以改革创新为动力，不断加大监督力度，增强工作实效，为检察事业科学发展提供有力保证”。

第八，对检察权进行监督制约的其他规定。例如，最高人民检察院《关于充分履行检察职能加强产权司法保护的意见》（2017年1月6日）第20条规定：“推进检务公开，及时回应社会关切，自觉接受人大监督、民主监督和社会监督”；《关于人民检察院规范司法行为工作情况的报告》（2014年10月29日）提出“构建开放、动态、透明、便民的检务公开机制，完善接受人大监督、民主监督、社会监督、舆论监督制度，完善人民监督员制度，依法接受公安机关、审判机关在诉讼活动中的制约，紧紧依靠人民监督规范司法行为”。再如，尽管《宪法》第91条规定“国务院设立审计机关，对国务院各部门和地方各级政府的财政收支，对国家的财政金融机构和企业事业组织的财务收支，进行审计监督”，《审计法》（2006年2月28日修正）第2条也规定“国务院和县级以上地方人民政府设立审计机关”。但实际上，各级人民检察院也应接受各级审计机关的审计监督。

而通过上述枚举不难发现,我国检察权监督制约机制的最大特点在于,重内部监督尤其是检察院首长对检察人员的领导、监督制约,轻外部监督制约的同时,人民政权既创建了中国共产党对检察权的领导、监督制约机制,也创建了"互相配合、互相制约"之检察权监督制约原则。

另外,互相配合、互相制约原则,最早见之于《中央政法党组建议批准高检党组的报告给中央的信》中。这个建议在叙述苏联公检法三机关在处理刑事案件中的相互关系以后,接着说,"法院、公安、检察署通过一系列的互相配合、互相制约的比较完善的司法制度的保证,错捕、错审、错判的现象自然就减少到最小的限度。当时之所以提出这个原则,是因为发现了不少错案……"鉴于这种情况,迫切需要健全司法制度,而其主要一环,就是建立和健全检察机构,加强法律监督,使公检法三机关互相配合、互相制约。这一原则是彭真的秘书李琪提出来的,李琪是研究哲学的。"互相制约"一词,是借用斯大林在《联共党史》第四章辩证唯物主义和历史唯物主义中关于事物之间互相联系、互相制约的提法而来的。实际上,在苏联司法制度中并没有互相配合、互相制约的原则。当时提出这一原则实质上是"托苏建制",正如中国历史上的"托古改制"一样。这一原则的提出,形成了我国司法制度的一个重要特色。① 与此同时,它也是最高人民检察院对1979年《刑事诉讼法》的四个贡献之一。②

此外,"关于互相配合、互相制约问题。在这个问题上也有不同的意见。有的同志反问说,如果检察院的不批捕、不起诉和抗诉属于制约的话,那么被告人申述意见是否也是制约呢?反问的用意实质是不同意

---

① 参见王桂五:《互相配合、互相制约的由来》,载王桂五著:《王桂五论检察》,中国检察出版社2008年版,第429页。

② 其他三个贡献为:关于设置取保候审、监视居住的强制措施问题;关于公检法三机关办案的时间问题和关于案件的管辖问题。参见王桂五:《高检对〈刑事诉讼法〉的贡献》,载《王桂五论检察》,检察出版社2008年版,第460页。

这个原则。这个问题是容易回答的。互相制约是公检法三机关之间的制约，是以权力制约权力；而被告人申述意见则是为自己辩护，是行使诉讼权利，不具有国家权力的性质，因而不能称为制约。由于这一原则早已载之于党的文件，并为多数人所主张，所以没有经过更多争论就确定下来了”。①

再者，互相配合、互相制约原则不同于“支持第一、制约第二的原则”。后者是高检院某些同志在1958年提出来的。所谓支持第一，并不是说公检法三机关在工作中各司其职，各负其责，并互相支持，把案件办好；而是在政治上、言论上给予公安机关以支持。具体地说，就是当右派分子或其他人士攻击公安机关捕错了人、多捕了人，或有刑讯逼供等违法乱纪行为时，检察机关要及时站出来替公安机关说话，以表明公安机关的行为是正确的、合法的，从而达到保护公安机关的目的。这就是提出支持第一的本来用意和特殊含义。因此，把支持第一、制约第二作为检察工作的一项原则是不正确的：一是这一提法的本意在代替互相配合、互相制约的原则，特别是反对制约；二是检察机关是办理各种违法犯罪案件，实行法律监督的机关，并非言论机关；三是互相配合、互相制约的原则是全面处理公检法三机关相互关系的原则，而支持第一、制约第二的原则只涉公检的关系，排除了法院，是非常片面的。②

又者，时至今日，针对分工负责、互相配合、互相制约原则也存在一些误解。例如，“在检察机关内部，存在将监督绝对化的思想，更多强调对公安机关和人民法院的监督，而较少谈及公安机关和人民法院对检察机关的制约；在公安机关和人民法院内部，存在将监督与制约等同起来的观点，认为公检法三机关之间应当是一种相互监督的关系，不应当只由检察机关单方面监督公安机关和人民法院。相反，公安机关和人民

① 参见王桂五：《高检对〈刑事诉讼法〉的贡献》，载王桂五著：《王桂五论检察》，中国检察出版社2008年版，第460页。

② 参见王桂五：《支持第一的特殊含义》，载王桂五著：《王桂五论检察》，中国检察出版社2008年版，第432页。

法院也可以对检察机关行使监督权”。[①] 当然,在诉讼特别是刑事诉讼中,将监督绝对化的思想是错误的,将监督等同或混同于制约的观点也是不对的。

最后,值得强调的是,新时代检察机关开展“四大检察”业务,坚持“分工负责、互相配合、互相制约”原则时,必须树立双赢共赢多赢“三赢”理念。因为公检法等国家机关,既是在党绝对领导下的政法单位,也是在党绝对领导下的执法司法机关;既是讲政治的政法机关,也是讲业务的政法单位;而作为政法单位,它们不仅指导思想和工作原则相同,主要任务也是相同的。一言以蔽之,政治决定法制(治),法制(治)服务政治——政法检察姓党!

(二)不足、成因与完善

中外检察权监督制约实践表明,对检察权进行外部监督制约,远远强于对检察权进行内部监督制约之效果。

诚然,在我国,“几年来,检察机关紧密结合规范执法行为专项整改、社会主义法治理念教育和检察改革,初步建立起内部监督与外部监督相结合、纵向监督与横向监督相结合、对执法活动监督与对执法人员监督相结合的监督体系,促进了严格公正文明执法,推动了检察工作和队伍建设的全面健康发展。但是,加强对检察机关的监督是一项长期任务,已经取得的成效离人民群众的要求还有差距:一是对检察机关监督的长效机制需要进一步完善,监督体系还不健全、不严密,一些案件管理监督方式尚处于探索阶段;二是一些监督制度执行不力,有的还没有真正落实到执法办案活动中去;三是上级检察院对下级检察院的领导和监督需要进一步加强,对检察机关监督的总体效能需要进一步提高。由于这些原因,执法办案中的一些问题还未能得到有效解决,有的检察机关和检察人员执法不严格、不规范、不文明、不公正,有的执法作风较差、办案质量不高,有的侵犯当事人合法权益,极少数检察人员甚至徇私舞弊、贪赃枉法,造成恶

① 参见邹开红:《诉讼监督工作研究》,载《国家检察官学院学报》2009 年第 3 期。

劣影响”。[1] 除此之外,在我国,建立健全和适用检察权监督制约机制过程中,还有如下不足:

第一,检方常以法律监督者自居,不虚心、不情愿接受监督制约。[2] 少数检察人员包括个别领导干部法治意识、宗旨意识淡薄;极少数检察人员目无法纪,特权思想、霸道作风严重,执法不规范、不文明、不公正、不廉洁,以权(案)谋私、滥用职权甚至贪赃枉法时有发生,严重损害检方执法公信力。为此,“谁来监督监督者”的社会质疑声,不绝于耳。

第二,观念、认识上存有“九重九轻”情形:一重监督制约机制“立法”,轻实践;二重以权力监督制约检察权,轻以权利监督制约检察权;三重对检察诉讼监督权,轻对检察非诉讼监督权的监督制约;四重对检察权的内部监督制约,轻对检察权的外部监督制约;五重对检察权的实体监督制约,轻对检察权的程序监督制约;六重对检察权的事后监督制约,轻对检察权的事前、事中监督制约;七重人员监督制约,轻制度对检察权的监督制约;八重上级院对下级院,轻下级院对上级院的监督制约;九重执政党、人大及其常委会、政协和人民监督员的监督制约,轻公安机关、法院、媒体舆论对检察权的监督制约。

第三,检察权内部与外部监督制约机制之间,缺乏统一、协调性。突出表现有三:一是上级检察院的监督制约方式具有很大的随意性,并常以口头而非书面指示的方式作出。同时,也缺少“自己揭短”“壮士断腕”的勇气、魄力和行动。易言之,对检察权的单位和系统内部监督制约,很难打破“单位、部门保护主义”的自体或同质监督制约“瓶颈”。为

---

① 参见贾春旺:《最高人民检察院关于完善检察机关监督机制促进公正执法情况的报告——2007 年 10 月 26 日在第十届全国人民代表大会常务委员会第三十次会议上》,载中国人大网,http://www. npc. cn,2007 年 10 月 26 日。

② 所谓不虚心接受监督制约,是指检方思想觉悟低,法律意识差,以法律监督者自居,对监督制约主体的监督制约意见不够重视,不能认真研究和及时回复,甚至认为对方是在故意“找茬”,是干涉检察权的独立行使。所谓不情愿接受监督制约,是指检方在接受监督制约过程中缺乏配合与协作精神,消极抵制监督制约。

此,2018 年《人民检察院组织法》不仅规定“最高人民检察院领导地方各级人民检察院和专门人民检察院的工作,上级人民检察院领导下级人民检察院的工作”(第 10 条第 2 款),而且规定“上级人民检察院对下级人民检察院行使下列职权:(一)认为下级人民检察院的决定错误的,指令下级人民检察院纠正,或者依法撤销、变更;(二)可以对下级人民检察院管辖的案件指定管辖;(三)可以办理下级人民检察院管辖的案件;(四)可以统一调用辖区的检察人员办理案件。上级人民检察院的决定,应当以书面形式作出”(第 24 条),还规定“下级人民检察院应当执行上级人民检察院的决定;有不同意见的,可以在执行的同时向上级人民检察院报告”(第 25 条)。二是被害人的自诉救济机制不尽合理。例如,自诉权可能被被害人滥用,被害人难以完成取证、质证、证明等诉讼活动。三是缺乏健全的、非官方的以权利监督制约检察权机制。例如,政协、群众、媒体舆论对检察工作的监督制约,缺乏相应的法律规定和操作程序。

第四,对不起诉决定权、公诉权和抗诉权以及认罪认罚裁量等检察自由裁量权行使的监督制约机制,依然欠缺。

第五,检察权监督制约成效不高等。因此,迄今为止,检方仍尚未摆脱“谁来监督监督者”的社会质疑和不信任,公信力有待进一步提升。

另外,究其原因,一是对权力及其检察权本质、法律监督本质和我国宪政体制认识上的偏差。二是受苏联检察体制的影响和对检察一体化的错误理解,以及法律虚无主义、官本位思想的长期影响。三是“家丑不外扬”“报喜不报忧”“单位、部门保护主义”,行政权本位,得过且过,老好人等思想观念作祟,导致检方“奋斗监督制约别人”有余,“苦斗监督制约自己”不足。四是有关检察权监督制约机制的现行法律规定分散、位阶低、缺乏操作性。五是检察队伍整体和综合素质有待进一步提高。六是缺乏切实可行的考核、奖惩、保障机制等。

此外,针对上述不足及其成因,从宏观上说,要把强化检察权监督制约放在与强化法律监督同等重要的位置。从微观上讲,除自觉接受外部监督制约,进一步加强内部监督制约外,还应注意以下问题:一要树立正确的自觉接受监督制约的思想观念;二要根据我国国情,司法及其诉讼、检察制度实际,完善检察权监督制约机制立法;三要在立法尚未完善的情况下,用足用好现行有关检察权监督制约机制的法律规定,特别是其中哪些直接有关检察权监督制约机制事宜的司法解释,探索符合我国国情以及司法、检察和诉讼制度特点的检察权监督制约方式、途径、手段和程序;四要依法建立健全适用检察权监督制约机制的保障措施;五要按照权力清单理论,依法合理配置并正当控制检方自由裁量权;六要改革完善检察权内部和外部监督制约机制;七要强化队伍建设,提高整体素质和执法水平,让司法责任制真正做到落地生根、见成效。

总之,要以习近平总书记关于权力及其监督、法律(治)监督的论断为指针,建立健全新时代中国特色社会主义检察监督制约机制,把检察权也关到科学、合理的制度笼子里。与此同时,党的十九届四中全会决定还明确提出:“坚持和完善党和国家监督体系,强化对权力(包括检察权)运行的制约和监督。”为此,一要健全党和国家监督制度;二要完善权力配置和运行制约机制;三要构建一体推进不敢腐、不能腐、不想腐体制机制。[①]

① 参见本书编写组编著:《〈关于坚持和完善中国特色社会主义制度,推进国家治理体系和治理能力现代化若干重大问题的决定〉辅导读本》,人民出版社2019年版,第42~44页。

第七章　检察机关的领导体制

第一节　概　　述

《新华词典》（第 625 页）有云：领导即“指引，带领”；体制即“国家机关、企业和事业单位等的制度”。因此，领导体制通常是指对单位进行决策、指挥、监督等领导活动的具体制度或体系，也是领导者与被领导者之间建立关系、发生作用的桥梁与纽带，并具有法定性、完整性、一致性、稳定性和连贯性等特点。

而作为领导体制的子集，检察机关的领导体制，就是指国家或其执政者对检方工作进行决策、指挥、监督、制约等领导活动的具体制度或体系，包括检察系统内部的领导体制（如上下级检察机关之间的领导体制）与检察系统外部的领导体制（亦即对检方进行监督、制约、管理的领导体制。例如，各级人大及其常委会对检方的监督、制约、管理）两方面，且常为一国宪法、检察院组织法所明定。

另外，实践中对检察机关领导体制的内涵，还有不同认识。例如，检察机关的领导体制，是指检察机关在国家体制中处于何种地位，隶属关系如何，检察机关与国家权力机关、政府的关系，以及检察机关上下级之间的关系等；①检察机关的领导体制，是指检察机关同其他国家机关

① 参见张穹、谭世贵著：《检察制度比较研究》，中国检察出版社 1990 年版，第 77 页。

的组织关系以及检察机关上下级之间的领导关系;[①]检察机关领导体制,是指由上下级检察机关之间,以及检察机关与对于检察机关有官员任免、业务指挥及工作监督权限的其他国家机关之间形成的组织关系,等等。[②]

此外,实践中对检察机关领导体制的外延,也有不同认识。例如,我国检察机关领导体制的具体内容应包括:(1)在组织体系上,实行上级领导下级的领导体制;(2)在人民检察院内部,实行检察长统一领导与检察委员会集体领导相结合的领导体制;(3)在外部关系上,检察机关独立于行政机关及人民法院,但必须接受人大的监督和党的领导。[③]

人民检察院的领导体制内容包括:最高人民检察院领导地方各级人民检察院和专门人民检察院的工作,上级人民检察院领导下级人民检察院的工作;最高人民检察院对全国人民代表大会和全国人民代表大会常务委员会负责。地方各级人民检察院对产生它的国家权力机关和上级人民检察院负责。[④]

检察机关的领导体制包括:检察机关内部的领导体制和检察机关的上下级领导体制。[⑤]

检察机关的领导体制包括:最高人民检察院领导地方各级人民检察院和专门人民检察院与上级人民检察院领导下级人民检察院,等等。[⑥]

再者,受国体、政体以及检方性质、地位、工作任务等因素影响,中外

---

① 参见王然冀主编:《当代中国检察学》,法律出版社1989年版,第165页。

② 参见龙宗智著:《检察制度教程》,法律出版社2002年版,第141~142页;孙谦主编:《中国特色社会主义检察制度》,中国检察出版社2009年版,第128页。

③ 参见陈光中著:《陈光中论检察》,中国检察出版社2013年版,第68~70页。

④ 参见陈云生著:《陈云生论检察》,中国检察出版社2013年版,第4~5页。

⑤ 参见樊崇义主编:《检察制度原理》,法律出版社2009年版,第86页。

⑥ 参见程荣斌主编:《检察制度基础理论》,中国检察出版社1992年版,第266~268页。

各国检察机关的领导体制也不尽相同,大致可归纳为以下四种:①

其一,不依附于行政机关的垂直领导体制。即上级检察机关领导下级检察机关、最高检察机关领导各级检察机关;检方不受政府和地方权力机关的领导,仅在最高一级对国家权力机关负责。如英国、意大利以及苏联、东欧、越南、朝鲜等社会主义国家。

其二,对行政机关有一定附属性的垂直领导体制。即检察机关内部、上下级检察机关之间具有领导指挥关系,最高检察机关与作为其上级的行政机关之间,具有受监督和特定情况下接受指挥的关系。如日本、韩国。

其三,双重领导与监督体制。即检方既受同级国家权力机关或政府的领导或监督,也受上级检察机关的领导,如法国。

其四,多元化体制。例如,美国,在联邦和州分别设立检察机关,两者没有隶属关系。联邦司法部长即总检察长对派往各司法管辖区执行职务的联邦检察官有一定的指挥权,但无权指挥地方检察官。地方州和市镇一级检察官办事处各自为政,检察官由普选或任命方式产生,对本地区选民或任命机关负责,但与当地行政当局或议会通常并无隶属关系。

第二节　新中国检察机关的领导体制

概言之,无论旧中国检察制度,还是中国人民检察制度都有自身的

① 参见孙谦主编:《中国特色社会主义检察制度》,中国检察出版社 2009 年版,第 128 ~ 130 页;陈建民主编《检察院组织法比较研究》,中国检察出版社 1999 年版,第 138 ~ 142 页;陈光中著:《陈光中论检察》,中国检察出版社 2013 年版,第 70 ~ 74 页。而实践中也有人认为,当今世界各国检察系统的领导体制大体分为分散、双重和集中领导体制 3 种(参见金明换主编:《比较检察制度概论》,中国检察出版社 1993 年版,第 324 ~ 328 页);还有人认为,世界各国检察机关所采取的领导体制主要有:垂直、双重、双轨领导体制 3 种(参见张穹、谭世贵著:《检察制度比较研究》,中国检察出版社 1990 年版,第 77 ~ 80 页)。

领导体制。其中,前者多采用"对行政机关(司法行政部或司法部)有一定附属性的垂直领导体制";后者多属于"多元化体制",其间中国共产党的领导作用不可小觑。同时,两者都贯彻检察一体化原则。而中华人民共和国成立以来,人民检察院的领导体制,又经历了多次变化。

1949 年 12 月 20 日通过的《最高人民检察署试行组织条例》第 2 条规定:"全国各级检察署均独立行使职权,不受地方机关干涉,只服从最高人民检察署之指挥"——"垂直领导体制。"

1951 年 9 月 3 日通过的《各级地方人民检察署组织通则》第 6 条第 1 项、第 2 项规定:"各级地方人民检察署受上级人民检察署的领导,各级地方人民检察署(包括最高人民检察署)为同级人民政府的组成部分,受同级人民政府委员会的领导"——"一重上级检察院、一重同级政府的双重领导体制。"

1954 年 9 月 20 日通过的《宪法》不仅规定"地方各级人民检察院和专门人民检察院在上级人民检察院的领导下,并且一律在最高人民检察院的统一领导下,进行工作"(第 81 条第 2 款),而且规定"最高人民检察院对全国人民代表大会负责并报告工作;在全国人民代表大会闭会期间,对全国人民代表大会常务委员会负责并报告工作"(第 84 条)——"一重上级检察院领导、一重人大及其常委会监督的双重领导体制。"而随后通过的 1954 年《人民检察院组织法》(1954 年9 月 21 日)第 6 条第 2 款、第 7 条也照搬了上述规定。

1975 年 1 月 17 日,随着《宪法》第 25 条第 2 款"检察机关的职权由各级公安机关行使"的通过,检察机关的领导体制"名存实亡"。

1978 年 3 月 5 日通过的《宪法》第 43 条规定:"最高人民检察院监督地方各级人民检察院和专门人民检察院的检察工作,上级人民检察院监督下级人民检察院的检察工作";"最高人民检察院对全国人民代表大会和全国人民代表大会常务委员会负责并报告工作。地方各级人民检察院对本级人民代表大会负责并报告工作"——"一重上级检察院、一重人大及其常委会的双重监督领导体制。"

1979年7月1日通过的《人民检察院组织法》第10条规定:“最高人民检察院对全国人民代表大会和全国人民代表大会常务委员会负责并报告工作。地方各级人民检察院对本级人民代表大会和本级人民代表大会常务委员会负责并报告工作。最高人民检察院领导地方各级人民检察院和专门人民检察院的工作,上级人民检察院领导下级人民检察院的工作”——“一重人大及其常委会监督、一重上级检察院领导的双重领导体制。”①

1982年12月4日通过的现行《宪法》规定:“最高人民检察院领导地方各级人民检察院和专门人民检察院的工作,上级人民检察院领导下级人民检察院的工作”(第132条),“地方各级人民检察院对产生它的国家权力机关和上级人民检察院负责”(第133条)——“一重上级检察院领导、一重人大及其常委会监督的双重领导体制。”

1983年、1986年《人民检察院组织法》第10条都规定,“最高人民检察院对全国人民代表大会和全国人民代表大会常务委员会负责并报告工作。地方各级人民检察院对本级人民代表大会和本级人民代表大会常务委员会负责并报告工作。最高人民检察院领导地方各级人民检察院和专门人民检察院的工作,上级人民检察院领导下级人民检察院的工作”——“一重人大及其常委会监督、一重上级检察院领导的双重领导体制”。

而新修订的2018年《人民检察院组织法》也依然规定“最高人民检察院对全国人民代表大会及其常务委员会负责并报告工作。地方各级人民检察院对本级人民代表大会及其常务委员会负责并报告工作。各级人民代表大会及其常务委员会对本级人民检察院的工作实施监督”(第9条);“最高人民检察院领导地方各级人民检察院和专门人民检察

① “公安机关是双重领导。检察院和法院不同。法院就是一重,上下是监督关系。检察院是采取列宁的原则,上下是领导关系。你下面选举检察长,要报请上级人大常委会批准,为什么?就是要保证全国统一服从法律。这就是列宁的法制统一的思想”(参见彭真同志在各省、市、自治区检察长座谈会上的讲话——1979年7月24日)。

院的工作，上级人民检察院领导下级人民检察院的工作”（第10条第1款）——“一重同级人大及其常委会监督、一重上级检察院领导的双重领导体制”至今。

另外，在我国，无论以往已经实行的“垂直领导体制”“一重上级检察院、一重同级政府的双重领导体制”“一重上级检察院领导、一重人大及其常委会监督的双重领导体制”“一重上级检察院、一重人大及其常委会的双重监督领导体制”，抑或“监督与领导并行的领导体制”“人大与上级检察机关的双重领导体制”“同级党委与上级检察机关的双重领导体制”“上级检察机关的垂直领导体制”“双重领导、一重监督的领导体制”，还是现行的“一重领导一重监督的双重领导体制”或“一重监督一重领导的双重领导体制”，都是利弊交融的。[①] 而实践证明，“一重领导一重监督的双重领导体制”或“一重监督一重领导的双重领导体制”，也是“两利相权取其大，两害相权取其轻”的现实选择。

此外，不管我国检察机关采取上述何种领导体制，人民检察院必须始终坚持党的绝对领导。一方面，这是宪法和党内法规要求。例如，《宪法》第1条第2款规定，“社会主义制度是中华人民共和国的根本制度。中国共产党领导是中国特色社会主义最本质的特征。禁止任何组织或者个人破坏社会主义制度；”《中国共产党政法工作条例》（2019年1月13日）第6条第1项也明确规定“坚持党的绝对领导，把党的领导贯彻到政法工作各方面和全过程”，是政法工作及其检察工作应当遵循的首要原则。

另一方面，“检察姓党”，亦即坚持党对检察工作的绝对领导，是人民检察制度特别是“文革”之后，中国特色社会主义检察制度的成功经验与惨痛教训——对“坚持党对检察工作的绝对领导”原则贯彻落实的好，检察事业就兴旺发达；反之，检察事业就会面临“起落”“转隶”。改

---

① 具体情况，还可参见王桂五：《关于检察机关的领导体制问题及其争论》，载《王桂五论检察》，中国检察出版社2008年版。

革开放“40年来，我们愈加深刻认识到，做好检察工作，最根本的思想旗帜就是坚持以发展着的马克思主义为指导，坚持用党的最新理论成果——习近平新时代中国特色社会主义思想武装头脑；最根本的政治保证就是坚持党对检察工作的绝对领导；最根本的职责使命就是全心全意为人民服务；最根本的发展动力就是坚持改革创新；最根本的组织保障就是加强过硬检察队伍建设。40年检察实践积累的宝贵经验，是检察工作必须始终遵循的重要原则，也是最为可贵的精神财富，一定要倍加珍惜、长期坚持、不断发展”；①而“坚定不移坚持党的绝对领导，确保检察工作沿着正确方向砥砺前行”，是“新时代检察事业要实现科学发展，必须做到的‘五个坚定不移’”之首，②也是党的十九届四中全会决定总结的“十三个优势”和“十三个坚持和完善”之首。

总之，检察机关的领导体制既是检察制度建设中的一个重大理论和实际问题，也是一个始终有争论的问题。但无论怎样架构、选择，各级人民检察院及其内设部门、检察人员都要自觉接受中国共产党的绝对领导。因此，中国人民检察制度领导体制的最大特点或优势在于，“明线”（法定领导体制）与“暗线”（中国共产党的实际领导）领导体制交融，且“明线”服从服务于“暗线”领导体制。与此同时，检察机关的领导体制问题，也蕴含着检察一体化原则、检察权监督制约机制和党对检察机关的绝对领导等问题。

① 参见张军：《庆祝检察机关恢复重建40周年暨全国检察机关第九次“双先”表彰大会上的讲话》，载《检察日报》2018年11月27日。

② 参见郭声琨：《坚定不移走中国特色社会主义法治道路　奋力谱写新时代检察事业发展》，载《检察日报》2018年11月27日。

第八章　检察机关的内设部门

第一节　概　　述

毋庸讳言,为保障检察权的正当行使,中外检察法不仅规定了检察权的多层主体,而且还需明确规定检察权的承受(或职能)主体为检察机关的内设部门。当然,检察机关的内设部门对检察权的依法享有与行使,则完全取决于检察人员的主观能动性。

就我国目前而言,作为检察权承受(或职能)主体的重要"一翼"(另一翼为检察机关),检察机关的内设部门(以下简称内设部门),主要包括原来的侦查监督、公诉、控告申诉、刑事执行、民事行政检察等业务部门,抑或2018年内设机构改革之后的刑事、民事、行政和公益诉讼"四大检察"业务部门以及检察委员会等业务主管部门,办公室、案件管理办公室与政治、财务等综合部门、司法行政管理部门,检察官遴选委员会、检察官考评委员会、检察官惩戒委员会等检察官管理部门,检务督察、纪检监察机构与人民监督员、特约检察员办公室等检察内部监督机构,党组(委)、工会等社团组织。当然,其中尤以业务部门最为重要。

另外,实践中也有人认为,检察机关内部机构是依据职权、业务分工设立的部门组织,并大体包括以下三种情形:一是领导和职权机构;二是业务和事务机构;三是全局性与专门性的决策、咨询机构。[①] 因此,检察机关内部机构是检察机关内设部门的子集。

此外,中外各国也好,三大法系国家也罢,无不证明并彰显:有检察机关的客观存在,必有其内设部门的客观存在;没有内设部门的客观存在,形形色色且具体的检察职能也无法运作,检察工作的最终志趣也难以实现。因而从这个意义上说,内设部门及其职能的立改废释,既是国家代表创设检察制度初心的客观展现,也必须与国家代表创设检察制度的初心相契合。

再者,通常来说,有什么样具体的检察职能(亦即检察权的子集),就会有什么样具体的内设部门。正是:"人民检察院内部,包括名称、层次、数量、格局及相互关系等内容的职能机构系列。人民检察院内部职能机构系列是与人民检察院的任务、职责、权限相适应的。随着检察制度的发展、完善和人民检察院任务、职能、权限的变化,人民检察院内部职能机构系列也随之相应地变更。"[②]例如,有公诉职能,必有公诉部门;有民事行政检察职能,必有民事行政检察部门;有控告申诉检察职能,必有控告申诉检察部门,等等。当然,实践中,既有内设部门的具体名称不与具体的检察职能名称相一致的情形(例如,原来承担监所检察职能的内设部门,有的叫"刑事执行检察"部门,有的仍叫"监所检察"部门),也有内设部门的具体名称随具体检察职能名称的不断变化而不断变化的情形。例如,"未成年人检察工作办公室"的由无到有,"税务检察室"的由有到无,"控申检察""民事行政检察"的由合到分,"公诉"部门的由"刑事检察"到"公诉"演进,以及20世纪"厅"与当下"大部制"建制的检察职能隐含,等等。

---

① 参见金明换主编:《比较检察制度概论》,中国检察出版社1993年版,第328~334页。

② 参见张思卿主编:《中华人民共和国检察业务全书》,吉林人民出版社1991年版,第36页。

总之,有检察制度必有检察法,有检察法必有检察机关及其检察职能,有检察机关及其检察职能,必有与其相应的检察机关内设部门;反之亦然。因此,内设机构既无愧为衡量检察制度确立与否的"三要素"之一,也无愧为承担并推动检察权运作的不可或缺力量之一。

第二节　中国检察机关内设部门

可将中国检察机关内设部门(以内设业务机构为主,以下简称内设部门)的名称演进与职能,概分为如下两方面。

一、旧中国检察机关内设部门

第一,与中国检察制度的诞生相应。中国最早的内设部门,诞生于1843年5月4日的我国香港;我国澳门地区最早的内设部门,诞生于1847年8月;我国台湾地区最早的内设部门,诞生于1895年11月7日;我国大陆最早的内设部门,诞生于1907年3月23日的天津。

第二,旧中国内设部门的名称演进与职能,经历了清末(1843~1911年)、民国(1911~1949年)两个时期,且前后存在明显的继承关系,而不像新中国对旧中国国民党内设部门的推倒重来。

而现在看来,新中国对旧中国国民党伪法统(包括内设部门)的推倒重来,也有明显的"以苏为师"的味道。因为,中共中央《关于废除国民党的六法全书与确定解放区的司法原则的指示》(1949年2月28日)的内容与形式,与早在苏联成立之前的1917年10月28日,苏俄人民委员会发布的《关于法院的第一号法令》异曲同工。后者也指出:"撤销现有的全部审判机关,即地方法院、高等法院、大理院及其所属各庭、各种名称的军事法院和海事法院,以及商事法庭,代之以根据民主选举制而成立的法院。关于案件的处理和进行程序,将公布特别法令加以规定。从1917年10月25日起,直到上述特别法令公布之时止,所有关于期限的规定一律停止执行”(第1条);“废除现有的法院侦查员制度、检察监督制度、律师制度和私人代理制度”(第3条);“各地方法院用俄罗斯共和国的名义判决案件,并且在判决中使用已被推翻的政府的法律时,只能以未经革命所废除的、同革命良心和革命的法律意识不相违背的为限(附则:所有同工兵农代表苏维埃中央执行委员会和工农政府的法令以及俄国社会民主工党和社会革命党的最低纲领相抵触的法律,都认为是已经废除的法律)。”①

第三,与新中国一样,旧中国检察院内设部门也直接承担着检察机关的所有职能,包括四部“中国检察第一书”所论及的,检方在刑事、民事、行刑与对外关系领域所拥有的职能。与此同时,相关的检察法还对检方包括检察机关及其内设部门(如“处”“课”)、检察官所享有检察权作了明确规定。例如:

《大理院审判编制法》[光绪三十二年十月二十七日(1906年12月12日)]第12条规定:“凡大理院以下之审判厅、局,均须设有检察官。其检察局,附属该衙署之内。检察官于刑事,有起公诉之责;检察官可请求用正当之法律;检察官监视判决后正当施行”。

《京师高等以下各级审判厅试办章程》[光绪三十三年十月二十九日(1907年12月4日)]第97条规定检察官统属于法部大臣,受节制于其长,对于审判厅独立行其职务,其职权如下:(1)刑事提起公诉;(2)收受诉状、请求预审及公判;(3)指挥司法警察官逮捕犯罪者;(4)调查事实、搜集证据;(5)民事保护公益、陈述意见;(6)监督审判并纠正其违误;(7)监视判决之执行;(8)查核审判统计表。

《法院编制法》[宣统元年十二月二十八日(1910年2月7日)]第90条规定检察官之职权如下:(1)刑事:遵照刑事诉讼律及其他法令所

① 参见[苏联]B. Г. 别列津斯基等编:《苏维埃检察制度(重要文件)》,党凤德等译,人民出版社1957年版,第11~12页。

定,实行搜查处分、提起公诉、实行公诉,并检察判断之执行;(2)民事及其他事件:遵照民事诉讼律及其他法令所定,为诉讼当事人或公益代表人,实行特定事宜。

司法部《各省高等法院检察官办事权限暂行条例》和《地方法院检察官办事权限暂行条例》[民国十六年(1927 年)12 月 13 日]第 2 条都规定检察官之职权如下:(1)刑事:依照刑事诉讼法规及其他法令所定,实行搜查处分、提起公诉、实行公诉并检察判决之执行;(2)民事及其他事件:依照民事诉讼法规及其他法令所定,为诉讼当事人或公益代表人、实行特定事宜。

《法院组织法》[民国二十一年(1932 年)10 月 28 日]第 28 条规定,检察官之权职如下:(1)实施侦查提起公诉实行公诉协助自诉担当自诉及指挥刑事裁判之执行;(2)其他法令所定职务之执行……

第四,诸如《京师地方检察厅暂行处务规则》和《京师高等检察厅暂行处务规则》[民国四年(1915 年)10 月 26 日]、《吉林高等检察厅处务规则》[民国十五年(1926 年)2 月 25 日)]、司法院《最高法院检察署处务规程》[民国十八年(1929 年)5 月 4 日]、汪伪《首都地方检察署及分署处务规程》[民国三十二年(1943 年)8 月]等,也都有关于检方包括检察机关及其内设部门(如"处"、"课")职能的相关规定。而有检察职能的客观存在,必有相应的内设部门与检察人员存在。

二、中国人民检察院内设部门

概言之,1931 年 11 月 20 日中国人民检察制度在江西瑞金中华苏维埃共和国创立之前,尽管我国实行"审检合署"机制,但检察机关也有与之检察职能相对应的内设部门。

而中国人民检察制度创立之后,特别是 1946 年 10 月陕甘宁边区政府公布《陕甘宁边区暂行检察条例》并确立"审检并立"以来,同样人民检察院也设立了许多与其职能相对应的内设部门。

（一）人民检察制度的“审检分立”

直到1945年12月，陕甘宁边区司法会议提出重新建立检察制度，被“雪藏”的中国人民检察制度得以“复苏”。1946年5月5日，边区第三届参议会常驻会决定在边区高等法院重新设置检察处，任命马定邦（1909~1975年）为检察长。同年10月，边区政府公布《陕甘宁边区暂行检察条例》。其中，在检察体制上规定，高等检察处检察长领导全边区各级检察院，受边区政府领导；不再受高等法院领导，实现了实质上的“审检并立”。

1946年10月19日，陕甘宁边区政府发布命令规定，边区高等法院检察处正式更名为“陕甘宁边区高等检察处”，各分区设高等检察分处，各县（市）设检察处。同年11月12日，边区政府再次发布命令强调，在检察体制上，实现“审检分立”；在领导关系上，强调高等检察处受边区政府的领导，而不再受高等法院领导；各高等检察分处及县（市）检察处，均直接受高等检察长领导。这标志着陕甘宁边区的检察制度已经开始走向成熟，也是新中国人民检察制度的雏形。

（二）内设部门设置的相关法律

以最高人民检察署（院）设置的相关法律为例：

1.《最高人民检察署试行组织条例》第10条规定，最高人民检察署暂设下列3处：

第一处职掌：（1）关于政府机关和公务人员违反人民政协共同纲领及人民政府的政策方针与法律、法令、决议等检察事项；（2）关于全国国民违反法律、法令等检察事项；（3）关于违法判决之抗议事项；（4）关于各级检察署的督导与考核事项；（5）关于不服起诉处分案件之处理事项。

第二处职掌：（1）关于刑事案件之侦查、检举与公诉事项；（2）关于检察各犯人改造所及监所之措施是否合法事项。

第三处职掌：（1）关于全国社会与劳动人民利益有关之民事案件参

与事项；(2)关于全国社会与劳动人民利益有关之一切行政诉讼参与事项。

厅、处、室、科分别设主任、处长、科长各1人，必要时均得设副职。第一、二、三处各设秘书、检察员若干人，如有必要均得分设各科。

2.《最高人民检察署暂行组织条例》规定，最高人民检察署设第一、第二、第三等处，分任本署检察工作，并督促各级检察署进行检察业务；处设处长1人，副处长2人，下设检察专员、检察员、助理检察员、秘书、书记员各若干人(第9条)。

最高人民检察署设人事处，掌管人事工作，处理各级检察署干部及编制问题；处设处长1人，副处长1人，下设各科(第10条)。

最高人民检察署设研究室，室设主任1人，副主任1人，下设各级，分任调查、统计、研究、编辑、资料、图书等工作(第11条)。

3.《各级地方人民检察署组织通则》第3条规定，各级地方人民检察署之组织如下：

第一，中央人民政府最高人民检察署得在大行政区或其他区域设分署，分署设检察长、副检察长，其下设秘书长，办公厅及第一、第二、第三等处；办公厅设科、室；处设检察专员、检察员、助理检察员、书记员等。

第二，省(行署)及中央或大行政区直辖市设人民检察署，署设检察长、副检察长，其下设办公室及第一、第二等处，处设检察员、助理检察员、书记员等。

第三，省人民检察署得在专区设分署，分署设检察长、副检察长，其下设检察员、助理检察员、书记员等，并得设办公室。

第四，县(市)设人民检察署，署设检察长、副检察长，其下设检察员、助理检察员、秘书、书记员等，但较大之市人民检察署得设办公室。

各级检察署之各处、室、科，必要时均得酌设副职；各民族自治区，依其具体情况，设立相当于各该级人民政府的人民检察署。

4.《各级(大行政区直属市、省、市、县)人民检察署试行组织通则(草案)》第4条规定，各级人民检察署之组织如下：

第一，各大行政区设分署，称最高人民检察署某某分署；省、市、县称某省、市、县人民检察署。各级检察署首长一律称检察长、副检察长，不称署长、副署长。

第二，各大行政区人民检察署得设秘书长，办公厅，按刑事、民事、行政等事务之繁简，得分设各处，内设检察专员、检察员、助理检察员或调查员等若干人。省与中央直属市或其他大城市人民检察署设办公室，按事务之繁简，亦得设处或设科。县及等于县之市人民检察署，设办公室，按事务之繁简得分设各科。但直属市普通市、县人民检察署，除检察员外，按工作情形，得添设值查员、书记员、检察员若干人。

第三，各级人民检察署，在目前干部与经验两缺条件下，且为工作便利起见，得暂由公安部门首长一人，兼任副或正检察长。另立机关或合署办公，均由各地斟酌情形办理。

第四，在尚未设立检察署之地区，应暂委托公安机关代行检察职权，但须只接受该上级检察署领导。

5. 1954 年《人民检察院组织法》第 22 条规定，各级人民检察院的人员编制和办公机构由最高人民检察院另行规定。

6.《最高人民检察院组织条例（草稿）》规定，本院设下列各厅，分管各项业务，在必要的时候可以设其他厅：

第一厅（一般监督厅），掌管一般监督事项。

第二厅（侦查厅），掌管侦查事项。

第三厅（侦查监督厅），掌管侦查监督事项。

第四厅（审判监督厅），掌管审判监督事项。

第五厅（监所、劳动改造机关监督厅），掌管监所、劳动改造机关监督事项。

人事厅，掌管干部管理、教育、训练等事项。

办公厅，掌管秘书、编研、控诉、行政等事项。

各厅设厅长 1 人，副厅长 3 人；人事厅设厅长一人，副厅长 2 人；办公厅设主任一人，副主任 3 ~ 5 人（第 5 条）。

本院所设各厅，按工作需要分为若干组；组设组长一人，副组长若干人。办公厅下设秘书处、研究室、控诉处、编译处、人事处、总务处、财务处；处设处长一人，副处长 1～2 人；研究室设主任一人，副主任 2～3 人（第 6 条）。

另外，1979 年和 1983 年以及 1986 年《人民检察院组织法》，均没有针对内设部门的相关规定；而实践中，只能由最高人民检察院协商中央机构编制委员会等中央或国家机关确定。

此外，2018 年《人民检察院组织法》不仅规定“人民检察院根据检察工作需要，设必要的业务机构。检察官员额较少的设区的市级人民检察院和基层人民检察院，可以设综合业务机构”（第 18 条）、“人民检察院根据工作需要，可以设必要的检察辅助机构和行政管理机构”（第 19 条），而且规定“各级人民检察院设检察委员会”（第 30 条）、“初任检察官应当由检察官遴选委员会进行专业能力审核”（第 42 条）。

再者，据《中国共产党政法工作条例》规定：“政法单位（包括人民检察院）党组（党委）领导本单位或者本系统政法工作，贯彻党中央关于政法工作大政方针，执行党中央以及上级党组织关于政法工作的决定、决策部署、指示等事项”（第 14 条）；“政法单位党组（党委）在领导和组织开展政法工作中，应当把方向、管大局、保落实，发挥好领导作用。主要职责任务是：（一）贯彻习近平新时代中国特色社会主义思想，执行党的路线方针政策和党中央重大决策部署，维护党对政法工作的绝对领导；（二）遵守和实施宪法法律，带头依法履职，推进严格执法、公正司法，维护国家法制的统一、尊严和权威；（三）研究影响国家政治安全和社会稳定的重大事项或者重大案件，制定依法处理的原则、政策和措施；（四）研究推动本单位或者本系统全面深化改革，研究制定本单位或者本系统执法司法政策，提高执法司法质量、效率和公信力；（五）履行全面从严治党主体责任，加强本单位或者本系统党的建设和政法队伍建设；（六）完成上级党组（党委）和党委政法委员会交办的其他任务”（第 15 条）。

再次，根据《最高人民检察院职能配置和内设机构设置》（2019 年 1

月)规定,最高人民检察院的内设机构及其职能:①

——办公厅(下设新闻办公室)。负责机关文电、会务、机要、档案、保密等工作;协助院领导处理检察政务,组织协调院重要工作部署、重大决策的贯彻实施;起草审核相关文件文稿,管理秘书事务,处理检察信息,编发内部刊物;负责人大代表联络工作和特约检察员的联系工作;负责领导同志批办事项督查工作;指导、协调、管理全国检察机关新闻宣传和舆论引导工作。

——第一检察厅。负责对法律规定由高检院办理的除第二、三、四检察厅承办案件以外的刑事案件的审查逮捕、审查起诉、出庭支持公诉、抗诉,开展相关立案监督、侦查监督、审判监督以及相关案件的补充侦查;办理高检院管辖的相关刑事申诉案件。

——第二检察厅。负责对法律规定由高检院办理的危害国家安全、公共安全犯罪,故意杀人、抢劫、毒品等犯罪案件的审查逮捕、审查起诉、出庭支持公诉、抗诉,开展相关立案监督、侦查监督、审判监督以及相关案件的补充侦查;办理高检院管辖的相关刑事申诉案件。负责死刑复核法律监督工作。

——第三检察厅。负责对法律规定由高检院办理的国家监察委员会移送职务犯罪案件的审查逮捕、审查起诉、出庭支持公诉、抗诉,开展相关审判监督以及相关案件的补充侦查;办理高检院管辖的相关刑事申诉案件。

——第四检察厅。负责对法律规定由高检院办理的破坏社会主义市场经济秩序犯罪案件的审查逮捕、审查起诉、出庭支持公诉、抗诉,开展相关立案监督、侦查监督、审判监督以及相关案件的补充侦查;办理高检院管辖的相关刑事申诉案件。

——第五检察厅。负责对监狱、看守所和社区矫正机构等执法活动的监督,对刑事判决、裁定执行、强制医疗执行、羁押和办案期限的监督,羁押必要性审查;办理罪犯又犯罪案件;负责对法律规定由高检院

① 省和地级市人民检察院可参照高检院内设机构设置,且名称统一为“部”。

办理的司法工作人员利用职权实施的非法拘禁、刑讯逼供、非法搜查等侵犯公民权利、损害司法公正犯罪，以及按照刑事诉讼法规定需要由人民检察院直接受理的其他重大犯罪案件的侦查。

——第六检察厅。负责办理向高检院申请监督和提请抗诉的民事案件的审查、抗诉；承办对最高人民法院民事诉讼活动的法律监督，对审判监督程序以外的其他民事审判程序中审判人员的违法行为提出检察建议，对民事执行活动实行法律监督；开展民事支持起诉工作；办理高检院管辖的民事申诉案件。

——第七检察厅。负责办理向高检院申请监督和提请抗诉的行政案件的审查、抗诉；承办对最高人民法院行政诉讼活动的法律监督，对审判监督程序以外的其他行政审判程序中审判人员的违法行为提出检察建议，对行政执行活动实行法律监督；办理高检院管辖的行政申诉案件。

——第八检察厅。负责办理法律规定由高检院办理的破坏生态环境和资源保护、食品药品安全领域侵害众多消费者合法权益等损害社会公共利益的民事公益诉讼案件，生态环境和资源保护、食品药品安全、国有财产保护、国有土地使用权出让等领域的行政公益诉讼案件，侵害英雄烈士姓名、肖像、名誉、荣誉的公益诉讼案件；负责对最高人民法院开庭审理的公益诉讼案件，派员出席法庭，依照有关规定提出检察建议。办理高检院管辖的公益诉讼申诉案件。

——第九检察厅。负责对法律规定由高检院办理的未成年人犯罪和侵害未成年人犯罪案件的审查逮捕、审查起诉、出庭支持公诉、抗诉，开展相关立案监督、侦查监督、审判监督以及相关案件的补充侦查；开展未成年人司法保护和预防未成年人犯罪工作。

——第十检察厅。负责受理向高检院的控告和申诉；承办高检院管辖的国家赔偿案件和国家司法救助案件。

——法律政策研究室。调查研究国家公布的与检察工作有关的法律、法规、政策的执行情况，提出意见和建议，承办有关检察工作法律案的起草和相关法律法规的修改研究论证工作；承办涉及检察工作的司法协助协定、引渡条约、国际公约等文本草案的研究、谈判工作；指导并组织开展检察理论研究工作，对检察工作适用法律问题提出司法解释意见；负责司法体制改革综合协调相关工作；承担高检院检察委员会日常工作；承担高检院对台事务工作。

——案件管理办公室。负责案件的统一受理流转、办案流程监控、涉案财物监管、法律文书监管、案件信息公开；统一组织办案质量评查、业务考评和业务统计分析研判；组织指导人民监督员工作；负责业务信息化需求统筹，指导全国检察机关统一业务应用系统的应用。

——国际合作局。负责全国检察机关的对外交流合作和有关国际司法协助；承担全国检察机关与香港、澳门特别行政区联系协助工作；负责全国检察机关涉外个案协查工作的管理；负责高检院与外国检察机关合作协议或议定书的文本起草、谈判及签订等对外协调、管理工作。

——检务督察局（包括巡视工作领导小组办公室）。承担对各级检察机关执行法律、法规和高检院规定、决定的情况进行督察；承担检察官惩戒委员会的具体工作；承担内部审计工作；负责研究制定检务督察工作有关政策；承担高检院党组巡视工作领导小组日常工作。

——计划财务装备局。制定实施检察机关财务和装备规划，编制高检院支出规划和部门预决算；负责高检院本级财务管理、国有资产管理、政府采购等工作。

——政治部。负责本部门本系统思想政治工作和组织人事工作；政治部内设干部部（保留警务部牌子）、宣传部、干部教育培训部、办公室。

——机关党委。负责机关和在京直属单位的党群工作。

——离退休干部局。负责离退休干部工作。

最后，据高检院办公厅《关于高检院机关业务部门职责的简洁表述》（2019年2月25日）规定，（1）负责普通刑事犯罪案件的第一检察厅；（2）负责重大刑事犯罪案件的第二检察厅；（3）负责职务犯罪案件的第三检察厅；（4）负责经济金融犯罪案件的第四检察厅；（5）负责刑事执行检察和司法人员职务犯罪侦查工作的第五检察厅；（6）负责民事检察工作的第六检察厅；（7）负责行政检察工作的第七检察厅；（8）负责公益诉讼检察工作的第八检察厅；（9）负责未成年人检察工作的第九检察厅；（10）负责控告申诉检察工作的第十检察厅。

（三）2018 年改革前内设部门的名称演进及其职能

以最高人民检察院内设部门的名称演进及其职能为例：

——侦查监督部门的名称演进及其职能：名称演进如图 3 所示。主要职能有：负责对刑事犯罪案件犯罪嫌疑人的审查批捕、决定逮捕和立案监督、侦查活动监督工作。

图 3　高检院侦查监督部门名称演进

——公诉部门的名称演进及其职能：名称演进如图 4 所示。公诉部门的主要职能有：负责对刑事犯罪案件的审查起诉、出庭公诉、抗诉工作；负责对人民法院刑事审判活动实行监督工作。

图4　高检院公诉部门名称演进

——刑事执行检察部门的名称演进及其职能：名称演进如图5所示。主要职能包括：负责对执行机关执行刑罚的活动，减刑、假释、保外就医等变更执行和对监狱、看守所、劳动教养机关的活动是否合法以及对超期羁押进行监督工作；负责对刑罚执行和监管改造过程中发生的虐待被监管人案、私放在押人员案、失职致使在押人员脱逃案、徇私舞弊减刑、假释、暂予监外执行案的侦查工作。

高检院刑事执行部门名称演进

↓

工农检察委员部（1931.9~1934）

↓

工农检察委员会（1934）

↓

审检合署机制下的刑事执行部门（1934~1949.11.2）

↓

第二处（1949.11.2~1954.11.23）

↓

第五厅（1954.11.23~1968）

↓

监所检察厅（1978~2015.1）

↓

刑事执行检察厅（2015.1~2019）

图5　高检院刑事执行检察部门名称演进

——控申检察部门的名称演进及其职能：（1）名称演进如图6所示。（2）主要职能包括：受理公民的报案、举报和控告；对举报线索进行分流，对检察机关管辖的性质不明、难以归口处理的举报案件线索进行初查；综合反映控告和举报情况。（3）刑事申诉检察部门的主要职能包括：受理当事人及其法定代理人、近亲属的申诉；依法办理检察机关管辖的刑事申诉、国家赔偿案件，督促检查有关部门查报结果；综合反映刑事申诉和国家赔偿工作及刑事被害人救助工作的情况。

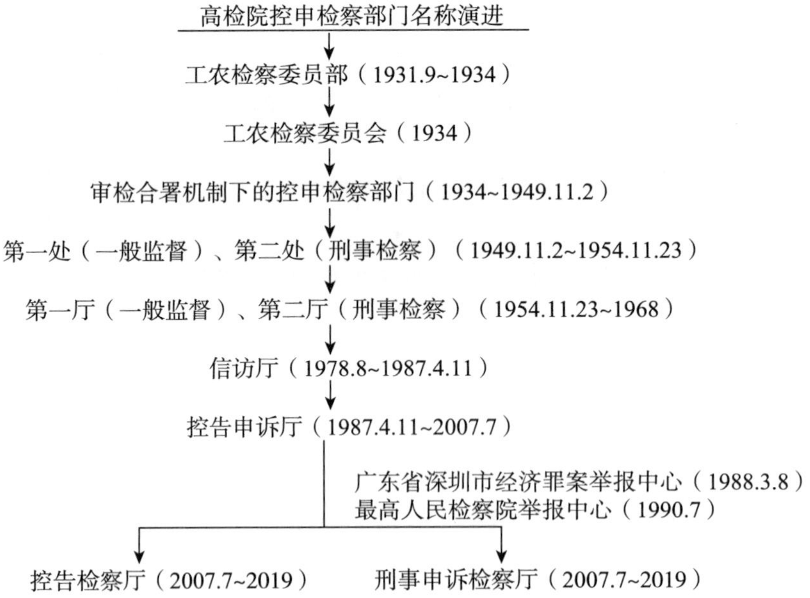

图 6　高检院控申检察部门名称演进

——民事行政检察部门的名称演进及其职能：名称演进如图 7 所示。主要职能有：对各级人民法院已经发生法律效力的、确有错误的民事、经济、行政判决和裁定，按照审判监督程序，向各级人民法院提出抗诉，并出庭履行职务；提起检察民事、行政公益诉讼，并参与其庭审活动。

图 7　高检院民事行政检察部门名称演进

——未检部门的名称演进及其职能：名称演进如图 8 所示。主要职能有：负责未成年人涉嫌犯罪案件、侵害未成年人人身权利犯罪案件审查逮捕、审查起诉、出庭公诉以及涉及未成年人的刑事、民事、行政诉讼监督活动工作。

图 8　高检院未检部门名称演进

——高检院案件管理办公室于 2011 年 11 月成立，其原来的主要职能有：统一负责案件受理、流转；统一负责办案流程监控；统一负责扣押、冻结款物的监管；统一负责以本院名义制发的案件文书的监管；统一负责组织办案质量评查和检察业务考评；统一负责业务统计、分析。

——高检院铁路运输检察厅于 1987 年 6 月 1 日成立，其原来的主要职能有：负责对全国铁路运输检察工作的指导；直接参与或组织协调检察机关直接受理的、在全国有影响的铁路运输重大案件的侦查；负责对全国有影响的铁路运输重大案件的审查批捕、起诉工作的指导；研究、分析发生在铁路运输中的刑事犯罪情况、趋势，并提出对策；研究、制定铁路运输检察业务工作细则、规定；承担高检院跨行政区检察院职责。2018 年随着高检院十大业务厅的出现，铁检厅寿终正寝。

——高检院死刑复核检察厅于 2012 年 8 月成立，并于 2017 年 6 月更名为“最高人民检察院公诉二厅”。其原来的主要职能有：对最高人民法院复核的死刑案件，认为确有必要的，向最高人民法院提出意见；对最高人民法院通报的死刑复核结果进行分析研究；负责对省级人民检察院审查死刑二审案件工作进行业务指导；承担检察机关办理死刑案件适用死刑政策和死刑标准的研究工作。而这些职能，现由高检院第二检察厅承担。

——高检院法律政策研究室于 1951 年 9 月成立，原来的主要职能有：负责调查研究国家公布的与检察工作有关的法律、法规、政策的执行情况，提出意见和建议；承办有关检察工作法律案的起草工作；承办涉及检察工作的司法协助协定、引渡条约等法律文本草案的起草、谈判工作；负责检察应用理论研究工作；对征求高检院意见的国家立法草案、行政法规草案研究提出意见；对检察工作适用法律问题提出司法解释意见；对各级人民检察院在贯彻执行党的路线、方针、政策中的情况进行调查研究，提出意见；负责检察工作法制建设的调研、规划；承办最高人民检察院检察委员会日常工作；负责对检察基础理论研究工作的指导；指导检察机关执法大检查；收集管理图书资料；编辑检察工作应用法律、法规文件和检察工作年鉴；负责最高人民检察院专家咨询委员会日常工作；负责最高人民检察院对台事务工作。

——高检院司法体制改革领导小组办公室主要承担检察机关推进司法体制和工作机制改革的综合调研、协调督办以及修改人民检察院组织法和刑事诉讼法的研究论证工作。2018 年改革后，其职责由高检院法律政策研究室承担。

——高检院办公厅于1951年成立,原来的主要职能有:协助院领导处理检察政务,组织协调院重要工作部署、重大决策的贯彻实施,组织安排机关重要会议和重大活动;负责文件起草;管理秘书事务;处理检察信息,编发内部刊物;处理机要文电;负责人民监督员制度试点工作;负责人大代表联络工作和特约检察员的联系工作;负责领导同志批办事项的督查工作;负责机关办公秩序管理和机关日常值班;负责档案管理、保密工作;对下级检察院的相关业务进行指导。

——高检院政治部于1990年8月17日成立,原来的主要职能有:开展具有检察特点的思想政治工作;协同中央主管部门和省级党委负责省级检察院领导班子的考核、配备及后备干部的考察工作,办理有关任免手续;承担全国检察系统机构编制工作以及检察机关的专业技术职称、工资津贴和奖励工作,制定检察机关有关干部管理规定,并组织实施;负责对全国检察机关司法警察的管理、培训、考核工作的指导;负责最高人民检察院机关和直属事业单位的机构设置、人员编制和干部考核、任免、调配、奖励及劳动工资管理工作;负责最高人民检察院的宣传工作以及对全国检察机关宣传工作的指导;负责对检察报刊、杂志、出版审查工作的指导;负责对全国检察机关干部教育培训工作的指导;规划指导检察机关的培训基地建设及师资队伍建设工作;指导国家检察官学院及其分院、培训中心的工作;指导全国检察机关的干部人事管理工作。

——高检院纪检组、监察局于1991年2月成立,原来主要负责检查检察机关及其内设机构、直属事业单位在执行法律、法规和最高人民检察院、上级人民检察院的决定、规定中的问题;受理对检察人员违纪行为的控告、举报;按照干部管理权限查办检察人员的违纪案件;受理检察人员不服政纪处分的申诉。2018年改革后,其职能由检务督察局承担。

——高检院国际合作局原来主要负责检察机关的对外交流和有关国际司法协助,指导全国检察机关开展国际交流的工作;负责全国其他地区的检察机关与港、澳特别行政区依法进行联系和相互协助的工作;

负责全国检察机关涉外个案协查工作的管理；负责最高人民检察院与外国检察机关合作协议或议定书的文本起草、谈判及签订等对外协调、管理工作；编译有关资料，掌握有关国际司法动态。

——高检院计划财务装备局原来主要负责计划财务装备工作；制定检察机关财务装备中长期发展规划并组织实施；对中央计划、财政部门补助地方检察院的办案、装备及基本建设经费进行分配和管理；负责全国检察系统的检察技术装备、交通通信装备、武器弹药、服装的统筹计划和管理工作的指导；负责最高人民检察院机关和事业单位经费及基本建设、外事等各种经费的申请、核算和管理及各种装备物资的统一购置和分配。

——高检院机关党委原来主要负责最高人民检察院机关及直属事业单位党组织工作；负责本院机关党的思想、组织、作风建设；对党员、干部进行监督；领导本院工、青、妇、群众组织及统战工作。

——高检院离退休干部局原来主要负责组织离退休干部阅读、学习文件等活动；负责离退休干部的医疗保健、生活福利、休养、用车和文体活动等服务工作的安排；有组织、有领导地发挥离退休干部在社会主义两个文明建设中的作用；承担其他有关离退休干部的工作。

另外，高检院还依法设有机关服务中心、国家检察官学院（1991 年 6 月成立）、检察日报社（1991 年 7 月成立）、检察理论研究所（1990 年 10 月成立）、检察技术信息研究中心等事业单位。

此外，随着国家监察体制改革的不断推进，高检院原设的反贪污贿赂总局（1989 年 8 月由经济检察厅更名为反贪污贿赂检察厅，1995 年 11 月 10 日总局成立，2016 年起下设四个分局）、渎职侵权检察厅（2000 年 7 月 21 日由法纪厅更名，2016 年更名为反贪污贿赂总局第二局）、职务犯罪预防厅（2007 年 7 月设立，2016 年更名为反贪污贿赂总局第四局）已于 2018 年 3 月不复存在。

总之，“自恢复重建至今，检察机关内设机构在全面依法治国历史进程中，因应形势任务发展变化、法律规定和检察职能调整而不断变迁，可谓是人民检察事业和中国特色社会主义检察制度发展历程的一个‘缩影’。因势而谋:始终服务大局不动摇……牢记使命:坚持以人民为中心……聚焦主业:优化提升司法办案效率……遵循规律:与时俱进创新‘重塑’……推进新时代检察机关内设机构改革,将沿袭历史经验,遵循司法规律,科学设定内设机构,合理配置司法资源,使法律赋予的各项职能都得到充分有效履行,为我国经济社会发展提供更好的法律监督服务,让人民群众有更多更实的获得感、幸福感、安全感”。①

① 参见史兆琨:《最高检恢复重建以来内设机构改革变迁启示录》,载《检察日报》2019年1月15日。

第九章　检察工作方针、基本原则、规律与走向

第一节　检察工作方针

《辞海》(缩印本)(第 1544 页)有言:方针即“国家、政党在一定历史时期内,为达到一定目标而确定的指导原则。有总方针和具体方针”。推而广之,检察工作方针也有广狭两义:广义的是指各级检察机关在一定历史时期内,为达到一定检察工作目标而确定的检察工作指导原则;狭义的仅指国家最高检察机关在一定历史时期内,为全国检察机关达到一定检察工作目标而确定的全国检察工作指导原则。

在我国,它通常亦称检察方针或检察活动方针,是指由最高人民检察署(院)检察长与其任内的党组提出、确定的为全国检察机关达到一定检察工作目标而确定的全国检察工作指导原则。而作为具有中国元素的、中国特别是新中国的检察工作方针有哪些? 莫衷一是。

代表性的观点认为,1978 年检察机关恢复重建之前,我国没有检察工作方针;之后,才有检察工作方针至今。细言之,从新中国成立到“文革”这一时期,检察方针政策的基本特点是,结合检察职能,强调贯彻落实党和国家的方针政策。而党和国家针对政法工作提出的某些方针和政策较少;直接针对检察工作提出并专门用来指导全部检察工作的方针政策几乎没有。1978 年检察机关恢复重建之后,才相继有了明确、具

体的检察工作方针。①

而窃不以为然。一方面,通过检索《中央和中央领导同志对检察工作历次指示汇编(1950—1968)》(最高人民检察院办公厅1993年编印)《最高人民检察院工作报告集》(中国检察出版社1999年版)不难发现,1956～1964年期间,最高人民检察院曾以"监督合法,提高质量,抓紧重点,经得起检查""有反必肃、有错必纠""依靠群众专政、依靠群众办案""惩办和教育相结合""一个不杀,大部(95%以上)不捉""监督合法,提高质量,抓紧重点,经得起检查"等为检察工作方针。

另一方面,检察机关恢复重建后至今,高检院还先后确立了以下检察工作方针:

第一,黄火青检察长任内(1979～1983年)的"党委领导,群众路线,执法必严,违法必究,保障民主,加强专政,实现大治,促进四化"。

第二,杨易辰检察长任内(1984～1988年)的"坚持严格执法,做到敢于碰硬、善于碰硬,打破关系网、保护层"。

第三,刘复之检察长任内(1989～1993年)的"一要坚决,二要慎重,务必搞准""两手抓""把惩治贪污贿赂,作为打击经济犯罪的第一位"。

第四,张思卿检察长任内(1994～1998年)的"严格执法,狠抓办案,加强监督"。

第五,韩杼滨检察长任内(1999～2003年)的"公正执法,加强监督,依法办案,从严治检,服务大局"。

第六,贾春旺(2004～2008年)、曹建明(2009～2018年)检察长任内的"加强法律监督,维护公平正义"。

第七,张军检察长任内(2018年3月18日至今)提出"讲政治、顾大局、谋发展、重自强"。

而"文革"后检察工作方针,已不再像"文革"前视作"检察工作秘

① 参见谢鹏程、李勇:《检察工作方针和总体要求的历史发展》,载《人民检察》2008年第8期。

密”,反而不仅成了新时期检察工作的“航标灯”,也成了恢复重建检察机关后的“口号、标语”。

第二节 检察工作基本原则

一、概述

《新华词典》有云:基本“根本的”;①原则“观察和处理问题的准则”。② 因此,从语义上说,检察工作基本原则亦称检察(权)活动基本原则,是指检方依法从事检察工作(或活动)应遵循的根本准则,③并常为宪法、“三大诉讼法”、检察院组织法或检察官法等法律所规定。

例如,我国1954年《人民检察院组织法》所规定的“法律面前人人平等”(第5条)、“依法独立行使检察权”(第6条)、“最高人民检察院对全国人大及其常委会负责并报告工作”(第7条),以及1979年、1983年和1986年《人民检察院组织法》所规定的“人民检察院依法保障公民对于违法的国家工作人员提出控告的权利,追究侵犯公民的人身权利、民主权利和其他权利的人的法律责任”(第6条)、“人民检察院在工作中必须坚持实事求是,贯彻执行群众路线,倾听群众意见,接受群众监督,调查研究,重证据不轻信口供,严禁逼供信,正确区分和处理敌我矛

① 商务印书馆辞书研究中心修订:《新华词典》,商务印书馆2003年版,第448页。

② 商务印书馆辞书研究中心修订:《新华词典》,商务印书馆2003年版,第1212页。

③ 而何谓检察工作基本原则,实践中还有如下解说:一是它又称“人民检察院的活动原则”,即“检察机关在履行法律监督职能活动中所依据的,由法律明文规定的各种活动的准则”(参见曾龙跃主编:《中国检察百科辞典》,黑龙江人民出版社1993年版,第12页);二是检察机关的活动原则,是指“宪法、人民检察院组织法、刑事诉讼法所规定的,用以指导人民检察院行使检察权活动的基本准则”(参见张思卿主编:《中华人民共和国检察业务全书》,吉林人民出版社1993年版,第19页);三是它又称“行使检察权的基本原则”,“是指检察机关和检察官在行使检察权的过程中应当遵循的基本准则”(参见孙谦主编:《中国特色社会主义检察制度》,中国检察出版社2009年版,第230页)。而上述定义之不足,显而易见。

盾和人民内部矛盾。各级人民检察院的工作人员，必须忠实于事实真相，忠实于法律，忠实于社会主义事业，全心全意地为人民服务”（第7条）“法律面前人人平等”（第8条）、“依法独立行使检察权”（第9条）、“对人大及其常委会负责并报告工作”（第10条第1款）、“检察一体化”（第10条第2款）。

另外，2018年《人民检察院组织法》保留了1986年《人民检察组织法》所确立的“人民检察院依法独立行使检察权”（第4条）、“在适用法律上一律平等”（第5条）、“对人大及其常委会负责并报告工作”（第9条）、“检察一体”（第10条）四原则，并增加了“依法设置”（第3条）、“司法公正”（第6条）、“司法公开”（第7条）、“司法责任制”（第8条）和“接受人民群众监督”（第11条）五原则。

此外，人民检察院在依法从事各项检察工作时，还应依法将《中国共产党政法工作条例》第6条所确立的政法工作及其检察工作应遵循的“十原则”放在首位：一是坚持党的绝对领导，把党的领导贯彻到检察工作各方面和全过程；二是坚持以人民为中心，专门工作和群众路线相结合，维护人民群众合法权益；三是坚定不移走中国特色社会主义法治道路，建设社会主义法治国家；四是坚持服务和保障大局，为推动经济持续健康发展和保持社会长期稳定提供法治保障；五是坚持总体国家安全观，维护国家主权、安全、发展利益；六是严格区分和正确处理敌我矛盾和人民内部矛盾这两类不同性质的矛盾，准确行使人民民主专政职能；七是坚持走中国特色社会主义社会治理之路，推动形成共建共治共享的社会治理格局；八是坚持改革创新，建设和完善中国特色社会主义检察制度和检察工作运行体制机制；九是政法单位依法分工负责、互相配合、互相制约，确保正确履行职责、依法行使权力；十是坚持政治过硬、业务过硬、责任过硬、纪律过硬、作风过硬的要求，建设信念坚定、执法为民、敢于担当、清正廉洁的新时代检察队伍。

二、人民检察院的活动原则

(一)概述

如下所述,检察工作基本原则亦称人民检察院的活动原则,包括广义与狭义的人民检察院的活动原则两方面。

1. 在检察院组织法中规定检察院的活动原则,①有国外立法先例可循。现在看来,不仅我国《人民检察院组织法》有关于狭义的人民检察院的活动原则之规定,大陆、英美和社会主义“三大法系”国家检察院组织法乃至国际条约中,也有针对狭义的检察院的活动原则的立法例。

例如,《俄罗斯联邦检察院法》(1999 年 2 月 10 日修正)不仅有关于“俄罗斯联邦检察机关的组织与活动原则”的规定(第 4 条),也有关于“检察监督不受干涉”原则的规定(第 5 条)。②

《1985 年英国检察法》(1985 年 5 月 23 日)第 10 条也详尽规定了“检察官指导原则”。③

《苏联检察院法》(1987 年 6 月 16 日修正)第 4 条还专门规定了“检察院的组织和活动原则”。④

《联合国关于检察官作用的准则》(1985 年 11 月 29 日)第四章也专

① 而值得说明的是,一方面,尽管从前或现今的社会主义法系国家多偏好制定单独的检察院组织法典,但并不表明大陆、英美法系国家没有单独的检察院组织法典存在。另一方面,大陆、英美和社会主义“三大法系”国家检察院组织法典的名称众多,至少有以下 12 种:检察法(条例),检察院(署、厅、部、局)法,检察院(署)组织法(条例),劳改检察署法,检察院组织章程,检察院(署)条例(通则),检察机关(组织)法,(总)检察长法,总检察长办公室法,检察署署长法,检察官办公室(组织)法,其他。

② 参见最高人民检察院法律政策研究室编:《最新外国检察院组织法文献选编》,中国检察出版社 2017 年版,第 148 ~ 149 页。

③ 参见王克主编:《世界各国检察院组织法选编》,中国社会科学出版社 1994 年版,第 436 页。

④ 参见王克主编:《世界各国检察院组织法选编》,中国社会科学出版社 1994 年版,第 367 ~ 368 页。

门规定了“（检察官）在刑事诉讼中的作用”，包括第 10 ~ 16 条；[①]而其中的每一条，也都可视为检察官在刑事诉讼中的活动原则。

2. 现就我国而言，何谓人民检察院的活动原则？[②] 仁者见仁，智者见智。细言之，一是对其具体称谓的众说纷纭；二是对其内涵的智者见智；三是对其外延的仁者见仁。

（1）“人民检察院的活动原则，又称检察机关的工作原则。（它是指）检察机关在履行法律监督职能活动中所依据的，由法律明文规定的各项活动的准则……根据宪法和人民检察院组织法的规定，检察机关的活动原则包括：依法独立行使检察权的原则；适用法律一律平等的原则；以事实为根据、以法律为准绳的原则；依靠群众的原则；公安机关、人民检察院与人民法院分工负责、互相配合、互相制约的原则”。[③]

也有人认为，“人民检察院的活动原则，是指宪法和有关法律规定的，指导人民检察院履行法律监督职能活动的基本准则……根据宪法和人民检察院组织法的规定，人民检察院的活动原则主要包括：依法独立行使检察权原则；上级检察院领导下级检察院原则；在适用法律上一律平等原则；以事实为根据，以法律为准绳的原则；专门机关和群众路线相结合原则”。[④]

还有人认为，“根据人民检察院组织法和刑事诉讼法的规定，人民检察院的活动原则有以下几项：①实事求是的原则；②依靠群众的原则；③依法独立行使检察权的原则；④适用法律一律平等的原则；⑤公

---

① 参见王克主编：《世界各国检察院组织法选编》，中国社会科学出版社 1994 年版，第 493 ~ 494 页。

② 具体情况还可参见孙谦主编：《检察理论研究综述（1979—1989）》（中国检察出版社 1990 年版）；孙谦、刘立宪主编：《检察理论研究综述（1989—1999）》（中国检察出版社 2000 年版）；孙谦主编：《检察理论研究综述（1999—2009）》（中国检察出版社 2009 年版）的相关内容。

③ 参见曾龙跃主编：《中国检察百科辞典》，黑龙江人民出版社 1999 年版，第 12 页。

④ 参见梁国庆主编：《中国检察业务教程》，中国检察出版社 1999 年版，第 11 页。

安机关、人民检察院、人民法院分工负责，互相配合，互相监督的原则”，①等等。

(2)人民检察院的活动原则，亦称“人民检察院活动的基本原则或者检察机关的活动原则”，它“是指由国家宪法、人民检察院组织法、刑事诉讼法所规定的，用以指导人民检察院行使检察权活动的基本准则……包括：依法独立行使检察权的原则；公民在适用法律上一律平等的原则；以事实为根据，以法律为准绳的原则；依靠群众的原则；公检法三机关分工负责、互相配合、互相制约的原则”。②

也有人认为，“检察机关的活动原则，即检察机关行使检察权、进行检察活动所必须遵循的行为准则……主要有下列各项：①一体原则……②独立原则……③法制原则……④公益原则……⑤公平原则……⑥群众路线的原则”。③

也有人认为，“检察机关的活动原则(或工作原则)，即检察机关在履行法律监督职能活动中所依据的，为法律所规定的各项活动的准则……根据宪法和人民检察院组织法规定，检察机关的活动原则可以概括为依法独立行使检察权的原则；适用法律一律平等原则；以事实为根据、以法律为准绳原则；专门机关与群众相结合原则；公安机关、人民检察院和人民法院分工负责，互相配合，互相制约的原则”。④

也有人认为，“为了保证人民检察机关有效地履行检察职责，检察院组织法规定了检察机关的活动原则，即工作原则。具体有：独立行使检察权原则；在法律面前人人平等的原则；以事实为根据，以法律为准

① 参见最高人民检察院《检察业务教程》编写组编：《检察业务教程》，红旗出版社1988年版，第26页。

② 参见张思卿主编：《中华人民共和国检察业务全书》，吉林人民出版社1991年版，第19页。

③ 参见陈健民主编：《检察院组织法比较研究》，中国检察出版社1999年版，第202~208页。

④ 参见梁国庆主编：《检察业务概论》，辽宁人民出版社1989年版，第32页。

绳原则;依靠群众原则;分工负责、互相配合、互相制约的原则”。①

也有人认为,“检察机关的活动原则,是指检察机关和检察官从事检察活动所依据和需要遵循的准则……包括:一是法治原则;二是客观公正原则;三是对公民适用法律一律平等原则;四是独立行使检察权原则;五是党的领导与人大监督原则;六是分工负责、互相配合、互相制约的原则;七是依靠群众的原则”。②

也有人认为,“检察机关的活动原则应当包括如下几个方面:一是代表公益诉讼原则;二是维护公平和正义的原则;三是独立行使检察权的原则;四是以事实为根据、以法律为准绳的原则;五是公民在适用法律上一律平等的原则;六是依靠群众进行工作的原则;七是分工负责、互相配合、互相制约的原则”。③

也有人认为,“中国检察机关的活动原则包括:①服从党的领导和接受人大监督的原则……②依法独立行使检察权的原则……③法律面前人人平等的原则……④公正、民主、文明的原则”。④

还有人认为,“根据人民检察院组织法第 7 条和刑事诉讼法的有关条文规定,检察机关的活动原则应该是:①正确执行法律,严格依法办事原则;②实事求是,重证据,重调查研究,严禁刑讯逼供原则;③依靠群众,专门工作与群众路线相结合原则;④既要考虑被告人的不利因素,又要考虑被告人的有利因素原则;⑤及时、准确、合法原则;⑥坚持真理,刚直不阿原则;⑦依法独立行使检察权原则”,⑤等等。

(3)人民检察院的活动原则,亦称“检察活动的基本原则”,它“是检察机关和检察官从事检察活动所依据和需要遵循的准则……以下原则

① 参见周其华著:《中国检察学》,中国法制出版社 1998 年版,第 131 页。

② 参见庄洪胜主编:《现代检察工作基层建设与管理实用手册》,新华出版社 2003 年版,第 22 页。

③ 参见甄贞等著:《21 世纪的中国检察制度研究》,法律出版社 2008 年版,第 138 页。

④ 参见樊崇义主编:《检察制度原理》,法律出版社 2009 年版,第 89 ~ 95 页。

⑤ 参见李广祥等著:《通俗检察学》,群众出版社 1988 年版,第 73 页。

均可视为检察活动需要遵循的基本准则：①法制原则……②客观公正原则……③依法独立行使检察权原则……④对公民适用法律一律平等原则……⑤党的领导与人大监督原则……⑥分工负责、互相配合、互相制约原则……⑦依靠群众原则……”①

(4)人民检察院的活动原则，“亦称《人民检察院组织法》的基本原则”，它“应当包括如下内容：人民检察院依法独立行使法律监督权的原则……人民检察院向同级人民代表大会负责的原则……检察一体化原则……检察长负责原则……”②

(5)除上述诠释之外，实践中理论界对人民检察院的活动原则之外延的理解，至少还有如下“五说”：

第一，“四原则”说。如张兆松认为，“检察机关的活动原则”应当包括：依法独立行使检察权、客观公正、检察一体和接受监督四原则；③王淑贤则认为，“人民检察院的活动原则”应当包括：坚持实事求是、贯彻群众路线，对公民在适用法律上一律平等，依法独立行使职权，(检察院)与公安、法院、司法行政机关互相配合、互相制约“四原则”。④

第二，“五原则”说。如李士英就认为，人民检察院的活动原则应当包括：依法独立行使检察权，适用法律一律平等，以事实为根据、以法律为准绳，分工负责、互相配合、互相制约，依靠群众“五原则”。⑤

第三，“六原则”说。如金明焕就认为，检察机关活动原则应当包

---

① 参见龙宗智著：《检察制度教程》，法律出版社2002年版，第190～192页。而这一诠释，有将人民检察院的活动原则与行使检察权的基本原则两者相混同，以及以后者替代前者之嫌。

② 参见刘东平等著：《人民检察院组织法修改研究》，中国检察出版社2013年版，第38页。

③ 参见张兆松主编：《检察学教程》，浙江大学出版社2009年版，第173～220页。

④ 参见王淑贤主编：《中国检察学》，兰州大学出版社1988年版，第81～89页。

⑤ 参见李士英主编：《当代中国的检察制度》，中国社会科学出版社1988年版，第492～514页。

括:公益、法制、独立、一体、群众路线和制约(或制衡)“六原则”;[①]最高人民检察院(以下简称最高检)《中华人民共和国人民检察院组织法修改草案(建议稿)》也建议,人民检察院的活动原则应当包括:依法独立行使检察权、忠于宪法和法律、客观公正、尊重和保障人权、平等、群众路线“六原则”。[②]

第四,“七原则”说。如全国人大常委会法制工作委员会《中华人民共和国人民检察院组织法(修订草案)》及其《征求意见稿》就建议,人民检察院的活动原则应当包括:依法设置、依法独立行使检察权、在适用法律上人人平等、司法公正、司法民主、检务公开、司法责任制“七原则”;[③]《〈中华人民共和国人民检察院组织法〉拟制条文》也建议,人民检察院的活动原则应当包括:独立行使检察权、公正、法治、适用法律平等、尊重和保障人权、群众监督和廉洁自律“七原则”。[④]

第五,“十二原则”说。如谢鹏程认为,检察机关的活动原则应当包括:保障公民权利,坚持实事求是、贯彻群众路线,平等适用法律,独立行使检察权,接受人大监督,公益,检察一体,法治,客观公正,公开透明,分工负责、互相配合、互相制约,内部制约“十二原则”;[⑤]而《人民检察院组织法修改拟制稿》也建议,人民检察院的活动原则应当包括:独立行使检察权的原则,独立于审判权原则(人民检察院对于人民法院独立行使其职权),检察一体原则(又包括领导体制、垂直领导和检察官一体三项子原则),公益原则,一般工作原则(人民检察院在工作中必须坚

---

① 参见金明焕主编:《比较检察制度概论》,中国检察出版社 1993 年版,第 55～60 页。

② 参见最高人民检察院办公厅《关于报送〈中华人民共和国人民检察院组织法修改草案(建议稿)〉的报告》(2016 年 7 月 1 日)。

③ 参见全国人大常委会法律工作委员会《人民检察院组织法修订草案征求意见》,载《中国人大网》2017 年 9 月 4 日。

④ 参见卞建林主编:《〈中华人民共和国人民检察院组织法〉修改专家建议稿》,中国检察出版社 2006 年版,第 2～3 页。

⑤ 参见谢鹏程:《论检察机关的活动原则》,载《检察论丛》第 6 卷,法律出版社 2003 年版,第 106～112 页。

持实事求是，贯彻执行群众路线，倾听群众意见，接受群众监督，调查研究，重证据不轻信口供，严禁刑讯逼供），法治原则，以事实为根据、以法律为准绳原则，平等适用原则，尊重民族语言文字权利原则，公开透明原则，分工负责、互相配合、互相制约原则，内部制约原则12项。①

而值得说明的是，从行为角度上讲，由于大陆法系包括社会主义法系国家的我国，多强调检察机关对检察活动或任务的主导地位，而英美法系国家则多强调检察官对检察活动或任务的主导作用，所以，大陆法系包括社会主义法系国家的我国，针对检察活动原则多冠以“人民检察院的检察活动原则”之定语限定，并简称“人民检察院的活动原则”；英美法系国家针对检察活动原则多冠以“检察官的检察活动原则”之定语限定，并简称“检察官的活动原则”，并类似于下述“行使检察权的基本原则”。

3. 人们对人民检察院的活动原则之内涵特别是外延的认知，也是与时俱进、不断发展变化的。例如，程荣斌在主编《检察制度理论与实践》时认为，人民检察院的活动原则应当包括：依法独立行使检察权，分工负责、互相配合和互相制约，实事求是，公民在法律面前一律平等，依靠群众相结合五原则；②而在主编《检察制度基础理论》时则认为，人民检察院的活动原则应当包括：民主集中制，公民在法律面前一律平等，依法独立行使检察权，实事求是、调查研究，检察机关的专门工作与广大群众相结合，分工负责、互相配合、互相制约六原则。③

（二）狭义的人民检察院的活动原则

窃以为，从具体称谓上说，狭义的人民检察院的活动原则（以下简称人民检察院的活动原则），亦称狭义的人民检察院活动的基本原则，

① 参见陈国庆著：《检察制度原理》，法律出版社2009年版，第307～309页。

② 参见程荣斌主编：《检察制度的理论与实践》，中国人民大学出版社1990年版，第113～122页。

③ 参见程荣斌主编：《检察制度基础理论》，中国检察出版社1992年版，第280～303页。

以及狭义的(中华人民共和国)检察机关的活动原则、检察机关的工作原则、检察工作基本原则或者《中华人民共和国人民检察院组织法》的基本原则等。

1."人民检察院的活动原则"的字面词义

从字面词义上说,人民检察院的活动原则,是指人民检察院从事检察活动和实现检察任务应遵循的根本准则。其中,"人民检察院",不仅包括最高、地方各级、专门等人民检察院及其派出机构、检察室,而且包括人民检察院及其派出机构、检察室内设的检察业务、检察辅助和行政管理机构以及办案组织、人民检察院的检察官、检察辅助和司法行政人员。易言之,这里的"人民检察院"亦即通常所说的"检方",包括检察机关及其内设机构、检察人员。

"检察活动",即"人民检察院的活动"简称,是指人民检察院为履行法律监督职能和实现检察任务而依法采取的行动总称。

"检察任务",即"人民检察院的任务"简称,是指人民检察院依法担负的工作或责任。

2."人民检察院的活动原则"的概念

就我国特别是中华人民共和国而言,人民检察院的活动原则有广狭两义:广义的亦称广义的检察工作基本原则,是指由我国宪法和人民检察院组织法、"三大诉讼法"等有关法律规定的,①指导人民检察院依法从事检察活动特别是履行法律监督职能活动和实现检察任务应当遵循的根本准则。

① 而这里的"法律",仅指狭义的法律。因为,我国现行《立法法》(2015年3月15日修正)第八条明确规定:"下列事项只能制定法律:(一)国家主权的事项;(二)各级人民代表大会、人民政府、人民法院和人民检察院的产生、组织和职权;(三)民族区域自治制度、特别行政区制度、基层群众自治制度;(四)犯罪和刑罚;(五)对公民政治权利的剥夺、限制人身自由的强制措施和处罚;(六)税种的设立、税率的确定和税收征收管理等税收基本制度;(七)对非国有财产的征收、征用;(八)民事基本制度;(九)基本经济制度以及财政、海关、金融和外贸的基本制度;(十)诉讼和仲裁制度;(十一)必须由全国人民代表大会及其常务委员会制定法律的其他事项。"

狭义的亦称狭义的检察工作基本原则,是指由我国《人民检察院组织法》规定的,指导最高、地方各级、专门等人民检察院及其派出机构、检察室,与它们内设的检察业务、检察辅助和行政管理机构、办案组织以及人民检察院的检察官、检察辅助和司法行政人员,依法从事检察活动特别是履行法律监督职能活动和实现检察任务应当遵循的根本准则。根据全国人大常委会法制工作委员会《人民检察院组织法修订草案二次审议稿》及其《征求意见稿》第3~9条规定,它依次包括:依法设置、依法独立行使检察权、在适用法律上一律平等、司法公正、司法公开、司法责任制、司法民主"七原则"。

(1)作为社会主义法系国家,我国尤其是中华人民共和国,既有分别制定人民检察院组织法与人民法院组织法、检察官法与法官法的偏好,也有在宪法法律中专门规定广义的人民检察院的活动原则以及在《人民检察院组织法》中专门规定狭义的人民检察院的活动原则之惯例。

例如,《最高人民检察署试行组织条例》有"……全国各级检察署均独立行使职权,不受地方机关干涉,只服从最高人民检察署之指挥"(第2条),《各级(大行政区直属市、省、市、县)人民检察署试行组织通则(草案)》也有"各级人民检察署,均独立行使职权,服从该上级人民检察署之领导"(第2条),旨在规定狭义的人民检察院的活动原则之内容。

再如,1954年《人民检察院组织法》有"法律面前人人平等"(第5条)、"依法独立行使检察权"(第6条)两条有关狭义的人民检察院的活动原则之内容规定。

又如,1979年、1983年和1986年《人民检察院组织法》都有"人民检察院在工作中必须坚持实事求是,贯彻执行群众路线,倾听群众意见,接受群众监督,调查研究,重证据不轻信口供,严禁逼供信,正确区分和处理敌我矛盾和人民内部矛盾。各级人民检察院的工作人员,必须忠实于事实真相,忠实于法律,忠实于社会主义事业,全心全意地为人民服务"(第7条)、"法律面前人人平等"(第8条)、"依法独立行使检察权"(第9条)三条针对狭义的人民检察院的活动原则之内容规定。

(2)人民检察院的活动原则之“七原则”,有以下特点:

其一,它们是从我国实际情况出发,总结我国检察活动特别是人民检察院依法履行法律监督职能活动的实践经验而确定的,并充分反映了我国人民检察制度的本质特色。

其二,它们是社会主义法制原则的重要组成部分,对人民检察院依法从事检察活动特别是履行法律监督职能活动和完成检察任务起着重要的规范、引领作用。

其三,它们相辅相成,互为前提,互相依存,共同构成了一个有着内在必然联系的统一整体;违背其中的任何一项原则,都必然影响其他原则的贯彻落实和作用彰显。

(3)基于上述内涵、外延和特点不难看出,一方面,人民检察院的活动原则与人民检察院应当遵循的宪法原则、诉讼原则和司法之间,既有区别,也有联系。前者是从检察活动的角度概括出的一些规律和内在要求,既不排斥、也不能替代人民检察院作为国家法律监督机关应当遵循的宪法原则,也不排斥、也不能替代人民检察院作为诉讼或司法主体应当遵循的诉讼、司法原则。因为,狭义的人民检察院的活动原则,与人民检察院应遵循的宪法、诉讼或司法原则之间有一定的关联性、交叉性和一致性,适用于不同的主体和领域,应当加以区分、注意。

另一方面,人民检察院的活动原则与行使检察权的基本原则之间,既有联系,又有区别;而两者区别的关键在于,内涵、外延的不同。同样,人们对行使检察权的基本原则之概念的诠释也是莫衷一是的。当然,实践中也有人主张,“以‘行使检察权的基本原则’取代通常所谓的‘检察机关活动的基本原则’,重新厘定基本原则的体系和各项基本原则的内容,目的是强调行使检察权的程序正当性,突出检察工作的规律和特殊要求,反映新时代的检察理念”。①

① 参见孙谦主编:《中国特色社会主义检察制度》,中国检察出版社 2009 年版,第 232 页。

总之,为依法从事检察活动特别是履行法律监督职能活动和实现检察任务,保证准确无误地行使检察权,人民检察院必须严格遵循上述“七原则”,并将其全面、正确地贯穿于整个检察活动的始终;既不能顾此失彼,也不能厚此薄彼。

第三节 检察工作规律

一、概述

何谓检察工作规律?众说纷纭,代表性的观点有五:

第一,所谓检察工作规律,是检察工作发展中不以人的意志为转移的内在的、本质的规定性,也是有关检察权的设定及运行的基本准则,还是检察制度、理念、体制、机制及方式内在联系的抽象概括。其特征,表现为检察工作的目的性和检察制度的历史性。①

第二,检察工作规律既反映检察工作的内在本质,又反映检察工作的发展趋势,并主要包括三方面:(1)法律监督是检察机关特有的工作规律;(2)群众工作是检察机关固有的工作规律;(3)检察工作一体化是检察机关内在的工作规律。②

第三,从形式上看,检察工作规律是一种司法办案规律;但从本质上看,检察工作规律是一种国家权力和制度的运行反映,即检察权和检察制度的机能运行、发展的规律,也是检察机关法律监督机制、能力和理念相互之间的关系。③

第四,检察工作规律具有行为规律或活动规律、社会规律或历史规律的性质。因此,广义的检察工作规律可以从两个相互联系的不同层面

① 参见李乐平:《把握检察工作规律的几个视角》,载《检察日报》2012年8月2日。

② 参见廖焱清、寇从清:《检察工作规律与检察管理科学化》,载《武汉商业服务学院学报》2013年第4期。

③ 参见何虹:《研究我国检察工作规律的意义》,载《法制与社会》2009年第3期。

来加以考察：一是将检察工作视为一种司法办案工作，从而考察研究各种办案工作的具体规律；二是将检察工作视为一种国家权力和制度（检察权和检察制度）的机能，从而考察研究检察权和检察制度的运行、发展规律。①

第五，检察活动的规律，是检察机关在开展检察活动、履行法律监督职能职责过程中形成的体现检察活动本质特性和发展趋势的客观联系，包括：尊重事实和法律是检察活动的根本，办案质量是检察活动的生命线，理性监督是检察活动的基本要求，执法能力是检察活动的重要保障。②

而窃以为，科学界定检察工作规律概念的内涵外延，应从以下三方面入手：

其一，检察工作规律亦称“检察工作基本规律”“检察活动的（基本）规律”“检察业务工作规律”“检察院检察活动规律”等。

其二，检察工作规律不等于检察规律，它不仅是检察规律的子集，还包括：侦查监督、公诉、民事行政检察、控告申诉检察、刑事执行检察以及检察公益诉讼工作规律等。而何谓检察规律？也莫衷一是。代表性的观点有两种：

一种观点认为，检察规律就是检察制度和检察工作中的一系列相对稳定的检察关系。既包括国家通过宪法和法律调整检察机关及其与其他国家机关、公民和法人之间的权利与义务、权力与责任的关系，也包括检察制度发展和检察工作中存在的各种因果关系；既有检察机关的外部职能关系（检察机关在履行职能过程中与相对方形成的权利义务关系、权力责任关系），又有检察机关的内部管理关系（检察机关内部为保障依法履行职能而形成的管理关系）。因此，检察规律是丰富多样的，并主要包括：法律监督与法制统一、检察独立与检察一体、客观公正

① 参见倪培兴：《检察工作基本规律研究的价值》，载《人民检察》2008 年第 9 期。

② 参见朱孝清、张智辉主编：《检察学》，中国检察出版社 2010 年版，第 444 ~ 450 页。

与主动监督、公权监督与私权救济、保障人权与追诉犯罪、职业素质与检察公信力六大关系。①

另一种观点认为,检察规律首先是对检察经验的总结,是人们在认识检察制度和活动过程中形成的必然向着一定趋向发展的一系列科学的客观规律,是指导支配检察立法、理论研究和实务工作者思维与行动的精神指向和价值取向。具体内容主要包括:从专制到民主、从威权到权威、从人治到法治、从维护王权皇权到维护公平正义、从打击犯罪到打击犯罪与保障人权相结合、从追诉犯罪到法律监督"六从六到"。②

其三,由于《现代汉语词典》有云:工作即"从事体力或脑力劳动……职业……业务、任务"。③ 因此,从广义上说,检察工作就是指检方依法所从事或完成的劳动、职业或任务;从狭义上讲,作为一种职业,检察工作专指检方依法所完成的任务;规律即"事物之间的内在的本质的联系。这种联系不断重复出现,在一定条件下经常起作用,并且决定着事物必然向着某种趋向发展。规律是客观存在的,是不以人们的意志为转移的,但人们能够通过实践认识它,利用它。也叫法则。"所以,检察工作规律,是指检察工作发展中不依人的意识为转移的、本质的、必然的联系,包括内在与外在联系(或规律)两个方面:

所谓检察工作内在规律,即开展检察工作的动机、目的以及检察工作构成要素(如检察工作主体——检方、内容、对象以及检察权、检察法等)之间的内在联系,并主要包括以下内容:(1)开创检察工作的动因或初心——即国家代表创设检察制度的初心与检方检察工作志趣。(2)开创检察工作的理论基础——"三理论一思想",即国家与法的理论、分权制衡

① 参见李如林为《检察规律论》(谢鹏程著,中国检察出版社 2016 年版,第 3 ~ 5 页)所作序。

② 参见徐从锋等著:《检察规律与检察民主论》,中国检察出版社 2009 年版,第 4 页、第 7 ~ 15 页。

③ 中国社会科学院语言研究所词典编辑室编:《现代汉语词典》(第 5 版),商务印书馆 2005 年版,第 470 页。

理论、法律监督理论和国家代表的检察思想。(3)检方依法开展的各项检察工作及其规律。例如,检察工作的公益性——检察工作的生成离不开公益的推动;检察工作的亲历性——检察工作须检方亲力亲为;检察工作的法定性——检察工作实体与程序都应遵循法律,等等。因此,从这个意义上说,检察工作规律则是检察工作基本原则的理论升华和“扬弃”。

所谓检察工作的外在规律,是指检察工作与经济基础、宪政、司法、诉讼、执政党等事物的外在联系。

二、新中国检察工作的基本规律

新中国检察工作的基本规律有哪些?见仁见智。窃以为,它主要包括以下4个方面:

第一,新中国确立并开展检察工作,既不是开国领袖们的心血来潮,也不是立法者的主观恣意,而是我国国体、政体等国情和制度传统的内在要求和外在需要使然。

第二,新中国检察工作是在吸取中华五千年民主政治制度及其机制的精华,继承新民主主义革命时期尤其是中央苏区检察工作的优良传统,借鉴、吸收并扬弃前苏联等社会主义和其他国家检察工作有益成果的基础上,确立并开展起来的。既是马列主义的“三理论一思想”与我国国情相结合的产物,也是以毛泽东、邓小平、江泽民、胡锦涛、习近平为核心的党的领导集体,关于分权制衡及其法律监督思想特别是其中检察思想付诸实践的产物。

第三,新中国检察工作,既始终服从服务于宪法所确立的“以公有制为主体、多种所有制经济共同发展的基本经济制度”和“以按劳分配为主体、多种分配方式并存的分配制度”,也始终服从服务于宪法所确立的以“工人阶级领导的、以工农联盟为基础的人民民主专政的社会主义国家”之国体,人民代表大会制度之政体,还始终服从服务于依法治国方略,并与立法、司法(诉讼)、行政制度及其工作相契合。

第四,毋庸讳言,随着习近平新时代中国特色社会主义思想特别是政法思想的确立、发展,以及习近平关于权力及其监督、全元监督、法律监督和检察的论述,必将成为新时代中国特色社会主义检察工作规律的思想指引。

第四节 新时代检察工作走向①

一、牢牢把握新时代检察工作的指导思想

在新的历史坐标上,全国检察机关要立足新时代、新矛盾、新目标、新部署,以习近平新时代中国特色社会主义思想特别是关于政法工作的重要论述为指引,研究新时代检察工作发展方向目标、职责任务,创新检察工作理念思路、体制机制、方法手段,推动检察工作开辟新境界。

一必须准确把握检察机关的基本属性,自觉把党的绝对领导、人民当家做主、全面依法治国有机统一起来。

二必须准确把握国际格局深刻变化和我国社会主要矛盾历史性变化,增强忧患意识、防范风险挑战,全面提升维护国家安全和社会稳定工作水平。

三必须准确把握改革创新的时代潮流,自觉把检察机构等改革和司法体制改革融合起来,形成全方位深层次的检察改革新格局。

四必须准确把握新时代党的历史使命,自觉把政治过硬和本领高强贯通起来,全面增强领导干部的履职能力。

二、牢牢把握新时代检察工作的时代坐标

第一,牢牢把握新时代检察工作的发展方向。即坚持党对政法(包括检察,下同)工作的绝对领导,坚定不移走中国特色社会主义法治道

① 参见《张军检察长视察高检院部分厅级单位讲话汇编内部资料》(2018 年 3 月 26 日 ~4 月 4 日,2018 年 4 月 8 日 ~4 月 12 日),国家检察官学院 2018 年 4 月编印,以及 2018 年 3 月 ~8 月间有关“社评”、2018 年 7 月 25 日在深圳召开的“大检察官研讨班”相关材料。

路，坚决维护习近平总书记的核心地位，坚决拥护党中央权威和集中统一领导。

第二，牢牢把握新时代检察工作根本定位。即坚持检察机关的宪法地位，充分发挥法律监督职能作用，肩负起中国特色社会主义事业建设者、捍卫者的神圣使命，当好公共利益的代表。一是检察机关履行监督职责，不能只是形式上于法有据，要通过个案的公平正义来引领司法工作进步、社会进步；二是检察长要当好党委书记的法治助手，检察官要努力成为创造优质法治产品的工匠、能手乃至大师；三是对于诉讼过程中可能存在的法律适用错误，检察机关监督的实质是启动法定纠错程序，提醒、促进被监督者重新审视并自我纠错；四是公益诉讼中，我们与被监督机关的法定职责本质上是一致的，工作目标、追求效果是一致的，这是实现双赢共赢多赢的基础；五是检察建议绝不是发出去就了事，要积极盯住效果，监督落实情况。不管是一年、两年都要监督；六是检察机关办理抗诉案件不能单打独斗，要特别注意发挥社会力量——专家学者、专职律师、有法律背景的人大代表、政协委员的作用，充分用好"外脑"。

第三，牢牢把握新时代检察工作发展为了谁。即坚持以人民为中心的发展思想，增强人民群众的获得感、幸福感、安全感。

第四，牢牢把握新时代检察工作的发展动力。即坚持全面深化司法体制改革，建设公正、高效、权威的社会主义司法制度。关键在于巩固、深化司法体制改革：一要坚决落实新时代司法改革工作；二要结合本地区检察工作实际，不能"一刀切"；三要根据实际情况明确权力清单，不能一放了之，不能以"谁办案谁负责、谁决定谁负责"一推了之。

第五，牢牢把握新时代检察工作的主要任务。即坚持把检察工作放到党和国家工作大局中谋划，为经济社会持续健康发展提供有力法治保障。因为社会主要矛盾的转变，必然对检察工作提出新任务、新要求；这个要求是发展的、与时俱进的，没有最高，只有更高。

第六，牢牢把握新时代检察工作的根本保障。即坚持正规化、专业化、职业化方向，提升法律监督能力，建设一支过硬检察队伍。关键要以更高站位、更实措施强化队伍建设:一是要把政治建设始终放在首位;二是很抓班子建设;三是加快干部交流力度;四是强化业务素质建设;五是始终抓紧全面从严治检。

三、新时代检察工作创新发展,必须服从、服务、顺应大局

一方面,如何顺应发展大局?答案是:转隶就是转机!一是新时代经济社会发展中的矛盾和问题很多以案件形式进入检察环节,刑事、民事、行政和公益诉讼案件都必须重视;二是新时代人民群众对民生、法治、公平、正义、安全、环境等的更高要求,不仅要在刑事案件中感受到,还要在民事、行政、公益诉讼案件中感受到;三是宪法规定的法律监督是全方位的,法律赋予的监督职能是多元的,检察机关不是单纯的刑事法律监督,而是诉讼领域以及与诉讼相关领域全面的法律监督。

另一方面,如何创新发展?答案是:以内设机构改革为切入点、突破口,推动新时代检察工作创新发展:一是突出专业化建设,坚持“一类事项原则上由一个部门统筹、一件事情原则上由一个部门负责”;二是重新组建专业化刑事办案机构,统一履行审查逮捕、审查起诉、补充侦查、出庭支持公诉、刑事诉讼监督等职能;三是设立专门的民事检察、行政检察和公益诉讼检察机构或办案组;四是规范机构职能、名称。地方检察机关机构设置理念上与最高人民检察院相同,省、市两级院主要业务部门原则上与上级院对应设置。

四、树立正确的检察工作理念

一方面,检察事业要实现科学发展,同样要有科学的理念。只有把理念弄清楚、搞端正,具体检察工作才有灵魂和指导思想。另一方面,检察工作创新发展,理念转变至关重要。理念一新天地宽。理念转变到位,办案监督自然就有新思路、新方法、新局面。

第一,要讲政治、顾大局、谋发展、重自强。

第二,新时代包括检察事业各项工作在内的党和国家各行业、各领

域工作，无疑只能以习近平新时代中国特色社会主义思想特别是关于政法工作的重要论述为行动指南。

第三，研究、树立检察工作新理念，应当是全方位的而不是局部的；不仅主责主业、司法办案工作要有科学管用的理念，案件管理、队伍建设、科技强检、综合行政等方方面面的检察工作都要有科学管用的理念。

第四，研究、树立检察工作新理念，不是漫无目的无所适从，而是有所侧重、有所指向。在大的方向上，要自觉对标党中央提出的创新、协调、绿色、开放、共享“五大发展理念”；在司法办案上，要自觉对标政治、社会与法律效果的有机统一；在目标价值上，要自觉对标以人民为中心的思想，看看检察工作理念是否有利于实现人民利益；在方法路径上，要自觉梳理检察工作短板，看看检察工作理念是否有利于解决检察实践中存在的问题和不足。而最为关键是，要树立符合新时代需求和法治精神的检察工作新理念：一牢固树立旗帜鲜明讲政治的理念。即深入贯彻习近平新时代中国特色社会主义思想特别是关于政法工作的重要论述，坚持政治原则和政治方向，把讲政治落实到业务工作中；二牢固树立以人民为中心的理念。即以人民群众新需求为导向引领加强和改进检察工作，为人民群众提供更加丰富、更为优质的法治产品、检察产品；三牢固树立以办案为中心强化法律监督的理念。即围绕办案思考、谋划、推进检察工作，并以办案的质量效果评价、衡量检察工作成效；①四

---

① 因为，办案是第一位的，优质高效办案是我们的第一任务。办案既是检察机关履行法律监督职责的基本手段，也是彰显法律监督效用的重要途径。离开办案法律监督就是无源之水、无本之木；离开办，法律监督就是空中楼阁，无法落地。因此各项法律监督，最终都得靠办案来落实，都得用一个个案件来说话。一是法律监督要以办案为中心，既是检察工作历史经验的科学总结，也是基于新时代形势的正确判断。只有“咬住办案不放松”，才能确保社会大局稳定、维护司法公正、满足人民群众新的更高需求。二是法律监督要以办案为中心，关键是要落实到办案实践中。为此，既要在加大办案力度上下功夫，多办案、办好案，也要在提升办案质量上下功夫，做到“三个效果”统一，还要在做办案表率上下功夫，发挥关键少数的带头作用。三是法律监督要以办案为中心，就是各项检察工作都要考虑是否有利于办案，有利于办好案，都要围绕办案来突破、来提升。

牢固树立法律监督要实现双赢多赢共赢的理念，即正确认识法律监督的价值和功能，推动各政法机关树立统一的执法司法理念；[①]五牢固树立司法办案要实现“三个效果”有机统一的理念。即推动司法办案追求更高的境界；六牢固树立注重培养专业能力和专业精神的理念。即深化检察人员分类管理改革和组织体系改革，大力推进高素质专业化检察队伍建设。

总之，既要在办案中监督，也要在监督中办案；既要与其他执法司法部门形成良性、互动、积极的工作关系，也要在监督过程中树立双赢多赢共赢理念；既要坚持政治效果、社会效果、法律效果相统一，也要领导干部带头办案，要带头办疑难复杂案件，给检察官们打个样。

五、以人民为中心，要体现在细节上

检察机关坚持以人民为中心的发展思想，首先要意识到，人民检察院与人民群众是“鱼水”关系，绝不能变成“蛙水”关系——需要的时候跳进水中，不需要的时候就跳到岸上。为此，把以人民为中心的发展思想体现在检察工作的各环节各领域各方面，把全心全意为人民服务落实在司法为民的细节中。

为此，一坚持以人民为中心的前提，是要把握人民群众在新时代的新需求；二坚持以人民为中心，既要落实在维护公平正义的每一个案件

① 因为，法律监督实质是要通过法律监督，帮助被监督者解决问题、补齐短板，共同维护社会公平正义和公共利益，共同推动法律贯彻执行到位，共同推进全面依法治国。为此，必须认识到监督者与被监督者的目标是共同的，价值是一致的，只有实现双赢多赢共赢，才能更好维护宪法法律的统一正确实施，才能更好落实“以人民为中心”的发展思想，也才能为人民群众提供更优质的法治产品、检察产品，更好满足人民群众在民主、法治、公平、正义、安全、环境等方面的新需求。为此，一是要建立监督者与被监督者的良性、积极关系，决不能有“监督高人一等”的想法；二是要用好政治智慧、法律智慧、监督智慧，增强监督能力，促进问题解决，提升工作质效，让双赢多赢共赢从价值理念变成现实结果；三是不只是对某一个监督领域、某一个监督环节的要求，而是贯穿法律监督全部领域全部环节的总体要求；四是从理念到现实，不能坐等，要实干巧干苦干。

中、每一个检察产品中，也要落实在司法为民的一件件实事中、一项项检察服务中；三坚持以人民为中心，尤其要注重在细节上下功夫。

六、严管厚爱——打造过硬检察队伍

一方面，锻造过硬检察队伍，严管是前提。严从何来？即各级检察院党组和执纪者要切实担负起主体责任和监督责任，通过从严治党、从严治检来体现对队伍的严管厚爱。一是思想教育要严；二是监督执纪要严；三是司法办案要严。

另一方面，锻造过硬检察队伍，厚爱是保障。没有严管的厚爱就是溺爱，没有厚爱的严管就是严苛。为此，政治上要多激励；工作上要多鼓励，不要怕试错；生活上要多关心，心理上要多关怀，让广大干警有切实的荣誉感、归属感、获得感。

为此，应创新完善“七大机制”：一是突出忠诚、突出干净、突出担当的导向机制，即把对党忠诚作为首要政治原则来坚持，把廉洁自律、干净干事作为基本要求，突出体现讲担当、重担当的鲜明导向，激励干部干事创业、担当作为。二是政治历练、业务训练、实践磨炼的培养机制。即用习近平新时代中国特色社会主义思想特别是政思想武装头脑，建立完善“教、学、练、战”一体化教育培训机制，增长专业本领，让更多的干部到基层一线和艰苦地方去锻炼，锤炼意志品质。三是日常考评、分类考绩、年终考核的考核机制。即探索建立考实考准干部日常德能勤绩表现的日常考评制度、干部履职能力分类分层评定标准，强化年度考核结果运用，促进干部树立正确政绩观。四是以德为先、任人唯贤、人事相宜的选任机制。即坚持讲政治这个大德，坚持实事求是、公平公正，坚持事业为上、按事选人，把工作实绩作为选人用人的重要依据，把最合适的人放到最合适的岗位。五是从严管理、从严监督的监管机制。即坚持严在平时、严在细节，坚持强监督、常监督，让干部时刻感受到组织就在身边、监督就在眼前。六是崇尚实干、崇尚创新、崇尚奉献的激励机制。即倡导重实干、重实绩，坚持改革取向、创新精神，追求崇高人生

境界和情怀，做到以身许党、以身许国、以身许民。七是统筹谋划、系统集成、攻克难点的领导机制。即创新集成干部队伍建设的好做法好经验，不断提高政法队伍建设水平。

而实践证明，唯自强者进，唯自强者强，唯自强者胜。检察队伍要有好形象，检察工作要有新成效，检察事业要有大发展，离不开全体检察人的自强奋进。一是自信方能自强。重自强，首先要坚定“四个自信”，抓住机遇实干苦干巧干；二是有信心更要有行动。重自强，关键是要落实在学思践悟的具体行动中，打铁还需自身硬；三是自强需要自律。重自强，要加强自身监督，强化纪律作风建设，自觉把重自律的各项要求贯穿到队伍建设始终。

第十章　新时代检察改革方向

第一节　概　　述

党的十八大以来，在以习近平同志为核心的党中央领导下，检察机关以落实司法责任制为核心，扎实推进司法体制改革，取得重要进展。改革主体框架基本确立，符合司法规律的体制机制逐步形成，司法质量效率和司法公信力持续提升。

中国特色社会主义进入新时代，人民检察事业也进入新的历史时期，检察改革面临新的形势和新的任务。一方面，我国社会主要矛盾发生历史性变化，人民群众对民主、法治、公平、正义、安全、环境等方面的需求更高。特别是随着国家监察体制改革的实施，检察机关完成了空前而又深刻的职能、机构调整和人员转隶，如何把转隶变为转机，实现新时代检察工作创新发展，把检察机关法律监督工作做实做好做强，实现法律监督工作的双赢多赢共赢，成为检察改革必须解决的重大课题。

另一方面，与新形势新任务新要求相比，检察工作、检察队伍仍然存在不少亟需解决的问题和亟需补强的短板，法律监督工作的不平衡、不协调、不充分与人民日益增长的美好生活需要不相适应，迫切需要通过改革，推动检察职能得到全面、充分履行，为人民群众提供更丰富、更优质的法治产品、检察产品。

另外，党的十九大提出深化司法体制综合配套改革、全面落实司法责任制，并对今后一个时期的司法改革工作做了总体部署。落实好这一部署,我们必须解放思想、更新理念,自觉适应新时代新要求,按照讲政治、顾大局、谋发展、重自强的总体要求,紧贴检察工作创新发展全局,在更高起点上谋划和推进改革,使检察改革真正成为新时代检察工作创新发展的强大动力,使依法独立公正行使检察权的中国特色社会主义检察制度更加健全完善,为实现"两个一百年"奋斗目标和中华民族伟大复兴中国梦提供坚强有力的司法保障。

此外,根据最高人民检察院《2018—2022 年检察改革工作规划》(2018 年 12 月 27 日)规定,新时代检察改革工作应遵循以下总体要求、主要任务规定。

第二节　总 体 要 求

一、指导思想

第一,以习近平新时代中国特色社会主义思想和党的十九大精神为统领,紧紧围绕统筹推进"五位一体"总体布局和协调推进"四个全面"战略布局,按照党中央确定的全面深化改革和全面依法治国的总目标,全面落实十八大、十九大部署的司法体制改革任务,深化综合配套改革举措,保持改革工作的连续性和力度的持续性,在巩固中深化,在深化中巩固。

第二,增强改革措施的系统性、整体性、协同性。

第三,聚焦法律监督主业,提升检察公信力,推动新时代检察制度在继承中发展,在发展中创新,在改革中完善。

第四,提高检察机关维护国家政治安全能力、服务大局能力和法律监督能力,努力让人民群众在每一个司法案件中感受到公平正义。

二、总体目标

坚持党对检察工作的领导,全面、充分履行宪法和法律赋予检察机关的法律监督职责,构建以刑事检察、民事检察、行政检察、公益诉讼检察为主要内容的检察机关法律监督职能体系，提升司法办案专业化、组织体系科学化、检察队伍职业化水平，构建与国家治理体系和治理能力现代化要求相符合，与建设中国特色社会主义法治国家相适应的新时代检察体制和工作机制。

第一，坚持党对检察改革的绝对领导，完善检察机关坚持党的政治领导、思想领导和组织领导的工作制度，健全检察机关坚持党的领导制度体系。

第二，完善检察机关法律监督职能，健全符合宪法法律定位、符合深化依法治国实践要求、符合人民美好生活需要，各项法律监督职权全面、协调、充分发挥作用的检察机关法律监督体系。

第三，深化司法体制综合配套改革，全面落实司法责任制，健全与司法责任制相适应的检察权运行监督制约机制，突出检察官在司法办案中的主体地位，形成与“谁办案，谁负责、谁决定，谁负责”要求适应的检察权运行体系。

第四，加强检察官队伍正规化专业化职业化建设，健全检察人员分类管理制度规范，形成检察官、检察辅助人员、司法行政人员各归其位、各司其职、各行其道的检察人员分类管理体系。

第五，推动检察机关内设机构改革，健全和规范检察机关组织机构，落实省以下地方检察机关人财物统一管理改革要求，构建科学高效的检察组织体系。

第六，加强法律监督能力建设，培育双赢多赢共赢监督理念，全面提高检察队伍政治素质、业务素质、职业道德素质，推进检察工作与科技信息技术深度融合，完善检察人员专业能力专业素养提升体系。

三、基本原则

第一，坚持正确政治方向。一要坚持以习近平新时代中国特色社会主义思想为指导，坚决维护习近平总书记在党中央和全党的核心地位，坚决维护党中央权威和集中统一领导，坚持党对检察工作和检察改革的绝对领导，确保党的方针政策在检察工作和检察改革中得到不折不扣的执行；二要坚持发展和完善中国特色社会主义检察制度；三要坚定不移走中国特色社会主义法治道路。

第二，坚持司法为民。一方面，坚持以人民为中心的改革价值取向，始终站在人民的立场把握和处理检察改革的重大问题，广泛听取人民群众意见，自觉接受人民群众监督，积极回应人民群众在民主、法治、公平、正义、安全、环境等方面的新期待新需求，把人民群众的满意度作为评判改革成效的标准。另一方面，通过检察改革，为人民群众提供更丰富、更优质的法治产品、检察产品。

第三，坚持检察机关宪法定位。一方面，全面、协调、平衡发展检察机关各项法律监督职能，提升办案质量和效率，提升专业素养和专业精神，提升法律监督能力和水平，把传统业务做优，把新增职能做好，把短板工作补强。另一方面，牢固树立双赢多赢共赢的监督理念，实现法律监督政治效果、社会效果和法律效果的有机统一。

第四，坚持遵循司法规律。既遵循司法活动一般规律，又尊重检察工作自身规律，全面把握不同层级检察机关职权运行、队伍管理和机构设置等方面的特点，从检察权不同于其他国家权力的特点和实际出发积极探索实践，推动检察制度创新。

第五，坚持问题导向。结合当前检察工作和检察改革实际，进一步抓住司法责任制尚未全面落实、综合配套措施不到位、部分检察人员专业能力不足等影响改革效果、影响司法公信力、制约检察工作质量效率的“瓶颈”问题和关键环节，加强顶层设计、完善制度机制、强化规范统一，增强改革的针对性和实效性。

第三节　主 要 任 务

一、完善检察机关坚持党的领导制度体系

（一）完善检察机关坚持党的领导工作制度

第一，健全在检察工作中发挥党组领导核心作用、党组成员依照工

作程序参与重要业务和重要决策等制度。

第二,严格执行检察机关党组向党委请示报告重大事项的规定,健全检察机关重大事项和办案工作党内请示报告制度,实现党对检察工作的领导具体化、程序化、制度化。

第三,完善直辖市检察院党组对分院党组的领导体制和机制。

第四,完善系统内政治巡视、巡察制度,建立检察机关政治督察制度。

第五,加强检察机关基层党组织建设,以提升组织力为重点,突出政治建设功能,优化组织设置,创新活动方式,充分发挥基层党组织战斗堡垒作用和党员先锋模范作用。

第六,坚持在重大案件办案一线设立临时党组织。

(二)完善检察机关服务党和国家大局工作机制

一方面,坚持把检察工作主动融入到国家重大战略实施中,根据党和国家重大工作部署,突出工作重点,完善工作措施。

另一方面,完善和细化检察机关维护国家安全、服务保障打好"三大攻坚战"和推动长江经济带发展重点工作、保障"一带一路"建设等工作机制。

二、健全完善检察机关法律监督体系

(一)完善刑事立案和侦查活动法律监督机制

一方面,健全立案监督和侦查监督工作机制,完善对扣押、冻结等侦查措施的监督机制。

另一方面,建立重大案件侦查终结前对讯问合法性进行核查制度。

(二)完善审查逮捕工作机制

第一,全面科学把握逮捕条件,完善逮捕必要性审查机制,依法保障犯罪嫌疑人合法权益。

第二,建立有重大影响案件审查逮捕听证制度,健全讯问犯罪嫌疑人、听取辩护人意见工作机制。

第三，完善羁押必要性审查制度，减少不必要的羁押。

（三）健全发挥检察机关审前程序作用工作机制

第一，推动建立公安机关办理重大、复杂、疑难案件听取检察机关意见和建议制度。

第二，明确退回补充侦查的条件，建立人民检察院退回补充侦查引导和说理机制，明确补充侦查方向标准和要求。

第三，加强自行补充侦查工作，完善自行补充侦查工作机制；四要建立补充侦查反馈机制，对自行补充侦查的案件，及时向侦查机关反馈侦查工作中存在的问题，强化对侦查机关的引导和监督作用。

（四）健全完善以证据为核心的刑事犯罪指控体系

第一，构建诉讼以审判为中心、审判以庭审为中心、庭审以证据为中心的刑事诉讼新格局，完善证据收集、审查、判断工作机制，建立健全符合庭审和证据裁判要求、适应各类案件特点的证据收集、审查指引，深化书面审查与调查复核相结合的亲历性办案模式，确保审查起诉的案件事实证据经得起法律检验。

第二，建立健全技术性证据专门审查制度，完善对鉴定意见、电子数据、视听资料等技术性证据审查机制，发挥技术性证据审查对办案的支持作用。

第三，完善举证、质证和公诉意见当庭发表机制，提高揭示犯罪本质、运用证据证明犯罪的能力，充分运用刑事司法政策，引导法庭增强对指控犯罪的本质、危害性及证据证明意义的认同，更好发挥指控、证明犯罪的主动性和有效性。

（五）健全与多层次诉讼体系相适应的公诉模式

第一，完善速裁程序、简易程序和普通程序相互衔接的多层次诉讼体系，在确保司法公正的前提下做到“简案快办”“繁案精办”，形成简易案件更加注重效率、疑难案件更加注重精准、敏感案件更加注重效果的公诉模式。

第二，推动完善庭前会议制度。

第三，健全认罪认罚案件办理机制，完善认罪认罚案件量刑建议标准，完善认罪认罚自愿性保障和合法性审查机制。

第四，严格起诉条件，依法适用不起诉，预防和杜绝"带病起诉"；完善不起诉公开审查机制；规范撤回起诉工作，对于符合撤回起诉条件的案件，依照规定撤回起诉，并作出不起诉决定。

（六）完善刑事执行检察工作机制

第一，建立对监狱、看守所的巡回检察制度，把巡回检察与派驻检察结合起来，强化刑事执行检察力度和效果，保障被羁押人、服刑人员合法权益，维护监管秩序，促进监管场所把罪犯改造成为守法公民。

第二，完善刑事执行检察与审查逮捕、审查起诉等工作的衔接机制，驻所检察人员在履职过程中发现有刑讯逼供等情形的，及时反馈负责审查逮捕、审查起诉的办案人员。

第三，健全财产刑执行检察工作机制，推动建立与人民法院财产刑执行案件信息、执行信息共享机制。

第四，探索完善社区矫正检察机制。

（七）建立执法活动中非正常死亡在检察机关主持下鉴定的工作机制

对于公民在传唤、拘传、羁押、监所服刑、强制隔离戒毒、强制医疗期间死亡的，除法律另有规定外，应当在检察机关主持下，委托具有法医病理司法鉴定资格的鉴定机构和鉴定人进行死亡原因鉴定。

（八）健全刑事申诉案件受理、移送、复查机制

第一，完善不服检察院处理决定刑事申诉案件复查工作机制，完善不服法院生效裁判刑事申诉案件复查工作机制。

第二，规范刑事再审案件出庭工作。

第三，健全纠防冤错案件工作机制；完善刑事申诉公开审查机制；深化重大刑事冤错案件异地审查工作机制；完善刑事申诉案件分析报告制度；完善申诉事项回复、督办机制，实现每一个申诉事项都有回复。

第四，完善国家赔偿监督机制和司法救助工作机制。

（九）健全控告检察工作机制

第一，坚持“受理、办理”相分离的原则，完善群众控告、申诉、举报的审查分流、受理、办理机制，推进涉法涉诉信访法治化建设。

第二，完善检调对接、律师参与化解和代理涉法涉诉信访案件等多元化解矛盾纠纷机制，形成化解矛盾纠纷合力。

第三，建立巡回接访、带案下访工作机制，推动依法及时就地解决群众诉求。

（十）建立完善对司法人员利用职权实施犯罪的侦查机制

第一，对诉讼活动监督中发现的司法工作人员利用职权实施的非法拘禁、刑讯逼供、非法搜查等侵犯公民权利、损害司法公正的犯罪，由市地级人民检察院立案侦查。

第二，市地级人民检察院也可以将案件交由基层人民检察院立案侦查，或者由基层人民检察院协助侦查。

第三，省级以上人民检察院发现犯罪线索的，可以自行决定立案侦查，也可以将案件线索交由指定的省、市地级人民检察院立案侦查。

（十一）健全以“精准化”为导向的民事、行政诉讼监督机制

第一，完善抗诉、再审检察建议、纠正意见、检察建议等多元化监督格局和四级院分工负责、各有侧重的工作格局，努力实现裁判结果监督、审判人员违法行为监督和执行监督全面均衡发展。

第二，完善民事、行政诉讼监督案件发现和审查机制，规范办案流程。

第三，建立繁简分流的办案机制，提高办案效率。

第四，探索民事、行政诉讼类案监督工作机制。

第五，明确民事、行政诉讼监督标准，突出办理具有社会意义、有指导价值的典型案件，增强监督的精准性和监督效果。

（十二）完善公益诉讼工作机制

第一，全面贯彻民事诉讼法、行政诉讼法关于公益诉讼的规定，完善检察机关提起公益诉讼工作机制。

第二，充分发挥诉前程序作用，建立健全诉前沟通机制，收到案件线索后，根据线索的来源、涉及问题的性质等因素，及时与政府部门进行沟通，需要进入诉前程序的，依法发出检察建议并努力协调促进落实。

第三，在办理公益诉讼案件过程中，需要对专门性问题进行鉴定的，可以委托具备资质的机构进行鉴定，配合有关部门探索制定环境损害司法鉴定收费“后付费”制度。

第四，健全人民检察院与人民法院、行使行政执法权的机关工作协调机制，建立行政执法与公益诉讼衔接平台，进一步规范公益诉讼办案流程和标准，构建配置科学、运行高效的公益诉讼检察机构职能体系。

第五，完善检察机关支持起诉、督促起诉机制。

(十三) 完善未成年人检察工作机制

第一，以全面综合司法保护为导向，规范“捕、诉、监、防”一体化办案工作机制，探索未成年人检察特殊业务案件化办理。

第二，深化涉罪未成年人的教育感化挽救工作，探索建立罪错未成年人临界预防、家庭教育、分级处遇和保护处分制度，推行未成年被害人“一站式”询问、救助机制，建立健全性侵害未成年人违法犯罪信息库和入职查询制度。促进“法治进校园”活动制度化，进一步推进检察官担任法治副校长、未成年人法治教育基地建设等工作。

第三，开展未成年人检察社会支持体系建设试点工作，推动专业化和社会化的有效衔接。

(十四) 建立专家委员会制度

对于检察机关办理的案件，必要时可以邀请法学专家、专家型法官、律师以及有法律背景的人大代表、政协委员参加评议、咨询和研判，促进提升检察官司法办案能力和水平，强化办案质量和效果。

(十五) 与有关行政机关、金融管理部门等开展干部交流，辅助检察官办理案件

对于涉及金融、经济、环保、食药等专业性较强领域的案件，探索引入相关行业具备专业知识的人员辅助检察人员办案，提供相关领域专

业知识咨询。

(十六)完善检察建议制度

第一,善检察建议的制作、审核、送达、反馈及质量、效果评估机制,增强检察建议的刚性、精准性和可操作性。

第二,建立检察建议跟踪制度,及时掌握每一个检察建议的采纳、落实情况以及未被采纳的原因,定期对检察建议总结分析,提高检察建议质量和效果。

第三,探索建立检察建议限期回复制度,试行检察建议公告、宣告制度。

第四,探索向党委、人大报告检察建议落实情况制度。

第五,建立向被建议机关的上级机关或主管部门抄送检察建议副本制度,增强检察建议的效果。

(十七)创新检察案例指导制度

紧紧围绕检察环节审查运用证据、收集完善证据、非法证据排除、指控犯罪等重点环节,反映检察机关工作特点,凸显检察机关办案特色,创新典型案例选编和发布方式,强化典型案例指导意义。

(十八)完善各级人民检察院检察长列席人民法院审判委员会会议制度

一方面,进一步规范和落实各级人民检察院检察长列席同级人民法院审判委员会会议工作,强化列席审判委员会的质量和效果。

另一方面,建立检察长列席审判委员会定期通报制度。

(十九)拓展检察机关参与社会治理工作途径

第一,建立在检察工作中推广、运用、实践“枫桥经验”工作机制。

第二,落实“谁执法,谁普法”责任制,全面实施检察官以案释法及法律文书说理制度,深入开展送法进机关、进乡村、进社区、进学校、进企业、进单位等活动,促进提升全民法治素养。

第三,结合办案建立类案分析机制,加强检察环节预防和化解社会矛盾机制建设,促进共治共享、平安和谐。

（二十）健全与监察委员会工作衔接机制

第一，完善检察机关对监察委员会移送案件的留置与强制措施转换、退回补充调查、自行补充侦查等工作机制。

第二，建立退回补充调查的沟通协调机制。

第三，健全案件线索移送与处置机制，对在履行职责中发现的公职人员违纪违法线索及时移送，形成监督合力。

三、完善检察权运行体系

（一）科学设置办案组织和办案团队

加强以办案组织检察官为核心的办案团队建设，科学界定办案团队中检察官、检察辅助人员的职责，形成分工负责、运行有序的司法办案工作机制，突出检察官在司法办案中的主体地位。

（二）完善担任领导职务检察官办案制度

第一，明确检察长、副检察长等担任领导职务检察官办理案件的内涵和要求。

第二，担任领导职务检察官每年应当办理一定数量的案件，提倡办理重大、疑难、复杂、敏感、新类型案件和在证据运用、法律适用方面具有普遍指导意义的案件。

第三，完善担任领导职务检察官办案数量的统计标准，建立担任领导职务检察官办案情况定期通报制度。

（三）规范检察官办案权限

总结制定各级检察院检察官司法办案权力清单经验，修改完善刑事诉讼规则、民事诉讼监督规则和行政诉讼监督规则，制定检察机关公益诉讼办案规则，明确检察委员会、检察长、检察官在司法办案中负责和决定的事项，规范检察辅助人员职责权限。

（四）完善检察官承办案件确定机制

一方面，检察官承办案件，根据“随机分案为主、指定分案为辅”的原则确定。

另一方面，除规定情形不宜纳入随机分案的以外，应当依托统一业务应用系统，自动随机确定承办案件的独任检察官或者检察官办案组，需要指定分案的，由检察长决定。

（五）完善检察官业绩评价机制

一方面，建立以办案数量、质量、效率和效果为基本内容的业绩评价标准体系和考评机制，并将业绩评价结果计入司法业绩档案，作为检察官绩效奖金分配、评先评优、等级晋升、交流任职、惩戒和退出员额的重要依据。

另一方面，业绩评价应坚持实事求是原则，科学合理设置考评指标体系，发挥检察官在检察辅助人员业绩考核评价中的作用。

（六）完善案件管理和监督机制

第一，健全对司法办案活动的统一集中管理，强化流程监控等监督机制。

第二，完善案件质量评查机制，充分发挥案件质量评查结果的作用。

第三，建立健全横向纵向相结合、系统内外相结合的业务数据分析研判会商机制。

（七）完善司法责任认定和追究机制

一方面，落实《关于完善人民检察院司法责任制的若干意见》有关规定，构建科学合理的司法责任认定和追究制度，研究出台错案责任追究办法。

另一方面，建立健全检察官惩戒制度，明确惩戒的条件和程序。

（八）深化检务公开，接受社会监督

一方面，完善法律文书和案件信息公开范围，发布典型案例，公开检察建议。

另一方面，深化人民监督员制度改革，探索拓宽人民监督员监督范围，完善人民监督员对检察机关办案活动的外部监督机制，拓宽人民群众有序参与和监督检察工作的渠道。

四、完善检察人员分类管理体系

(一)完善检察官入额遴选和公开选拔检察官制度

一方面,细化和统一检察官遴选条件、标准和程序,明确禁止入额情形,在坚持政治标准的基础上,突出对办案能力、司法业绩、职业操守的考察,确保入额检察官的专业能力水平。

另一方面,完善从律师、法学专家中公开选拔检察官制度,优化检察官队伍结构。探索区域内检察官跨院遴选制度。

(二)推动完善检察官遴选委员会制度

进一步明确检察官遴选委员会的法律地位和工作职能、工作规则和程序,优化组织结构,建立委员专家库,适当增加基层资深检察官比例,推行入额人选社会公示制度,切实发挥遴选委员会专业把关作用。

(三)健全和完善检察官逐级遴选制度

一方面,推进检察官逐级遴选制度化、常态化,市地级以上检察院检察官一般从下一级检察院遴选产生,市地级检察院检察官助理初任检察官应当到基层检察院任职,省级以上检察院检察官助理初任检察官一般到基层检察院任职。

另一方面,完善检察官逐级遴选程序,优化遴选方式,确保遴选检察官的政治素质、专业素质和职业道德素质。

(四)建立检察官员额动态管理和退出机制

第一,以省为单位,在中央规定的范围内,严格控制检察官员额比例。

第二,综合考虑办案数量与区域经济社会发展、人口数量等因素,遵循以案定额和依职能定额相结合的原则,建立员额统筹管理、动态调整机制,在省域总额范围内明确辖区各检察院员额控制的具体比例,确保员额向人均办案量大且案多人少矛盾突出的地区、单位倾斜,向基层一线倾斜。

第三,建立健全员额检察官退出机制,明确退出的条件和程序。

（五）全面实施检察官单独职务序列管理

一方面，制定实施检察官等级晋升办法，建立统一的按期晋升和择优选升相结合的检察官等级晋升制度。

另一方面，完善特别选升的范围、限额、条件和程序，特别优秀或者工作特殊需要的一线办案岗位检察官，经省级人民检察院报经省级党委组织部审批同意后进行特别选升。

（六）完善编制内检察辅助人员、司法行政人员管理制度

第一，建立健全检察官助理职务序列，按规定组织检察官助理职务晋升。

第二，探索实行检察辅助人员集中管理、统一调度使用和所在部门管理、动态管理相结合的管理使用模式。

第三，按照公务员管理有关规定，建立健全检察技术人员和司法警察管理、使用和交流制度。

第四，完善司法行政人员管理制度，落实职务与职级并行制度，拓宽司法行政人员职业发展通道。

第五，根据工作需要，各类检察人员按规定进行交流转任。

（七）完善落实检察人员职业保障

第一，进一步健全符合司法人员职业特点的工资收入保障体系，落实国家关于检察官工资制度的规定。

第二，细化落实与检察官单独职务序列等级相应的生活待遇。

第三，研究探索检察官退休制度，明确退休的条件、程序与待遇标准。

第四，善检察辅助人员职业保障政策。

第五，完善落实检察人员履行法定职责保护机制，非因法定事由、并经法定程序，不得将检察官调离、免职、辞退或者作出降级、撤职等处分。

第六，完善检察人员申诉控告制度，健全检察人员合法权益因履行职务受到侵害的保障救济机制和不实举报澄清机制。

（八）推行符合检察人员职业特点的司法人才储备、招录和法科学生实习制度

第一，探索实行符合司法人员职业特点的招录制度。

第二，完善检察官到政法院校、科研机构兼职担任教授，法学专家到检察院挂职担任检察官制度。

第三，探索建立引进法律专业人才到检察机关工作的“绿色通道”。

第四，探索检察机关与党政部门、其他执法司法机关、重点企业互派干部任职、挂职交流制度。

第五，建立法律、法学专业学生到检察院实习助理的常态化制度。

五、完善检察机关组织管理体系

（一）深化内设机构改革

第一，坚持优化协同高效，全面优化检察职能配置，全面落实法律监督，整合司法资源，构建符合司法规律、系统完备、科学规范、运行高效的检察机关内设机构体系。

第二，最高人民检察院按照案件类型组建专业化刑事办案机构，实行捕诉一体办案机制。

第三，适应经济社会发展和人民群众司法需求，分设民事、行政、公益诉讼检察机构；检察业务机构内设立检察官办案组。

第四，地方检察机关参照落实，业务机构名称统一称为“部”。

第五，基层人民检察院内设机构数量按照中央有关规定执行。

（二）健全法律监督机构

一方面，深化与行政区划适当分离的司法管辖制度改革。

另一方面，健全对最高人民法院巡回法庭、知识产权法院、互联网法院、金融法院等的法律监督机制。

（三）有序推进省级以下地方检察院人财物统一管理改革

第一，完善省级以下地方检察院检察官统一由省级检察院提名、管理并按法定程序任免的机制，完善省级以下地方检察院政法专项编制

统一管理制度。

第二，完善市地级、基层检察院检察长由省级党委（党委组织部）管理、其他领导人员可委托当地市地级党委管理制度。

第三，因地制宜推进建立省级以下地方检察院财物统一管理机制。

（四）完善和规范派出、派驻机构管理

一方面，严格规范派出检察院、派驻检察室的职能定位、职责权限和设置标准。

另一方面，明确派出主体，完善审批程序和管理制度。

六、完善法律监督专业能力专业素养提升体系

（一）健全加强思想政治与职业道德建设机制

第一，在干部选拔任用、检察官遴选、等级晋升工作中加强政治把关，完善政审工作机制。

第二，建立健全检察官入职晋级宣誓制度。

第三，弘扬新时代检察职业精神，大力培育践行“忠诚、为民、担当、公正、廉洁”的检察职业道德，完善检察职业道德考核评价机制，把职业道德素质作为检察人员招录、任免的重要标准。

第四，建立检察纪念章制度、检察职业荣誉制度。

（二）健全检察人员职业培训制度

第一，建立取得法律职业资格人员新入职培训制度。

第二，坚持和完善检察人员任职培训制度，初任检察官、晋升检察官等级应当参加培训。

第三，完善专业培训机制，分层分类开展技能培训、岗位练兵和业务竞赛，着力培育各项专业能力，加强对办理互联网、金融、知识产权等新领域、新类型案件的培训。

第四，健全检察业务专家制度，深化各类检察人才库建设，完善检察官教检察官制度。

第五，优化“检答网”建设管理与应用，不断加强政治性极强的检察

业务交流和工作指导。

（三）健全加强纪律作风建设机制

第一，统筹深化司法体制改革与加强党风廉政建设，建立健全与检察权运行新机制相适应的廉政风险防控体系。

第二，健全规范检务督察制度，整合监督力量，形成巡视巡察和检务督察联动的监督网络。

第三，完善岗位职权利益回避制度，规范检察官与当事人、律师、特殊关系人、中介组织的接触、交往行为。

第四，完善纪律规矩经常性教育机制，引导检察官养成纪律自觉。

（四）健全运用科技手段提升司法办案、检察管理与服务能力机制

第一，深化检察改革与现代科技的结合，推进智慧检务工程，全面构建应用层、支撑层、数据层有机结合的新时代智慧检察生态。

第二，完善运用统一业务应用系统、检察办公系统、队伍管理系统、检务保障系统等检察信息化成果。

第三，依托人工智能、大数据等技术，统筹研发运用智能辅助办案和管理系统，完善类案分析、结果比对、办案瑕疵提示、超期预警等功能，促进法律统一适用。

第四，推广语音识别、文本信息智能提取、智能辅助阅卷等技术，健全电子卷宗随案同步生成技术保障和运行管理机制，提高语音同步转录、文书自动生成、智能纠错能力，减少人力投入。

第五，推广远程视频提讯和数字化出庭等应用，提高办案效能。

第六，推进跨部门大数据办案平台建设，促进与其他政法机关案件信息网上流转和业务协同办理。

第七，整合检察互联网平台，构建融检察服务、检务公开、检察宣传、监督评议于一体的“12309”检察服务公共平台，为人民群众提供更加便捷的“一站式”服务。

第十一章　中国检察制度的“九落九起”

第一节　概　　述

《辞海》（缩印本）有言：落即“下降、降落、衰败、凋零、死”；[①]起即“起立、扶起、开始、创立、兴建、拔出”。[②] 因此，中国检察制度的落起，包括其“下降、降落、衰败、凋零、死”与“起立、扶起、开始、创立、兴建、拔出”，以及中国检察权的增减、强弱等浮沉。而浮沉，即“比喻盛衰或得意和失意”。[③]

那么，176岁的中国检察制度特别是其中的中国人民检察制度到底经历了几落几起？莫衷一是。代表性观点有5种：

第一种是以《两度“三落三起”说明了什么》（王丽丽、王松苗著，载《检察史的新闻阅读》，中国检察出版社2011年版，第39～49页）为代表的著述认为，中国人民检察制度经历了“六落六起”——解放前后各三起：1937年9月6日、1942年春、1947年3月，以及1951年、1960年和1968年12月检察制度及其检察机关的沉浮——检方的部分或全部

① 辞海编辑委员会编：《辞海》（缩印本），上海辞书出版社1980年版，第601页。

② 辞海编辑委员会编：《辞海》（缩印本），上海辞书出版社1980年版，第1946页。

③ 参见辞海编辑委员会编：《辞海》（缩印本），上海辞书出版社1980年版，第950页。

被取消。

第二种是以《王桂五论检察》(王桂五著,中国检察出版社2008年版,第167~172页)为代表的著述认为,新中国人民检察制度经历了“三落三起”——1951年、1960年和1968年12月检察制度及其检察机关的沉浮——检方的部分或全部被取消。

第三种是以李如林为《检察规律论》(谢鹏程著,中国检察出版社2016年版,第1页)所作序为代表的著述认为,在近代中国,曾经有三次出现取消检察制度的辩论和运动:第一次发生在北洋政府时期,第二次发生在国民党政府时期,第三次发生在新中国。

第四种是以《1961年6月24日谢富治同志在中央公、检、法三机关负责同志碰头会上的讲话纪要(节录)》(载《中央和中央领导同志对检察工作历次指示汇编(1950~1968)》,高检办公厅1993年编印,第280~281页)为代表的著述认为,新中国公检法三家,经历了“两起两落”、“三起三落”或“四起四落”——“从我们(公检法)三家来说,有许多经验教训,有过‘三起三落’,有人说是‘四起四落’。起先强调三权鼎立,中间落了一下(1954年实行合署办公,名存实亡)。宪法颁布以后,又强调了一下,1957年以后又落下来了,直到现在”。

第五种是以《1961年1月22日张鼎丞同志传达刘少奇同志、彭真同志的指示记录》[载《中央和中央领导同志对检察工作历次指示汇编(1950~1968)》,高检办公厅1993年编印,第264页]为代表的著述认为,(1959~1961年)11年来,有些同志否定检察机关有实际存在之必要,刮了三次取消风。这次精简机构和中央公、检、法合署办公,有些人又误认为是“名存实亡”。如江苏省检察院、安徽省六安分院实际上已是“名存实亡”了;北京市已经决定检察院同公安局合并,成为公安局的一个法制室。

第二节　中国检察制度的“九落九起”

而窃以为,迄今不足两百岁的中国检察制度,却经历了“九落九起”。其中的“九”,“泛指多数或多次”;[①]而截止到2019年12月底,从广义的起落上说,它实为“十二”。当然,在当初清末是否引进检察制度时,就存有肯定与否定两派,最终前者占了上风。

一、“一落一起”

尽管中华民国建国之初和北洋政府时期,没有制定相应的检察法,而是援用清末检察法——“民国初建,所有法制(包括检察法制),均未遑制定,临时大总统于元年三月一日(1912年3月1日),下令宣告暂行援用前清法律及新刑律;文云:‘现在民国法律未经议定颁布,所有从前施行之法律及新刑律,除与民国国体抵触各条应失效力外,余均暂行援用,以资遵守’。三月二十一日(1912年3月21日),临时大总统据司法部呈请转咨参议院承认,将前请制定之各项法律及草案,以命令公布遵行,复咨参议院查照议决。其咨文有云:据司法总长伍廷芳呈称:‘窃自光复以来,前清政府之法规既失效力;中华民国之法律,向未颁行;而各省暂行规约,尤不一致,当此新旧递嬗之际,必有补救方法,始足以昭划一而示标准。本部现拟就前清制定之《民律草案》《第一次刑律草案》《刑事民事诉讼法》《法院编制法》《商律》《破产律》《违警律》中,除《第一次刑事草案》关于帝室之罪全章及关于内乱罪之死刑,碍难适用外,余皆由民国政府声明继续有效,以为临时适用法律,俾司法者有所根据。谨将所拟呈请大总统咨由参议院承认,然后以命令公布,通饬全国一律遵行。俟中华民国法律颁布,即行废止。……’旋参议院开会讨

① 参见辞海编辑委员会编:《辞海》(缩印本),上海辞书出版社1980年版,第63页。

论,其议决暂适用之法律,较司法部所拟为多,且亦略有异同;当即咨请政府查照办理。文略云:‘本院于四月三日(1912 年 4 月 3 日),开会决议,佥以现在国体既更,所有前清之各种法规,已规无效。但中华民国之法律,未能仓猝一时规定颁行。而当此新旧递嬗之交,又不可不设补救之法,以为临时适用之资。此次政府交议当新法律未经规定颁行之前,暂酌用旧有法律,自属可行。所有前清时规定之《法院编制法》《商律》《违警律》及宣统三年(1911 年)颁布之《新刑律》《刑事民事诉讼律草案》,并先后颁布之《禁烟条例》《国籍条例》等,除与民主国体抵触之处,应行废止外,其余均准暂时适用’。”①由此可见,清末《法院编制法》等法律中的检察法律规范,为民国初援用。

但时至 1914 年,北京袁世凯政府即对清末四级三审制审判体制作了调整——废除各地方设置的初级审判厅。因此,原设于初级审判厅的初级检察厅也随之被裁撤。与此同时,袁世凯政府还将全国三分之二的地方审判厅和检察厅撤废。在已撤废审检厅的地方,所有民事刑事诉讼案件,均由县知事兼理或设审判处管辖。为此,1915 年 6 月 20 日北洋政府司法部呈准修正刊行的《法院编制法》,便删除了关于初级审判厅、初级检察厅规定,把总检察厅厅丞改为检察长,各审判衙门各检察厅分置之。而随着北洋政府的没落与南京国民政府的兴起,民国检察制度及其检察机关、检察人员也由衰转兴。

因此,可将 1914 年检方的被裁撤,视为中国检察制度的第一次沉浮。

二、“二落二起”

1927 年 8 月 16 日,国民政府发布《裁撤各级检察厅并改定检察长名称令》指出:“司法事务经纬万端,近值刷新时期,亟应实行改进,即如

① 谢振民编著:《中华民国立法史》(上下册),中国政法大学出版社 2000 年版,第 54~56、989 页。

检察制度。体察现在国情参酌各国法制，实无专设（检察）机关之必要，应自本年10月1日起将各级检察厅一律裁撤，所有原日之检察官暂行配置于各该级法院之内，暂时仍旧行使检察职权。其原设之检察长及监督检察官一并改为各级法院之首席检察官。着司法部迅即遵照筹办，此令。”

随后的同年10月25日，国民政府在颁行的《最高法院组织暂行条例》中，率先推行裁撤检察厅后的体制——于最高法院配置首席检察官1员、检察官5员；而其他地方各级法院，亦配置相应的检察官——法院内只设检察官，不设检察机关及其内设机构。由此结束了清末以来实行的审检分立，而改为审检合署机制。①

而后的1931年11月，人民检察制度随中华苏维埃共和国成立而在其管辖区域内创设。

因此，可将1927年检方的被裁撤，视为中国检察制度的第二次沉浮。

三、“三落三起”

（一）概述

1935年，国统区全国司法会议召开。与会者围绕如何贯彻落实好修正后《中华民国刑事诉讼法》，主张废弃与保留并改善检察制度两派，以提案方式针对检察制度的存废展开了激烈论争。尽管主张保留并改善检察制度派略占了上风，但力主废弃检察制度派并未偃旗息鼓，中华民国检察制度亦遭受重击，甚至诸如张一鹏等主张废弃者，直接否认创设检察制度的微观初心和微观工作志趣——它有碍法官、警察依法履行职权。

因此，可将1935年废除检察制度主张的兴起，视为中国检察制度的

① 所谓审检分立，亦称审检分署，即检察机关或其检察官与法院分别设置的司法制度；所谓审检合署，即检察机关或其检察官设置于法院内，但独立履行检察职权职责的司法制度。参见张思卿主编：《检察大辞典》，上海辞书出版社1996年版，第533～534页。

第三次沉浮。

(二)国统区检察制度的存废论争

国统区当时检察制度存废论争如何？不妨将庄作铭先生的综述观点,原原本本摘录于下:①

1. 当时检察制度之弊端

中国现行之检察制度施行已届10年,毫无成效,其显著之缺陷,约有下列诸端:

第一,组织不合理。一方面,检察署依现制乃隶属于司法行政部,而司法行政部与最高法乃同隶司法院者。司法行政不管辖最高法院,而与最高法院平行。今以与最高法院同级的检察署隶属于与最高法院平行的司法行政部之下,则检察对于最高法院之地位,究系对等或较低一级。此与检察官对法院独立行使职权之精神,大相背谬。其地位、职权以及对下级检察官之关系,均形混淆不清。另一方面,各级检察官在法院之地位颇不明确,事权遂不易划分,业务亦无从发展。纠纷亦因之以生,凡此均为现行检察制在组织上之最大缺陷。

第二,检审摩擦。目前审检状况,院长好比"太太",检察官好比"姨太太",彼此都想当家,就不免争执。各人又有各人的武器,院长握有财权,对于检察官不给钱;检察官就行使职权,对于院长检举财政贪污舞弊,大家勾心斗角,所有精力都用在这上面,闹得法院威信扫地,人民印象不佳。此为检审方面最真实之自白。究其摩擦原因,不外金钱与权位二者,仍不出中国人普遍之最大弱点的争权夺利之思想。

第三,职权滥用:一是假侦查之名,行预审之实;二是滥行羁押;三是任意处分刑事公诉权。

第四,职权怠用。现行检察官,一方面,固滥用职权;另一方面,于其正当职权,又复怠于行使。

---

① 参见庄作铭:《检察制度之研究》,国立武汉大学第十三届(1944年度夏季)学位论文,第67~76页。

就以上四点而论，则中国之现行检察制度发挥其正当职能者少，发生相反的弊害则多；国家设官分职，原为增加社会福利，保障人民，今日中国之检察制度，徒拥虚名，形同赘累，其根本精神，几亦丧失殆尽矣。

2. 庄氏结论

“中国现行检察制度缺点太多，已为不可否认之事实。对比问题之解决，意见纷纭，莫衷一是。

归纳言之，亦不外两种主张：一种为废除现行检察制；另一种为保存现行检察制。后种主张中又分为三派：(1)维持现制；(2)就现制再缩小之；(3)就现制再扩大之”。

3. 废除现行检察制

(民国)二十四年(1935 年)全国司法会议，北大教授燕召亭(1891 ~ 1984 年)、厦大教授张庆祯，[①]便作此种主张。

张庆祯在(民国)二十五年(1936 年)全国司法会议的提案理由中说：“按检察制度之不利于司法现状应即裁撤，国人论之详矣。如云重在弹劾，则人群繁颐，诡伪百出，事非干己，最易漠视。现时检察官所起诉之案件，多由于告诉、告发，其已职权检举者，可谓决无仅有，况犯罪之发觉，既出于人民自卫之结果，而必强夺其诉讼之权，与之检察官，究非妥善之策。如云重在监审，则审检对峙，虽有相当地位之监督，然双

① 燕召亭，即燕树棠(1891 ~ 1984 年)：字召亭，河北定县人，中国近代杰出的法学家和法律教育家。1914 年本科毕业于天津北洋大学法律系。1915 年官费赴美国留学，先后在哥伦比亚大学、哈佛大学、耶鲁大学攻读法律学，获耶鲁大学法学博士学位。1921 年回国，任北洋大学法律系教授兼系主任，同时兼授清华大学法律课程。后任南京国民政府法制局编审。1928 年 9 月至 1931 年 6 月、1937 年 8 月至 1938 年 12 月、1947 年 9 月至 1984 年，3 次任国立武汉大学法学院教授。其间，3 次兼任该校法律系主任主讲民法总则、外国法、国际私法、民法亲属继承法等课程。1935 年任北京大学法律系主任，后任西南联大法律系主任。1938 年 2 月，当选国民政府监察委员；1948 年 7 月，任国民政府司法院大法官。新中国成立后，任武汉大学法律系教授、湖北省政协委员、中国对外文化协会武汉分会理事、中国政治学会理事等职，著有《公道、自由与法》等。张庆祯(生卒不详)：曾任厦门大学法学教授。

方之立场不同，遇事现查自异。意见分歧，究所不免。检察官有时迫于环境，碍于情感，往往怠于上诉。否则意气冲突，为无益之上诉，罔顾人民之拖累，其尤甚者，凭藉其地位，摧残民权，滥押无辜，有损司法之威性。查此制原滥觞于法 14 世纪之王室代表，我国无此沿革，本无采用必要，迄今相袭沿用，职务益繁。每一侦查起诉，公文往返，必经历数种机关，或更迭数次程序，不仅案件稽迟，人民多受累赘，而被告人往往乘此机会，翻供串证，饰词狡辩，诈伪多端，真相混淆，莫可究诘。不如以侦查之时，即为审判之候。发奸蛰伏，较为直捷。”

燕召亭在同次会议的提案理由说：“我国现在检察制度之下，被害人请求昭雪，满腹冤抑，先受检察官起诉不起诉之搁阻，而不能直接请求法院正式审判。倘检察予以不起诉处分，必须再经声请再议之难关，始得足登法庭之门。利害关系人，因此愤懑不平。法律尊严，法院威信，因此而大受损失。检察官若不利用检举之大权，肃清社会犯罪之恶风，是检察制度之精神根本消失，检察官之设置，亦即丧失其意义。检察官侦查与起诉之职务，性质上实审判之一阶段，检察官起诉或不起诉之处分，与审判官所为之有罪之判决，两者性质亦复相似。检察官提起公诉之后，法院又为判决，实等于二重判决，若一案经第一审检察官提起公诉之处分，与第二第三两审检察官所缮具之上诉理由书，再加以三审三次之判决，是现在之三级三审制，实不啻六级六审制矣。程序繁重，而当事人因此所耗费之金钱时间，与所受之痛苦，更不堪设想。检察官认定犯罪嫌疑之充分与不充分而定其起诉与不起诉之处分，多由其自己武断之见解，并无严格法定之限制，而以此为公益之保障，危险实大。”

（民国）二十八年（1939 年）国民参政会之参政员孔庚等，[1]亦提案如此

---

① 孔庚（1871～1950），字文轩，号雯掀，湖北浠水县朱店王祠人。湖北武备学校、日本振武学校和日本陆军士官学校第六期步科毕业。曾任黄埔军校教务长兼编译局长，1922 年在京任孙中山大元帅大本营参议。1927 年 3 月，当选为国民政府委员。1946 年在重庆创刊《民主日报》，并任立法委员。

主张——采用虚三级制度,废弃专设检察制度。他如阮毅成氏,[①]亦是此种主张的激进分子。阮毅成氏说:"考检察制度的起源,乃法国王政时代的产物,其功用在由国家专设弹劾机关,并委以对于犯罪人有起诉之权,而对私人的起诉权,则加以限制。我国改订司法制度之初,即从日本间接模仿。本来公诉权由刑事诉讼法之形式的诉权上观察,与民事诉讼法上的诉权,性质上并无若何差别。由检察官为公诉的原告,而与同时亦为国家官吏的审判官维持正义,在法理上,不甚可通。况我国立国根本主义与政制组织,既与当时的法国及今日的日本迥非一致,勉强模仿,更可不必。而仿行以来忽忽20余年,其利未闻,其弊则到处可见。可以说自采行之日,即同时有撤废的要求。"[②]

综合他们的(主废)理由为:(1)现制度除检察机关而保留检察官,有碍司法行政之统一与整理;(2)《刑事诉讼法》及《刑法》均已扩大自诉范围,检察官除辩理执行外,几无事可做;(3)检察官施行之侦查程序,徒延时日,无补于审判;(4)就世界立法趋势,检察制度亦在必废;(5)检察官从未自动检举犯罪;(6)检察官之侦查与起诉之职务,性质上为审判之一阶段,起诉、不起诉之处分与有罪、无罪之判决亦复相似,以之付与检察官执掌,徒使程序之繁复,增加耗费;(7)检察官多凭主观处分起诉权,危害社会公益;(8)法院方因自诉扩张而工作增加,检方则因自诉扩张而工作减少,双方劳逸不均;(9)检察官起于法国14世纪之王室代表,我国无此沿革,无采用必要;(10)废除检察制以其经费移归法院,可以增加司法经费。

---

① 阮毅成(1904~1988年),1927年毕业于中国公学大学部政治经济系。1931年毕业于法国巴黎大学,获法学硕士学位。抗日战争初期任浙江省政府委员兼民政厅厅长,英士大学教授、行政专修科主任等职。抗战胜利后任国立浙江大学法学院院长,1946年任"制宪"国民大会代表。1949年去中国台湾地区,曾任台湾"中央日报"社社长、台湾政治大学教授兼法律系主任等职,著有《政言》《国际私法》《中国亲属法概论》《法语》等。

② 参见阮毅成著:《法语》,商务印书馆1940年版,第123~127页。之后,他又在所著《所企望于全国司法会议者》一文(载《东方杂志》第30卷第10号)亦曾如他所说的"痛切陈词",主张废除检察制度。

上述10种理由，均有误解，其(1)、(2)、(4)、(6)、(8)诸点，完全与事实不符；(3)、(5)、(7)诸点，亦仅为事实上之缺陷，非制度本身的缺陷，究不能为制度存否之根据；(9)点谓中国无检察制度之沿革，即无采用之必要。则我国法制之继受外国者，不一其例，岂概有相同之沿革，只能以制度之价值而定取舍，何能以制度起源于何国而定取舍？至于(10)点，更属管见。法因检察官既废，院方事务必然增加，经费亦随之增加，况无检察官，则必设国家律师，否则无钱无势之被害人，岂听其含冤？又必须如大陪审官者，否则无人告诉之案件，岂听其侵害社会公益？至于裁判之公平与否，更无人监督。凡此均须大批经费，岂原有检察制之经费所能为功，故废除检察制实不能彼辈所理想的增加司法经费。

退一步言之，从不问主张废除检察制者之理论如何，即径从其主张而毅然废之，则以下诸事实上之问题，亦难解决。如(1)因摄于权势，或于利诱、私和，及因事不关己而不告诉等之犯罪，何人负追诉之责？(2)无法律知识，又无资力请律师之自诉人，何人协助？撤回之自诉而应起诉者，以及辩论终结前自诉人死亡者，何人担当？(3)撤废检察制后，是否亦采国家律师及大陪审官，以救济审判之不公平？(4)无检察官之侦查，是否设预审程序，若废除检察官而设预审推事，又有何取？凡此均为废除检察制后，所不能解决之事实问题。

盖废除检察制度之论者，有一根本之错误，乃将事实问题与理论问题混淆。其所据为废除之理由，尽为检察制度在事实上之缺陷，并非检察制度理论上之缺陷；制度在事实上之不良，岂即制度本身之不良？况中国现行检察制度，所以，在事实上表现不良者，除因其组织、职权、人才诸原因外，尚因中国之特殊政治环境所造成，其责更非全在检察制度本身。若以事实上之缺点，遽主张根本废除检察制度本身，其非因噎废食，因蹶废行之迂论而何？此废除检察制度的主张之不足取也。

4. 保存现行检察制

检察制度之崇高价值，已如本文(《检察制度之研究》)第二章第一节所论。[1] 故在理论上已无非议之处，自有其存在之根据。法律应适合社会生活之要求，论点应着重于中国社会是否需要检察制度之存在？必以此点为根据，而决定此制之存废，方为正确之论断。

就中国社会之实际状况而言，一般人民欠缺法律知识，既无法治精神，尤多自私心理，"各自打扫门前雪，休管他人瓦上霜"；欲使之行公共告劾，焉有可能？况豪强遍地，欺压弱小，被害人畏服强力，何敢告劾？而司法警察与行政官吏又复滥用职权，假借检举犯罪，暗图敲诈，于此种社会情况之下，有一代表国家，司掌公平，为积极追诉犯罪的检察官，正为中国现在实际环境急迫之需要！法律既能适合社会需要，则自有其存在之价值，故保留现行检察制之论者，有其正确之立论根据，余（庄作铭）亦表示赞同此种主张。

虽然检察制度之不应废而应保留，但此种保留的意见中，究采维持现制，或采就现制再缩小之，抑采就现制而扩大之的主张乎？再分别研究之：

（1）维持现制。现行检察制度之缺陷昭彰，改造工作刻不容缓；若云保留检察制，而仅主张维持现制，则不啻维持一有缺陷的制度之存在。

此种抱残守缺之主张，殊不足取。

（2）就现制再缩小之。其理由，谓现行《刑事诉讼法》已扩大自诉范围，检察官亦应缩小于法院内附设检察官若干员；代表国家仅追诉侵害国家法益之犯罪，检察官隶属于各级法院院长指挥监督之下，与推事同；检察官除办理侦查起诉执行等事项外，检方用人行政，概由院长管理。

---

① 即"依上述四点（犯罪为国家法益的侵害，国家为刑罚请求权之主体，犯罪之实质真实的发现，犯罪之一般预防），知检察制度之原理乃基于犯罪为侵害国家法益，国家有捍卫自己法益之权力，应为刑罚请求权之主体。若自动处罚犯罪，究与民主政治相背驰，乃以请求科刑之权付诸检察机关，使之假国家公力以追诉犯罪，可达处罚犯罪到于实质的真程度，而收犯罪之一般预防的效果。以现代之政治思潮的趋势及实际社会生活之需要而论，检察制度之此种原理，有其崇高之价值，诚为一种适合社会要求之法律制度"（第 12 ~ 19 页）。

此主张之动机，大多由于减少审检摩擦而来，已为削脚适履之优容办法；况现制之自诉扩大，已颇有滥诉之虞，检察官之不能充分发挥职能，未始非为现制之所限，若再缩小至检察官隶法院院长之下，是法院院长综理院务之外，尚益以检察职务，遑问其能否胜任，已根本违反现代刑事程序法之立法主义的追诉与审判分离之原则。且自《法院处务规程》颁布后，高地两院行政事务，[①]如会计、统计，已并由法院院长管理，事实上亦无法再将检察制度缩小。

更有进者，领事裁判权撤废后，割裂司法权的军法审判，理应即时收归法院，以杜绝外人口实而表彰中国司法之健全；若再缩小检察制度，则检察官何以应付一切特别刑事之犯罪。凡此均足证明，就现制再缩小论者之不足取也。

(3)就现制而扩大之。曾为司法院在(民国)二十八年(1939 年)国民参政会第二次会议的改善司法制度案中提出，理由略称：[②]

第一，自诉扩大，流弊百出，宜缩小自诉范围，以防滥诉；

第二，各省高院首检为荐任，[③]中央检察长为特任，较其平行机关之首长均低一级，于监督指挥其辖区内之检察事务诸多不便，应分别提高一级，并易其名为检察长及检察总长；

第三，划分院检经费，增设检察处，以划分权责，避免龃龉；

第四，刑事执行职务，既属检察官，理应划监狱由检察官执掌。

四、“四落四起”

1937 年 9 月 6 日，为适应抗日民族统一战线需要，中华苏维埃共和

① 高地两院：高等法院和地方法院。

② 司法院法规研究委员会研究报告第一集[二中华民国十五年(1936 年)5～12 月]。检察制度制存废问题，凡分 3 大派：甲、改进论，办法：①缩小自诉范围；②改各省高院首检为简任；③高地院检经费划分；④刑事执行既属检官，则监狱看守所，应归首检监督。乙、再缩小论。丙、废止论，理由：①无检举之事；②滥觞于 14 世纪法王代表；③检察审判，二重程序；④经费人才，移办法院，决议：应彻底改进。

③ 高院首检：即高等法院首席检察官。

国临时中央政府驻西北办事处，正式更名为陕甘宁边区政府；原西北办事处外交部、工农检察局等机关被撤销。

1939年1月，陕甘宁边区第一届参议会召开，决定在陕甘宁边区高等法院单独设置检察处。

而后，各抗日根据地随着民主政权的建立，人民检察制度也得以恢复建立起来。与此同时，亦开启了中国人民检察制度的审检分立机制。

因此，可将1937年苏区检察机关的撤销，视为中国检察制度的第四次沉浮与人民检察制度的第一次风波。

五、“五落五起”

1942年春，陕甘宁边区等敌后战场出现了极其困难的局面，党中央决定精兵简政。随后，边区高等法院检察处及其内设机构、检察人员均被撤销，检察工作分别由法院和公安保卫机关承担。

时至1945年抗战胜利后，各解放区基本恢复并沿袭了老根据地行之有效的人民检察制度及其机制。

因此，可将1942年革命根据地检察机关的撤销，视为中国检察制度的第五次沉浮与人民检察制度的第二次风波。

六、“六落六起”

1947年3月，国民党军队进犯陕甘宁边区，各级检察机关停止工作。

1949年2月5日，陕甘宁边区政府和高等法院联合决定，由于干部缺乏，检察制度及其检察机关、检察人员可暂不设，其检察权仍由公安机关和群众团体代为执行。

时至1949年10月22日，罗荣桓（1902～1963年）检察长在第一次最高人民检察署检察委员会议上，正式宣布最高人民检察署成立，并于11月1日正式启用印信对外办公。这也标志新中国人民检察制度的正式确立。①

因此,可将1947年陕甘宁边区检察机关停止工作,视为中国检察制度的第六次沉浮与人民检察制度的第三次风波。

七、"七落七起"

1949年2月28日,中共中央发布《关于废除国民党的六法全书与确定解放区的的司法原则的指示》指出:"在无产阶级领导的工农联盟为主体的人民民主专政政权下,国民党的六法全书应该废除。人民的司法工作,不能再以国民党的六法全书为依据,而应该以人民的新的法律作依据。在人民新的法律还没有系统地发布以前,应该以共产党的政策以及人民政府与人民解放军所已发布的各种纲领、法律、条例、决议作依据。"随后,国民党检察制度被废止。

因此,可将1949年废除国民党检察制度,视为中国检察制度的第七次沉浮。

八、"八落八起"

1951年全国编制会议在京召开,决定精兵简政,并让检察机关"名存实亡"——只保留名义,不设机构,不配备干部,检察工作由公安机关兼办。会后,各地纷纷照此行动。

另据《1954年3月29日中央政法委员会董必武主任在第二届全国检察工作会议上的讲话》[载《中央和中央领导同志对检察工作历次指示汇编(1950~1968)》,最高人民检察院办公厅1993年编印,第10页]披露,1951年11月,为了厉行节约,中央号召各机关能合并的合并,可裁减的裁减。我们中央政法五机关响应中央的号召,很快地改组为联合办公……但中央还未确定那些机关应裁并,那些机关应合署办公时,地

① 罗荣桓(1902~1963年),中华人民共和国元帅,中华人民共和国成立后任最高人民检察署首任检察长、政务院政治法律委员会委员。

方上就动起手来,有的地方就将检察署撤了。有同志向我(董必武)反映这种情形,我向毛主席请示后,才决定检察署不裁,但暂时停止发展。合署办公也不是合并……对于检察署,中央的精神是凡属地方公安机关负责人兼当地检察长的,检察署可与公安机关合署办公,如不是这样,就不一定。但下面不是这样做,如吉林省竟将检察署整个撤了,后来我们与东北负责同志讲通后,才恢复了一部分。

而后,经时任广州市人民检察署检察长郑北辰同志给毛泽东主席写信反对,以及经高检署党组书记、常务副检察长李六如等人向周恩来、董必武反映,并由他们向毛主席建议不精简、撤销检察机关及其检察人员;①之后,毛主席、党中央决定保留检察机关,恢复检察工作。

因此,可将1951年让检察机关的"名存实亡",视为中国检察制度的第八次沉浮与人民检察制度的第四次风波。

九、"九落九起"

1960年冬,康生(1898~1975年)、谢富治乘国务院机构改革之际,决定取消最高人民检察院,只留25人归公安部领导。②

另据《中共中央关于中央政法机关精简机构和改变管理体制的批复》[1960年11月11日,载《中央和中央领导同志对检察工作历次指示汇编(1950~1968)》,最高人民检察院办公厅1993年编印,第262页]规定,对于10月21日所报公、检、法三机关合署办公和改变政法部门管

---

① 李六如(1887~1973年),我国当代著名法学家、人民检察理论的主要奠基人之一。早年留学日本。日本投降后,赴东北任热河省政府秘书长、中共热河省委常委、东北人民政府财经委员会副主任、司法部部长和法院院长等职。中华人民共和国成立后曾任最高人民检察署副检察长、党组书记、代检察长。

② 1960年7月至1961年9月,国务院进行机构改革,主要集中在中央一级机关进行干部精简运动。这次干部精简以事业单位为重点,对行政部门和事业单位同时进行精简。经过一年多的努力,在机构方面,中央各部门司局级机关减少15%,事业单位减少26%;行政机关精简1.6万余人,事业单位精简6.5万余人。

理体制问题，中央书记处作如下决定：(1)中央公安部、最高人民检察院、最高人民法院三机关合署办公。对外，三机关名义不变，保留三块牌子，三个大门出入；对内，由公安部党组统率。两院各出一人参加公安部党组，以加强工作联系。(2)三机关合署办公后，最高人民检察院保留二三十人，最高人民法院保留五十人左右，各设一办公室，分别处理检察、法院的必要业务工作。最高人民检察院检察委员会、最高人民法院审判委员会和检察员、审判员、书记员等名义，保留不变，以便在必要时执行职务。

随后，张鼎丞检察长代表广大检察干部和最高人民检察院党组向刘少奇、彭真作了反映。他们都坚持认为检察机关不能取消；刘少奇说，要有检察制度，检察机关是没有问题的，不是削弱，而是要加强。彭真说，关于检察机关、检察制度有无存在必要性的问题，中央从来没有讲过说不要，你们的工作证明检察机关是起了作用的。这样一来，又一次刹住了“取消风”。

因此，可将1960年公、检、法三机关合署办公，视为中国检察制度的第九次沉浮与人民检察制度的第五次风波。

十、“十落十起”

1967年1月30日，最高人民检察院遭到造反、夺权，工作陷入瘫痪。

1968年12月，在谢富治的授意下，最高人民检察院军代表、最高人民法院军代表、内务部军代表和公安部领导小组联合提出《关于撤消最高人民检察院、内务部、内务办三个单位，公安部、高法院留下少数人的请示报告》指出：“高检完全是抄苏修的，群众早就说该取消(江青认为)。”随后，得到毛泽东等中央领导圈阅、批准。

1977年10月，中共中央印发《关于征求修改宪法意见的通知》，全国各地区、各部门组织广大干部群众，对如何修改宪法进行了认真的讨论。鉴于“文化大革命”中法制被破坏，公民权利被践踏，人民的生命安全毫无保证的惨痛教训，在征集的宪法修改意见中，全国有19个省、自治区、直辖市和人民解放军八大军区，35个中共中央直属机关、国家机关及军事机关，都一致提出了"重新设立人民检察院"的建议，并非常全面地分析和说明了重新设置检察院的必要性和重要性。

随后，在1978年2月26日召开的第五届全国人民代表大会第一次会议上，叶剑英委员长受中共中央委托，代表修改宪法委员会作的《关于修改宪法的报告》中指出："鉴于同各种违法乱纪行为作斗争的极大重要性，宪法修改草案规定设置人民检察院。国家的各级检察机关按照宪法和法律规定的范围，对于国家机关、国家机关工作人员和公民是否遵守宪法和法律，行使检察权。在加强党的统一领导和依靠群众的前提下，充分发挥公安机关、检察机关、人民法院这些专门机关的作用，使它们互相配合又互相制约，这对于保护人民，打击敌人，是很重要的。'四人帮'疯狂叫嚷并且实行'砸烂公检法'，严重地破坏了无产阶级专政的国家机器，甚至把专政矛头指向党内和人民内部。我们必须彻底清算'四人帮'破坏公检法的罪行，总结经验教训，加强社会主义法制。"①

此后1978年3月5日通过的《宪法》第43条规定，重新设置人民检察院——"最高人民检察院对于国务院所属各部门、地方各级国家机关、国家机关工作人员和公民是否遵守宪法和法律，行使检察权。地方各级人民检察院和专门人民检察院，依照法律规定的范围行使检察权。人民检察院的组织由法律规定。最高人民检察院监督地方各级人民检察院和专门人民检察院的检察工作，上级人民检察院监督下级人民检察院的检察工作。最高人民检察院对全国人民代表大会和全国人民代表大会常务委员会负责并报告工作。地方各级人民检察院对本级人民

① 参见李士英主编：《当代中国的检察制度》，中国社会科学出版社1988年版，第183～184页。

代表大会负责并报告工作。”①

因此，可将1968年《关于撤消最高人民检察院、内务部、内务办三个单位，公安部、高法院留下少数人的请示报告》的被圈阅，视为中国检察制度的第十次沉浮与人民检察制度的第六次风波。

十一、“十一落十一起”

1996年3月17日，第八届全国人民代表大会第四次会议通过《全国人民代表大会关于修改〈中华人民共和国刑事诉讼法〉的决定》，取消检方原来享有的“免予起诉权”。其中，第52条规定：“（1979年《中华人民共和国刑事诉讼法》）第93条（人民检察院侦查的案件，侦查终结后，应当作出提起公诉、免予起诉或者撤销案件的决定。公安机关侦查的案件，侦查终结后，应当写出起诉意见书或者免予起诉意见书，连同案卷材料、证据一并移送同级人民检察院审查决）改为第129条，修改为：‘公安机关侦查终结的案件，应当做到犯罪事实清楚，证据确实、充分，并且写出起诉意见书，连同案卷材料、证据一并移送同级人民检察院审查决定’。”

因此，可将1996年《刑事诉讼法》取消检方的免予起诉权，视为中国检察制度的第十一次沉浮与人民检察制度的第七次风波。

---

① 而值得说明的是，“由公安机关代行检察权”并非1975年《宪法》首创，而是中国人民检察制度之“惯例”。例如，“公安局依法提起公诉时，即将差犯送交司法机关羁押”［《山东省各级公安局拘押差犯暂行条例》（1942年9月27日）第6条］，“区级以上政府及公安机关为维护社会秩序、群众利益，得代表国家执行检察权，对刑事被告提起公诉”［《苏中区处理诉讼案件暂行办法》（1944年10月19日）第16条］，“检察官之职权，由法院检察官行使之；在未设检察官之前，由公安总局代理行之”（《修正淮海区审理司法案件暂行办法》第8条）。进言之，为维护执政地位和根基，作为权力基本主体的国家（国家代表），既可将某一权力始终赋予某一特定的承受（或职能）主体——国家机关及其内设部门、国家工作人员，也可将某一权力由甲转授给乙，甚至将原有的某一权力分解后转授给多个承受主体，乃至将原有某一权力取消情形的客观存在。究其原因关键在于，看承受主体行使权力的最终主旨和实际效果，是否有利于国家代表执政地位和根基的真正巩固。

十二、"十二落十二起"

2016～2017年，随着中共中央办公厅《关于在北京市、山西省、浙江省开展国家监察体制改革试点方案》和《关于在全国各地推开国家监察体制改革试点方案》与全国人大常委会《关于在北京市、山西省、浙江省开展国家监察体制改革试点工作的决定》和《关于在全国各地推开国家监察体制改革试点工作的决定》以及《监察法》的相继下发和颁行，检方面临减权、转隶。

一方面，《关于在北京市、山西省、浙江省开展国家监察体制改革试点工作的决定》明确规定："试点地区监察委员会按照管理权限，对本地区所有行使公权力的公职人员依法实施监察；履行监督、调查、处置职责，监督检查公职人员依法履职、秉公用权、廉洁从政以及道德操守情况，调查涉嫌贪污贿赂、滥用职权、玩忽职守、权力寻租、利益输送、徇私舞弊以及浪费国家资财等职务违法和职务犯罪行为并作出处置决定，对涉嫌职务犯罪的，移送检察机关依法提起公诉。为履行上述职权，监察委员会可以采取谈话、讯问、询问、查询、冻结、调取、查封、扣押、搜查、勘验检查、鉴定、留置等措施"；"在北京市、山西省、浙江省暂时调整或者暂时停止适用《中华人民共和国行政监察法》，《中华人民共和国刑事诉讼法》第3条、第18条、第148条以及第二编第二章第十一节关于检察机关对直接受理的案件进行侦查的有关规定，《中华人民共和国人民检察院组织法》第5条第2项，《中华人民共和国检察官法》第6条第3项，《中华人民共和国地方各级人民代表大会和地方各级人民政府组织法》第59条第5项关于县级以上的地方各级人民政府管理本行政区域内的监察工作的规定。其他法律中规定由行政监察机关行使的监察职责，一并调整由监察委员会行使。"

另一方面，《关于在全国各地推开国家监察体制改革试点工作的决定》也明确规定：

第一，在各省、自治区、直辖市、自治州、县、自治县、市、市辖区设立监察委员会，行使监察职权；将县级以上地方各级人民政府的监察厅（局）、预防腐败局和人民检察院查处贪污贿赂、失职渎职以及预防职务犯罪等部门的相关职能整合至监察委员会；监察委员会由本级人民代表大会产生；监察委员会主任由本级人民代表大会选举产生；监察委员会副主任、委员，由监察委员会主任提请本级人民代表大会常务委员会任免。监察委员会对本级人民代表大会及其常务委员会和上一级监察委员会负责，并接受监督。

第二，监察委员会按照管理权限，对本地区所有行使公权力的公职人员依法实施监察；履行监督、调查、处置职责，监督检查公职人员依法履职、秉公用权、廉洁从政以及道德操守情况，调查涉嫌贪污贿赂、滥用职权、玩忽职守、权力寻租、利益输送、徇私舞弊以及浪费国家资财等职务违法和职务犯罪行为并作出处置决定；对涉嫌职务犯罪的，移送检察机关依法提起公诉。为履行上述职权，监察委员会可以采取谈话、讯问、询问、查询、冻结、调取、查封、扣押、搜查、勘验检查、鉴定、留置等措施。

第三，在试点工作中，暂时调整或者暂时停止适用《中华人民共和国行政监察法》，《中华人民共和国刑事诉讼法》第 3 条、第 18 条、第 148 条以及第二编第二章第十一节关于检察机关对直接受理的案件进行侦查的有关规定，《中华人民共和国人民检察院组织法》第 5 条第 2 项，《中华人民共和国检察官法》第 6 条第 3 项，《中华人民共和国地方各级人民代表大会和地方各级人民政府组织法》第 59 条第 5 项关于县级以上的地方各级人民政府管理本行政区域内的监察工作的规定。其他法律中规定由行政监察机关行使的监察职责，一并调整由监察委员会行使。其中：

——《刑事诉讼法》规定："对刑事案件的侦查、拘留、执行逮捕、预审，由公安机关负责。检察、批准逮捕、检察机关直接受理的案件的侦查、提起公诉，由人民检察院负责。审判由人民法院负责。除法律特别规定的以外，其他任何机关、团体和个人都无权行使这些权力。人民法院、人民检察院和公安机关进行刑事诉讼，必须严格遵守本法和其他法律的有关规定”（第3条）；“刑事案件的侦查由公安机关进行，法律另有规定的除外。贪污贿赂犯罪，国家工作人员的渎职犯罪，国家机关工作人员利用职权实施的非法拘禁、刑讯逼供、报复陷害、非法搜查的侵犯公民人身权利的犯罪以及侵犯公民民主权利的犯罪，由人民检察院立案侦查。对于国家机关工作人员利用职权实施的其他重大的犯罪案件，需要由人民检察院直接受理的时候，经省级以上人民检察院决定，可以由人民检察院立案侦查。自诉案件，由人民法院直接受理”（第18条）；“公安机关在立案后，对于危害国家安全犯罪、恐怖活动犯罪、黑社会性质的组织犯罪、重大毒品犯罪或者其他严重危害社会的犯罪案件，根据侦查犯罪的需要，经过严格的批准手续，可以采取技术侦查措施。人民检察院在立案后，对于重大的贪污、贿赂犯罪案件以及利用职权实施的严重侵犯公民人身权利的重大犯罪案件，根据侦查犯罪的需要，经过严格的批准手续，可以采取技术侦查措施，按照规定交有关机关执行。追捕被通缉或者批准、决定逮捕的在逃的犯罪嫌疑人、被告人，经过批准，可以采取追捕所必需的技术侦查措施”（第148条）。

——《人民检察院组织法》第5条第2项规定，各级人民检察院行使“对于直接受理的刑事案件”的职权。

——2017年《检察官法》第6条第3项规定，检察官依法享有“对法律规定由人民检察院直接受理的犯罪案件进行侦查”的职责。

此外，《监察法》第11条也明确规定，监察委员会依照本法和有关法律规定履行监督、调查、处置职责：(1)对涉嫌贪污贿赂、滥用职权、玩忽职守、权力寻租、利益输送、徇私舞弊以及浪费国家资财等职务违法和职务犯罪进行调查；(2)对涉嫌职务犯罪的，将调查结果移送人民检察院依法审查、提起公诉。

因此，可将2016～2017年上述两《方案》和《决定》的下发、颁行，视为中国检察制度的第十二次沉浮与人民检察制度的第八次风波。

十三、落起前的理论纷争

中国检察制度在每落每起之前，也有相应的唱兴衰的思想、理论出现；而无论针对旧新中国检察制度的，还是针对国民党或共产党检察制度的，"主立或挺立""挺检"派与"主废或挺废""撤检"派，都概莫能外——挺有挺的理由，撤有撤的缘故。其中，旧中国"挺检"派者多为本土化非法学科班出身的人士，"撤检"派者多为科班出身的法学院校精英；新中国"挺检"派者多为检察系统人士，"撤检"派者多为非检察系统人士尤其是少数学者。

例如，"根据史料记载，早于北洋军阀专政时期，即有不少人主张废检察制度……受狭隘的司法独立思想以及传统重监察的理论影响，在国民党执政以前，主张废除检察制度的呼声已很高很杂，已形成不利检察制度存续的舆论导向。到 1927 年国民党政府执政时，即出现了裁撤检察机关的一系列举措……由于裁撤检察机关对刑事检控不利，并直接影响国民党一党专政的国家统治，所以，当时并未真正废除检察制度，只是将各级检察厅废弃，而代之以检察署或检察处。因此，主张废弃检察制度的人很有意见。到 1935 年全国召开司法会议，不少人提出的司法改革议案中都含有废止检察制度的内容。当时围绕如何贯彻修改后的《刑事诉讼法》，主张废弃检察制度和主张保留并改善检察制度的两派，在这次会议上以提案论证为形式，展开了激烈的争论"。①

再如，"陕甘宁边区检察制度的存废之争，发生于 1943 年初的司法大检讨期间……由于李木庵（1884～1959 年）、朱婴（1899～1970 年）、鲁佛民（1881～1944 年）等接受过专业法律教育，受到西方司法理念熏陶，熟悉国民政府法律，并有一定司法经验，在延安司法工作中，他们强调司法正规化、司法独立、司法专业化，在检察制度方面，主张建立独立

① 参见龙宗智等著：《知识与路径：检察学理论体系及其探索》，中国检察出版社 2011 年版，第 113～115 页。

检察制度。雷经天(1904～1959年)则是理科出身,参加革命后,多从事党政及军队工作,任职于陕甘宁边区高等法院之前,没有任何的法律知识与背景,其法律思想主要来自革命思想和革命实践。即强调政府领导司法,强调司法的政治性,而非专业化”。①

又如,时至新中国特别是检察机关恢复重建后的20世纪80年代至今,唱衰检察制度的声音仍不绝于耳。其中,代表性的文章有(以出版时间先后为序):《民事抗诉权质疑和民事检察工作的基本思路》(方如初,《法制论丛》1996年第2期),《关于司法改革的若干思考》(崔敏,《诉讼论丛》1998年第2卷),《检察机关的角色定位与诉讼职能的重构》(郝银钟,《刑事法评论》1999年第1期),《中国检察权研究》(郝银钟,《刑事法评论》1999年第2卷),《检察权质疑》(郝银钟,《中国人民大学学报》1999年第3期),《建议修改宪法:改变“两大司法机关”格局》(崔敏,《人大研究》1999年第4期),《实然与应然:关于侦检权是否属于司法权的随想》(郝银钟、陈卫东,《法学》1999年第6期),《中国检察院体制应予取消》(夏邦,《法学》1999年第7期),《对现行民事监督的法律思考》(黄松有,《人民法院报》2000年1月9日),《检察监督与审判独立》(黄松有,《法学研究》2000年第4期),《中国检察权研究》(郝银钟,《刑事法评论》(第5卷),中国政法大学出版社2000年版,第90～131页),《评检察机关法律监督合理论》(郝银钟,《环球法律评论》2004年第4期),《评检察机关法律监督合理论》,(郝银钟,《社会观察》2005年第2期),《为什么检察制度屡受质疑》(崔敏,《法学》2007年第7期)……正是“欲知大道,必先为史。灭人之国,必先去其史”(龚自珍《古史钩沉论》中语)。因此,注重检察理论研究的重要、现实意义,不言自明。

另外,值得说明的是,随着时间的推移,上述“唱衰检察制度”人士

① 参见巩富文主编:《陕甘宁边区的人民检察制度》,中国检察出版社2014年版,第136～142页。

(如陈卫东教授)的观点亦发生变化,甚至成为“挺检派”。

此外,检方应始终保有忧患意识,同时还应防止“众口铄金”怪相的出现。

总之,无论外国还是中国,也无论法治国还是人治国,检察权的扩大还是缩小,甚至保持不变或消亡,都应与国家代表创设检察制度的初心相适应,也都应与国家代表管理国家的内在用意和外在要求相适应。进言之,中国检察制度的“九落九起”,既是一种苦难锻炼,也是推动检方继续前进的动力源泉。而之所以这么说,因为,苦难历程与经验教训,更容易让人铭记而奋起。例如,尽管新中国成立初期中国检方就经历了1951年与1960年的“两落两起”,但期间通过全国检察人员的共同努力,也迎来过新中国检察事业的“黄金时期”(1954~1957年)与“中兴小高潮”(1960~1964年),并以实际行动和优良成绩“回答了取消主义者”的错误、违法。[①]

① 参见王桂五著:《王桂五论检察》,中国检察出版社2008年版,第444~445页、第457~467页。

第十二章　中国检察工作的经验教训与现存问题

第一节　概　　述

《辞海》(缩印本)有云:经验“泛指由实践得出来的知识或技能”;① 教训“今称从失败或错误中取得的经验”。② 故检察工作经验教训,是指从检察工作实践特别是其中的失败或错误经历中所得到的知识、技能或启示。

另外,据划分标准的不同,可将检察工作的经验教训分为许多种类。例如,据总结主体的不同,可将其分为官方与非官方、单位与个人总结的检察工作经验教训;据总结范围、时间段的不同,可将其分为针对整体与局部、五年与一年而为的检察工作经验教训总结,等等。

此外,实践中最常见的检察工作经验教训总结方式主要有 3 种:一是检方主要是中央和地方各级人民检察院检察长,通过该院每年《人民检察院工作报告》,而对上一年度该院检察工作经验教训的全面总结;二是检方主要是中央和地方各级人民检察院检察长,通过四年或五年任期届满《人民检察院工作报告》,而对四年或五年任期内该院检察工

① 辞海编辑委员会编:《辞海》(缩印本),上海辞书出版社 1980 年版,第 116 页。

② 辞海编辑委员会编:《辞海》(缩印本),上海辞书出版社 1980 年版,第 1468 页。

作经验教训的全面总结；[①]三是检方主要是中央和地方各级人民检察院检察长通过检察工作会议，对一定时期内本院检察工作特别是专门检察工作之经验教训的全面总结。

再者，《新华词典》有言：问题即“需要解决的矛盾”。[②] 因此，检察工作的现存问题，即某一时间段检察工作存在的需要解决的主要矛盾。

最后，之所以直面、总结并汲取检察工作经验教训与现存问题的关键在于，实践证明，领导我们的核心力量——中国共产党不仅具有勇于自我革命的勇气，而且具有自我净化、自我完善、自我革新、自我提高的能力。因此，由中国共产党绝对领导的检方，也势必同样具备勇于自我革命的勇气，与自我净化、自我完善、自我革新、自我提高的能力。

总之，170 余年的中国检察实践表明，检察工作的经验教训乃至错误失败，是检方走向成功的动力、催化剂或阶梯；而检察工作的现存问题，则是检方走向胜利的航标、着力点。与此同时，还应切忌，对待经验教训也好，对待现存问题也罢，都不能：错而不知，知而不悔，悔而不改，改而不铭，铭而不用，用而不竭；而必须做到：错而知，知而悔，悔而改，改而铭，铭而用，用而竭。归根结底，“政法工作（包括检察工作）是党和国家工作的重要组成部分，政法机关（包括检察机关）是人民民主专政的重要国家政权机关，政法队伍（包括检察队伍）是法治中国、平安中国建设的重要力量。政法机关和政法队伍要牢固树立‘四个意识（政治意识、大局意识、核心意识和看齐意识）’，坚决维护以习近平同志为核心的党中央权威和集中统一领导，旗帜鲜明讲政治，永葆忠于党、忠于国家、忠于人民、忠于法律的政治本色；要深入贯彻党中央关于全面依法治国的战略部署，坚定不移走中国特色社会主义法治道路，把坚持党的

---

① 就我国而言，检察长任期与产生他的人大及其常委会任期相同。“文革”之前任期为四年，之后为五年。同时值得注意的是，上级检察院的工作报告对下级检察院有约束力。究其原因，“检察一体化原则”使然。

② 商务印书馆辞书研究中心：《新华字典》，商务印书馆 2003 年版，第 1031 页。

领导贯彻到依法治国全过程;要加强政法机关党的建设,把思想政治建设摆在首位,严肃党内政治生活,选好配强领导班子,严格队伍管理,打造一支政治过硬、业务过硬、责任过硬、纪律过硬、作风过硬的政法干部队伍;要严明政治纪律和政治规矩,强化管党治党政治担当,落实全面从严治党各项要求,深入开展党风廉政建设和反腐败斗争,防范廉洁风险,提高司法公信力,维护社会公平正义;要全面深化司法体制改革,强化思想自觉和行动自觉,坚持问题导向,勇于自我革新”。①

第二节　新中国检察工作的经验教训

高检院应如何总结新中国检察工作的经验教训?除历年向全国人大及其常委会提交《最高人民检察院工作报告》(包括上一年和任期届满工作报告)或者专项工作报告外,高检院主要通过全国检察工作会议进行梳理、总结。②

---

① 参见《习近平主持召开政治局会议　分析研究当前经济形势和经济工作》,载新华网,http://www.xinhuanet.com,2017 年 4 月 25 日访问。

② 目前已举行全国检察工作会议依次:1950 年 7 月 26 日至 8 月 11 日,1954 年 3 月 17 日至 4 月 10 日,1956 年 3 月 19 日至 4 月 1 日,1958 年 6 月 23 日至 8 月 18 日,1960 年 2 月 10～27 日,1962 年 11 月 1～15 日,1978 年 12 月 16～27 日,1988 年 2 月 25 日至 3 月 6 日,1992 年 5 月 4～9 日,1996 年 7 月 8～12 日,2003 年 1 月 4～6 日,2006 年 6 月 29～30 日,在北京举行的第 1～12 次,以及 2011 年 7 月 16～20 日在宁夏银川举行的第 13 次;2016 年 7 月 20～21 日在吉林长春举行的第 14 次。而总的来说,“文革”前时间不定,而“文革”后通常每 5 年召开一次全国检察长工作会议。而第一届全国检察工作会议,亦称“第一次全国司法会议”“第一届全国公安工作会议”“第一届全国法院工作会议”。因为,它属于公检法司四机关联合举行。为何未继续召开第二次司法会议?1951 年秋后,四机关曾又准备联合召开第二届全国司法会议,要讨论的问题也已发下去征求意见,但在是年 11 月,北京中央机关开始了增产节约运动。为了厉行节约,中央号召各机关能合并的合并,可裁减的裁减。我们中央政法五机关响应中央的号召,很快地改组为联合办公。根据中央的号召,在当时的财经会议上提出了一些具体的节约办法,对于各机关有裁,并或合署办公等建议。中央政法五机关联合办公刚开始,即同中央各机关一道搞“三反”运动,随着全国专区以上各机关都紧张地、大张旗鼓地搞“三反”。“三反”未完,“五反”运动来了。正在全国大中

当然，也有非官方通过编写诸如《中华人民共和国检察制度研究》等著述而进行梳理、总结的特殊情况。那么，新中国检察工作的经验教训究竟有哪些呢？主要包括三个方面。当然，对待这些梳理总结，既不能"执古以绳今，是为诬今"，也不能"执今以律古，是为诬古"，须客观辩证。

一、官方梳理、总结的

（一）1949～1959 年①

10 年来，我们经历了一场尖锐的激烈的"兴无灭资"的斗争。应该说，我们是基本上经受住了这个考验，基本上完成了检察机关所担负的对敌斗争任务，取得了检察工作上两条道路和两条路线斗争的决定性胜利。但是，我们在这场"兴无灭资"的斗争中却犯了右倾保守的错误。其基本的原因，就是还没有站稳无产阶级的立场，还没有按照唯物论、辩证法办事。总的来说，就是缺乏坚强的党性，这就是 8 年来经验教训的基本点。具体来讲：

第一，社会主义革命要求我们每一个干部必须进一步彻底改造自己的非无产阶级思想，站稳无产阶级立场，否则就不能很好地领导和参加

城市进行"五反"的时候，全国知识分子为了批判资产阶级思想的毒害，又开展了知识分子的思想改造运动。我们全国司法机关紧接着开展了司法改革运动。大家都知道我们所说的运动的规律，凡属大规模运动一开始，许多机关工作人员都投入运动，机关的一般工作差不多都停了。因此，中央政法五机关就没有时间去考虑二届司法会议的问题（参见《1954 年 3 月 29 日中央政法委员会董必武主任在第二届全国检察工作会议上的讲话》，载《中央和中央领导同志对检察工作历次指示汇编（1950～1968）》，最高人民检察院办公厅 1993 年编印，第 10～11 页）。

① 参见《张鼎丞检察长关于第四次全国检察工作会议的总结（1958 年 8 月 16 日）》，载闵钐编：《中国检察史资料选编》，中国检察出版社 2008 年版，第 608～610 页；张鼎丞：《坚持人民民主专政的正确路线——人民检察工作十年的基本总结》，载《检察工作的十年（1949～1959）》，最高人民检察院 1960 年编印，第 12～13 页。

这个革命斗争，就过不好社会主义这一关，就很容易在大是大非的问题上发生错误。

第二，由于没有从政治上区分清楚“两个革命”的界限，所以也很容易受资产阶级法律观点的影响。

第三，不懂得尊重唯物论、辩证法，主要表现为教条主义和经验主义。

第四，在对敌斗争上，混淆了社会主义革命阶段的敌我界限，往往把敌我矛盾当作人民内部矛盾来处理；在少数情况下，也有把人民内部矛盾当作敌我矛盾来处理的。

第五，在检察机关内部的政治思想斗争上，对于过渡时期激烈的阶级斗争在检察机关内部的反映也认识不清，估计不足；对于检察机关中片面强调监督、忽视专政，片面强调垂直领导、忽视党的绝对领导等错误，只看做是一般性的缺点错误，没有提高到方针原则上来认识，没有提高到立场问题上来认识：一是混淆两类矛盾，忽视对敌人的专政，甚至把检察机关的斗争锋芒转向人民内部；二是忽视党的领导，片面地强调对人民公安机关、人民法院的制约作用，强调特权，闹独立性，脱离群众，孤立办案；三是脱离阶级斗争和敌我斗争形势，不调查，不研究，孤立地从法律条文出发，脱离实际，主观臆断。

因此，作为人民民主专政武器之一的人民检察院，仍然要毫不动摇地执行人民民主专政的任务，坚持贯彻执行人民民主专政的正确路线，继续提高马克思列宁主义的思想水平和理论水平，把“兴无灭资”的斗争进行到底。

（二）1960～1964 年①

4 年来的实践，更加证明党中央、毛主席关于依靠群众专政、依靠群

① 参见张鼎丞：《最高人民检察院工作报告——1964 年 12 月 26 日在第三届全国人民代表大会第一次会议上》，载《最高人民检察院工作报告集》，中国检察出版社 1999 年版，第 45 页。

众办案的方针是完全正确的,这是检察工作必须遵循的根本方针。我们深深体会到,要在检察工作中贯彻这个方针,必须使广大检察干部从思想上明确解决这样一个原则问题——我们同违法犯罪作斗争,是依靠广大群众,还是依靠少数“专家”?是依靠群众的革命斗争,还是单纯依靠法律手段?这是检察工作上两种思想、两条路线的斗争,是进一步清除资产阶级、封建阶级旧法思想的大革命。只有认真搞好这个革命,才能坚定不移地贯彻依靠群众专政、依靠群众办案的方针,使检察机关的工作在党的领导下,真正建立在广大群众的基础上。

(三)1978～1983年①

5年来,各级人民检察院是遵循下列原则进行工作的:一是从政治经济形势出发,认真贯彻执行党的方针、政策,国家的宪法、法律和人民代表大会的决议;二是严格执行宪法赋予检察机关的职责,努力发挥法律监督机关的作用;三是坚持按照法律规定,积极办理国家工作人员中的违法犯罪案件;四是不断加强检察队伍的思想建设、组织建设和业务建设;五是人民检察院在工作中实行民主集中制的原则。

5年来,各级人民检察院在中央和各级党委的领导下,在各级人大常委会的监督下,严格依照党的方针、政策和国家的宪法、法律办事,在打击反革命分子和其他犯罪分子,维护社会主义法制,保护国家和人民的权益,保障社会主义现代化建设的胜利发展的斗争中,发挥了法律监督机关的作用。但是,我们的工作同党和人民的要求还有很大距离。各项检察业务工作在一些地方还没有全面展开,法律监督工作中的一些问题仍然需要研究改进,检察机关的组织机构和规章制度还不健全,检察干部队伍的政治素质和业务水平还不高,我们的工作作风和工作方法还不能适应新的形势和任务的要求。

---

① 参见黄火青:《最高人民检察院工作报告——1983年6月7日在第六届全国人民代表大会第一次会议上》,载《最高人民检察院工作报告集》,中国检察出版社1999年版,第75～79页。

(四)1984～1988 年[①]

1988 年 2 月召开的第八次全国检察工作会议,总结了检察机关重建以来的经验,讨论了检察机关的今后任务,研究了检察体制的改革,以增强法律监督职能,进一步发挥检察机关在国家政治生活、经济生活中的作用。

这次会议在总结经验的基础上,确定了检察工作今后一个时期的基本任务,就是坚持党在社会主义初级阶段的基本路线,坚持"一手抓建设和改革,一手抓法制"的方针,以保卫和促进经济建设和改革开放为中心,以搞好自身的改革为动力,紧紧围绕法律监督这个主线,全面开展各项检察业务,坚持不懈地打击刑事犯罪和经济犯罪,切实保护公民的合法权益,保证法律的正确实施,更好地为改革、开放服务,推进社会主义民主和法制建设,促进社会生产力的发展。

这次会议,对检察体制改革的意见主要是:一要增强法律监督职能,健全法律监督程序;二要完善检察系统的领导体制,加强上级检察机关对下级检察机关的领导;三要改革人事工作制度,建立检察干部管理体制;四要改善执法条件,为实施法律监督提供经费和物质保障;五要增设派出机构,加强基础工作。

(五)1989～1993 年[②]

1992 年 5 月召开的第九次全国检察会议,初步总结了为经济建设服务、建设有中国特色的社会主义检察制度的经验。

根据党的第十四次全国代表大会对检察工作和法制建设提出的新要求,检察机关在今后工作中应该注意"八个坚持":一坚持检察工作必

① 参见杨易辰:《最高人民检察院工作报告——1988 年 4 月 1 日在第七届全国人民代表大会第一次会议上》,载《最高人民检察院工作报告集》,中国检察出版社 1999 年版,第 118～121 页。

② 参见刘复之:《最高人民检察院工作报告——1993 年 3 月 22 日在第八届全国人民代表大会第一次会议上》,载《最高人民检察院工作报告集》,中国检察出版社 1999 年版,第 178～180 页。

须为经济建设服务的指导思想，坚定地贯彻“两手抓”的方针；二坚持依法独立行使检察权，不断强化法律监督职能；三坚持专门工作与群众路线相结合；四坚持严厉打击严重经济犯罪，按照“一要坚决，二要慎重，务必搞准”的原则，打击犯罪这一手必须硬，不能软；但在定罪和定性时要求慎重，务必搞准；五坚持严格执法；六坚持解放思想，实事求是；七坚持和完善上级检察院依法领导下级检察院的体制；八坚持不断加强思想政治工作，加强队伍建设。

（六）1994～1998 年①

回顾 5 年来的工作，我们深深体会到，坚持党对检察工作的绝对领导，自觉接受人民代表大会及其常委会的监督，依靠人民群众的支持，是依法独立行使检察权，正确履行法律监督职责的根本保证。

我们还体会到，在新形势下开展检察工作，必须做到：一要以经济建设为中心，围绕大局开展检察工作；二要把贯彻执行党的路线和国家法律同检察工作具体实践紧密结合，坚持“严格执法，狠抓办案”的检察工作方针；三要坚持以查办贪污贿赂、渎职等职务犯罪大案要案、打击严重刑事犯罪活动和执法监督为重点的工作格局，突出重点，带动检察工作全面开展；四要大力加强专门工作；五要讲学习、讲政治、讲正气，把建设高素质检察队伍作为推动事业发展的有力保障。

（七）1999～2003 年②

回顾 5 年的实践，我们对做好检察工作有以下几点认识和体会：

第一，必须以邓小平理论和“三个代表”重要思想为指导，不断统一执法思想，增强政治意识、大局意识、为民执法意识，确立符合依法治国要求的检察工作方针，推动检察工作不断发展；

---

① 参见张思卿：《最高人民检察院工作报告——1998 年 3 月 10 日在第九届全国人民代表大会第一次会议上》，载《最高人民检察院工作报告集》，中国检察出版社 1999 年版，第 242 页。

② 参见韩杼滨：《最高人民检察院工作报告——2003 年 3 月 1 日在第十届全国人民代表大会第一次会议上》，载最高人民检察院官网，2018 年 4 月 12 日。

第二，必须坚持党的领导、自觉接受人大监督，牢牢把握检察工作的正确方向，坚决贯彻党的路线方针政策，认真落实人大决议，切实把党的主张和人民的意志落实到具体执法实践中；

第三，必须把服务改革发展稳定大局作为检察工作的出发点和落脚点，紧紧围绕国有企业改革和发展、西部大开发等党和国家的重大决策和部署，适时调整工作重点，在服务大局中推进检察工作；

第四，必须突出“强化监督、公正执法”的主题，全面正确履行法律监督职能，坚持执行实体法与执行程序法并重、打击犯罪与保障人权结合，加大监督力度，增强监督实效，维护法制的统一和尊严；

第五，必须坚持以改革为动力，围绕从制度上保证依法独立公正行使检察权，遵循宪法原则和司法规律，进行机制创新和体制创新，推动检察工作与时俱进；

第六，必须坚持从严治检，加强教育，严格监督，依法管理，努力建设高素质的专业化检察队伍；

第七，必须把基层检察院建设作为关系检察工作全局的战略任务常抓不懈，为检察事业的持续发展奠定坚实基础。

（八）2004～2008 年①

5 年来，我们始终坚持以邓小平理论和“三个代表”重要思想为指导，坚持党的领导，坚持接受人大监督，坚持依法独立行使检察权，重视办案和队伍建设。这些都是检察机关在长期实践中形成的基本经验，也是检察工作必须坚持的基本原则。

回顾过去 5 年的实践，我们深深体会到，做好新形势下的检察工作：

一必须坚持以中国特色社会主义理论体系为指导，深入贯彻落实科学发展观，牢固树立社会主义法治理念，始终把握正确方向；

---

① 参见贾春旺：《在第十二次全国检察工作会议上的报告》，载《法律监督与公平正义》（下卷），中国检察出版社 2008 年版，第 135～137 页；贾春旺：《最高人民检察院工作报告——2008 年 3 月 10 日在第十一届全国人民代表大会第一次会议上》，载最高人民检察院官网，2018 年 4 月 12 日。

二必须坚持立检为公、执法为民,以维护人民权益为根本,努力使检察工作符合人民群众的愿望和要求;

三必须坚持把检察工作放在党和国家工作全局中谋划和推进,充分发挥检察职能作用,为经济社会发展服务;

四必须坚持党的领导和人大监督,自觉把检察工作置于社会各界和人民群众的有效监督之下,保证检察权的依法正确行使;

五必须坚持"强化法律监督,维护公平正义"的检察工作主题,全面正确履行法律监督职责,努力维护社会公平正义、维护社会和谐稳定;

六必须坚持"加大工作力度,提高执法水平和办案质量"的总体要求,保证执法力度与办案质量的统一,推动检察工作健康协调发展;

七必须坚持队伍建设与业务工作"两手抓",着力提高队伍的政治、业务和职业道德素质,不断增强法律监督能力;

八必须坚持与时俱进,积极推进理论创新、体制创新、机制创新和工作创新,发展和完善中国特色社会主义检察制度。

(九)2009～2016年①

回首中国特色社会主义检察制度波澜壮阔的发展历程,它为捍卫国家政权、保障人民权利、促进经济繁荣、推动法治建设作出了重要贡献,为人民检察事业发展提供了强有力的制度保障,是一个好制度。我们要继续探索和实践、继续发现和创造,推动这个制度更加成熟定型:

在前进的道路上,我们必须坚定不移坚持中国特色社会主义法治道路的正确方向,毫不动摇坚持党的领导、人民当家作主、依法治国有机统一。中国特色社会主义检察制度只能沿着中国特色社会主义法治道路向前发展,偏离了这一条,就会发生根本性错误。

在前进的道路上,我们必须牢牢把握法律监督这一根本属性,着力

① 参见曹建明:《紧紧围绕"四个全面"战略布局在新的起点上推动人民检察事业创新发展——2016年7月20日在第十四次全国检察工作会议上的讲话》,载《检察日报》2016年7月21日。

推动中国特色社会主义法治体系建设。

在前进的道路上,我们必须深化司法改革,不断增强中国特色社会主义检察制度的生机活力。

在前进的道路上,我们必须勇于推进检察理论创新,坚持和丰富中国特色社会主义检察理论体系。

在前进的道路上,我们必须从中国实际出发,不断丰富和发展我国检察制度的特色优势。特别是检察机关坚持党的领导,为检察事业发展提供了根本保证;检察机关由人民代表大会产生,对人大负责,受人大监督,具有最广泛、最真实的人民性;检察机关在国家机构中具有独立法律地位,依法独立行使职权,不受行政机关、社会团体和个人的干涉,有利于保证公正司法;宪法法律确定检察机关为国家法律监督机关,并赋予审查批准和决定逮捕、公诉、职务犯罪侦查、对诉讼活动进行法律监督等职责,有利于发挥检察监督在中国特色社会主义法治体系中的独特作用;上级检察院领导下级检察院工作,有利于保障法律统一正确实施;实行检察委员会制度,保证了检察机关重大决策的民主性和科学性,等等。

(十)2017~2018 年①

过去几年检察工作的发展进步,最根本的是以习近平同志为核心的党中央掌舵领航,最关键的是习近平新时代中国特色社会主义思想的科学指引,最重要的是党和国家事业发生历史性变革所形成的大环境。几年来,全国人大及其常委会对检察工作有力监督,国务院大力支持,全国政协和各民主党派、工商联、人民团体、无党派人士加强民主监督,地方各级党政机关、社会各界和广大人民群众给予极大关心、支持和帮助。

我们深切体会到,做好检察工作,必须以习近平新时代中国特色社

① 参见曹建明:《最高人民检察院工作报告——2018 年 3 月 9 日在第十三届全国人民代表大会第一次会议上》,载《最高人民检察院官网》2018 年 4 月 12 日。

会主义思想为指导，毫不动摇把党的领导落实到检察工作全过程和各方面，坚定不移走中国特色社会主义法治道路；必须紧紧围绕党和国家工作大局履职尽责，肩负起中国特色社会主义事业建设者、捍卫者的职责使命；必须坚持以人民为中心，把人民对美好生活的向往作为奋斗目标，真正做到人民检察为人民；必须牢牢把握国家法律监督机关的宪法定位，敢于监督、善于监督、依法监督、规范监督；必须勇于改革创新，更好发挥中国特色社会主义司法制度优越性。

（十一）改革开放40年（1978～2018年）

改革开放“40年来，我们愈加深刻认识到，做好检察工作，最根本的思想旗帜就是坚持以发展着的马克思主义为指导，坚持用党的最新理论成果——习近平新时代中国特色社会主义思想武装头脑；最根本的政治保证就是坚持党对检察工作的绝对领导；最根本的职责使命就是全心全意为人民服务；最根本的发展动力就是坚持改革创新；最根本的组织保障就是加强过硬检察队伍建设。40年检察实践积累的宝贵经验，是检察工作必须始终遵循的重要原则，也是最为可贵的精神财富，一定要倍加珍惜、长期坚持、不断发展”。①

而新时代检察事业要实现科学发展，必须做到的“五个坚定不移”：一坚定不移坚持党的绝对领导，确保检察工作沿着正确方向砥砺前行；二坚定不移贯彻以人民为中心的发展思想，努力满足人民群众美好生活需要；三坚定不移履行服务大局的基本职责，为经济社会持续健康发展提供有力法治保障；四坚定不移深化检察体制改革，完善公正高效权威的中国特色社会主义检察制度；五坚定不移落实新时代党的建设总要求，进一步加强过硬检察队伍建设。②

---

① 参见张军：《庆祝检察机关恢复重建40周年暨全国检察机关第九次“双先”表彰大会上的讲话》，载《检察日报》2018年11月27日。

② 参见郭声琨：《坚定不移走中国特色社会主义法治道路　奋力谱写新时代检察事业发展》载《检察日报》2018年11月27日。

二、非官方梳理、总结的

(一)1949～1980年①

新中国检察工作历史上的经验教训是深刻的,我们必须记取这些经验教训,避免重犯过去的错误,以便使今后的工作做得更好些。

在过去的经验教训中,以下几点是特别重要的:一是必须坚持法律监督,健全检察制度;二是要坚持在党委领导下的专门工作与群众工作相结合的路线;三是转变干部的习惯和作风,学会使用法律武器进行工作;四是要慎重对待反倾向的斗争。

(二)1981～1989年②

回顾检察机关建立40多年来的历史,检察机关经历了曲折的道路,有被限制、被破坏,也有恢复和发展。有正面的经验,也有反面的教训。40年来,特别是在重建10年来的检察工作实践中,通过广大检察干部的共同努力,工作取得很大发展,和许多经验,集中到一点,就是坚持四项基本原则,正确履行法律监督职能,为社会主义革命和经济建设,为改革、开放服务。

综合一些同志的观点,可以把基本经验归结为以下七方面:一是必须坚持党的领导,接受人大和人大常委会的监督,这是检察机关发挥法律监督职能作用的根本保证。二是建设检察制度,必须从实际出发,实事求是;必须符合中国国情,建设有中国特色的社会主义检察制度。三是必须坚持为党和国家的中心任务服务,这是检察工作的方向。四是建设检察制度,开展检察工作,不能脱离社会主义民主与法制建设,一定要把社会主义民主和社会主义法制作为建设检察制度坚实的基础和赖以生存的条件,自觉地去维护和促进它。五是必须坚持实事求是,依法

① 参见王桂五著:《人民检察制度概论》,法律出版社1982年版,第31～33页。

② 参见孙谦主编:《检察理论研究综述(1979～1989)》,中国检察出版社1989年版,第56～57页。

办事，这是做好检察工作的准则。必须贯彻实事求是的思想路线，坚持有法必依、执法必严、违法必究和法律面前人人平等的原则。六是必须坚持专门工作与群众路线相结合，既要加强专门机关的工作，又要密切联系群众，依靠群众，这是检察机关的工作路线。七是必须建立一支忠于职守，秉公执法的检察队伍，这是做好检察工作的组织保证。只有建立一支好的队伍，才能真正担负起党和国家赋予的任务。

新中国检察制度的发展过程说明，检察制度是我国政治制度中不可缺少的重要组成部分，检察机关是维护社会主义法制，保卫社会主义现代化建设不可缺少的重要力量。没有完备有效的法律监督制度，就不可能有完善的社会主义民主和法制；没有检察机关这一专门法律监督机关，就不可能维护法律的正确、统一实施。

（三）1990 年总结的①

一方面，成绩是不可低估的，经验也是丰富的；另一方面，其“先天不足”“后天失调”的教训也是深刻的。其中，“先天不足”，主要是指它的产生缺乏必要的思想、理论准备；“后天失调”，则主要是指我国检察制度建立以后，由于受到各种“左”的思想的冲击和影响，长期得不到应有的发展，甚至在一段时期内被严重削弱以至撤销，这导致了我国检察制度至今不够健全。

从经验方面来讲，除为检察机关的建设和各项检察业务的开展积累了大量具体工作经验外，还应做到“四个坚持”：一坚持把列宁关于法律监督的思想与中国的实际相结合；二坚持中国共产党对检察机关及其工作的领导；三坚持为党和国家的中心工作和中心任务服务；四坚持执行群众路线。

从教训方面来说，一方面，对封建专制主义的思想残余肃清得不够。另一方面，受“左”的思想影响比较严重，是政法战线上“左倾”错误的一

① 参见王桂五主编：《中华人民共和国检察制度研究》，法律出版社 1991 年版，第 79～89 页。

个“重灾区”:一是片面理解人民民主专政,否定法律对人民内部的调整作用;二是把检察机关实行垂直领导、严格依法办事指责为“摆脱党的领导”“以法抗党”等,予以错误批判;三是以“支持第一、制约第二”原则取代分工负责、互相配合、互相制约原则;四是认为法律程序和有关规章制度“束缚对敌斗争手脚”,宣传和推行打破法律程序和规章制度的公检法三机关联合办案;五是基于上述极“左”思想和错误认识,对1958年“四检会议”以前的检察工作作出错误的政治评价。

从上述经验教训中可得出如下启示:一须建立和健全人民检察制度,二须彻底肃清左的思想和封建专制主义思想残余,树立正确指导思想;三须继续建设具有中国特色的检察制度。

(四)2000年总结的①

回顾新中国检察事业50多年的发展历程,我们认为,可以得出这样几个基本认识:

第一,现行的检察制度,是以马克思主义关于国家与法的理论为指导建立和发展起来的。从马克思列宁主义到毛泽东思想、邓小平理论和“三个代表”重要思想,关于权力监督与制约的思想是一脉相承、与时俱进的,构成了我国社会主义检察制度的理论基础。

第二,现行的检察制度,是适应我国政权性质和政治体制建立和发展起来的。我国是社会主义国家,实行的是中国共产党领导下的人民代表大会制度,人民代表大会是国家权力机关,其他国家机关都由其产生,对其负责,受其监督。在这样的政治体制中,在人大之下除设立行政机关、审判机关外,有必要设立专门监督法律实施、维护法制统一的国家检察机关,通过法律监督的形式加强对行政权、审判权等国家权力的监督和制约。这是我国政治体制和司法体制的重要特色之一,也是社会主义制度区别于资本主义制度,人民代表大会制度区别于“三权分

① 参见《关于司法体制改革的专题研究意见》,最高人民检察院2003年7月30日编印。

立"制度的一个重要体现。

第三,现行的检察制度,是适应维护国家法制统一的需要建立和发展起来的。检察工作的实践说明,法律监督是社会主义法制必不可少的重要环节和组成部分。

第四,现行的检察制度,是适应保障司法公正的需要建立和发展起来的。根据法律规定,我国检察机关的法律监督,主要是针对具体案件的监督即个案监督,是通过诉讼进行的监督。这种监督对于依据事实和法律正确处理案件、保障司法公正,具有重要意义。

总之,我们既要看到我国检察制度有借鉴苏联检察制度的一面,又要看到我国检察制度自身特色和发展的另一面。而与其他国家的检察制度相比,我国检察制度的特色主要体现在以下 5 方面:一是检察机关必须接受中国共产党的领导;二是检察机关是人民代表大会下,与审判机关并行的国家机构,由人民代表大会产生,对其负责,受其监督;三是从宪法和法律上明确规定检察机关是国家的法律监督机关,通过履行公诉、职务犯罪侦查和诉讼监督等职能,维护国家法制的统一;四是检察机关、公安机关、人民法院办理刑事案件,实行分工负责、互相配合、互相制约;五是在领导制度上实行上级人民检察院领导下级人民检察院的体制。

三、余梳理总结的

窃以为,无论官方还是非官方对新中国检察工作经验教训的上述梳理、总结,既有其全面、合理、权威的一面,也有其片面、不足、值得商榷的另一面。细言之,新中国检察工作经验教训应包括以下 4 个方面:

第一,坚持好、巩固好、完善好、发展好新时代中国特色社会主义检察制度,必须始终以马列主义关于国家与法的理论尤其是列宁的法律监督思想为理论源渊,必须始终高举中国特色社会主义伟大旗帜,以邓小平理论、"三个代表"重要思想、科学发展观和习近平新时代中国特色社会主义思想特别是关于政法工作的重要论述为理论基础,必须始终以毛泽东、邓小平、江泽民、胡锦涛、习近平为核心的党的领导集体，有关法律监督的思想观点尤其是习近平关于权力及其监督、全元监督、法律监督及其检察观为行动指南。

第二，坚持好、巩固好、完善好、发展好新时代中国特色社会主义检察制度，必须始终坚持“中华人民共和国人民检察院是国家的法律监督机关”这一宪法地位和法律属性，不忘“三观”初心和“三要”行动志趣，自觉做到“十个坚持”：一坚持党对检察工作的绝对领导，深入贯彻党的理论和路线、方针、政策，自觉担当落实党中央重大决策部署的政治责任，确保检察工作正确政治方向；二坚持以党和国家工作大局为重，把防控风险、服务发展摆在更加突出位置，下大气力破解难题、补齐“短板”，切实肩负起中国特色社会主义事业建设者、捍卫者的职责使命；三坚持以人民为中心的发展思想，把司法为民作为最重要的职业良知，依靠人民推进公正司法，通过公正司法维护人民权益；四坚持把法治精神当作主心骨，信仰法治、坚守法治，敢于排除干扰、秉公司法；五坚持把促进社会公平正义作为核心价值追求，坚持法律面前人人平等，努力让人民群众在每一项执法活动、每一个司法案件中感受到公平正义；六坚持把严格规范公正文明司法作为整体来抓，加强自身监督，打造阳光检察机制，不断提高司法公信力；七坚持把权力关进制度的笼子里，严格按照法定权限和程序履行职责，确保检察权始终在法治轨道上运行；八坚持“五个过硬（政治过硬、业务过硬、责任过硬、纪律过硬、作风过硬）”，把思想政治建设摆在第一位，把能力建设作为一项重要任务，努力建设一支信念坚定、司法为民、敢于担当、清正廉洁的检察队伍；九坚持从严治检不动摇，严明纪律规矩，坚决纠正不正之风，旗帜鲜明反对司法腐败，努力营造风清气正、干事创业的良好生态；十坚持锐意改革创新，完善司法管理体制和检察权运行机制，加快建设公正、高效、权威的新时代中国特色社会主义检察制度。

第三，坚持好、巩固好、完善好、发展好新时代中国特色社会主义检察制度，必须始终坚持、丰富和发展中国特色社会主义检察制度的特色、优势和“中国元素”，必须始终以法律监督职能为纲，纲举目张，依宪依法全面推动各项检察工作的协调发展，全面实现检察工作“三要”行动志趣。

第四，坚持好、巩固好、完善好、发展好新时代中国特色社会主义检察制度，必须始终遵循中国特色社会主义检察工作规律，也必须始终遵循中国特色社会主义检察工作原则。归根结底，中国检方既要始终毫不动摇地坚持“检察姓党”，也要找准自身在新时代中国特色社会主义的位置和责任担当。

总之，坚持和巩固好、完善和发展好新时代中国特色社会主义检察制度，是坚持和完善中国之治的题中应有之义。

第三节　新中国检察工作的现存问题

总结新中国检察工作的现存问题与总结其经验教训的上述方式、路径基本相当。但每年各级各类《人民检察院工作报告》，几乎都有对现存问题的梳理、总结。因此，限于篇幅，主要对“文革”后高检院每五年一届全国检察工作的现存问题，总结如下：

一、1979～1983年①

回顾5年，我们的工作同党和人民的要求还有很大距离。各项检察业务工作在一些地方还没有全面展开，法律监督工作中的一些问题仍然需要研究改进，检察机关的组织机构和规章制度还不健全，检察干部队伍的政治素质和业务水平还不高，我们的工作作风和工作方法还不能适应新的形势和任务的要求。

---

① 参见黄火青：《最高人民检察院工作报告——1983年6月21日在第六届全国人民代表大会第一次会议上》，载《最高人民检察院工作报告集》，中国检察出版社1999年版，第79页。

二、1984～1988 年[①]

5 年来，我们虽然取得了很大成就，但还存在许多问题和困难。

突出的是：作为国家的法律监督机关，在依法实施法律监督方面做得还很不够。主要原因：一是对法律监督重要性和意义认识不足；二是我们的领导工作跟不上形势发展的需要，对新情况、新问题研究不够，提出解决问题的办法不多；三是法律监督的程序、手段不完善，法律监督的效力不强；四是干部力量不足，素质不高；五是技术装备落后，办案经费严重短缺，行使职权缺乏有力的物质保障。

三、1989～1993 年[②]

第一，检察机关和检察人员的思想认识和工作方法，还不适应加快改革开放和现代化建设特别是建立社会主义市场经济体制提出的新要求；

第二，各地工作发展不平衡，条件相似的地方，工作开展差别较大；

第三，宪法和法律规定的检察机关上下级领导关系还没有充分地贯彻，尚需进一步规范化和制度化；

第四，少数地方存在执法不严、越权办案、用刑事手段插手经济纠纷等现象；

第五，个别领导人缺乏秉公执法勇气，克服困难的劲头不足，遇到干扰，往往表现软弱；

第六，办案经费仍比较困难，技术手段落后，交通工具、通信设备量少质差。

---

① 参见杨易辰：《最高人民检察院工作报告——1988 年 4 月 1 日在第七届全国人民代表大会第一次会议上》，载《最高人民检察院工作报告集》，中国检察出版社 1999 年版，第 116 页。

② 参见刘复之：《最高人民检察院工作报告——1993 年 3 月 22 日在第八届全国人民代表大会第一次会议上》，载《最高人民检察院工作报告集》，中国检察出版社 1999 年版，第 178 页。

四、1994～1998年[①]

第一，对深化改革、加快发展过程中的新情况、新问题研究不够；

第二，执法监督工作存在薄弱环节，特别是刑事立案监督、超期羁押监督和民事审判监督工作在一些地方还没有认真开展起来；

第三，有的检察院领导干部不能坚持原则，在办案遇到干扰和阻力时，存在瞒案不报、压案不办、执法不严的现象；

第四，队伍的整体素质、执法水平还不能适应新形势的需要，对修改后的刑法和刑诉法掌握得不够熟练、准确，有些案件结案缓慢，有的案件办案质量不高；

第五，检察系统内部的自我监督制约机制和各项制度还不完善，少数干警包括个别领导干部不依法办事，不文明办案，甚至滥用职权，办关系案、人情案、金钱案，徇私舞弊；

第六，技术装备落后，业务经费不足的问题也影响办案工作。

五、1999～2003年[②]

第一，对诉讼活动中执法不严、司法不公等问题监督力度不够，尤其是民事审判和行政诉讼监督缺乏具体程序和有效手段，人民群众对监督效果还不满意。

第二，检察队伍的整体素质还不完全适应形势和任务的需要，一些检察人员执法水平较低，有的案件办案质量不高；有的检察人员违法违纪办案，甚至以案谋私、贪赃枉法。

第三，检察改革力度不够，有些制约工作发展的问题还未得到解决，

---

① 参见张思卿：《最高人民检察院工作报告——1998年3月10日在第九届全国人民代表大会第一次会议上》，载《最高人民检察院工作报告集》，中国检察出版社1999年版，第242～243页。

② 参见韩杼滨：《最高人民检察院工作报告——2003年3月1日在第十届全国人民代表大会第一次会议上》，载最高人民检察院官网，2018年4月12日。

依法独立公正行使检察权的保障机制还不健全。

第四，一些地方经费紧缺、装备落后，边远贫困地区检察院困难尤为突出，检察工作科技含量仍然较低。

六、2004～2008年[①]

第一，检察职能的发挥与经济社会发展的要求和人民群众的期望还有不小的差距。一些检察机关结合办案化解矛盾纠纷、促进社会和谐工作做得还不到位。对诉讼活动特别是民事审判和行政诉讼的法律监督仍然相对薄弱，一些执法、司法不公问题没有得到有效监督纠正。

第二，检察队伍的整体素质还不完全适应新形势下履行法律监督职责的需要。有些检察人员执法观念陈旧，法治意识、群众意识、职业道德意识淡薄，执法不严，司法不公，为检不廉。有的检察人员包括个别领导干部执法犯法、贪赃枉法，在社会上造成了恶劣影响。

第三，基层基础工作仍需加强，一些地方检察院办案力量不足、中西部和贫困地区基层检察院经费短缺、人才流失、检察官断档等问题依然存在。

七、2009～2013年[②]

第一，检察职能作用发挥得还不充分，惩治和预防犯罪、监督纠正违法的力度和效果与人民群众期待还有不小的差距。

第二，一些检察机关和检察人员没有树立正确执法理念，服务大局、执法为民意识不强，就案办案、机械执法、不善于化解矛盾、不注重执法效果等问题不同程度存在。

---

① 参见贾春旺：《最高人民检察院工作报告——2008年3月10日在第十一届全国人民代表大会第一次会议上》，载最高人民检察院官网，2018年4月12日。

② 参见曹建明：《最高人民检察院工作报告——2013年3月10日在第十二届全国人民代表大会第一次会议上》，载《检察日报》2013年3月22日。

第三，少数检察人员对群众要特权、逞威风，敷衍应付、冷硬横推。有的滥用权力、越权办案，不按法定程序办案，受利益驱动办案，以权谋私、以案谋私，严重损害执法公信力。

第四，还存在一些制约检察工作的体制机制障碍，检察组织体系、队伍管理机制、执法保障机制有待进一步完善，基层基础建设仍需进一步加强。

八、2014～2017 年

一方面，当前检察工作，仍然存在不少突出问题和明显短板：①

第一，检察工作与党和国家工作大局融合不够。一些检察机关和检察人员大局意识不强，仍然存在就案办案、机械司法等单纯业务观点，不善于把检察工作放在全局中谋划和推进。

第二，检察机关在法治体系建设中的职能作用发挥不充分。法律监督工作发展不够协调，一些地方刑事执行、民事、行政、未成年人检察工作相对薄弱，诉讼法新增职责履行不到位。

第三，检察机关司法公信力有待进一步提高。有的检察机关和检察人员司法理念存在偏差，一些陈旧观念和司法陋习根深蒂固，违法适用指定居所监视居住、违法查封扣押冻结处理涉案财物、限制律师依法履职等时有发生。检察队伍司法办案能力有待提高，有的案件处理不公、效率不高、效果不好，极少数检察人员办关系案人情案金钱案。违反中央八项规定精神问题屡禁不止，8 小时外监督管理存在薄弱环节，有的检察人员知法犯法。

第四，检察工作发展不平衡问题仍然凸显。一些地方检务保障、人才队伍、司法办案能力水平相对滞后，一些地方人才难进与人才流失问

① 参见曹建明：《紧紧围绕“四个全面”战略布局在新的起点上推动人民检察事业创新发展——2016 年 7 月 20 日在第十四次全国检察工作会议上的讲话》，载《检察日报》2016 年 7 月 21 日。

题并存。

第五，影响司法公正、制约司法能力的深层次问题尚未从根本上解决。检察权运行机制不够健全，检察组织体系、管理机制有待完善，机构设置不够规范。

另一方面，我们清醒地认识到，我们的工作还存在许多不足，面临不少困难和问题：①

一是思想政治工作存在不少薄弱环节。一些地方没有将深化改革与思想教育同步推进，后期思想政治工作的力度不如前期。一些检察辅助人员、司法行政人员改革热情和工作积极性受到影响。政策解读和改革宣传不到位，人民群众改革认同感、获得感仍需增强。

二是有的改革尚未全面落地落实。跨行政区划检察院改革、省以下检察院人财物统一管理、检察职业保障等改革难度较大。新的办案模式和制度运行需要“磨合”，有的入额检察官不能适应改革要求，“授权不敢用”。一些地方入额检察官人均办案量大幅上升，案多人少矛盾更加突出。有的未入额人员仍继续独立办案，有的入额领导干部不办案或办简单案、挂名案。一些地方对整合内设机构顾虑较多，内设机构改革力度不大且标准不统一。新型办案团队尚未完全建立，检察官助理和书记员配备严重不足。

三是一些配套改革措施有待跟进，改革的整体性、协调性、系统性需要进一步增强。在放权的背景下，如何实现对入额检察官和案件质量的双重监督，急需健全新机制。检察官单独职务序列、检察官助理和书记员职务序列相关配套政策亟须明确，员额退出、检察官交流任职、司法行政人员转任等机制有待完善。以审判为中心的刑事诉讼制度改革相关配套制度需要完善。

---

① 参见曹建明：《最高人民检察院关于人民检察院全面深化司法改革情况的报告——2017年11月1日在第十二届全国人民代表大会常务委员会第三十次会议上》，载正义网，2017年11月3日。

四是体制机制创新与现代科技应用有待深度融合。不少检察人员对信息化发展趋势把握不准、认识不清，运用信息化实现检察工作现代化的意识和能力较弱。信息化建设和应用不平衡，各类信息系统跨领域共享共用不够。

五是一些领导干部运用改革创新办法破解难题的意识和能力不够强，改革担当不够，存在“等靠要”思想。一些检察人员司法观念、素质能力、工作方式不适应改革发展。对这些问题，我们将高度重视，认真解决。

另外，根据中央巡视工作领导小组部署，2017 年 2 月 20 日，中央第七巡视组向最高人民检察院党组反馈专项巡视情况。其中，巡视组发现和干部群众反映的下列问题，则是检察系统具有普遍性的现存问题：(1)“四个意识”需进一步增强，党组领导作用发挥不够，贯彻落实中央重大决策部署一些措施不够有力，执行不够到位。(2)党的建设抓得不够严不够实，党内政治生活不够严格；“两个责任”落实不够到位，实践运用“四种形态”不够，对一些苗头性、倾向性问题未能及时制止纠正。(3)有的单位或部门管理混乱，存在较高廉洁风险；有的干部或工作人员滥用职权谋利；违反中央八项规定精神问题仍然比较突出，“文山会海”、铺张浪费、公车私用等反映较多。(4)执行选任程序不够严格，干部管理监督不严，存在违规兼职、领导干部个人有关事项报告不实等问题。同时，巡视组还收到反映一些领导干部的问题线索，已按有关规定转中央纪委、中央组织部等有关方面处理。①

---

①　参见《中央第七巡视组向最高检党组反馈专项巡视情况》，载《检察日报》2017 年 2 月 22 日。另据《中共最高人民检察院党组关于巡视整改情况的通报》(2017 年 4 月 28 日，载《检察日报》2017 年 5 月 2 日)披露，2017 年 2 月 27 日，高检院党组召开专门会议，对照巡视反馈意见以及对最高人民检察院党组巡视工作、选人用人工作开展专项检查的反馈意见，逐条逐项研究党组整改方案和整改问题清单、任务清单、责任清单，把巡视反馈意见指出的 4 个方面 13 个问题细化为 24 个具体问题，提出 151 项整改任务，每项整改任务都由一位院领导班子成员牵头，并确定了具体的责任部门、完成时限。

此外,改变检察工作现存不足、缺点、困难或问题的"牛鼻子",就是坚定不移地进行检察改革。正是:"党的十八大以来,政法战线坚持正确改革方向,敢于啃硬骨头、涉险滩、闯难关,做成了想了很多年、讲了很多年但没有做成的改革,司法公信力不断提升,对维护社会公平正义发挥了重要作用"。①

再者,我们清醒认识到,我们的工作还存在许多不足,也面临不少困难和挑战:②

一是对社会主要矛盾变化给检察工作带来的机遇挑战,对新时代人民群众在民主、法治、公平、正义、安全、环境等方面日益增长的需要,认识有待进一步提升,措施需要进一步完善,服务经济社会发展、回应人民期待的及时性有效性有待进一步增强;

二是检察工作发展不平衡,法律监督职能发挥还不充分,一些地方民事、行政、刑事执行检察工作仍较薄弱,国家监察体制改革和公益诉讼立法使检察职能发生新的变化,需要进一步调整和适应;

三是司法责任制改革需要进一步深化,综合配套改革措施不够完善,思想政治工作存在薄弱环节;

四是检察队伍素质能力还不能完全适应新时代要求,金融、知识产权、生态环境、信息网络等专业人才缺乏;

五是违法违纪、司法不规范等问题时有发生,极少数领导干部和检察人员以案谋私、以案谋钱。我们一定高度重视并认真解决这些问题,决不辜负党和人民的殷切期望。

---

① 参见《习近平对司法体制改革作出重要指示强调,坚定不移推进司法体制改革,坚定不移走中国特色社会主义法治道路》,载《人民日报》2017 年 7 月 11 日。

② 参见曹建明:《最高人民检察院工作报告——2018 年 3 月 9 日在第十三届全国人民代表大会第一次会议上》,载最高人民检察院官网,2018 年 4 月 12 日。

九、目前阶段

一方面，我们清醒地认识到，目前检察工作仍然存在不少突出问题：①一是服务经济社会发展的针对性、实效性有待增强，简单办案、机械司法依然存在。二是各项检察工作发展不平衡，民事检察、行政检察在基层尤为薄弱。三是司法办案质量、效率有待提升，一些抗诉、检察建议质量不高，不少监督意见发出后没有跟进落实，司法不规范问题时有发生。四是队伍政治业务素质仍需加强，民商事和金融、网络、生态环境等专业人才短缺的状况尚待改进；不少市、县级检察院人才进不来、留不住。五是检察人员违纪违法问题存量不少，增量仍在发生，需要高度重视。六是基层基础工作仍需加强，有的改革举措没有落地，有的在执行中走样；检察工作信息化、智能化水平有待提升。问题催人警醒，责任倒逼担当。我们一定紧盯不放、着力解决。

另一方面，要清醒地看到，面对新时代人民群众对民主、法治、公平、正义、安全、环境等新的更高要求，检察机关还有诸多不适应的地方：②一是面对新形势新要求，我们的思想准备还不够充分，还存在滞后、误差等问题。比如，党的十九大作出社会主要矛盾转化的重大政治判断。我们怎样理解这个变化，怎样应对这个变化，这都是重大的认识问题。又如，从组织架构上布局"四大检察"，恐怕还有不少同志说不清楚这背后的战略考虑，说不清楚"捕诉一体"的合理性、"四大检察"布局的必要性。二是面对蓬勃发展的检察实践，我们的理论准备还不够充分。比如，检察制度的内涵、本质、功能和特征是什么，检察活动的基本原理是什么，法律监督权与检察权、司法权是什么关系，等等。又如，如果我们围绕"捕诉合一"能拿出有力的理论支撑，统一思想就有了理论基础。

① 参见张军：《最高人民检察院工作报告》，载最高人民检察院官网，2019 年 3 月 31 日。

② 参见邱学强：《持之以恒抓落实努力开创新时代检察工作新局面》，载《正义网》2019 年 8 月 26 日。

坦率地说,人民检察制度创立80多年,检察机关恢复重建也已经40多年,我们在检察理论上的建树,与检察工作的历史性发展进步不相适应,甚至可以说远远滞后,不足以给蓬勃发展的检察工作、检察改革提供有力的理论支撑。三是面对上下一体的领导体制,我们的组织准备还不够充分。我们党的组织制度和组织原则,概括起来就是:个人服从组织、少数服从多数、下级服从上级、全党服从中央,其中最关键的就是下级服从上级、全党服从中央。这两条组织原则落实到检察环节,首先是全国检察机关都要服从党中央领导,在这一点上,我们始终不渝,做得是好的;但是还有一条,下级检察院要服从上级检察院的领导,这是宪法规定的领导体制,这个要求在落实中还有不少问题。最高检党组有的决策部署,在不少地方、不少工作中,或者打了折扣,或者搞了变通,并没有完全得到落实。四是面对司法体制改革带来的发展变化,我们的制度机制准备还不够充分。当前,"四大检察"都有制度建设的紧迫任务,尤其是与"捕诉一体"相配套的制度、公益诉讼制度还有空白。我们还要看到,重制定、轻落实的问题一直存在,已有制度的执行力明显不强。五是面对人民群众对司法公正公信的热切期盼,我们的作风准备还不够充分。

总之,尽管目前我国检察工作还存在这样或那样不足、缺点、困难或问题,但176年的中国检察实践,特别是88年的中国人民检察实践,尤其是40年的中国特色社会主义检察实践,无不证明"世界上没有完全相同的法治模式,没有也不可能有一种放之四海而皆准的检察制度。一个国家的检察制度好不好,关键看是否适应本国经济、政治、社会和文化发展需要,是否适应国家民主法治进步,是否适应国家政治体制和司法体制内在要求"。[①]

---

① 参见曹建明:《紧紧围绕"四个全面"战略布局在新的起点上推动人民检察事业创新发展——2016年7月20日在第十四次全国检察工作会议上的讲话》,载《检察日报》2016年7月21日。

第十三章　中国检察官的素质

第一节　概　　述

人治国也好，法治国也罢，国家代表素质的良莠高低，直接影响国家及其执政结果的兴衰成败。推而广之，检察人员素质的良莠高低，也直接影响检察制度的兴衰成败及其“三观”初心、“三要”行动志趣的实现与否。正是：“徒善不足以为政，徒法不能以自行”（孟子语）；“夫法之善者，仍在有用法之人，苟非其人，徒法而已……有其法者，尤贵有其人矣。大抵用法者得其人，法即严厉亦能施其仁于法之中；用法者失其人，法即宽平亦能逞其暴于法之外”。[①] 因此，古今中外，国家代表无不重视执法者及其检察人员素质的锤炼培养。

一方面，诸如宪法、司法机关组织法及其检察院组织法、司法人员法及其检察官法等法律，都有针对检察人员素质的直接、间接规定。

另一方面，诸如“中国检察第一书”等检察著述，也都有关于检察官（检事）、检察长、检察院书记官等检察人员的任用资格以及“定员、官等及俸给”“任免”“代理官及补佐员”“权限监督”等阐释。而诚如《检察制度详考》所云：“统推事、检察官而言，此种官吏必须有专门之学问，且有实地之阅历，乃可胜任。若无学识、无经验者，决不可滥为任用。故第一百零七条规定有：受法官登用考试资格之人，必经两次考试乃能为法官；第一

① 参见（清）沈家本著：《历代刑法考》，中华书局 1985 年版，第 51 页。

次考试其学识,第二次考试其实务。如两次不及第者,仍可陶汰之。第一百零八条复规定,可以受法官登用考试之资格,必由学堂专习法律领有卒业文凭者方许应试,或谓在家自行研究法律者,亦可考试任用,以广登进。[①] 不知校外研究法律者甚罕,且难深造。中国后此法律学堂次第成立,法官任用必不可不由学校中出。所谓'在法科大学专习法律卒业者,以经第一次考试论',专指本国大学言,不必受第一次考试;若在外国大学卒业者,仍须受第一次考试也”(检察制度研究会1912年版,第21页)。

第二节　中国检察官:你姓啥叫啥?法庭上的位置或座签应写啥

诚如,我国台湾地区的林钰雄教授在其《检察官论》(法律出版社2008年版,第5页)中所言:“所有的奥地利检察官都得不断地问一个‘蠢’问题:我是谁?我的位置在哪里?”那么,中国检察官特别是中华人民共和国的检察官们,包括现任与退任的,就没有这一“世界检察官之困惑”吗?不仅有,而且在某些情况下有的连自己姓什么叫什么,法庭上的位置在哪里或座签应写啥都不清楚!

第一,通过检索最高人民检察院《人民检察院案件信息公开网》(2014年10月1日试运行)不难发现:有的检察人员,不仅把自己错误地称写为“检查员”等,还把自己的执业单位——“人民检察院”错误地称写为“人民检查院”“人民检查元”“人民检查验”“检查院”“人民检查”“检查机关”“我院”“省院”“自治区院”“市院”“区院”“县院”“旗院”等。

第二,通过检索最高人民法院《中国庭审公开网》(截止到2017年9月21日,已有200多个国家和地区近15亿人次访问)等不难发现:目前,出席刑事一审法庭检察官的身份(或座签)至少有“公诉人”“公诉席”“检

① 广:扩大、推广;登进:升任。

察员”“员额检察官”“书记员”5 种情形，[①]出席刑事二（再）审法庭检察官的身份（或座签）至少也有“检察员”“出庭检察员”“出庭检察人员”“检察人员”“员额检察官”“公诉人”“委托代理人”“代理人”8 种情形。

然而，实践中多数人主张，可将出席刑事一审的检察官称为“公诉人”，将出席刑事二（再）审的称为“检察员”。那么，这种主张和做法的依据何在？即高检院公诉厅 2009 年 1 月印发的《人民检察院公诉工作操作规程》。其中，第 194 条规定“公诉部门应当派员以国家公诉人身份出席第一审法庭，支持公诉”；第 248 条规定“检察员在（二审）开庭前应当做好下列准备工作：……”；第 264 条进一步规定“检察院按照审判监督程序提出抗诉的案件或者人民法院按照审判监督程序决定再审的案件，开庭审理时，公诉部门应当指派检察员出席再审法庭”。

但窃以为，上述《人民检察院公诉工作操作规程》的合法性值得探讨。一方面，根据《立法法》（2015 年 3 月 15 日）、全国人大常委会《关于加强法律解释工作的决议》（1981 年 6 月 10 日）和“两高”《关于地方人民法院人民检察院不得制定司法解释性质文件的通知》（2012 年 1 月 18 日）等规定，高检院公诉厅同样没有制定司法解释与“准司法解释”的权力。另一方面，上述《人民检察院公诉工作操作规程》对 1986 年《人民检察院组织法》第 15 条“人民检察院提起公诉的案件，由检察长或者检察员以国家公诉人的身份出席法庭，支持公诉，并且监督审判活

① 其中，出庭检察人员的“书记员”身份（或桌签）实属罕见（参见人民检察机关恢复重建 30 周年珍藏版编委会编：《荣光——纪念人民检察机关恢复重建 30 周年》，《检察日报社》2008 年编印，第 83 页）。一方面，尽管诸如最高人民法院《关于应当允许检察院派书记员随检察长或检察员出庭支持公诉的通知》（1986 年 11 月 7 日）等规定：“检察院派书记员随检察长或检察员出庭有利于工作，应当允许。”但实践中，有的法院（直接或在辩护人的要求下）拒绝检察院派书记员随检察长或检察员出庭办理记录工作的情形仍时有发生。另一方面，检察院书记员出席法庭不表明身份或无桌签却成了“惯例”。那么，检察院书记员出席法庭的身份如何？该不该也立“书记员”桌签？值得研究。窃以为，检察院书记员出席法庭也应表明身份或立“检察院书记员”桌签。一来与法院书记员有所区别；二来与出席法庭的检察官身份（如公诉人、公益诉讼人）有所区别；三来也符合司法责任制改革要求。

动是否合法”内容,作了扩大解释,因此它是不合法的。

第三,通过检索《中国庭审公开网》等不难发现:目前,出席民事、行政二(再)审法庭检察官的身份(或座签)至少有“国家监诉人”“抗诉机关”“上诉人”“检察官”4 种情形。

第四,通过检索《中国庭审公开网》不难发现:目前,出席公益诉讼一审法庭检察官的身份(或座签)至少有“原告代理人”“原告”“公诉人”“检察员”“员额检察员”“公益诉讼起诉人”“委托代理人”“督促起诉方”“支持起诉机关”“支持起诉人”“支持诉讼人”“公益诉讼人”“公益诉讼原告”“民事公益诉讼人”“环境公益诉讼人”“诉讼代理人”“公诉方代表”“起诉人”18 种情形。

当然,如果说检察公益诉讼属于司法改革的新生事物,因无法可循,才导致实践中出现诸如检察人员出庭身份或座签五花八门等问题,还情有可原的话,那么,在高检院颁行《检察机关提起公益诉讼改革试点方案》(2015 年 7 月 2 日)和《人民检察院提起公益诉讼试点工作实施办法》(2015 年 12 月 16 日),特别是其中明确规定“人民检察院以公益诉讼人身份提起民事、行政公益诉讼”之后,则理应杜绝检察人员出席公益诉讼法庭身份或座签的五花八门,实践中并未根本杜绝。

另外,据“两高”《关于检察公益诉讼案件适用法律若干问题的解释》第 4 条规定:“人民检察院以公益诉讼起诉人身份提起公益诉讼,依照民事诉讼法、行政诉讼法享有相应的诉讼权利,履行相应的诉讼义务,但法律、司法解释另有规定的除外。”因此,上述该解释自 2018 年 3 月 2 日起施行后,出席公益诉讼法庭的检察人员身份(或座签),理应为“公益诉讼起诉人”。

此外,为避免检察人员出席法庭之身份或座签的莫衷一是,高检院《中华人民共和国人民检察院组织法修改草案(建议稿)》第 25 条将 1986 年《人民检察院组织法》第 15 条修正为“人民检察院提起公诉的刑事案件,由检察官以国家公诉人的身份出席法庭,支持公诉。人民检察院提起公益诉讼的民事、行政案件,由检察官以公益诉讼人的身份出席法庭,参加诉讼。人民检察院发现人民法院的审判活动有违法情况时,应当向人民法院提出纠正违法意见或者检察建议”。但不无遗憾的是,2018 年《人民检察院组织法》既未保留 1986 年《人民检察院组织法》第 15 条规定的上述内容,也未采纳“高检院建议稿”的上述内容。而我国《论语》早就指出“名不正,则言不顺;言不顺,则事不成;事不成,则礼乐不兴;礼乐不兴,则刑罚不中。”因此,建议高检院,一方面,专门下发文件规范检察人员出席法庭的身份“座签”——“人民检察院提起公诉的刑事案件,应当委派检察长或者检察官以国家公诉人的身份出席法庭,支持公诉。人民检察院参与民事、行政案件,应当委派检察长或者检察官以检察官身份出席法庭,参加诉讼。人民检察院提起公益诉讼的案件,应当委派检察长或者检察官以公益起诉人身份出席法庭,参加诉讼。人民检察院参与刑事、民事、行政、公益诉讼案件二审、再审活动,应当委派检察长或者检察官以检察官身份出席法庭,参加诉讼。出席法庭的检察长或检察官发现法官的审判活动有违法情况时,应当在庭审后以人民检察院的名义向该法官所在人民法院提出纠正违法意见或者检察建议”。抑或在修改《人民检察院刑事诉讼规则》《人民检察院民事诉讼监督规则(试行)》《人民检察院行政诉讼监督规则(试行)》时,增加上述内容。窃以为,提高检察公信力的最现实、最紧迫、最好的办法,应从明确出庭检察人员的身份(或座签)做起——因为寻常百姓都懂“行不更名,坐不改姓”的担当道理,何况肩负国家法律监督职责的检方?! 进言之,法庭组成人员身份错误,也会导致错案;检察人员出庭监督审判活动是否合法,首先应从查看检察人员身份之座签对错开始。

第三节 中国检察官的现存问题

毋庸讳言,一方面,在衡量检察制度确立与否的标准中,检察人员特别是其中的检察官无疑处“三要素”中的核心位置,没有检察人员特别是其中的检察官,检察法就无法施行,检察机关及其内设机构就难以运作。因此,从这个意义上说,检察人员特别是其中检察官素质的高低,不仅直接影响检察法贯彻施行的优劣,以及检察机关及其内设机构运作的好坏,也直接影响检察制度正能量的释放,甚至直接影响国家代表对检察制度的正确认识与依仗。

另一方面,新中国检察工作的经验教训与现存问题,同样也都受中国检察人员特别是其中检察官素质能力高低的直接影响。甚至可以毫不夸张地说,上述经验教训与现实问题的产生与客观存在,都与当下中国检察官综合素质能力不高直接相关。而之所以这么说,只要翻翻历年《最高人民检察院工作报告》,就不难发现"检察队伍建设"成了其中的"老生常谈",而"如何提高检察人员素质"也成了检察工作的"永恒主题"。例如,党的十八大以来,我国检察人员素质能力不高的主要表现:①

第一,检察队伍整体素质还不适应新形势、新任务要求,有待进一步提高。一是对社会主要矛盾变化给检察工作带来的机遇挑战,对新时代人民群众在民主、法治、公平、正义、安全、环境等方面日益增长的需要,认识有待进一步提升,措施需要进一步完善,服务经济社会发展、回应人民期待的及时性有效性有待进一步增强。二是队伍专业化水平不够高,办理高科技犯罪、金融犯罪、涉众型经济犯罪等能力有待提升。三是高层次人才相对缺乏,办理金融证券、知识产权、生态环境、信息网络等新型案件专业人才缺乏。

第二,没有树立正确的执法理念,存在偏差。一方面,贯彻落实新发展理念、服务大局、执法为民等意识不强。另一方面,人权意识、程序意识、证据意识、规范意识没有真正牢固树立,有罪推定、口供至上、片面追诉等惯性思维尚未彻底消除。

第三,运用法治思维和法治方式服务大局、惩治犯罪、化解矛盾的能力有待提升。

第四,法律监督还不到位,不敢监督、不愿监督、监督不规范的问题不同程度存在。一些地方民事、行政、刑事执行检察工作薄弱。

---

① 参见 2012 ~ 2018 年《最高人民检察院工作报告》,载最高人民检察院官网,2018 年 4 月 12 日。

第五，把握政策、准确适用法律、办理复杂案件、做好群众工作能力不强，有畏难情绪。少数检察人员对群众要特权、逞威风，敷衍应付、逞威风、冷硬横推。

第六，就案办案、机械执法、不善于化解矛盾、不注重执法效果等问题不同程度存在。一方面，办案方式仍不适应，对法律修改后赋予的新职能履行不够充分，落实保障人权、规范执法的新要求不够严格。另一方面，特权思想、霸道作风严重，违法取证、违法查封扣押冻结处理涉案财物、滥用强制措施、限制律师合法权利、侵犯诉讼参与人合法权益等司法不规范行为时有发生。

第七，少数检察人员理想信念动摇，违法违规和越权办案，权力寻租、知法犯法，受利益驱动办关系案、人情案、金钱案，不按法定程序办案，滥用权力、以权以案谋私、贪赃枉法等违法犯罪行为时有发生，如表3所示，严重损害了司法及其检察公信力。

表3　党的十八大以来，违纪违法犯罪检察人员统计

年份	违纪及被追责情况
2012年	严肃查处违法违纪检察人员1122人，依法追究刑事责任124人。
2013年	全国检察机关共立案查办违法违纪检察人员210人，其中移送追究刑事责任26人，同比分别上升26.2%和13%。
2014年	立案查处违纪违法检察人员404人，同比上升86.2%，其中移送司法机关处理17人。
2015年	严肃查处违纪违法检察人员465人，同比上升15.1%，其中最高人民检察院4人。
2016年	坚决查处违纪违法检察人员474人，严肃追究121名领导干部失职失察责任。
2017年	严肃查处违纪违法检察人员2089人，其中最高人民检察院11人，违反中央八项规定精神543人。严肃追究531名领导干部失职失察责任。
2018年	自觉接受各级纪委监委及其派驻机构监督，774名检察人员因违纪违法被查处，同比上升44.4%。通报49起检察人员违纪违法典型案件，加强警示教育。

第四节　如何提高中国检察官的综合素质

一、要了解检察人员素质状况

一方面，据2017年《中国法律年鉴》(中国法律年鉴社2017年版)统计显示，截至2016年底，我国检察机关人员情况如表4所示。

另一方面，据《全国检察机关培训需求调查问卷统计分析报告》(最高人民检察院政治部2017年1月编印，第26～28页)统计显示：①

表4　全国检察机关人员统计

单位：人

<table>
<tr><td rowspan="13">2017年1月，《民主与法制》记者从中央司改办获悉，目前全国已有2978家法院、3053家检察院完成入额遴选，分别占全国法院、检察院总数的84.9%、85.1%；共产生入额法官10.44万名、检察官7.26万名。</td><td colspan="2">职　务</td><td>人　数</td></tr>
<tr><td colspan="2">合　计</td><td>258443</td></tr>
<tr><td rowspan="10">检察人员</td><td>小　计</td><td>244798</td></tr>
<tr><td>检察长</td><td>3358</td></tr>
<tr><td>副检察长</td><td>11497</td></tr>
<tr><td>检察委员会委员</td><td>21875</td></tr>
<tr><td>检察员</td><td>95763</td></tr>
<tr><td>助理检察员</td><td>28179</td></tr>
<tr><td>书记员</td><td>23204</td></tr>
<tr><td>司法警察</td><td>17147</td></tr>
<tr><td>其他干部(指无法律职务和专业技术干部)</td><td>43775</td></tr>
<tr><td colspan="2">工勤人员</td><td>13645</td></tr>
</table>

资料数据截至2016年12月底。另据2018年《最高人民检察院工作报告》披露，截至2018年3月9日，“四级检察院反贪、反渎和预防部门职能、机构及44151名检察干警已全部按时完成转隶”。

① 据2016年11月21日～12月12日，32个省级院共组织78187名检察人员登陆《中检网院》在线填写调查问卷后，统计分析显示。而从某种意义上说，其中统计分析结果之“需求”，即为检察人员综合素质之不足。

第一，通用素能培训需求。对照《检察机关岗位素能通用标准》，检察人员认为最需要加强的素能项目培训，按照比例由高到低依次为：案件研判能力占比为42.7%；法律适用能力为37.31%；释法说理能力为31.96%；监督意识为25.53%；信念坚定为25%；学习创新能力为24.73%；信仰法治为22.36%；沟通协调能力为16.52%；服务群众能力为14.07%；客观公正为12.38%；廉洁自律为12.7%；理性文明为8.84%。

第二，重点人员培训需求。在最需要加强培训的人员中，按照比例由高到低依次为：检察官占比为42.72%；青年干警为41.38%；业务部门负责人为36.96%；检察辅助人员为32.72%；业务骨干为30.91%；新录用检察人员为28.95%；司法行政人员为13.88%；检察长为13.86%。

第三，围绕司法责任制的落实，以《检察机关岗位素能基本标准试行》为着力点，兼顾职业一体化建设，探索建立针对员额检察官、检察辅助人员、司法行政人员、预备检察官的不同条线、不同岗位、不同模式、不同内容的分类培训体系：

一则检察官最需要加强的素能培训，按照比例由高到低依次为：案件研判能力占比为59.69%；证据审查能力为56.14%；法律适用能力为54.22%；业务指导能力为20%；案件汇报能力为19.76%；释法说理能力为16.43%；指挥协调能力为12.91%；学习创新能力为11.8%；业务审批能力为10.86%；团队建设能力为10.57%；统筹规划能力为10.02%。

二则检察辅助人员最需要加强的素能培训，按照比例由高到低依次为：辅助调查能力占比为44.73%；初步审查能力为42.8%；讯问询问能力为42.41%；业务辅助能力为41.18%；文书制作能力为30.71%；事务办理能力为22.83%；案件管理能力为11.74%；团结协作能力为14.67%；信息处理能力为13.43%。

三则司法行政人员最需要加强的素能培训，按照比例由高到低依次为：综合写作能力占比为59.43%；文书管理能力为41.72%；统计分析能力为36.44%；信息技术运用能力为27.1%；组织管理能力为29.68%；综合服务能力为29.68%；服务群众能力为18.39%；事务办理能力为 20.8%；沟通协调能力为 22.68%。

四则预备检察官最需要加强的素能培训，按照比例由高到低依次为：岗位专业知识占比为 59.9%；专业基础理论为 51.88%；岗位实践技能为 49.39%；检察职业良知教育为 37.34%；综合拓展能力为 16.79%；沟通协调能力为 16.35%；信息管理能力为 14.97%。

二、贯彻落实相关规定

一方面，应将《人民检察院组织法》《检察官法》有关检察人员特别是检察官素质的规定落到实处。

另一方面，应将中共中央《关于新形势下加强政法队伍建设的意见》（2016 年 11 月 2 日，以下简称《意见》）以及最高人民检察院《关于认真贯彻落实中共中央〈关于新形势下加强政法队伍建设的意见〉全面推进检察队伍建设的实施意见》（2016 年 12 月 21 日）、《“十三五”时期检察教育培训规划》（2017 年 1 月 8 日）等具体规定落到实处：

第一，深化学习、明确方向，切实把思想和行动统一到党中央精神上来：一要充分认识贯彻落实《意见》的重大意义；二要牢牢把握新形势下检察队伍建设的指导思想；三要始终坚持和遵循检察队伍建设的基本要求。

第二，把握核心、强化引领，确保检察队伍在政治上绝对忠诚可靠：一要强化理想信念教育；二要铸造忠诚政治品格；三要加强职业精神培育；四要创新思想政治工作。

第三，树立导向、加强培训，大力提高检察队伍履职能力和专业素养：一要鲜明树立能力和业绩导向；二要全面加强履职能力教育培训；三要深入推进检察人才队伍建设。

第四，严格监督、持续整治，扎实推进纪律作风建设常态化长效化：一要坚持不懈狠抓正风肃纪；二要进一步完善权力约束监督机制；三要坚决惩治自身司法腐败。

第五，突出重点、抓住关键，加强和改进各级检察院领导班子建设：一要选好配强各级检察院领导班子；二要从严管理监督领导干部；三要大力提升领导素能。

第六，深化改革、完善机制，不断健全检察队伍职业化管理和保障体系：一要深入推进检察队伍管理改革；二要健全落实检察职业保障体系；三要推动加大基层保障力度。

第七，强化领导、落实责任，以实施《意见》为契机全面提升检察队伍建设水平：一要严格落实各级检察院党组主体责任；二要积极构建抓党建带队建良好工作格局；三要充分发挥政工部门抓队伍建设职能作用。

第八，全面贯彻落实《十三五时期检察教育培训规划》的下列要求：

一是全国各级检察院要紧紧围绕检察中心工作和检察队伍建设总体部署，按照“五个过硬”总要求和检察队伍正规化专业化职业化方向，坚持以岗位素能基本标准为指引，以检察队伍素质能力建设为核心，以提升培训质量效益为主线，全面深化检察教育培训改革，全面落实大规模培训干部、大幅度提高干部素质战略任务，构建形成科学完善的检察教育培训体系，为建设一支信念坚定、司法为民、敢于担当、清正廉洁的检察队伍，推动检察工作全面协调发展提供坚强的思想政治保证、人才保证和智力支持。

二是通过五年努力，到“十三五”末期，检察教育培训工作将实现检察队伍整体素能明显提升、培训正规化专业化水平明显增强、培训管理运行更加高效规范、检察教育培训体系更加完备的总体目标。

三是通过任职资格培训、领导素能培训、专项业务培训、综合素能培训、岗位练兵业务竞赛等培训方式，对检察官、检察辅助人员、司法行政人员进行分类培训，大力加强包括思想政治与法治理念、职业道德与职业纪律、通用素养和通用能力、专业素养和岗位能力、其他通用知识为主要内容的岗位素能培训。探索以办案组为基本单元的团队培训模式，重点围绕办案模式、办案职责、办案组织、办案流程、监督管理等内容，组织开展培训。

四是要加强领军人才、高层次人才、青年检察人才、急需紧缺人才的培养。

总之,"做好党的政法工作(包括检察工作),必须加强队伍(包括检察队伍)建设。党的十八大以来,政法战线(包括检察战线)坚决贯彻全面从严治党要求,一手抓突出问题整改、一手抓长效机制建设,政法队伍政治素质、业务能力、纪律作风等方面发生可喜变化……新形势下,政法队伍肩负的任务更重,人民群众要求更高。要坚持把思想政治建设摆在第一位,按照政治过硬、业务过硬、责任过硬、纪律过硬、作风过硬的要求,锐意改革创新,加强正规化、专业化、职业化建设,努力建设一支信念坚定、执法为民、敢于担当、清正廉洁的政法队伍;要把能力建设作为一项重要任务,全面提高政法干警职业素养和专业水平;要坚持从严治警不动摇,努力营造风清气正、干事创业的良好生态……各级党委要加强和改进对政法工作的领导,选好配强政法机关领导班子,及时研究解决政法队伍建设重大问题。要真情关心和爱护政法干警,建立健全职业保障制度,不断增强政法队伍创造力、凝聚力、战斗力"。① 一言以蔽之,检察人员应以习近平新时代中国特色社会主义思想特别是关于政法工作的重要论述武装头脑,按照"五个过硬""四忠于""四个铁一般""四化"的要求,提高检察人员特别是检察官的政治、业务和职业道德素质,提升专业能力、专业素质,培育专业精神,开创新时代中国特色社会主义检察制度的新局面。

三、贯彻落实《素能标准》

贯彻《素能标准》,即应将最高人民检察院检察机关岗位素能基本标准研制领导小组编制的《检察机关岗位素能基本标准(试行)》(2016 年 3 月)及其《续编》(2018 年 3 月,以下统称《标准》)落到实处:

(一)概述

《标准》包括通用素养和通用能力两部分,如图 9 所示。

---

① 参见《习近平就政法队伍建设作出重要指示》,载《新华网》,http://www.xinhuanet.com.//politics/2016-04/25/c-111,2016 年 4 月 25 日访问。

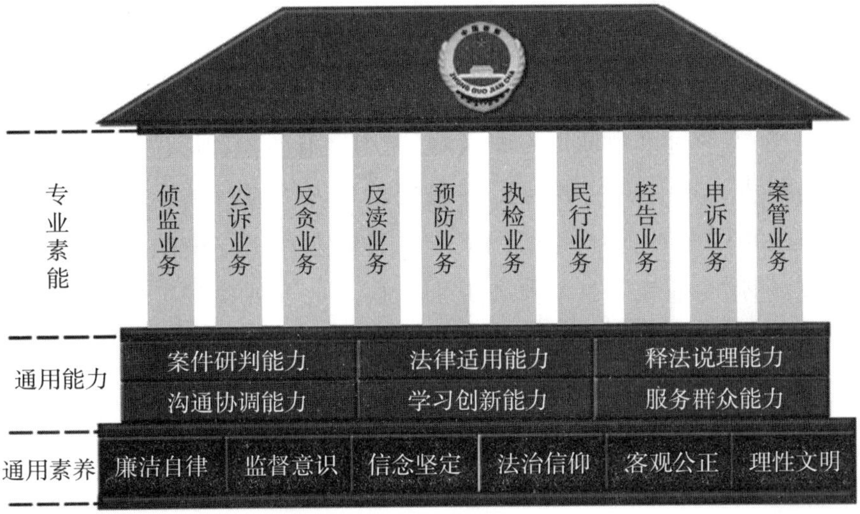

图9　检察机关岗位素能基本标准模型

所谓通用素养，是检察人员适任的内在素质要求，是其从事检察职业活动时应具备的综合素质和修养，具体包括：廉洁自律、监督意识、信念坚定、法治信仰、客观公正、理性文明6个素能项目，集中反映党、国家和人民对检察人员的期待和要求，是检察人员核心价值观、职业理想、职业信念的集中体现，为全体检察人员提供统一的行为指引、价值导向和内驱动力。

所谓通用能力，是所有检察人员履职所必需具备的基本能力，具体为案件研判、法律适用、释法说理、服务群众、学习创新与沟通协调6种能力。6种能力项目以通用素养为支撑，是通用素养在检察人员业务行为中的能力体现，构成检察人员履行各项检察职能的最基本和最必要的能力，其中案件研判能力、法律适用能力、释法说理能力是检察人员履行检察职能所应当具备的核心专业能力，沟通协调能力、学习创新能力、服务群众能力是成功办理各项业务、实现良好工作效果、做好群众工作的基础能力。

（二）十类检察业务专业标准

第一，十类检察业务专业标准包括侦查监督、公诉、刑事执行检察、民事行政检察、控告检察、刑事申诉检察、案件管理业务,以及反贪污贿赂、反渎职侵权、职务犯罪预防专业标准(后3种已转隶,其专业标准略),共227个素能项目。

第二,专业标准由通用专业素养、通用专业能力和岗位专业能力3部分内容构成。其中,专业标准是各条线检察人员履行条线检察业务工作所要求的具体素质能力,是通用素能在具体业务工作中的具体体现和必要补充;通用专业素养是某业务类别检察人员开展检察工作时均应具备的业务素质和修养,通用专业能力是某业务类别检察人员开展检察工作时均应具备的技能,对于履行岗位职责具有基础性作用;岗位专业能力是特定岗位检察人员开展检察工作时应具备的专业工作能力,对于履行岗位职责具有直接的决定性作用。岗位工作人员需同时具备通用素能、通用专业素能和岗位专业能力。

第三,侦查监督业务(人员)专业标准,如图10所示。

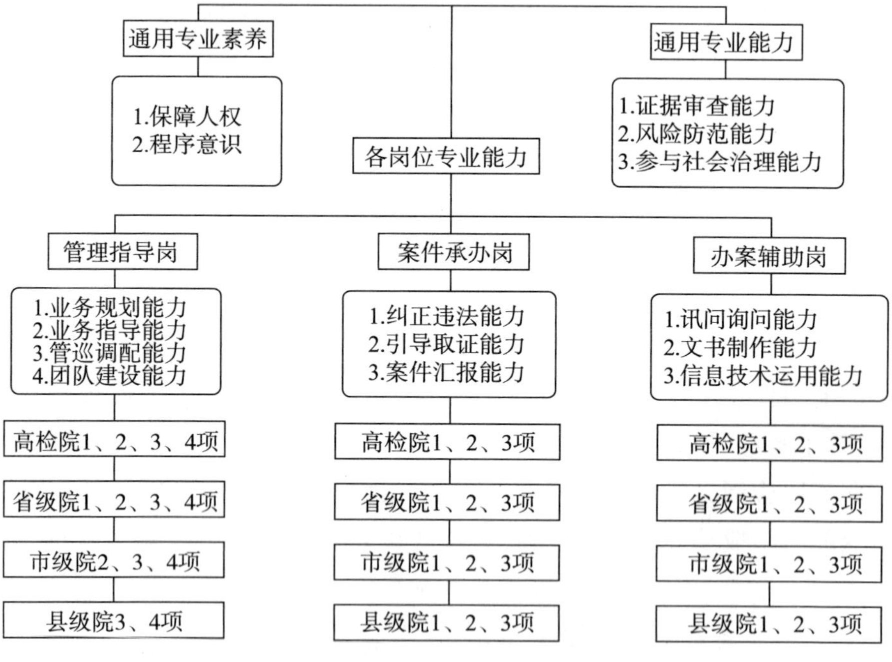

图10 侦查监督业务专业标准层级差异

第四，公诉业务（人员）专业标准，如图11所示。

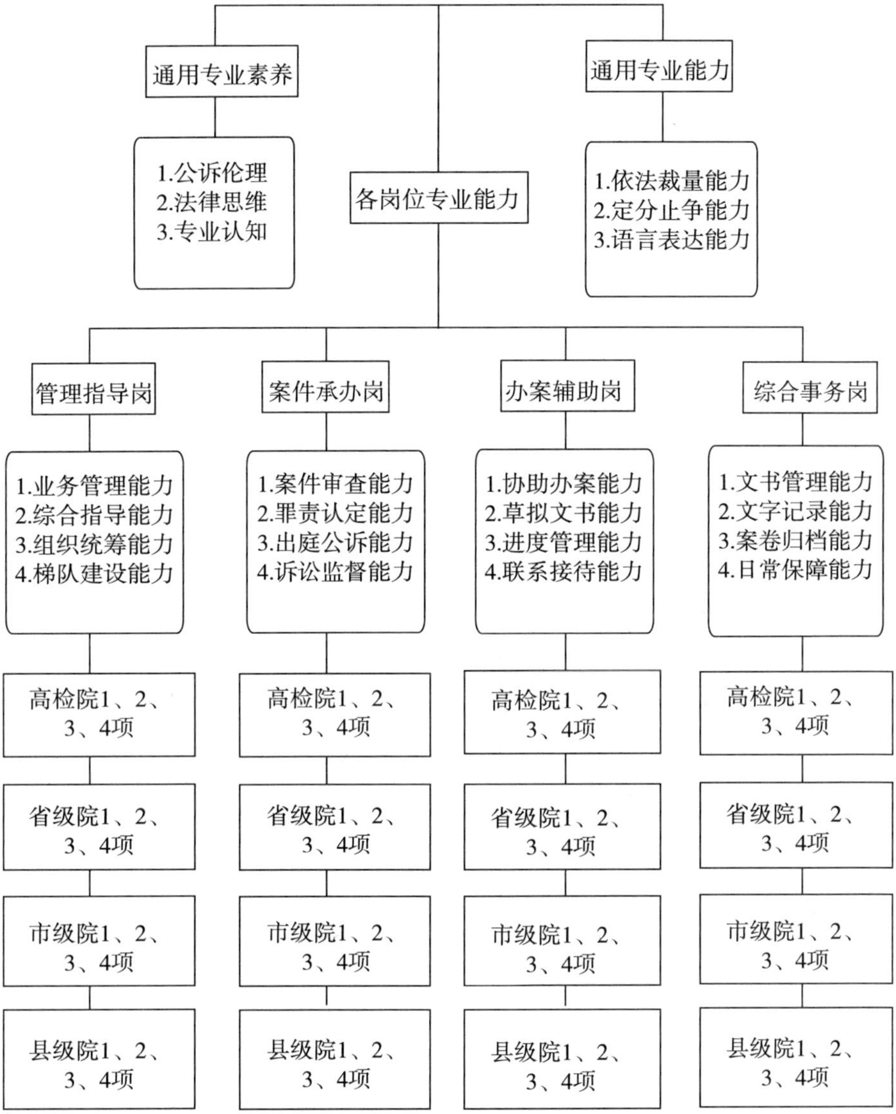

图11　公诉业务专业标准层级差异

第五，刑事执行检察业务（人员）专业标准，如图12所示。

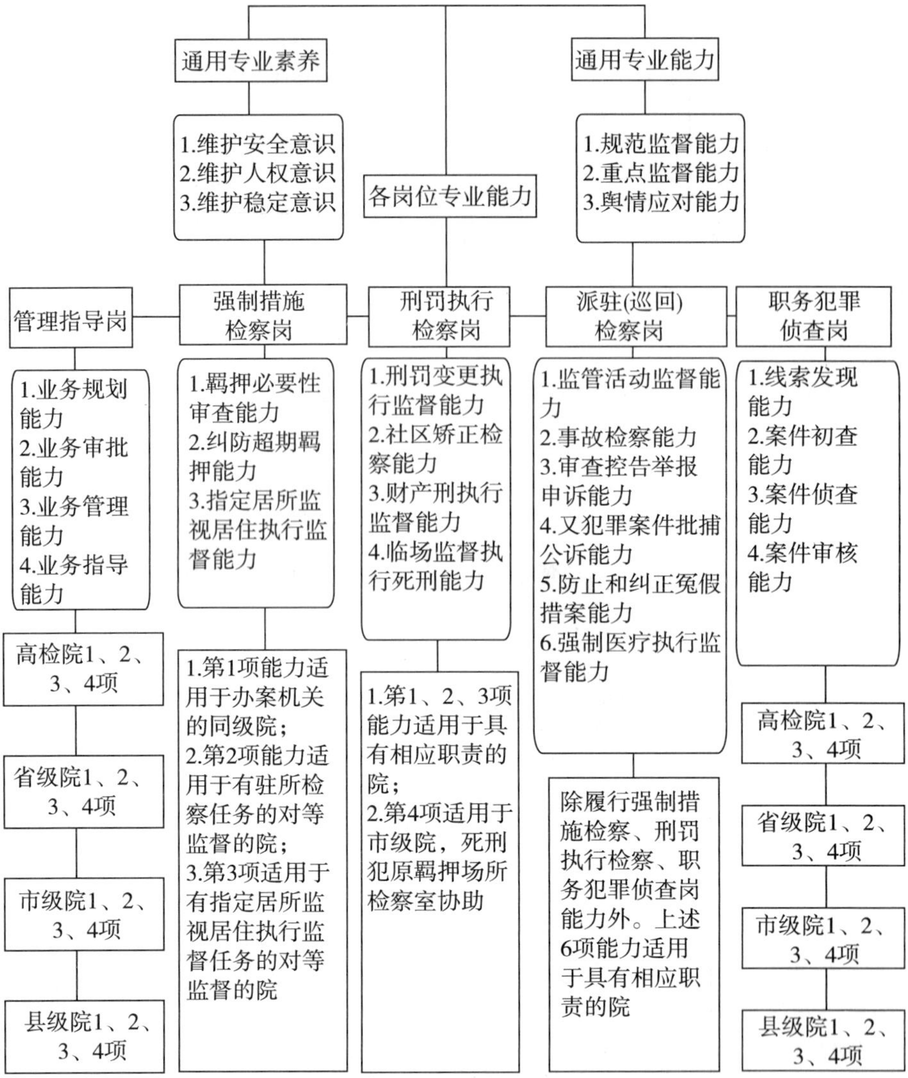

图12　刑事执行检察业务专业标准层级差异

第六,民事行政检察业务与公益诉讼检察业务(人员)专业标准,如图13所示。

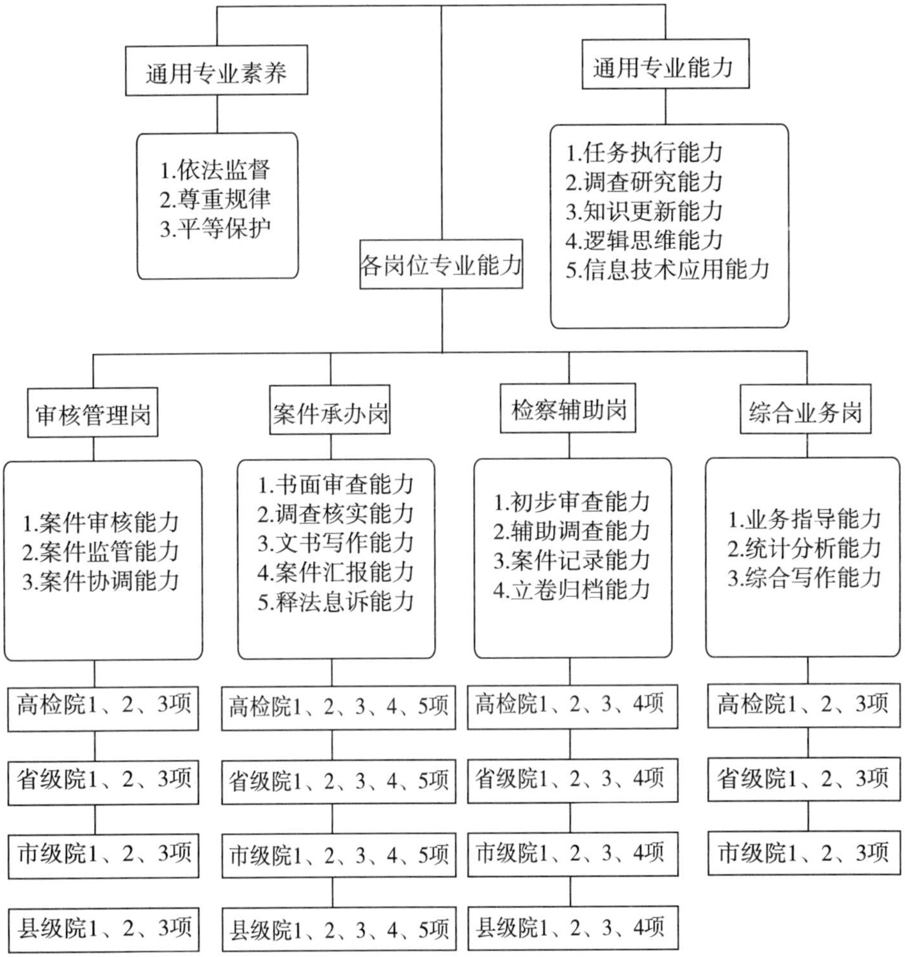

图13　民事行政检察业务与公益诉讼检察业务专业标准层级差异

第七,控告检察业务(人员)专业标准,如图14所示。

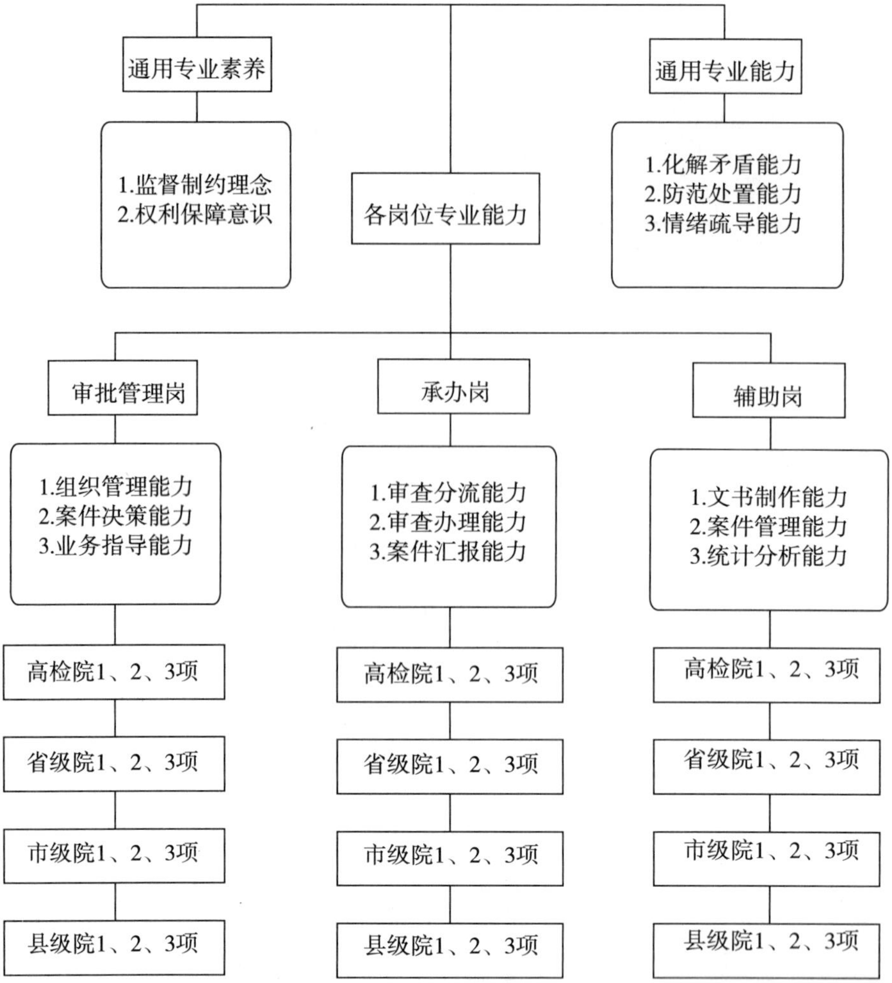

图14 控告检察业务专业标准层级差异

第八,刑事申诉检察业务(人员)专业标准,如图15所示。

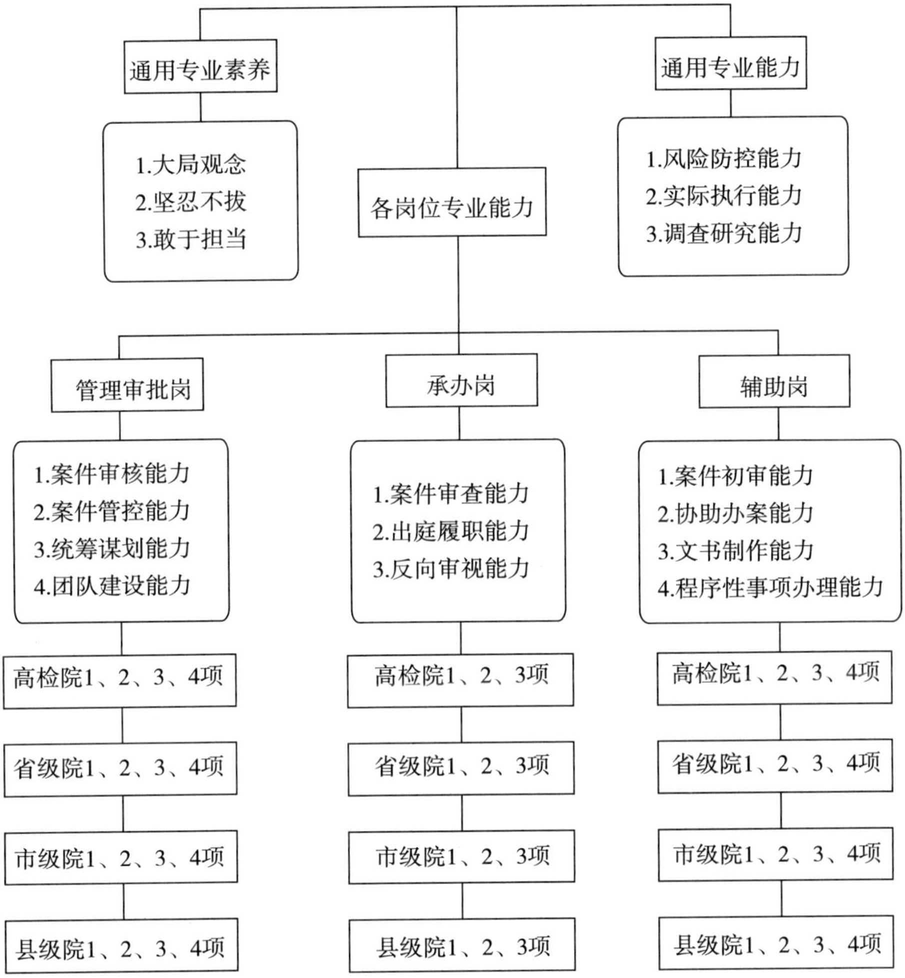

图15　刑事申诉检察业务专业标准层级差异

第九，案件管理业务（人员）专业标准，如图16所示。

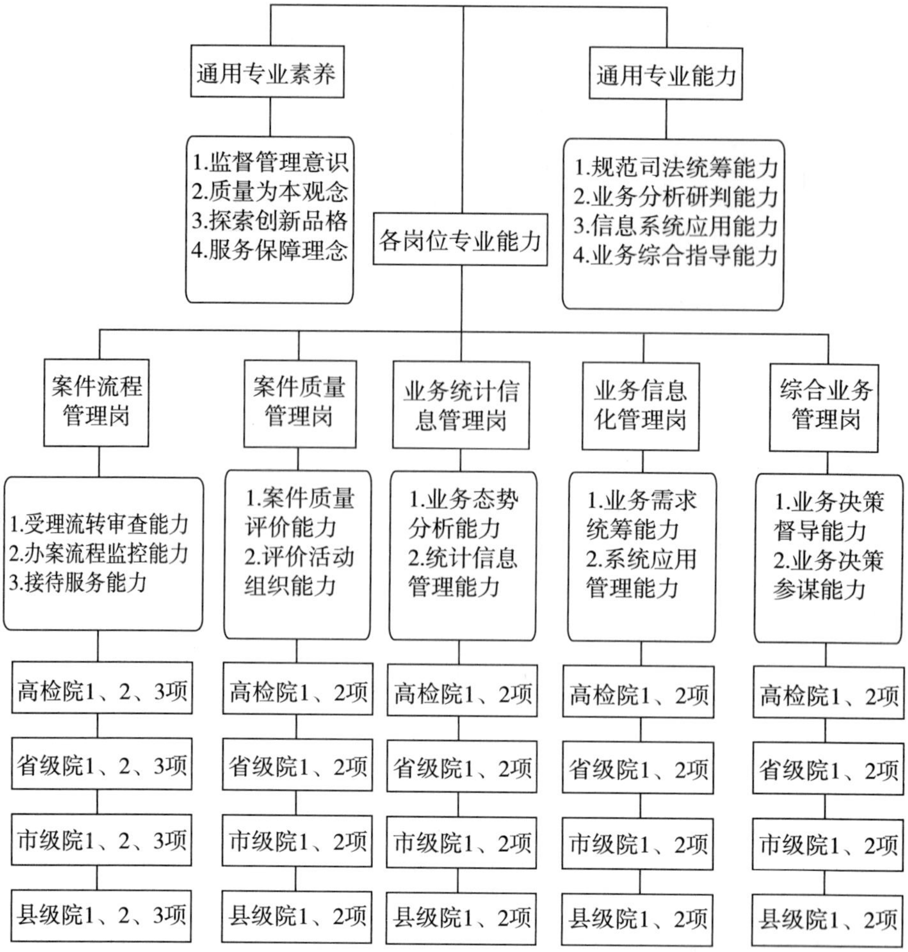

图16　案管业务专业标准层级差异

第十，未成年人检察业务（人员）专业标准，如图 17 所示。

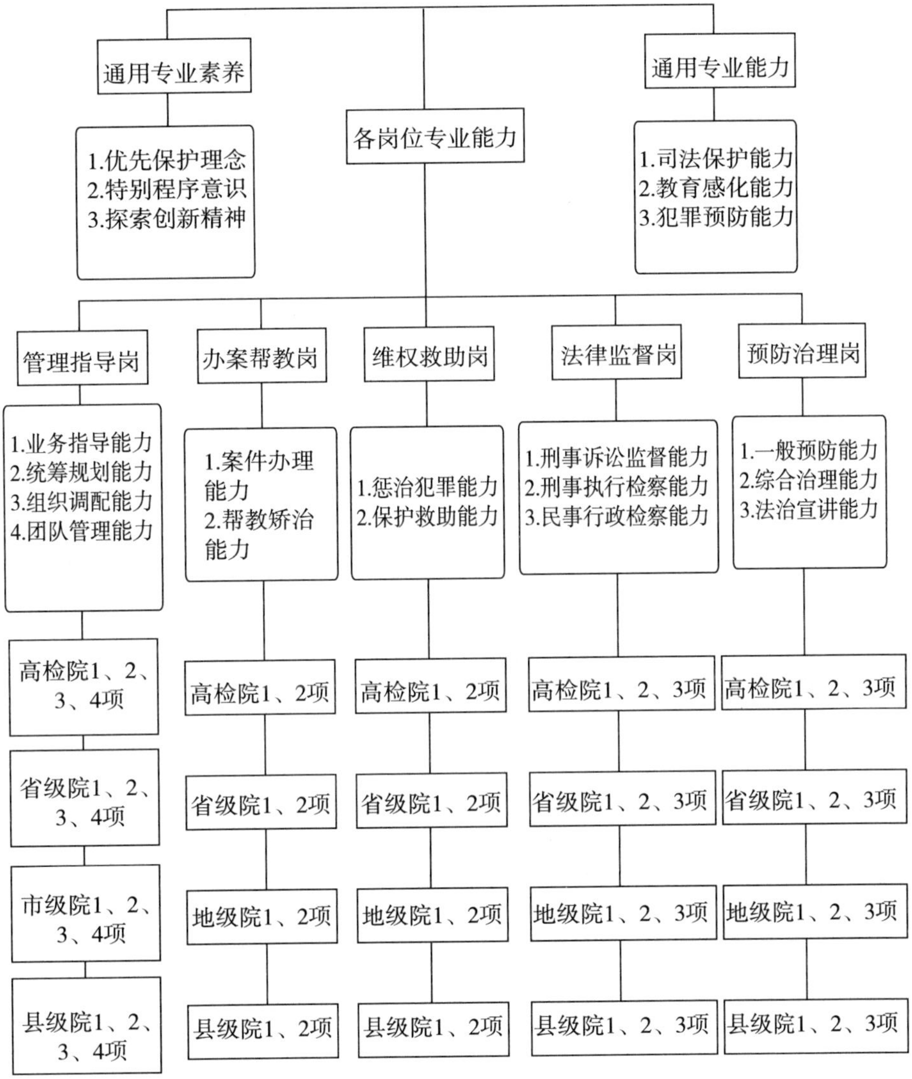

图 17　未成年检察业务专业标准层级差异

（三）八类检察辅助行政业务专业标准

第一，法律政策研究业务（人员）专业标准，如图 18 所示。

图 18　法律政策研究业务专业标准层级差异

第二,计划财务装备业务(人员)专业标准,如图 19 所示。

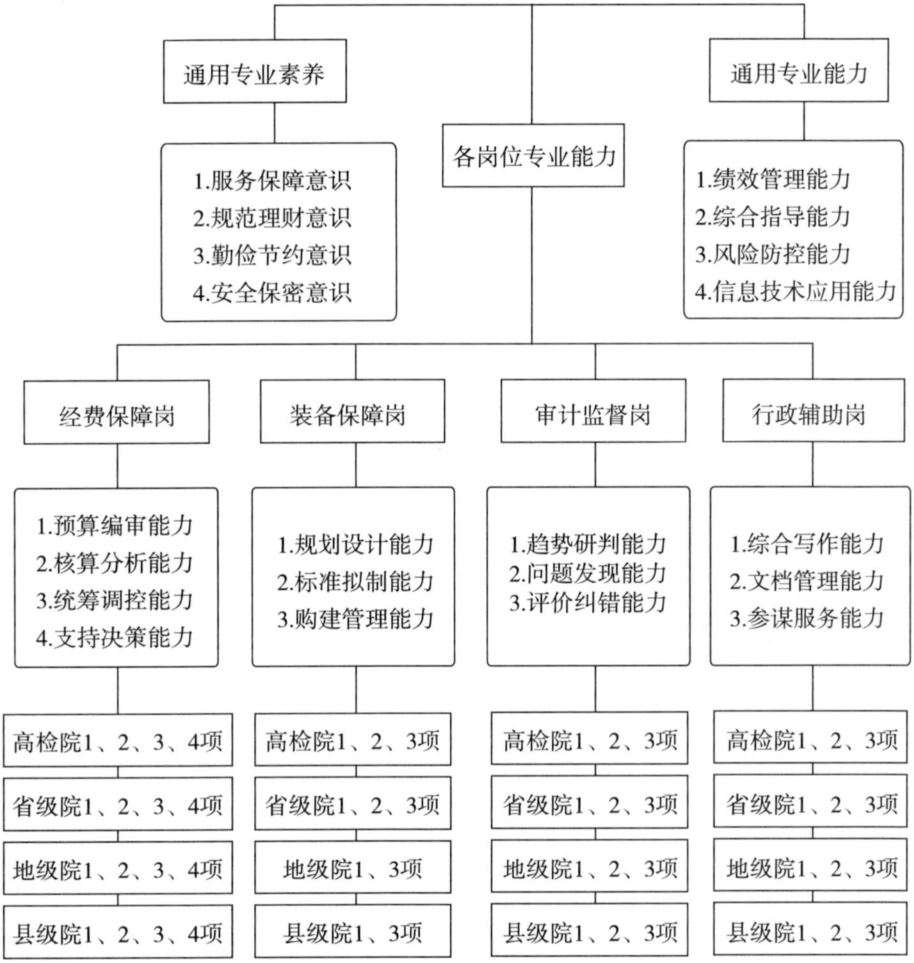

图 19　计划财务装备业务专业标准层级差异

第三，检察技术信息业务（人员）专业标准，如图 20 所示。

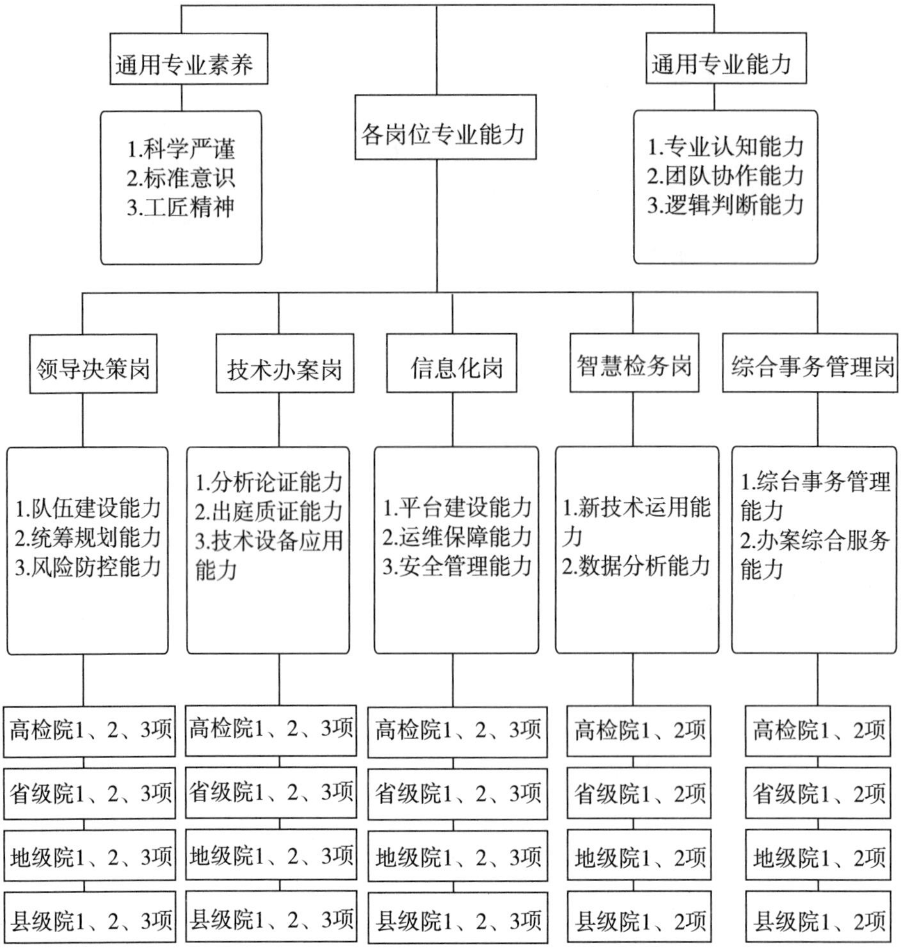

图 20　检察技术信息业务专业标准层级差异

第四，办公室业务(人员)专业标准，如图21所示。

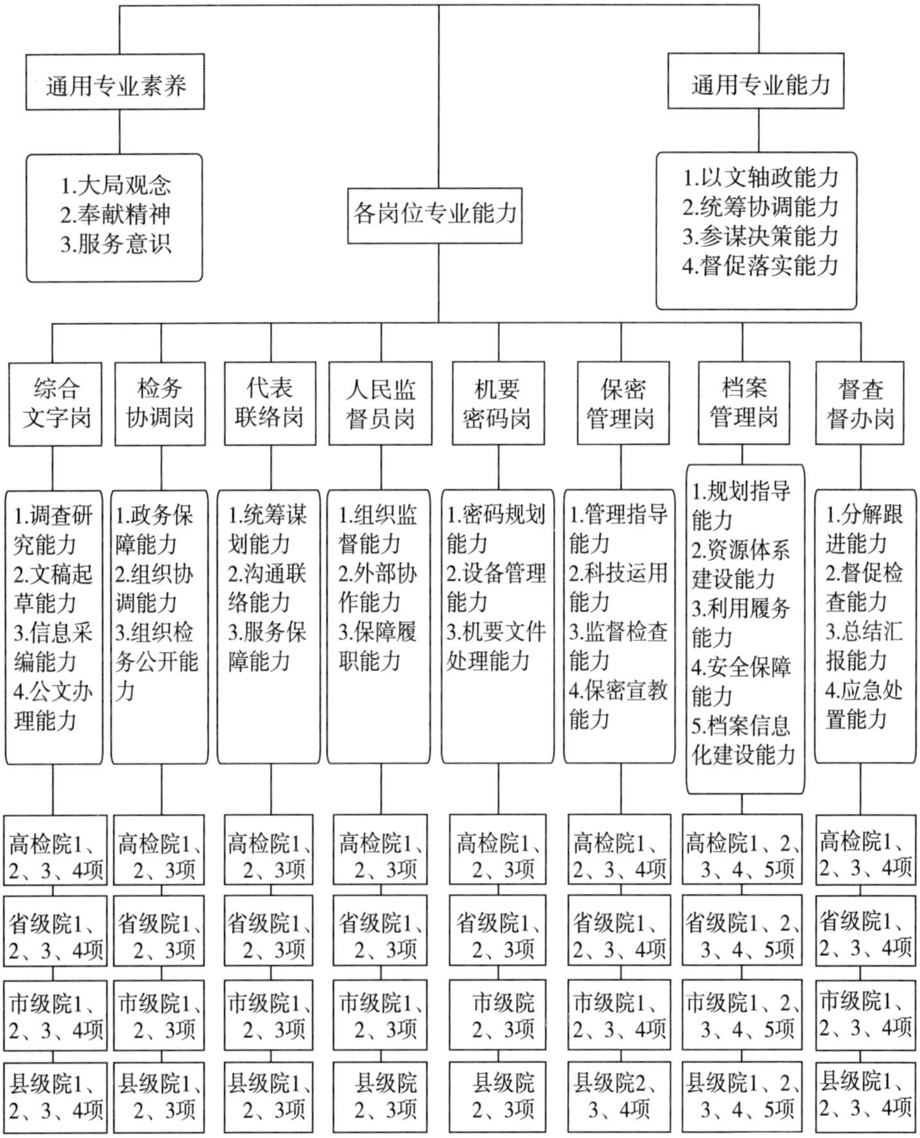

图21　办公室业务专业标准层级差异

第五，机关党务业务（人员）专业标准，如图22所示。

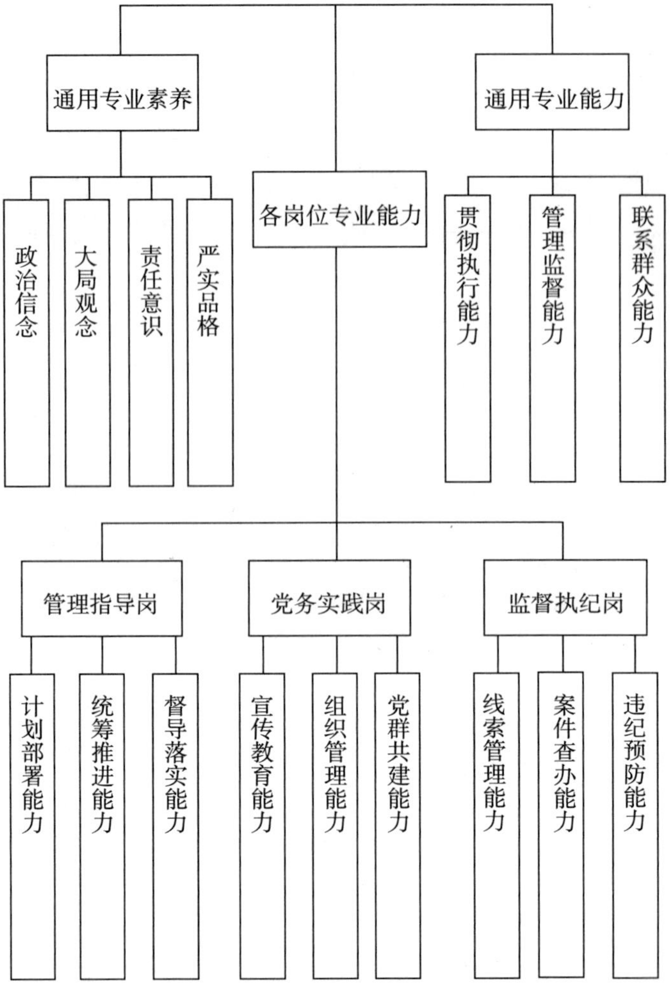

图22　机关党务业务专业标准结构

第六，政工业务（人员）专业标准，如图 23 所示。

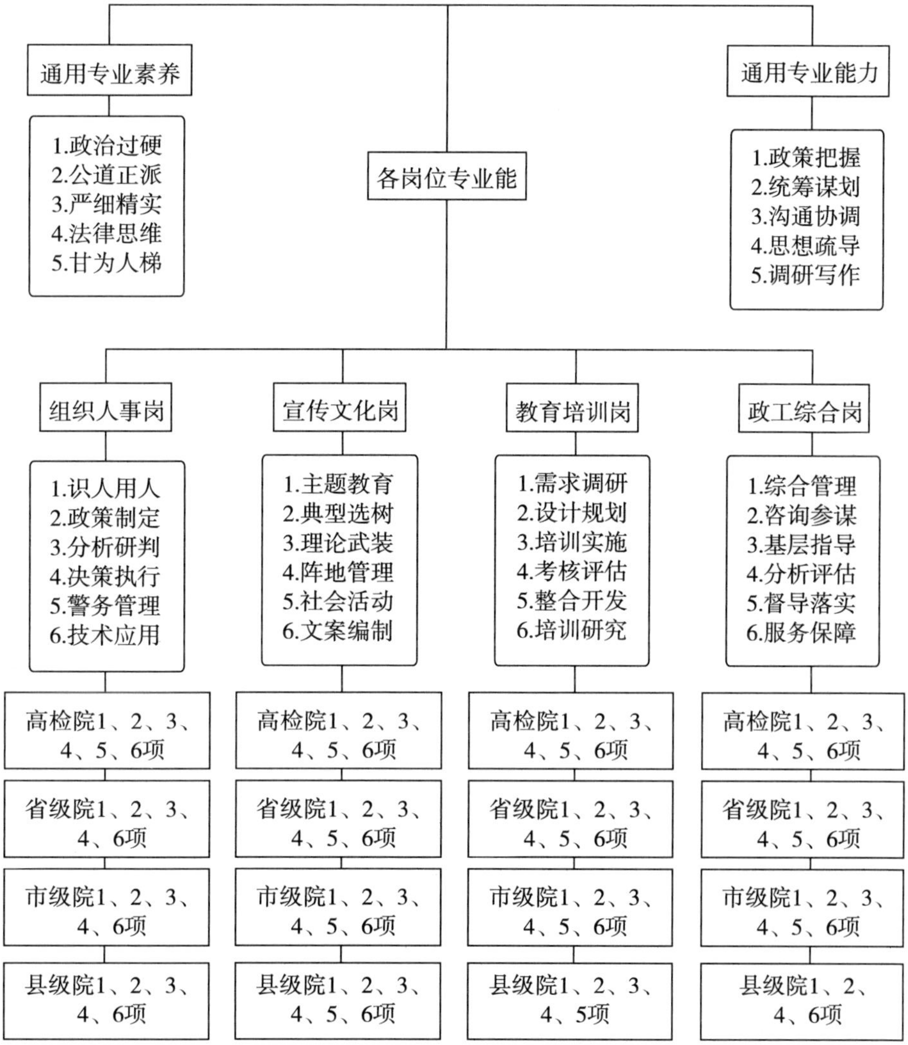

图 23　办公室业务专业标准层级差异

第七，纪检监察业务（人员）专业标准，如图 24 所示。

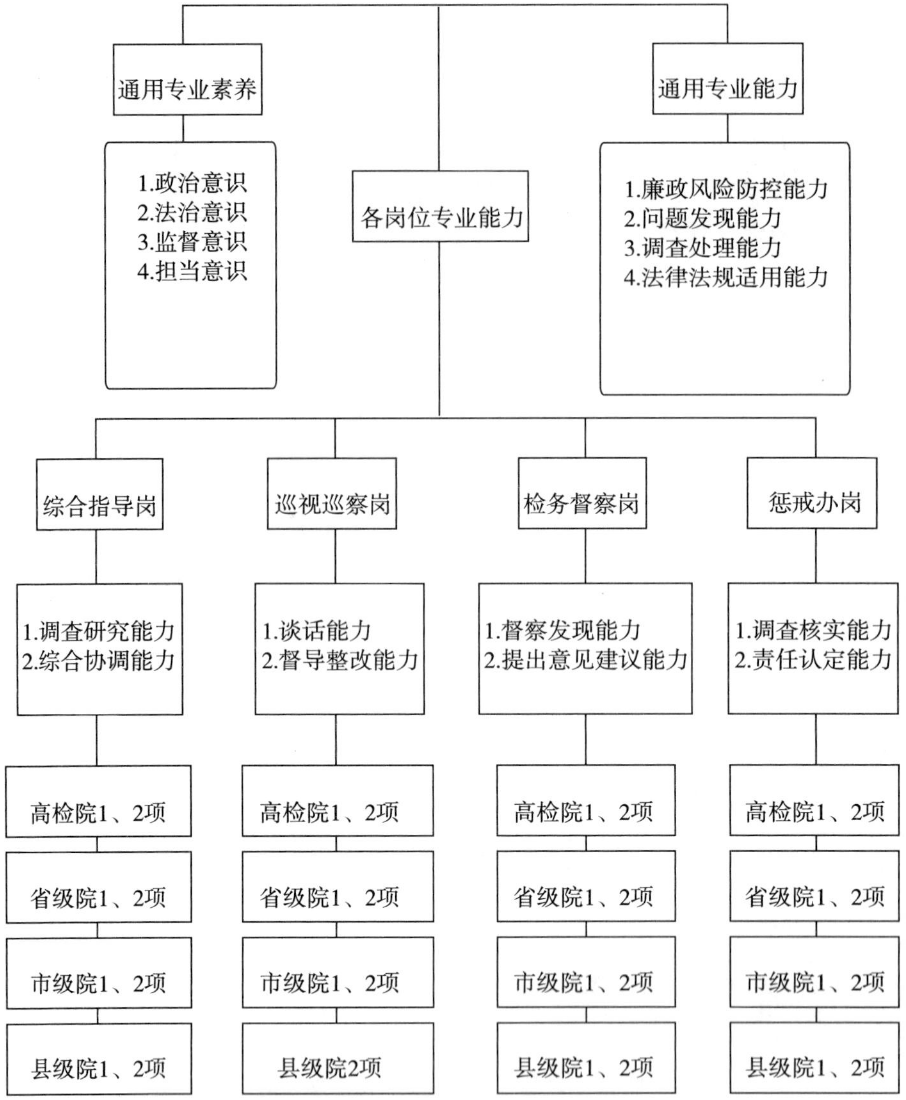

图 24　纪检监察业务专业标准层级差异

第八,新闻宣传业务(人员)专业标准,如图25所示。

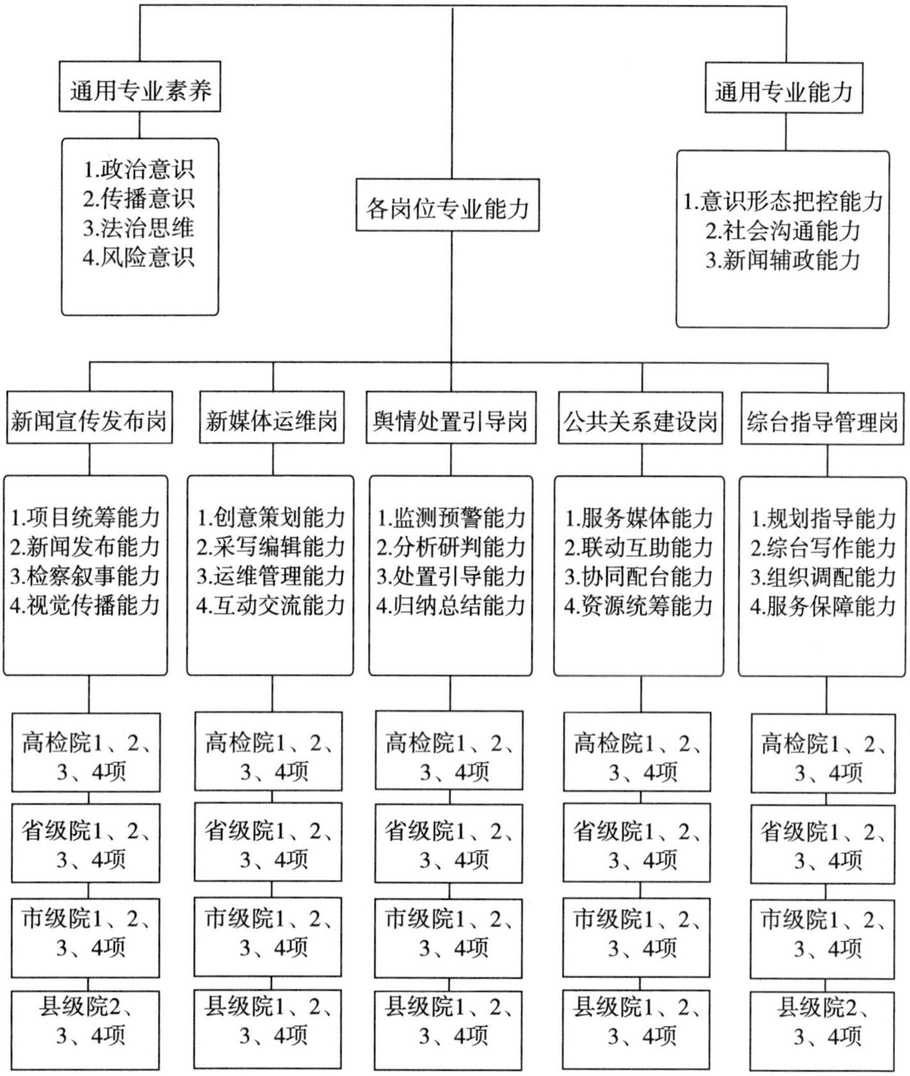

图25　新闻宣传业务专业标准层级差异

四、克服检察教育培训的现存问题

党的十九大以来,检察教育培训工作虽然取得了新的进展和成绩,但与高检院党组的要求和广大检察人员的培训、成长需求相比,仍存在较大差距,主要表现为:

第一,政治建设融入业务建设仍然需要极大加强,政治课是政治课业务课是业务课、政治理论教育学习与业务培训“两张皮”问题还没有有效解决。有的简单地把政治理论学习搞成组织看看录像听听录音或者仅仅局限于讲一堂专题性政治理论授课,没有或者不善于在业务课程教学中贯彻体现习近平新时代中国特色社会主义思想,如何在业务培训课程融入政治理论、引导教会我们的检察官善于在执法办案等业务工作中讲政治,还要下很大工夫。

第二,问题导向还需要进一步突出,还没有完全做到精准施训,培训的针对性、实效性不够强。特别是培训需求调研工作比较薄弱,有的没有摸清摸准队伍政治建设和业务建设中存在的突出问题;有的对各地包括学员提出的问题缺乏全面深入认真的分析研究,没有把学员最想学到的知识、最想解决的问题、最想掌握的技能融入培训教学内容,不同程度存在训用脱节现象。有的学员反映,多年前就听过同一个老师的课,几年后还是没有新内容。有的学员反映有的课听起来好听,但想学的知识和技能还是没学到,想解决的疑惑问题还是没有得到解决,感到效果不明显。

第三,理论与实际联系还不够紧密,教师如何从理论联系实际的角度更加有效地开展教学、如何通过培训教会参训学员善于运用理论正确分析和解决我们队伍政治建设和业务建设存在的问题,仍然是一个较大的薄弱环节。

第四,实务性教学尤其是案例教学亟待普遍加强和改进,指导性案例等典型重要案例进培训进课堂不够明显,如何让那些善于办案又能够讲学的案件承办检察官走进课堂,通过案例讲解传授办案技能等,这方面工作做得还不够。

第五,教学相长的问题没有很好解决,教学方式单一、教师“满堂灌”学员机械听、缺少教师与学员互动等问题还比较普遍,有的课堂教学缺乏吸引力。培训教学与业务调研、业务指导结合还不够紧密,学员对教学内容、教学方法的推动改进作用需要大力加强;学员学得如何、用的如何、对工作的促进作用如何,还缺乏跟踪了解和评价分析、反馈改进的机制和措施。

第六,师资、教材、课程短缺,不能满足内设机构改革后各部门各条线业务培训和检察人员学习提高的需要。

第七,培训工作发展不够平衡、有的抓得紧有的抓的松以及边远和少数民族地区自主培训能力不够强等问题也需要高度重视,等等。为此:

一要进一步把高检院党组的决策部署落实到教育培训中来:一是紧紧围绕院党组的新理念新部署开展教育培训;二是切实贯彻落实好“政治建设融入业务培训”的要求;三是继续大力推动领导干部上讲台和检察官教检察官;四是进一步贯彻落实好“培训要解决实际问题”的要求。

二要把检察教育培训工作各项重点任务抓紧抓实:一是抓紧落实调训计划和机专项业务培训计划;二是大力开展好网络培训;三是抓好课程、师资和教材资料建设。

三要严格落实培训需求调研制度。

四要改进教学方式方法。注重创新和改进教学方法,特别是实体班要综合运用研讨式、案例式、模拟式、体验式等教学方法,减少教师单一讲授所占比重,避免“满堂灌”,增强教学互动性、感染力、吸引力和实效性。要突出强化案例教学,重点推动指导性案例进课堂。各省级院举办的实体培训班次都应结合检察官教检察官,将指导性案例等重要典型案例纳入教学内容。领导干部要带头讲指导性案例。要坚持业务培训与业务指导相结合,结合课堂教学、座谈研讨等,开展业务研究和对下工作指导,做好重要政策法律、司法解释和重大工作部署的上传下达工作。

五要大力加强课程建设。要突出问题导向,大力增强各类培训班次课程设置和教学内容的针对性、适需性、实用性,不断提高教师的教学能力。

第十四章 （中国）检察学能否成为一门独立的法律科学

《辞海》（缩印本）有云：学即“学科”，①学科即“学术的分类”，②学术“指较为专门、有系统的学问”，③学问即“学习、问难”；④科学即“关于自然、社会和思维的知识体系”⑤。因此，窃以为，检察学即“检察学科”或“检察科学”的简称。

然而，检察亦即检察理论与实践能否成为一门独立的法律科学或其部门学科——检察学？中国检察理论与实践能否升华为中国检察学？对此，我国当下有两种相反观点：

作为主流的“肯定观”强调，（中国）检察亦即（中国）检察理论与实践不仅能成为一门独立的法律科学或其部门学科——（中国）检察学（如王洪俊著：《检察学》，重庆出版社 1987 年版；江山：《建立检察学之必要》，载《西北政法学院学报》1987 年第 2 期），而且它还包括刑事检察学、民事行政检察学、民事检察学、行政检察学、中国检察学［如王淑贤《中国检察学》（兰州大学出版社 1988 年版）；马天山：《中国检察学体

① 辞海编辑委员会编：《辞海》（缩印本），上海辞书出版社 1980 年版，第 1125 页。

② 辞海编辑委员会编：《辞海》（缩印本），上海辞书出版社 1980 年版，第 1126 页。

③ 辞海编辑委员会编：《辞海》（缩印本），上海辞书出版社 1980 年版，第 1126 页。

④ 辞海编辑委员会编：《辞海》（缩印本），上海辞书出版社 1980 年版，第 1126 页。

⑤ 辞海编辑委员会编：《辞海》（缩印本），上海辞书出版社 1980 年版，第 1746 页。

系创新中的几个问题》，载《青海社会科学》2008 年第 2 期）等下位学科；而这些下位学科之称谓，在王洪俊《检察学》，张永恩：《试论检察学》（载《现代法学》1986 年第 2 期），吴磊《评〈检察学〉》（载《法律学习与研究》1988 年第 4 期）等著述中，均有论及。

其实，早在中国检察第一书之《检察讲义》“序”中，就有“岁戊申（1908 年），京师审判厅开检察研究会，请日本法学博士冈田师讲演检察学理”之提法；之熊元翰编辑《检察制度》“叙”中，更有“吾国法学幼稚，检察之学尤甚，无可讳言”之判断；当然郑言笔述《检察制度》“郑序”中，也有“曩在日本，曾于书肆索求检察之书，①以资研讨。该国人士谓非独立一种科学，故无专门著述。盖散见于刑诉、裁判构成法中”之记载。

而作为支流的“否定观”却认为，（中国）检察亦即（中国）检察理论与实践不能成为一门独立的法律科学或其部门学科——（中国）检察学，它们仅属于刑事诉讼、司法或宪法制度（学）的内容之一而已。但窃不以为然，除赞同肯定观的普遍理由外，并添如下说辞、理由：

第一，《法律辞典》（法律出版社 2003 年版，第 326 页）有言，法学即“以法律为主要研究对象的独立的社会科学学科。其产生和发展依法律和法律制度的产生和发展为前提”。进言之，法律是制度的有形、书面载体，制度则是法律适用的现实、客观结果；有什么样的法律就会孕育出什么样的制度；没有法律，就没有制度。而如下所述，作为法律、制度子集的检察法律和检察制度，也是客观存在的。因此，作为检察科学或检察学科简称的“检察学”，也有其孕育、产生和发展的前提、基础或“母胎”“种子”——检察法律和检察制度的客观存在。

第二，检察学的内涵外延怎样？见仁见智。而窃以为，它即关于检察理论与实践的知识体系，并以检察法律和检察制度为研究对象和志趣，且含刑事、民事、行政和中国检察学等下位学科。

① 曩：以往，过去；书肆：书店。

第三，诚如黑格尔在其《小逻辑》（贺麟译，商务印书馆1982年版，第6页）导言中所言："凡是合乎理性的东西都是现实的，凡是现实的东西都是合乎理性的。"而上述针对"检察学"及其下位学科现实、客观存在的著述列举，也并非"孤证"、"自证"或"标新立异"，还有诸如：《检察学》（赵登举等，湖南人民出版社1988年版）、《实用检察学》（王晓军等，辽宁人民出版社1988年版）、《通俗检察学》（李广祥等，群众出版社1988年版）、《检察学教程》（张兆松，浙江大学出版社2009年版）、《检察学》（朱孝清、张智辉主编，中国检察出版社2010年版）、《检察学基本范畴》（卢建平主编，中国检察出版社2010年版）、《学科的秩序——关于检察学理论体系的一些基本问题》（王顺义著，中国检察出版社2010年版）、《知识与路径：检察学理论体系及其探索》（龙宗智等著，中国检察出版社2011年版）、《检察学新论》（石少侠主编，中国检察出版社2013年版），以及《当代中国检察学》（王然冀主编，法律出版社1989年版）、《民事检察学》（李忠芳、王开洞主编，中国检察出版社1996年版）、《中国检察学》（周其华著，中国法制出版社1998年版）、《军事检察学》（李昂著，军事科学出版社2003年版）、《行政诉讼检察学》（赵福杰等著，天津社会科学院出版社2012年版）、《民事诉讼检察学》（王煜等著，天津社会科学院出版社2013年版）、《控告申诉检察学》（徐华等著，天津社会科学院出版社2013年版）、《刑事冤错案检察学》（天津市滨海新区大港人民检察院，天津社会科学院出版社2013年版）以及期刊《检察学文摘》（1993年创刊，1999年更名为《检察实践》、2006年再更名为《中国检察官》至今）等，以"检察学"为名的著述佐证。

另外，诸如《中国检察百科辞典》（黑龙江人民出版社1993年版，第3页）、《检察大辞典》（上海辞书出版社1996年版，第681～682页）、《中华法学大辞典·诉讼法学卷》（中国检察出版社1995年版，第268页）、《法学辞海》（李伟民，蓝天出版社1998年版，第2475页）等工具书，也都有"检察学"或含有"检察学"一词（如"创立检察学的意义""检察学与宪法学"）的条目。

此外，在我国，关于“检察学”学科建设的研究，并未一以贯之，以至于当下仍存上述肯定与否定两说；而肯定说的呼声，又源于被法学界“边缘化”的检察系统，进而难免遭受“自卖自夸”“自弹自唱”诟病。而对其较集中研究的年份，一是1986年，二是2007年。当然，“检察学”称谓的提出，也较早于20世纪80年代。

再者，《检察学研究论集》（沈阳市检察学会1986年编印）和《检察学论文选》（辽宁大学出版社1988年版）是我国较早并全面肯定检察学科成立的“检察学”论文集（共19篇）；而截止到2019年12月底，《中国知网》篇名含有“检察学”的论文70篇，时间跨度为1986～2019年，并多为《人民检察》《检察日报》《国家检察官学院学报》（原名《中央检察官管理学院学报》）《刑事法杂志》（原名《检察理论研究》）《中国检察官》等检察类报刊刊载。而较早以“检察学”为篇名的论文包括：《关于创立〈检察学〉的设想》（张正，载《法学杂志》1986年第3期）、《试论检察学》（张永恩，载《现代法学》1986年第2期）和《对检察学和我国检察制度进行开拓性研究——在沈阳召开的首次检察学理论问题讨论会纪要》（黎平，载《现代法学》1986年第4期）。

总之，当今中国，（中国）检察学及其下位学科，不仅发展为一门独立的法律科学部门，还有逐渐成为显学的趋势。而这一判断和主张，较早起源于20世纪80年代。当然，随着检察机关“反贪、反渎、预防”部门的转隶，（中国）检察学及其下位学科建设，亦将面临困难、挑战。但是，中国检方认同而坚持“四个自信”的重要标志和证据，应从认同和坚持检察学客观存在开始！

第十五章　检察文献与中国检察文献之最*

第一节　文献及其检察文献

无疑,有什么样的检察法,就会孕育出什么样的检察制度。那么,检察法又是靠什么来承载其内容并证明其客观存在的呢？唯有检察文献。而何谓检察文献？众说纷纭。

窃以为,诚如《辞海》(缩印本)所云:文献"今专指具有历史价值的图书文物资料";①历史"泛指一切事物的发展过程";②价值"指事务的用途或积极作用";③图书"指书籍期刊画册图片等出版物的总称";④书籍指"用文字、图画或其他符号,在一定材料上记录知识、表达思想并制成卷册的著作物";⑤期刊"又名'杂志'。定期或不定期的连续出版物";⑥文物即"遗存在社会上或埋藏在地下的历史文化遗物,一般包括:(1)与重大历史事件、革命运动和重要人物有关的、具有纪念意义和历

---

* 具体情况,还可参见拙著《中国检察文献研究》(中国检察出版社 2014 年版)。

① 辞海编辑委员会编:《辞海》(缩印本),上海辞书出版社 1980 年版,第 1535 页。

② 辞海编辑委员会编:《辞海》(缩印本),上海辞书出版社 1980 年版,第 146 页。

③ 辞海编辑委员会编:《辞海》(缩印本),上海辞书出版社 1980 年版,第 220 页。

④ 辞海编辑委员会编:《辞海》(缩印本),上海辞书出版社 1980 年版,第 776 页。

⑤ 辞海编辑委员会编:《辞海》(缩印本),上海辞书出版社 1980 年版,第 105 页。

⑥ 辞海编辑委员会编:《辞海》(缩印本),上海辞书出版社 1980 年版,第 1517 页。

史价值的建筑物、遗址、纪念物等；(2)具有历史、艺术、科学价值的古文化遗址、古墓葬、古建筑、石窟寺、石刻等；(3)各时代有价值的艺术品、工艺美术品；(4)革命文献资料以及具有历史、艺术和科学价值的古旧图书资料；(5)反映各时代社会制度、社会生产、社会生活的代表性实物；(6)反革命的历史罪证。”①

又如，《现代汉语词典》(第6版)(第1662、545、1275页)所言：资料“用作参考或依据的材料”；②画册“装订成本子的画”；③图片“用来说明某一事物的图画、照片、拓片等的统称”。④

因此，从词义上说，检察文献就是记录检察制度知识和信息的一切物质载体；从概念上讲，作为文献或其社会科学文献或其法律(学)文献，抑或司法文献的下位(或种)概念或子集的检察文献，是指人借助语言文字符号和文具创造的、记录并承载检察制度知识及其内容含义——信息的一切物质载体。简言之，检察文献就是记录并承载检察制度知识和信息的物质载体的统称。

另外，据划分标准的不同，可将检察文献分为许多种类。譬如，据检察制度构成“三要素”的不同，可将其分为针对检察法、针对检察机关及其内设部门、针对检察人员的检察文献3种；据检察文献记录并承载检察制度知识和信息性质、地域等差异，可将其分为中国与外国或者国内与国际检察文献两种；据检察文献内容载体的不同，可将其分为纸质、电子数据和其他载体检察文献，等等。

---

① 因此，历史价值，即对历史发展所产生的积极影响或者是事物本身所具有的特殊意义；而所谓出版物，通常指出版工作的成果和产品，有广狭两义：广义的包括定期出版物和不定期出版物两大类，狭义的只包括图书和杂志，不包括报纸。

② 中国社会科学院语言研究所词典编辑室编：《现代汉语词典》(第6版)，商务印书馆2012年版，第1662页。

③ 中国社会科学院语言研究所词典编辑室编：《现代汉语词典》(第6版)，商务印书馆2012年版，第545页。

④ 中国社会科学院语言研究所词典编辑室编：《现代汉语词典》(第6版)，商务印书馆2012年版，第1275页。

此外,基于检察文献的客观物质性特点,便可佐证检察制度及其构成"三要素"的客观存在。换言之,若有针对检察法之检察文献(如承载检察法内容的图书、报刊)的客观存在,便可推断检察法的客观存在;若有针对检察机关及其内设部门之检察文献(如遗址、建筑物、办公用品、信函、印章)的客观存在,便可推断检察机关及其内设部门的客观存在;若有针对检察人员之检察文献(如检察服饰、委任状)的客观存在,便可推断检察人员的客观存在。进言之,检察文献是记录、承载并展示检察制度坐胎、萌芽、产生、发展、中(终)止乃至起落、沉浮、兴衰的、不可或缺的证据材料或其证据。

再者,比较而言,在记录并承载检察制度知识和信息的形形色色的检察文献之中,最常见的主要有8种:一是检察书籍;①二是检察期刊或杂志;三是检察照(图)片;四是检察案卷;五是检察服饰;六是检察印章;七是检察遗址、建筑物;八是其他检察文献。

第二节　中国检察文献之最

作为世界检察文献的子集,中国检察文献除具有世界检察文献的共性之外,还有以下之最:

一、中国最早的检察法律文本②

第一,我国较早的检察法律文本,是1843年5月4日英国殖民者在

① 而从形式上说,检察书籍,即篇幅为32开48页以上,并制成卷册、非连续刊行的以检察知识信息为主要承载内容的书籍。而之所以有篇幅限制,因为图书并不包括小册子;小册子是指"一定篇幅以下并制成卷册的非连续刊行的文献"。根据联合国教科文组织的规定,小册子的篇幅为"32开5~48页"。参见王邵平等编:《图书情报词典》,汉语大词典出版社1990年版,第26页。

② 所谓文本,即"文件的某个本子(多就文字、措施而言),也指某种文件"。参见中国社会科学语言研究所词典编辑室编:《现代汉语词典》(修订本),商务印书馆1998年版,第1318页。

我国香港颁行的《英皇制诰》及其诸草案稿。而1906年12月12日清帝国颁行的《大理院审判编制法》(共5节45条)及其诸草案稿,①是我国大陆自主制定的、较早的全国性检察法律文本;《天津府属试办审判厅章程》[光绪三十二年(1906年)11月]及其诸草案稿,是我国大陆自主制定的、较早的地方性检察法律文本;《1847年8月法令》及其诸草案稿,是我国澳门地区较早的检察法律文本;《台湾住民治罪令》(1895年11月17日)及其诸草案稿,则是我国台湾地区较早的检察法律文本。

第二,我国较早含有检察法律规范的诉讼法,是宣统二年十二月(1911年1月)清廷颁行的《民事刑事诉讼暂行章程》(共6编39章390条)。

第三,我国较早的检察院组织法,是1931年11月20日中华苏维埃共和国第一次全国工农兵代表大会通过的《中华苏维埃共和国工农检察部的组织条例》(共5章16条)。

第四,我国较早的专门规定检察委员会的法律,是1941年4月23日山东省临时参议会通过的《山东省各级检察委员会组织条例》(共12条)。

第五,我国较早含有检察法律规范的宪法,是1954年9月20日第一届全国人大第一次会议通过的《中华人民共和国宪法》(共4章106条)。

第六,我国较早的检察官法,是1995年2月28日第八届全国人大常委会第十二次会议通过的《中华人民共和国检察官法》(共17章52条)。

第七,我国较早规定“中华人民共和国人民检察院是国家的法律监督机关”的法律和宪法,分别是1979年7月1日第五届全国人大第二次会议颁行的《人民检察院组织法》(第1条)、1982年12月4日第五届全国人大第五次会议通过的《宪法》(第129条)……

① 而《大理院审判编制法》也是我国最早含有检察法律规范的“法院组织法”。

二、中国最早的检察专著

(一)概述

1. 何谓专著及其检察专著?《现代汉语词典》(第6版)有云:专著亦称专书,即"就某方面加以研究论述的专门著作";[①]专书即"就某一专题而编写的专著";[②]著作即"用文字表达意思、知识、思想、感性等的著作成品";[③]成品即"加工完毕,可以向外供应的产品";[④]产品即"生产出来的物品"。[⑤]

因此,检察专著就是指针对检察制度的作品成品,抑或有关检察制度的专门书籍。

2. 谁是我国最早的检察专著呢?观点不一。窃以为:

第一,若从口授和记录时间、地点的一致性上说,由日本的冈田朝太郎、松冈义正、小河滋次郎、志田钾太郎四博士(以下统称"日本法学四博士")讲义口授、张一鹏笔述的《检察讲义》,[⑥]"日本法学四博士"讲义口授、郑言笔述的《检察制度》,"日本法学四博士"讲义口授、张智远、王枢、王炽昌笔述的《检察制度详考》,以及"日本法学四博士"讲义口授、

① 中国社会科学院语言研究所词典编辑室编:《现代汉语词典》(第6版),商务印书馆2012年版,第1709页。

② 中国社会科学院语言研究所词典编辑室编:《现代汉语词典》(第6版),商务印书馆2012年版,第1708页。

③ 中国社会科学院语言研究所词典编辑室编:《现代汉语词典》(第6版),商务印书馆2012年版,第1705页。

④ 中国社会科学院语言研究所词典编辑室编:《现代汉语词典》(第6版),商务印书馆2012年版,第165页。

⑤ 中国社会科学院语言研究所词典编辑室编:《现代汉语词典》(第6版),商务印书馆2012年版,第142页。

⑥ 讲义口授:通过编写的纸质讲义而进行口头传授。笔述,亦称笔录,指用文字记述;而在"中国检察第一书"中,它还有翻译、记录、注释之意。至于"日本法学四博士"口授的具体方式,以"照本宣科"为主。因为,诸如张智远、王枢、王炽昌笔述的《检察制度详考》中,有诸如"尚有应注意而为'讲义案'所未载者"内容所佐证。

熊元翰编辑的《检察制度》,都可视为我国最早的检察专著。因此,可将其誉为"中国检察第一书"。其中,老大为《检察讲义》,老二为郑言笔述《检察制度》,老三为《检察制度详考》,老四为熊元翰编辑《检察制度》。

第二,若从编辑、出版、发行抑或面世时间的不同上讲,上述《检察讲义》可视作我国最早面世的检察专著。

第三,若从是否单独成册及单独成册时间早晚上看,"日本法学四博士"讲义口授、郑言笔述的《检察制度》则是我国最早、名副其实的检察专著。与此同时,一方面,"日本法学四博士"讲义口授、郑言笔述的《检察制度》,至少还有宣统与民国两个印制版本。另一方面,四本"中国检察第一书"的面世,还有如下细节:

(1)它们的"始作俑者",都是"日本法学四博士"。换言之,我国最早的四本检察专著,是以"日本法学四博士"的最初讲义口授为"蓝本"的。进言之,没有"日本法学四博士"的讲义口授,我国最早的四本检察专著也不会诞生。为此,需首先要了解"日本四法学博士"(如图 26 所示)之生平:

图 26　左起:冈田朝太郎、松冈义正、小河滋次郎、志田钾太郎

冈田朝太郎(1868 年 5 月 29 日～1936 年 11 月 13 日):日本近代著名法学家、刑法学家。作为日本深具西方法律文化视野的代表人物,冈田在刑事法律方面造诣颇深;在日本明治维新以后的法律变革中,可谓是传播西方先进法律文化的一座桥梁。1882 年,他进入东京外国语学校修习法文。1891 年 7 月,毕业于东京帝国大学(现东京大学)法科法国法科获法学士后,又入东京帝国大学研究生院专攻刑法。1893 年,东京帝国大学法学院设立专门的刑法讲座,受聘为第一任专任讲师。1894年,升任东京帝国大学副教授,兼任各私立法律专科学校的刑法学课程的讲师。1897~1900年受教育部派遣赴德国、法国和意大利留学4年;在德国期间曾师从著名刑法学家李斯特(Franz Von Liszt,1851~1919年)教授。1900年7月归国后,升任东京帝国大学教授;同年11月,兼任日本法典调查会整理委员。1901年6月29日,获东京帝国大学法学博士学位。1905年,因公开批评政府在朴次茅斯和平条约谈判中对俄软弱,而成为被全部免职的"帝大七博士"之一。1906年9月29日,应清政府重金礼聘,来华出任修订法律馆调查员并兼任京师法律学堂的教习。① 而后历任京师法律学堂总教习与京师大学堂、京师法政学堂和朝阳大学教习,并讲授《法学通论》《法学通论——宪法、行政法》《刑法总则》《刑法分则》《刑事诉讼法》《法院编制法》等课程。曾参与《大清刑律》《大清刑事诉讼律》《大清法院编制法》等法律草案的起草;1914年,为袁世凯政府草拟《修正刑法草案》,这也是他在中国期间最后一次参与立法。1915年9月解约返回日本,仍受民国政府修订法律馆之托从事相关工作。随后,辞去东京帝国大学教授,转任早稻田大学、明治大学等学校的兼职教授。著有《日本刑法论》《日本刑法改正案评论》《日本刑法改正案评论》《刑法讲义》《刑法总则》《刑法总则》《刑法总则讲义案》《刑法——总论各论》《刑法各论》《刑事诉讼法》《宽政改革》《法学通论讲义》《检察制度详考》《中华民国暂行新刑律》《中华民国新刑律总则讲义》,以

① 那么,清政府为何要聘请日本法律博士帮助清廷编纂现代法典呢?早在1902年,在张之洞(1837~1909年)、刘坤一(1830~1902年)与袁世凯(1859~1916年)的联名奏折中就首次提出应当聘请日本法律博士帮助中国编纂现代法典,理由在于,"近来日本法律学分门别类,考察亦精……该国系同文之邦,其法律博士,多有能读我会典律例者,且风土人情,与我相近,取资较易"。参见故宫博物院明清档案部编:《清末筹备立宪档案史料(上)》,中华书局1979年版,第265页。其中,聘请冈田朝太郎、松冈义正、小河滋次郎、志田钾太郎的费用分比为每月白银850两、800两、800两、950两。参见何勤华主编:《国法学(上)》点校者序,上海人民出版社2013年版,第2页。

及《罗马史迹考》与《柳樽》《万句合》等古诗文集。

松冈义正(1870～1939年):日本近代著名法学家、民法学家、民事诉讼法学家。1892年毕业于东京帝国法科(法学士)后,任东京上诉法院推事。1916年,获东京帝国大学法学博士学位。1906年受清政府重金聘任来华,任京师法律学堂教习,并讲授民法总则、物权、债权、亲族法、相续法(继承法)、民事诉讼法和破产法。回国后,1924年12月参加在荷兰海牙召开的国际私法万国会议;同年以民事诉讼为专题,遍访欧美各国的相关设施和实际状况。1926年4月,担任日本司法研究委员会委员。1927年4月因对《日本民事诉讼法改正》作出的贡献而获旭日重光勋章。同年,出任日本强制执行及竞卖之相关法律改正调查委员会委员,著有《破产法》《民事证据法》等。

小河滋次郎(1861～1925年):日本近代著名法学、监狱学家,东京帝国大学教授,法政大学中国学生讲师,日本研究监狱学先驱,起草监狱法及施行法,是明治期间到处受欢迎的显著人物之一。他在东京专门学校毕业后留学德国。1886年返日后在内务省工作,后转到司法省。1891年任监狱课课长。1895～1898年间,周游欧洲及美国,调查各国监狱情况。1906年获东京帝国大学博士学位。1908年受清政府重金聘任来华,担任修订法律馆顾问,并帮助清廷完成改善狱制任务,同时在京师法律学堂讲授监狱学。著有《狱事谈摘》《狱务揽要》《独逸监狱法》《监狱访问录》《监狱学》《监狱作业渤》《日本监狱制度一斑》等。

志田钾太郎(1868～1951年):日本著名民商法学家,日本保险学会的创始人。1894年获东京帝国大学法学学士学位,即入东京帝国大学研究院专攻公司法与保险法。1896～1898年,出任日本法典调查会商法修正案起草委员。1898年成为东京帝国大学学习院教师,同时担任东京高商、东京大学、东京专门学校、明治法律学校和仏法律学校讲师。1898年受派赴德国研究商法。1902年于德国、法国留学后适逢甲午战争中国自强运动,被清廷聘请参与中国现代商法修撰。1903年获东京帝国大学博士学位,并任东京帝国大学商科和法科教授。后受清廷重金聘任,于1908~1912年来华,在修订法律馆协助清政府起草商法——《大清商律草案》。① 同时,在京师法律学堂讲授商法总则、会社法(公司法)、有价证券、船舶(海商法)和国际私法等课程。回国后,于明治大学创立商学部,后任千叶县立一宫商业高等学校首任校长,1938~1943年间任明治大学校长。著有《民法总则编》《民法总则编讲义》《商法修正案参考书》《日本商法论》《日本商法典的编纂及其修正》《商法商行为讲义》《商法保险法讲义》《商法总论》等。

(2)它们的原始素材及其产生的时代背景、时间、地点和人物相同。一方面,诚如《检察制度详考》之"例言"所云:"书以四博士之讲义,②为正文;其口授者,则低一格以录之;而编辑者之评论,则加某按以示区别。"但是,所记口授内容与笔述、编辑者评论,则不尽相同。另一方面,它们的编纂、出版由来,大抵要从光绪(1875~1908年)皇帝推行新政说起:

1901年1月29日,经慈禧默许,光绪帝发上谕实行新政。而随着西方法制的引进,法学人才日益短缺。

1905年4月24日,修订法律大臣伍廷芳、③沈家本上奏称:"新律即定,各省未预储备用律之才,则徒法不能自行,终属无补。亟应广储裁

① 1909年《大清商律草案》于修订法律馆脱稿,成为中国第一部现代商法,但因不符合国情未能颁行。

② 另外,熊元翰编辑的《检察制度》也有"如讲义所云,下详言之。"由此可见,"日本法学四博士"口授方式,是按照事先准备的书面讲稿讲授的。

③ 伍廷芳(1842~1922年),字文爵,清末民初杰出外交家、法学家。早年入香港圣保罗书院,1874年自费留学英国,入伦敦学院攻读法学获博士学位及大律师资格,成为中国近代第一个法学博士。曾任香港立法局议员。辛亥革命爆发后,曾任司法总长等职,著有《伍廷芳集》《中华民国图治刍议》《美国视察记》《伍秩庸先生公牍》等。沈家本(1840~1913年)字子淳,别号寄簃,清末法学家,新法家代表人物。曾任直隶(今北京市)、陕西司主稿、奉天司正主编、律例馆帮办,后又升为协理、管理等。曾任刑部右侍郎、修订法律大臣,并兼大理院正卿、法部右侍郎等职。主持制定了《大清民律》《大清商律草案》《刑事诉讼律草案》《民事诉讼律草案》等一系列法典。著有《寄簃文存》《历代刑法考》《律目考》《历代刑官考》等。

判人材,以备应用”,获“准”。

1906年10月,经一年筹备,中国第一所官办法律学堂——京师法律学堂在北京创设,①标志我国近代法学教育开端。但它只招甲乙两班500名学生后,未等学生毕业便于1907年并入京师法政学堂。

而早在1868年,京师同文馆聘请美国人丁韪良(1827～1916年)讲授《万国公法》,②便开启了我国聘请外国教习(老师)的先河。甲午战争后,清政府将学习西洋和聘请欧美教习的目光转向日本。据不完全统计,仅1909年,在我国从事法政教育的日本教习111人。其中,就包括光绪三十四年十月(1908年11月)沈家本奏请、光绪“允之”,已在京师

① 1901年4月,清政府决定设立政务处作为策划新政的中枢机构,负责制定各项措施,掌管各地官吏奏章及办理全国官制、学校、吏治等事务。1904年5月15日成立的修订法律馆,始终把修律和翻译作为己任。随着法律改革的全面深入,法学人才短缺矛盾日益显露。伍廷芳感到培养法律人才紧迫和重要性:“法律成而无讲求法律之人,施行必多阻阂,非专设学堂培养人才不可。”1905年4月,沈家本上奏《删除律例内重法折》提出:“在京师设一法律学堂,考取各部属员,在堂肄习毕业后,派往各省为佐理新政分治地方之用。”1906年学部大臣孙家鼐(1827～1909年)向朝廷所上的奏本中对此有详细叙述:“原奏内称,新律修订,亟需储备裁判人才。宜在京师设一法律学堂,考取各部属员,入堂肄习。毕业后派往各省,为佐理新政,分治地方之用。课程比照大学堂奏定学科,酌量损益……大学堂政治专科法律学门所列科目备详中西法制。”经过1年多的筹备,法律学堂于1906年10月正式开学。第二年,法律学堂由修订法律馆所属改为法部直属,并正式改称“京师法律学堂”。随后,伍廷芳和沈家本等人一起,制定了“设学总义章”“学科程度章”“职务通则”“讲堂规条章”“礼仪规条章”“图书馆规条章”“经费规条章”等规章制度对学堂进行管理。法律学堂“以造就已仕人员研精中法律,各具政治智识,足资应用为宗旨,并养成裁判人才,期收速效。”所定课程以“斟酌繁简,按期讲授,以冀学员循序渐进届时毕业”为原则。京师法律学堂的创办培养了大量的法律人才,为中国法制的发展作出了一定贡献。其所培养的人才在以后的政治及法律运动中发挥了很大作用。随后,全国兴起一股学法的热潮,法律学堂在全国各省纷纷兴起。

② 京师同文馆是清末第一所官办外语专门学校,由恭亲王奕䜣(1833～1898年)于咸丰十年十二月(1861年1月)奏请开办,初以培养外语翻译、洋务人才为目的,以外国人为教习,专门培养外文译员,属总理事务衙门。课程开始时只设英文,后来增设法文、德文、俄文、日文。同治六年又添设算学馆,教授天文、算学。光绪二十七年十二月(1902年1月),并入京师大学堂,改名京师译学馆,并于次年开学,仍为外国语言文字专门学校。

法律学堂担任法学教习的冈田朝太郎帮助清廷起草《刑法》和《法院编制法》，松冈义正帮助起草《民法》和《诉讼法》，志田钾太郎帮助起草《商法》，小河滋次郎帮助起草《监狱法》。

(3)它们的名称、笔述、鉴定、编辑者，与序、编纂体例、内容、字数，以及出版、发行的时间、地点等，却不尽相同。

第一，面世的具体时间，不尽相同。

第二，全书内容的编排体例，不尽相同。

第三，它们所含的“序”不尽相同：张一鹏《检察讲义》的“序”，属于“自序”，且字数最少；郑言笔述宣统版《检察制度》的“序”，包括蒋士宜作的“他序”与郑言作的“自序”；郑言笔述民国版《检察制度》的“序”，属于“自序”；《检察制度详考》的“序”，属于徐谦所作的“他序”；熊元翰编辑《检察制度》的“叙”，属于“自序”。

第四，它们的字数由多至少依次为：熊元翰编辑《检察制度》12 万余字，张智远《检察制度详考》近 11 万字，郑言笔述的《检察制度》近 9 万字(其中，宣统版要比民国版字数多些)，《检察讲义》近 5 万字。

(4)京师法律学堂与清政府重金聘请的“日本法学四博士”，又与我国首部检察专著有何关系呢？

诚如蒋士宜编纂、郑言笔述的民国版《检察制度》之“编纂例义”所云：“本编系丁未(1907 年)冬间，京师高等检察长徐季龙先生所发起，邀同京师地方以下各级推检官开检察研究会于法律学堂，延请日本法学博士冈田、松冈、小河、志田四先生，以一月至短之光阴，讲授刑事、民事、行刑、对外 4 种检察制度。诸博士就其专门擅长者，分编讲演，询为研究检察制度者惟一无二之本。本编为江苏高等审判厅厅丞郑倓忱先生于听讲时笔述原本编纂者。”①因此，倘若没有徐谦的邀请、组织和亲

① 参见[日]冈田朝太郎、松冈义正、志田钾太郎、小河滋次郎口授，郑言笔述，蒋士宜编纂，陈颐点校：《检察制度》之“编纂例义”，中国政法大学出版社 2003 年版，第 1 页。但值得注意的是，其中的“蒋士宜编纂”应为“蒋士立编纂”。2017 年端午节之前，窃也以为是“蒋士宜”；之后，修正并致歉意，应改是“蒋士立”；郑倓忱，即郑言。

自参与，以及张一鹏、郑言、张智远、王枢、王炽昌等众人的听讲笔述，也难有“四胞胎”的诞生。当然，在“一月至短之光阴”，[①]作为教习的“日本法学四博士”共向中国“学生”讲授了几次，现在却难以考证了。但其“严风朔雪，同人走学，不少懈，凡20余日”之状况，[②]历历在目。

而徐季龙何许人也？即徐谦（1842～1940年），字季龙，清末民初著名法学家、政治活动家，有“民国时期司法党化主张第一人”之称。[③]1903年应试及第成为光绪朝进士，进入翰林院仕学馆攻读法律，授翰林院编修，不久调任法部参事，主持法律编查馆。1908年任京师地方审判厅厅长、京师高等审判厅检察长。1910年，赴美国出席第八届万国改良监狱暨司法制度会议。1912年4月，任北京政府司法部次长。1917年9月，任段祺瑞（1865～1936年）内阁司法部次长。1921年，任孙中山政府最高法院院长。1922年9月，任北京政府王宠惠（1881～1958年）“好人内阁”司法总长。1926年8月，任广州国民政府委员兼司法部长。1933年11月，与李济深（1885～1959年）等由港入闽参与组织“中华共和国人民革命政府”，当选为委员、最高法院院长兼农工幸福委员会主席。著有《民法总论》《刑法丛编》《劳资合一论》《季龙先生诗集》等。

总之，倘若没有清政府的重金邀请、没有京师法律学堂、没有徐谦对检察研究会的积极组织，没有上述“日本法学四博士”历时一月的讲义口授，那么，我国首部检察专著——“四胞胎”就难以面世。而现在看来，“四胞胎”不仅无愧为“中国检察第一书”美誉，也可视为欲入检察殿堂的“敲门砖”。

---

① 其中“一月至短之光阴”的“一月”，是指1907年12月至1918年1月。因为，蒋士宜编纂、郑言笔述的《检察制度》之序不仅有“本编系丁未（1907年）冬间”字样，附件“冈田毕业演说”中有“乘新军之假，研究有益之学，是余所最欢欣者”记载，而且张一鹏笔述的《检察讲义》之序中还有“岁戊申（1908年），京师审判厅开检察研究会”表述。

② 参见张智远、王枢、王炽昌笔述，徐谦鉴定《检察制度详考》之序。

③ 参见侯欣一：《民国时期司法党化主张第一人》，载《深圳特区报》2012年5月22日。

（二）《检察讲义》

1. 如前所述，若从记录、编辑特别是出版、发行抑或面世时间的早晚上说，由"日本法学四博士"讲义口授、张一鹏笔述的《检察讲义》，既可视为中国最早的检察专著，也可视为欲入检察殿堂的"敲门砖"，并无愧为"中国检察第一书"美誉。

那么，张一鹏何许人也？张一鹏（1873～1944年）：字云博，1893年中举，1897年入南洋公学，后辍学并加入其兄长张一麐（1867～1943年）创始的苏学社。后东渡日本学习法政，毕业于日本法政大学清国留学生法政速成科。留学期间曾参与创办并任《法政杂志》（1906年3月14日创刊于日本，共出版6期，后与《北洋法政学报》合并）编辑、主编。

归国后，历任法部主事、天津高等审判厅推事、京师地方审判厅推事和民事一庭庭长、京师地方检察厅厅长、吴江（今苏州）地方检察厅厅长、云南高等检察厅检察长。1913年，他曾下令撤销江苏省内36所初级审检厅，遭到省内各阶层反对。不久，他因处理宋教仁（1882～1913年）遭暗杀事件不力，被迫辞任。

1917年8月，任江西省财政厅厅长；同年12月，升任北洋政府司法部次长。1920年，任萨镇冰（1859～1952年）临时内阁代理司法总长。抗战时（1943年12月）出任汪伪政府司法部长。翌年7月14日，因在视察监狱时感染斑疹伤寒而去世。也许正因汉奸之名，迄今张一鹏的一张小照难寻。同时，他也是"撤检派"的干将之一，曾为苏州中西小学堂手写过课本——《普通学歌诀》（1901年）。

而《检察讲义》最初为1908年出版的"北洋《法政学报》"所刊载，[①] 16开、繁体、竖排、152页、4.1万字。全书依次包括：封面：右起竖排繁体字"检察讲义"、序、目录、正文和封底5部分。

---

① 同时刊载的还有：《司法访问录》（唐宾锷著）、《律目考》（沈家本著）和《日本司法概要》3篇文章。但它由1908年第几期《北洋法政学报》所刊载，难于查证。

2.《检察讲义》正文内容包括4编：

第一编“刑事法与检察制度”，包括“绪论”与“本论”两部分，“绪论”又包括：第一章“刑事法与检察制度”，第二章“法国检察制度沿革”两章；“本论”又包括：第一章“检察厅之组织”，第二章“检察官之职权”，第三章“事务章程及监督”3章。

第二编“行刑要论”，包括“通论”与“各论”两部分。“通论”又包括：第一章“行刑之意义及其在刑事制度上之地位”、第二章“行刑之要件”和第三章“不能行刑之理由”；“各论”又包括第一章“死刑”、第二章“自由刑”和第三章“自由刑之利害”。

第三编“民事法与检察制度”，包括第一章“总论”、第二章“检事与民事诉讼”和第三章“检事与非讼事件”。

第四编“检察制度与对外关系”，包括“总论”与“各论”两部分，“各论”又包括：“绪言”、第一章“治外法权”、第二章“领事裁判权”、第三章“混合裁判所”、第四章“在国内适用外国法与在国外适用国内法”、“国际民事诉讼法”和第五章“国际的诉讼共助及犯罪人引渡”。

因此，比较而言，张一鹏笔述《检察讲义》是“四胞胎”中内容最少的一部。但其却无愧为“中国检察第一书”美誉，也无愧为欲入中国检察殿堂的“敲门砖”。

一方面，它面世最早，并适逢其时，且有开天辟地之效。当然，尽管它在“四胞胎”中字数最少，却基本展现了“日本法学四博士”与张一鹏的检察观：(1)国家代表创设检察制度的初心，在于维护国家、社会抑或统治者之公益；(2)尽管检察权可驰骋于刑事诉讼、行刑、民事、行政与对外关系诸领域，但它也应依法接受监督；(3)检察厅(局)之组织、权限，以及检察官之任免、权限、定员、官等、俸给、监督及其代理、辅助官等，均属检察制度的不可或缺内容，也为新时代中国特色社会主义检察制度的改革完善，提供了源头式的“初始方案”。

另一方面，诸如下列等论述值得深思：

——而设检察制度，即胚胎于此主义(纠问主义)之中。即该制度于法理上,因欲完全行使刑事诉权、代私人弹劾式及纠问式,而发生者也(第5页)。

——就法国言,检事初为国王之代理者参与诉讼,以图国王之利益为其职务(西历14世纪)。至于现今,为国家之机关,参与民刑事件,以图公益为其职务(第101页)。

——国家之利益当由国家自主张之。故国家因此特设机关使行主张公益之任务,即所谓检事局是也。故检事局,于民事则立于当事者之地位,或仅陈述意见;于刑事则为公诉之提起、实行及刑之执行指挥;于司法行政事项则为关于司法行政之指挥及监督机关(第102页)……

3. 为什么《检察讲义》最先编辑、出版发行呢?诚如张一鹏在自序中所言:"岁戊申(1908年),京师审判厅开检察研究会,请日本法学博士冈田师讲演检察学理。一鹏承乏检察长随班听讲笔记成册。因思各省审判厅将以次设立,爰付北洋《法政学报》刊印,俾资研究。"

当然,如果从编辑、出版时间以及专著不拘泥于图书(且32开48页、4万~5万字以上)也包括报刊所载论文角度看,那么,《检察讲义》当属我国最早的检察专著。

4. 最先刊载《检察讲义》抑或其原序中所称"《北洋法政学报》"又是怎样的一种法学期刊呢?诚如翟海涛在其博士论文——《法政人与清末法制变革研究——以日本法政速成科为中心》中所云:[①]1906年2月,日本法政速成科第二班在读清国留学生张一鹏集合同道,在东京创办《法政杂志》月刊:

第一,该刊以"备当局者着手之方针,而晌普通人民以法政知识"为宗旨。

第二,该刊分"论丛""译汇""讲演""法令一斑""法政琐闻""时事录要"等栏目,广泛编译日本法政文章与书籍。

第三,该刊的主要参与人员多为法政速成科二班张一鹏的同班同

① 该论文系"2012年度华东师范大学博士论文"之一,载中国知网,2017年4月30日。

学。如沈秉衡、梁建章、林鹍翔、蔡承焕、步其浩、许同莘、张兰、徐增礼、费廷磺、张志嘉、朱绍镰、徐家驹、朱景沂等。

第四,该刊所载文章主要分为两类:一类是各国现行法律法规。如《各国警察制度》《日本矿业法》《英国宪法正文》《普国宪法正文》《露西亚宪法正文》等;另一类是日本法学名家论著或日本报刊中的重要文章。如《穗积陈重氏论礼与法》《研究国际公法论》《论法典之繁简》《论地方自治》《市村町制释义》《论法律之渊源》《法典论》《立宪政治之妙用》《日木之法典事业》《文明时代之道德》《言论著作印行集会自由之范围》等。因此,在整体风格上,《法政杂志》与之前的《译书汇编》(我国较早的法学期刊)较为相似,所载文章均以编译为主,较少涉及政治争论;所不同的是,《译书汇编》内容较为广泛,而《法政杂志》则更专注于法律和政治领域。

第五,为扩大《法政杂志》销售与影响,在其第一期出版后,张一鹏随即将其寄呈直隶总督袁世凯,以寻求帮助。袁本正戮力维新,对培养法政人才不遗余力,收阅后认为该刊"搜罗尚为宏富"。因此,竭力支持,特意饬令"布按两司、学务处转饬各属学堂一体购阅"。

第六,时至1906年8月,因主要编辑人员大都毕业归国,《法政杂志》不得不在第六期后宣告移至天津继续出版。① 而此时国内的宪政改革正如火如荼,袁世凯所督下的直隶更是领风气之先。他认为,其时法律之学尚在萌芽,且改革亦需报刊舆论的大力宣传,"非藉报章之力,以发挥不足,以去阻力而导先路"。因此,饬令将原北洋官报总局所办的《北洋学报》与已移至天津的《法政杂志》合并为一,并更名为《北洋法政学报》继续办理。与此同时,袁世凯委派同是法政速成科第二班毕业的吴兴让②专责编辑事宜,并饬令吴联系原编辑各员,"将《法政杂志》

① 其间,《法政杂志》第六号曾刊有告示称:"本杂志自第七号起,移至天津发行,诸君赐函请寄天津贾家大桥西首张公馆内林鹍翔收,俟本报择定地址后再行布告。"但实际上,《法政杂志》第七号并未出版,而是直接以《北洋法政学报》第一期接续。

② 吴兴让(生卒不详):曾任天津自治局法制课员、直隶调查局法制课课长。

未完之稿接续译印”。[1]

5. 日本法政速成科又是怎样一所学校呢？它即“日本法政大学清国留学生法政速成科”之简称，是经日本法政大学校长梅谦次郎[2]与中国留日法科学生范源濂、[3]曹汝霖（1877～1966年）谋议，经与清廷驻日公使杨枢（1844～1917年）议定，并经日本文部省认可，且于1904年5月至1908年在日本东京法政大学开办，专门针对清国留日学生而设立的法政速成科。

第一，该科以教授清国现代应用必要之学科，速成法律、行政、理财、外交之有用人才为目的。

第二，该科招收对象为清国在官者及候补官员和地方士绅，年龄已20岁之有志者。

第三，该科所用的教材是《法政速成科讲义录》，科目包括：法学通论、民法、商法、行政法、刑法、国际公法、国际私法、裁判所构成法、民事刑事诉讼法、国法学、监狱学、经济学、财政学等。

第四，当时在该科担任教员者，有梅谦次郎、冈田朝太郎、美浓部达吉（1873～1948年）等日本法学名家。

第五，该科以6个月为一学期，满两学期（1年）毕业。4年共培养毕业生一千多人，包括留日的清朝法、政、学等各界精英。例如，宋教仁、沈钧儒、杨度、胡汉民、居正、陈天华、汤化龙、蒲殿俊、刘春霖、朱汝珍、商衍鎏、程树德等。

第六，该科学生毕业回国后，任职遍及宪政编查馆、修订法律馆、

---

① 参见翟海涛著：《法政人与清末法制变革研究——以日本法政速成科为中心——2012年度华东师范大学博士论文》，载《中国知网》2017年4月30日。

② 梅谦次郎（1860～1910年）：日本法学博士、法学家、教育家。曾担任帝国大学法科大学（现东京大学法学部）教授、东京帝国大学法科大学长、内阁法制局长官、文部省总务长官等职，日本民法典与商法典的起草者。

③ 范源濂（1875～1927年）：中国近代著名教育家。早年就学于长沙时务学堂，“戊戌变法”失败后流亡日本，入东京高等师范学校学习。1905年回国在北京任学部主事，并创办法律学校和殖边学堂。

行政体系、司法行政部门、审判衙门(包括其中的检察机关),以及担任议员、筹办地方自治和谘议局的等。因此,法政速成科及其学生对清末乃至近现代中国社会的方方面面影响甚大。①

(三)郑言笔述《检察制度》

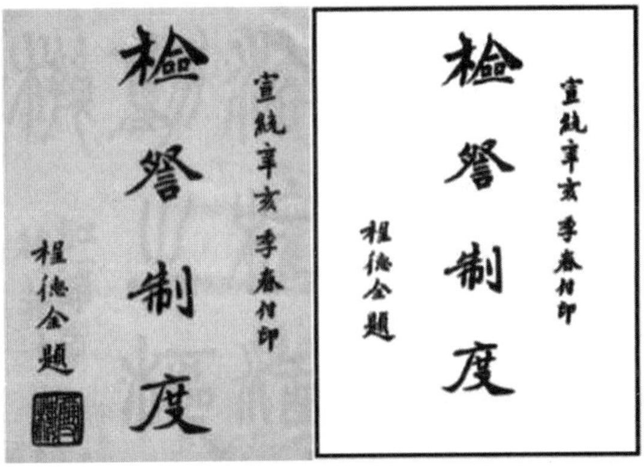

图 27 原书宣统版、民国版书名页

图 28 原书宣统版题词

① 参见程燎原著:《清末法政人的世界》,法律出版社 2003 年版,第 50 ~ 58 页。

图 29　原书民国版题词

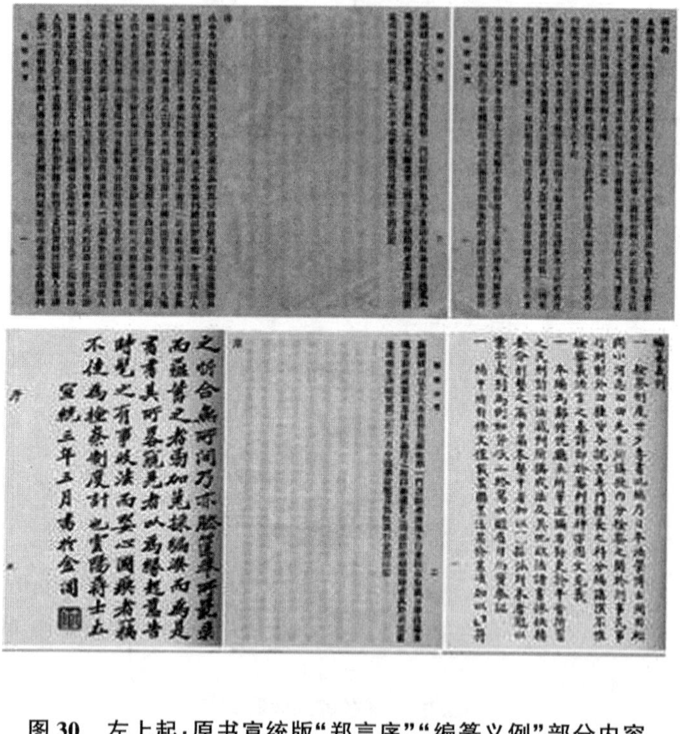

图 30　左上起：原书宣统版“郑言序”“编纂义例”部分内容，
民国版“蒋士立序”“郑言序”“编纂例义”部分内容

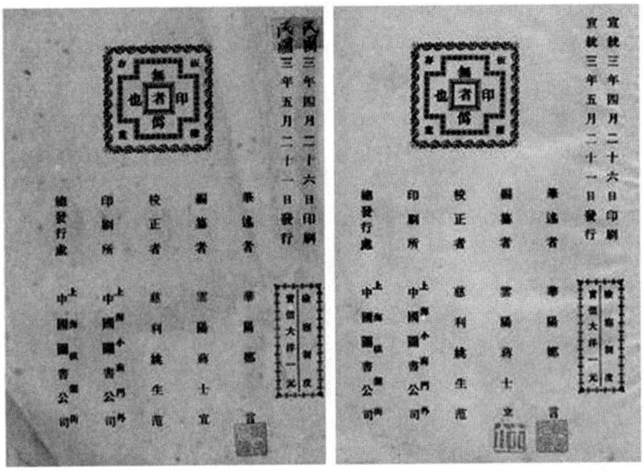

图 31　原书宣统版、民国版版权页

1. 概述。一方面，若从记录、编辑特别是出版、发行或面世时间的早晚上说，由“日本法学四博士”讲义口授、郑言笔述的《检察制度》，可视为中国面世第二早的检察专著。而它面世的具体时间，又有三：一曰“宣统辛亥（1908 年）季春付印”；①二曰“宣统三年四月二十六日（1911 年 5 月 24 日）印刷”；三曰“宣统三年五月二十一日（1911 年 6 月 17 日）发行”。另一方面，它至少又包括宣统与民国两个印制版本。

而郑言是何许人也？郑言（生卒不详）：字俟忱，四川华阳人，与本书笔述者蒋士立是同乡。民国司法人士、律师。光绪三十年（1904）进士第二甲第九名，光绪皇帝赐甲进士出身。后留学于日本，毕业于法政大学清国留学生法政速成科第五班，与张一鹏是同班同学。回国后，曾任京师地方审判厅民庭推事。1910 年 9 月，被江苏巡抚程德全委任为江苏高等审判厅厅丞——法院院长，并参与筹办该厅“一切内容”。因此，郑言也是清末法律改革后江苏的首任高等审判厅厅丞。中华民国成立后，1912 年 4 月 30 日，他被北洋政府任命为江苏省提法司长。

① 季春：春季的最后一月，农历三月。

而现在看来,郑言笔述的《检察制度》宣统版也好,民国版也罢,既无愧为“中国检察第一书”美誉,也无愧为欲入检察殿堂的“敲门砖”。因为,一方面,它充分展示了“日本法学四博士”、郑言、蒋士立和徐谦的检察观:(1)国家代表创设检察制度的初心,在于维护国家、社会抑或统治者之公益,包括刑事诉讼、民事与非讼、行刑、对外关系等领域中的公益。(2)检察权在驰骋刑事诉讼、民事(含人事诉讼、非讼事件、破产诉讼、诉讼上之救助)、行刑与对外关系“四大疆场”的同时,也理应依法受到监督。(3)(各国)检察厅(局)之组织、职权、事务章程及其下设书记课,检察官之考试、任免、定员、官等、俸给、保障,以及检察制度之发达、意义、沿革,甚至识别法等,都是检察制度研究的当然内容。与此同时,笔述者对讲义口授者观点的肯否、取舍,属典型的洋为中用、因地制宜和扬长避短,并非原封不动地照搬照抄。另一方面,诸如下列等论述也值得深究:

——世界日日进步,人民之事务日渐发达,则欲保护一切公益而委之人民,断不能行。所以,不能不以检事制度为重。此无论日本及其他各国皆宜以保护人民公益而特立国家机关,如检察制度是也(第二编第 2 页)。

——凡司法事务不必事事皆与国家有益,检事专主张国家利益而设。此与裁判所之设立,因国家不能自行裁判设乃设立之;国家不能自己主张利益,故设立检事局以主张国家利益,同也(第二编第 5 页)。

——国家就关于婚姻之各诉讼有利害关系,故使检事为国家之代表者而参与婚姻事件(第二编第 17 页)。

——国家就关于养子缘组之各诉讼有利害关系,故使检事参与关于缘组之各诉讼(第二编第 21 页)。

——国家就关于亲子关系之各诉讼有利害关系,故使检事参与亲子关系之各诉讼(第二编第 22 页)。

——禁治产事件乃限制在心神丧失常况之个人之行为能力,而保护之之事件也。于国家之利害有重大之关系,故国家使检事参与禁治产事件焉(第二编第 24 页)。

——准禁治产事件乃限制心神耗弱者、聋者、哑者、盲者及浪费者之行为能力，而保护其利益之事件也，于公益上颇有重大之关系。故国家使检事参与准禁治产事件，其方法类于禁治产事件（第二编第27页）。

——失踪乃于法定年间生死不分明之不在者，因裁判上之宣告视为死亡者之状态。故其宣告及取消与人之生死同为重大之事项，事关公益。国家因使检事参与失踪事件焉（第二编第27页）。

——破产复权之许否关于公益，故国家使检事参与申请复权之裁判手续，以陈述其意见（第二编第30页）。

——其（诉讼上之救助）事关于公益，故国家使检事参与诉讼上之救助手续（第二编第31页）。

——其（民事非讼事件）裁判不仅系于一私人之利害而关于国家之利益，故国家使检事参与之（第二编第32页）。

——商事非讼事件乃规定于商法之非讼事件，其裁判关于公益，故国家使检事参与之（第二编第32页）……

2. 郑言笔述宣统版《检察制度》简介。原书16开、繁体、竖排、275页、近9万字，主要包括：

封面（精装、暗绿色、一页）：右起竖排程德全手书繁体字："宣统辛亥季春付印""检察制度""程德全题"篆书"雪楼"印文。

书名页（两页）：其中，一页：右起竖排程德全（1860～1930年）手书繁体字："宣统辛亥季春付印　检察制度　程德全题　雪楼"；另一页：白纸、无文字内容。

题词页（两页）：右起竖排杨年手书繁体篆字："法权活动之枢机　江宁杨年　任道"。[1]

---

[1] 杨年（生卒不详）：字任道，民国司法人员，曾任江宁（今南京）地方审判检察厅厅长。1912年3月，与同仁刘焕联名向向司法部上呈后，《司法部批江宁地方审判检察厅长杨年、刘焕组织高等审判检察两厅请备案呈》指出："查审判检察各厅，关于人民生命财产至为重要。各国法律均无各级兼任之规定。该审判检察两长，以南京民国首都不能无上诉机关，亦应先行据情禀报核准，俟呈请大总统后，方能委任开办。该呈等竟于上月28日组织高等审判检察两厅，所有办事人员仍以该地方人员兼任，殊属不合，所请备案，实难照准"。

郑言所作“序”(两页):有相应文字内容。

蒋士宜(实为“蒋士立”之误)所作“编纂例义”(两页):有相应文字内容。

“检察制度总目”(第一至十四页):有相应文字内容。

正文包括:第一至八十九页——“检察制度 日本冈田朝太郎口授 华阳郑言笔述 云阳蒋士宜编纂 第一编 刑事法与检察制度”;第一至三十四页——“检察制度 日本松冈义正口授 华阳郑言笔述 云阳蒋士宜编纂 第二编 民事法与检察制度”;第一至五十六页:“检察制度(行刑要论) 日本小河滋次郎口授 华阳郑言笔述 云阳蒋士宜编纂 第三编 行刑法与检察制度”;第一至四十八页:“检察制度(行刑要论) 日本志田钾太郎口授 华阳郑言笔述 云阳蒋士宜编纂 第四编 检察制度与对外关系”。其中,“蒋士宜”实为“蒋士立”之误。

“附件”包括:“冈田毕业演说”“小河演说”“识别法”“指纹识别法”(第一至十四页)。

“检察制度勘误表”(第一至四页):有相关勘误文字内容。

版权页(两页)包括:右起竖排繁体字:“宣统三年四月二十六日印刷 宣统三年五月二十一日发行 检察制度实价大洋一元”;版权存案 无印者伪也;笔述者华阳郑言 郑言之说 编纂者云阳蒋士宜 校正者慈利姚生范 印刷所上海小南门外中国图书公司 总发行处上海棋盘街中国图书公司”。因此,郑言笔述、宣统版与民国版《检察制度》之版权页内容,不尽相同。

另外,郑言笔述、民国版《检察制度》,亦为中国政法大学2003年重印出版——[日]冈田朝太郎、松冈义正、志田钾太郎、小河滋次郎口授,郑言笔述,蒋士宜编纂,陈颐点校之《检察制度》的“母本”。

3.郑言笔述民国版《检察制度》简介。原书32开、繁体、竖排、290页,近9万字,主要包括:

题词页(第一至六页),繁体字:第一至二页:观云题词——“贻国之柯”;①第三至四页:蒋智由题词——“诗有之曰执柯伐柯其则不远今此不柯也而其则则多矣君子取之”(“诗有之曰:‘执柯伐柯,其则不远’。今此不柯也,而其则,则多矣,君子取之”);②第五至六页:杨年手书篆字题词——“法权活动之枢机”“江宁杨年”篆书“任道”印文。

蒋士立所作“序”(第一至十页):铜版纸,魏碑相应文字内容。

郑言所作“序”(第一至二页):有印刷体相应文字内容。

蒋士立所作“编纂义例”(第一至四页):铜版纸,有楷体相应文字内容。

正文包括:第一至九十页——“检察制度　日本冈田朝太郎口授　华阳郑言笔述　云阳蒋士立编纂　第一编　刑事法与检察制度”;第一至三十四页——“检察制度　日本松冈义正口授　华阳郑言笔述　云阳蒋士立编纂　第二编　民事法与检察制度”;第一至五十六页——“检察制度(行刑要论)小河滋次郎口授　华阳郑言笔述　云阳蒋士立编纂　第三编　行刑法与检察制度”;第一至四十八页——“检察制度　志田钾太郎口授　华阳郑言笔述　云阳蒋士立编纂　第四编　检察制度与对外关系”。

“附件”(第一至十四页)包括:“冈田毕业演说”“小河演说”,“识别法”“指纹识别法”。

版权页(两页):右起竖排繁体字:“民国三年四月二十六日印刷　民国三年五月二十一日发行　检察制度实价大洋一元”;③(版权印图

① 观云:即蒋智由(1865—1929年)的字。

② 诗:《诗经》;“伐柯伐柯,其则不远。”拿着斧头的柄,去砍树做另一个斧头柄,照找你手里那个柄的样子就可以了。样板就在你的手里,并不远啊;“柯”:斧头的柄;“则”:标准、法则。

③ 其中,“民国”四字为手写,并粘盖原印刷体“宣统”四字之上。究其原因,似乎为该书虽为“宣统三年四月二十六日印刷、宣统三年五月二十一日发行”,但卖此书时(1911年10月10日之后),民国业已成立,清朝已灭亡。所以,只能匆忙将“宣统”手写改为“民国”,却未讲印刷体“××三年四月二十六日印刷、××三年五月二十一日发行”部分手写粘盖。而这一情形,恰是窃将其称之为“郑言笔述、民国版《检察制度》”的原因所在。

标)“版权存案　无印者伪也”;“笔述者华阳郑言(红色篆字印文)‘郑言之说’　编纂者云阳蒋士立(红色篆字印文)‘士立’校正者慈利姚生范　印刷所上海小南门外中国图书公司　总发行处上海棋盘街中国图书公司”。

书脊(精装、紫色烫金字):“检察制度　云阳蒋士立编”。

另外,郑言笔述民国版《检察制度》将宣统版编纂者“蒋士宜”修正为“蒋士立”;而书中蒋士立所作“序”和“编纂义例”,以及正文中都有将“蒋士宜”修正为“蒋士立”情形。

4.郑言笔述《检察制度》的编纂者,究竟是“蒋士宜”还是“蒋士立”?窃以为,是“蒋士立”,不是“蒋士宜”。

民国版要晚于宣统版《检察制度》面世,如果宣统版“蒋士宜”正确,那么,民国版《检察制度》就没有将编纂者“蒋士宜”改为“蒋士立”的必要。因此,2003年中国政法大学出版社重印的《检察制度》,也有以讹传讹之嫌。

那么,蒋士立的“音容笑貌”如何?

第一,(生卒不详):四川云阳(现属重庆东部云阳县)人士,字亦立、号练骞。曾加入同盟会,后投靠袁世凯,成为其死党;任中国驻日情报员时,曾向冯国璋(1859~1919年)函电分析英德、俄德外交关系的变化。

第二,在介绍清末民初人士李执中(1860~1926年)时,对蒋士立有如下描述:1914年,孙中山在东京发起成立中华革命党,李执中须发皆白,首先入党。经过一段发展,党员发展到600余人。袁世凯闻讯十分害怕,便派亲信蒋士立携款五百万到日本与驻日公使陆宗舆(1876~1941年)拉拢、阴谋瓦解革命阵营,孙中山集会商议对策。桃源人吴先梅(1894~1918年)站起来说:“孙总理,我愿以身许国,刺死蒋士立!”李执中遂将吴先梅引入密室,谈了自己设计的行刺方案,吴欣然允诺。是日,大雨倾盆,吴冒充我驻日使馆官员,进入蒋士立下榻的赤坂区外交街寓所,谎称有要件要面交蒋。蒋闻报雍雍(雍容——从容大方)下楼。吴佯装递信,即刻对发三枪,蒋扑地身亡(另一说,吴连击三枪,蒋虽未毙命,但再也不敢公开活动)。次日,日本警方搜查刺客,追捕甚紧。吴躲进李执中寓中，后扮成一阔商平安回国。

第三，在介绍国民党党章的起草人覃振（1884～1947 年）时，有如下描写记载：民国三年（1914 年），覃振在东京参加中华革命党，任“湘支”部长，奉命联络旅日华侨、学生。是时，袁世凯派驻东京的坐探蒋士立，用大量金钱收买旅日华侨、学生，以拼凑“筹安会”分会。覃派其学生吴先梅将蒋士立惩毙。

第四，《民国演义》（蔡东藩、许廑父著，上海文艺出版社 1983 年版）对“蒋士立”有如下描述：蒋士立被刺东京，也因鼓吹帝制的缘故。当筹安会发生以后，①不在中国内地分设支部，就在日本国中，亦派人往，设分会。蒋士立即为东京支部的头目，信口鼓吹，张皇帝政。看官！你想日本里面，是民党聚集的地方，他们统反对袁氏，自然反对蒋士立，当下有民党少年，寻至蒋士立寓所，赠他两粒卫生丸，一丸及胸，一丸及腹。幸亏蒋士立躲闪得快，只伤皮肤，未中要害，还算保全性命。侥幸侥幸”。

第五，蒋士立著有《国债辑要》（日进舍 1915 年版）、《美日拉拢中国参战密报》（载《近代史资料》1968 年第 8 期）等。

由上可见，一方面，宣统版与民国版《检察制度》有如下不同：(1) 两者页数、字数、排列顺序与四封颜色，不尽相同。(2) 前者只有郑言所作一个序，后者则有蒋士立、郑言所作两个序。(3) 前者为“编纂例义”，后者为“编纂义例”，同时两者的具体内容也不尽相同。(4) 前者编纂者均误写为“蒋士宜”，后者则将编纂者“蒋士宜”修正粘盖为“蒋士立”。另一方面，可将民国版视作宣统版《检察制度》的重印版。

（四）《检察制度详考》

1. 评介

若从记录、编辑特别是出版、发行或面世时间的早晚上说，由“日本法学四博士”讲义口授，张智远、王枢、王炽昌笔述、“中华民国元年八月

① 筹安会：1915 年杨度、孙毓筠、严复、刘师培、李燮和、胡瑛等人成立的一个政治团体。其支持当时的中华民国大总统袁世凯，公开支持恢复帝制，实行君主立宪。

(1911年8月)第一版”的《检察制度详考》,①既可视为中国面世第三早的检察专著,也可视作欲入检察殿堂的“敲门砖”,且无愧为“中国检察第一书”美誉。

因为,一方面,全书整体展现了讲义口授者、笔述者的检察观:一是明确指出,国家代表创设检察制度的初心,在于维护国家、社会抑或统治者公益,包括刑事诉讼、民事与非讼等领域的国家、社会抑或统治者公益;二是始终强调,检察权的适用可及刑事诉讼、民事(包括人事诉讼、非讼事件)、行刑与对外关系“四大领域”;三是名副其实地“详考”了检察制度的起源、发生、意义,检察厅(局)之组织、权限及其书记课,以及检察官之考试、实习、任用、定员、官等、权限、薪俸与其补助机关、辅佐员,等等。另一方面,诸如下列观点值得关注:

——15世纪以后,检察官之主要职务在实施刑事诉追,检察官补监视诉讼之开始及进行,全体代诉人专处理起诉之事务。然(检察官)职务之范围决不止此,除确保诉讼上之国库收入外,又代国家保障一切公益、拥护法令、保护国民,对于寡妇、孤儿加特别之保护;有时为补终审审理厅推事之不足,由王命代诉人行推事之职。此外,更使为与其性质全异之事——监视图书馆及法科大学、检查度量衡、决定面包代价,并有干预纯乎私事之例(第13页)。

——凡犯罪皆属有害国家公益,害国家之公益有同时又害私人之私益者,固不待言。故诉权应专属之于国家,此公诉之称所由来也(第82页)。

——司法事务不尽与国家利益有关,然如有关于国家之利益者,国家不能不主张之。但国家为无形体不能自己主张利益,故特设检察机关以主张之(第122页)。

---

① 张智远(生卒不详):四川宜宾人,清末民初司法人士,中共党员。与徐谦同为光绪二十九年(1903年)进士,徐为第8名、张为第68名。后留学日本,以第一届第一名的优异成绩毕业于日本法政大学速成科。回国后,曾任京师地方审判厅署理推事和刑二庭推事、高等检察厅及大理院总检察厅检察官等职。王枢(生卒不详):清末民初司法人士,曾任热河省经棚县令。王炽昌(生卒不详):清末民初司法人士。1911年10月任山西省猗氏县县长。

——直接关于公益之时，其范围如何？此问题于检察官参与民事之权限大有关系，如从前定。又此际检察官代表国家为审判之着手者，或法律之番人（卫士）而参与民事诉讼，其参与民事诉讼之形式则意见之发抒或附带之申诉也（第134～135页）……

2. 简介

《检察制度详考》原书16开、繁体、竖排、298页，全书依次包括：封面、封二、前衬页、书名页、序、例言、检察制度详考目录、正文、版权页、后衬页、封三、封底12部分，在四胞胎中字数排名第二，近11万字。

第一，封面与书名页为隶书竖排"检察制度详考"6个繁体字。

第二，口授与笔述者姓名，分别在正文各编开头标注。

第三，正文内容依次包括：第一编"关于刑事法之部"：冈田朝太郎口授，歙县徐谦鉴定、宜宾张智远笔述；第二编"关于民事法之部"：松冈义正口授，徐谦鉴定、三台王枢笔述；第三编"关于行刑法之部"：小河滋次郎口授，徐谦鉴定、王枢笔述；第四编"关于国际法之部"：志田钾太郎口授，徐谦鉴定、湘潭王炽昌笔述。每编又包括总（绪、通）论、各（本）论与诸章、节、款。

第四，版权页左起繁体字："中华民国元年八月第一版　版权所有　定价　大洋一元　编辑者　检察制度研究会　发行者　北京顺治门东大街（篆书）徐谦之印　印刷者（日本人）寺岛荣之助　代售处　京外各大书坊"。

第五，上述"检察制度研究会"，无疑是中国较早的有关检察制度的研讨会（或论坛）。究其原因及经过、盛况，一如张一鹏笔述《检察讲义》自序所云："岁戊申，京师审判厅开检察研究会"。二如郑言笔述民国版《检察制度》之自序所言："戊申春杪……惜哉徐季龙厅丞方与开创京师地方审判厅之役未竟，厥诣而升高等检长。每谓法律不备，办事鲜依据，即形式亦难渐进文明。且以检察职务同僚多未谙习，临事每有龃龉，乃发起检察研究会于京师法律学堂。请之修律大臣沈敦老，即以法律学堂教员担任讲演,都凡一月蒇事于是。在京司法人员,乃益谙知检察职务”。[①] 三如张智远、王枢、王炽昌笔述《检察制度》之徐谦序中所曰:“余昔以不才,忝为检察官首长。爰谋之前,司法大臣商诸同僚,[②]并得友邦法学家之赞成。于是,于京师法律学堂开检察制度研究会,号召同志,与会者达二百人。时当戊申季冬,严风朔雪,同人走学,不少懈,凡20余日。”

(五)熊元翰编辑《检察制度》

1. 评介

若从记录、编辑特别是出版、发行或面世时间的早晚上说,由“日本法学四博士”讲义口授、熊元翰(1873~1950年)编辑、“中华民国七年十二月(1918年12月)印”的《检察制度》,既可视为中国面世第四早的检察专著,也可视作欲入检察殿堂的“敲门砖”,且无愧为“中国检察第一书”美誉。因为,一方面,基于编辑者熊元翰叙中“半取材于熊君仕昌、沙君亮功之笔述,复参考他书,间附已见”之表述,亦可断言它为“四胞胎”中最完整者。

另一方面,“日本法学四博士”、熊仕昌、沙亮功的下列观点,值得深思:

——检察制度者,即检察厅之组织及其权限与关于实施检察事务之一切规则是也。

——检事制度发其源于法国,罗马及德意志之法源无之,此通说也。就法国言,检事初为国王之“代理者”参与诉讼,以图国王之利益,为其职务(西历14世纪)。今则为国家之机关参与民刑事件,以图公益为其职务。

——检察厅因保护关于司法之国家利益而设(公益保护),与审判厅在同等地位,为独立之行政官厅也;国家之利益,当由国家自主张之。故国家因此特设机关使行主张公益之任务,即所谓检察厅是也。

——因婚姻、养子缘组、亲子关系、相续人废除、隐居、禁治产、准禁

① 参见[日]冈田朝太郎、松冈义正、志田钾太郎、小河滋次郎口授,郑言笔述,蒋士宜编纂,陈颐点校:《检察制度》之序,中国政法大学出版社2003年版,第1页。

② 司法大臣:指戴鸿慈。而作为清官职名的司法大臣,为法部首脑;光绪三十二年(1906年)改刑部为法部设,司法大臣掌主法职,监督大理院及京、外审判、检察,以维法治。

治产及失踪事件等人事诉讼，以及破产诉讼与民事、商事非讼事件涉及国家公益，因此，检察官理应代表国家参与之。

——何谓公益？有列举于法律者，有例示之者，因各国立法政策不同故也。

——除英美外，各国通例，检察官之职权以刑事为大部分，而民事、行刑及对外关系亦为其职权之一，能通于斯四者，则检察之能事毕矣。

——凡统治机关于实施统治作用，皆有一定之范围，即所谓管辖是也。管辖可分为三：曰事务管辖，曰职务管辖，曰土地管辖；检察厅之管辖亦有此三种之别。

——检察官职权，概分三种：(1)参与刑事权；(2)参与民事权；(3)行政权。其中，参与刑事，即提起公诉，各国皆同；参与民事，则法国检察官之权力最大，德次之，日又次之，奥无之；行政权有广狭之不同，广义行政权指一切行政权而言，狭义行政权乃指除民刑外有关司法事务之权而言，所谓司法行政是也。欲求检察制度之统一不可不有行政权。此行政权亦规定于法律，为各国所同；其不同者，则监督审判官一项而已。

——就检察之权限言，英美小而大陆大；就检察之组织言，英美不甚完备，以只有一帝国检察官厅，其余皆附属于裁判所，并未有分设之检察厅也。大陆诸国则不然，有一审判厅即有一检察厅相互对立，权限划然，办事最为便利。日本系采用大陆主义，中国亦以采用大陆主义为当。

——公诉者，指具体的断定科刑权之有无及范围，对于审判厅所为之请求而言。在近年之法律思想，凡犯罪皆因害国家之公益而成立。害国家之公益，有同时又害私人之私益者，固不待言。故诉权专属之国家，此“公诉”之称所由来也……

2. 评介

第一，原书 16 开、繁体、竖排、302 页（叙、例言、第 1 ~ 4 编，分编页码），12 万余字，在“四胞胎”中字数第一。

第二，全书依次包括：封面、封二、前衬页、书名页、叙、例言、正文、版权页、后衬页、封三、封底 12 部分。

第三，封面与书名页：右起竖排、繁体字"检察制度　怀园题（篆书）世芳（印）"。其中，"怀园""世芳"：即刘恩格（1888～?）的号、字。

第四，原书口授与编辑者分布于各部开头，且各部分别编制目录。其正文依次包括：第一部"刑事法与检察制度"、第二部"检察制度与对外关系"、第三部"行刑法与检察制度"、第四部"民事法与检察制度"4部，每部又包括总（绪、通）论、各（本）论与诸章、节。

第五，版权页：右起竖排、繁体字："中华民国七年十二月印　不准翻印　定价二元　著作者　熊元翰　校对者　熊才达　发行所　安徽法学社　印刷所　天津益世报　代售处　京外各书坊"。

另外，熊元翰属于中华民国法学界"熊氏三兄弟"之"老大"，也是北京安徽法学社的创办人之一。

此外，安徽法学社，系1909年由熊元襄（1883～1924年）与同为京师法律学堂毕业的熊元瀚、熊元楷（1881～?）等兄弟共同筹措资金，在北京琉璃厂西头、商务印书馆对门电话南局121号的北京棉花上六条创办。它是当时国内第一个传播西方法学原理和法律制度的民间出版组织。该社一方面会编辑发行法律书刊，另一方面还会广泛开展法律学术研讨活动。熊氏兄弟曾将自己担任审判官、检察官工作期间的判决、命令、批答、意见书以及工作心得体会编著为《熊氏判牍》《熊氏判决》向社会发行。当然，在安徽法学社发行的书刊中影响最为深远者，当属1911年出版的22册《京师法律学堂笔记》。该套丛书，系由熊氏兄弟将他们在京师法律学堂学习期间的听课笔记，结合立法资料及其他点校者序相关著作整理、编辑而成。而这些课程，系由日本法学专家冈田朝太郎、松冈义正、志田钾太郎、小河滋次郎、岩井尊文等人主讲，由浙江钱塘汪有龄①口译。该套丛书至民国时期，曾于1912年至1924年间再版

① 汪有龄（1879～1847年），浙江杭州人，民国著名大律师。毕业于日本法政大学。曾任清政府商部《商务官报》编辑、京师法律学堂教习、司法部次长、法律编查会副会长、大理院推事、朝阳大学校长等职。著有《汪有龄法学文集》。

三次，成为广为流传的学校教科书和司法业务参考书。

三、中国其他检察文献之最

通过检索《中国法制史参考书目简介》（国务院法制局法制史研究室编，法律出版社 1957 年版）、《中国法学图书目录》（中国法学会编，群众出版社 1986 年版）、《民国总书目（1911～1949）》法律（卷）（北京图书馆编，书目文献出版社 1990 年版）、《中国法律图书总目》（中国政法大学图书馆编，中国政法大学出版社 1991 年版）、《日本国大木干一所藏中国法学古籍书目》（田涛编译，法律出版社 1991 年版）等不难发现，中国其他检察专著之最（以撰写、编辑、出版、发行时间先后为序）包括：

我国较早的检察论文集，是陈则民等著的《废检察制度之运动》。[①] 1922 年编印，32 开 24 页；全书由《废除检察制度》（陈则民）、《废止检察制度案》（全国司法会议）、《检察制度》（吴炳枞）等 5 篇检察论文组成。因此，它也是我国较早论及检察制度存废问题的论文集。

我国最早列宁有关检察与监察思想的专著，是中共中央法律委员会编，王之相[②]译的《列宁论检察制度与监察工作》。上海新华书店 1949 年 12 月初版，共 54 页。全书依次包括：（1）论“两重”从属制与法制——给斯大林同志转中央政治局；（2）怎样改组工农检查院——向党第十二次代表大会的提案；（3）宁肯少些，但要好些；附录：工农检查人民委员会。因此，从某种意义上说，它既是新中国较早的检察图书、译著，也是新中国较早的的检察文集。

---

① 之所以称为“较早”而不是“最早”，一因笔者视野所限；二因内部或非公开检察出版物的客观存在。

② 王之相（1891～1986 年）：奉天（今辽宁）绥中人，字叔梅。我国当代法学家。1915 年毕业于北京法政专门学校法律本科。曾任北洋政府外交部主事、驻苏联海参崴总领事，北平大学俄文法政学院院长，北平大学法商学院、中国大学、北平警官学校教授。1949 年，出席中国人民政治协商会议第一届全体会议。中华人民共和国成立后，任政务院法制委员会委员兼编译室主任。后任九三学社第三届至第七届中央委员，第二届至第六届全国政协委员。著有《国际关系论》《外交史》《国际法》等。

我国较早介绍苏联检察制度的专著,是维辛斯基[①]编著、张子美译的《苏联法院和检察机关》(上海商务印书馆1949年6月初版,32开55页)。

新中国较早的检察小册子,是李六如编撰的《检察制度纲要》。作为"司法业务参考资料(丛书)"的"第六辑",它最初由中国政法大学教务处1950年1月编印,共18页;亦称《各国检察制度大纲》《检察制度刚要》。而之所以未将其称为新中国较早的检察专著,因为它不符合32开48页以上的著作形式要求。

新中国较早的检察培训教材(或讲义),是中央人民政府司法部司法干轮训训班1950年6月编印的《检察制度》。作为"司法干部学习材料"(丛书)"之三"的它,共40页,依次包括:"一、各国检察制度纲要"(李六如)、"二、论'两重'从属制与法制"(列宁)、"三、苏维埃检察机关组织的基本原则"(维辛斯基)、"苏维埃检察机关的任务与功用"(维辛斯基),以及附录——"苏维埃检察机关组织关系表""参考书目"。因此,它也是新中国第二部检察小册子和较早的检察文集,并有不同版本。

新中国较早的检察专著,是陈启育[②]著的《新中国检察制度概论》。

① 维辛斯基(1883~1954年),苏联法学家、外交家;1935年苏联总检察长;1949年~1953年任苏联外交部长。

② 陈启育(1909~1980年),广东大埔县湖寮莒村人。在大埔中读书期间,便加入进步组织新学生社,从事进步革命活动。1930年6月东渡日本,入日本中央大学研究院学习社会科学和法律,1934年毕业后回国,在上海法政大学任教授。1940年10月,任湖北省政府法制室主任。1946年1月,调任南京政府国防部军法处少将高级法官,负责编审陆海空军法规;次年,改任国防部徐州第三军法执行部少将副主任兼检察处长。1949年9月,应中央人民政府最高检察署秘书长周新民函邀进京,任最高人民检察署研究室秘书兼研究组长,调查战犯的材料并拟订各级人民检察组织规程。次年10月,调任上海华东检察分署检察专员,并负责《人民检察汇编》及《华东司法》月刊的编辑工作。1951年8月,调入华东政法学院任教授、教研组长等职。1956年8月,任上海法学会《法学》月刊编辑。1979年2月,错划右派获改正;同年7月,上海市高级人民法院宣布撤销1958年的判决,为其恢复名誉。1980年4月,陈启育在上海社会科学院退休,6月病逝。著有《平时战争到战时之日本内阁》和《日本军部论》等。

它于1950年5月1日写成,上海新华书店1951年1月出版发行,共54页,并有不同版本。全书依次包括:封二:新中国国检察制度概论、陈启育著、新华书店发行,前言,目录,内容:一导言、二资本主义国家及旧中国时代的检察制度、三社会主义苏联及新民主国家的检察制度、四新民主主义中国检察制度的建立和任务,以及版权页包括:书号:京777,新中国国检察制度概论,著者:陈启育,发行者:新华书店——上海福州路三九〇号,印刷者:新华印刷厂——上海大连路一三〇号,(印数)1-5000(沪1),1951年1月出版。随后,它由西南人民出版社于1951年6月再版;之后,经作者修订,内容由原来的45页扩充为48页,并由人民出版社于1952年11月25日出版。因此,《新中国检察制度概论》(修订本)既是新中国第二部检察专著,也是新中国较早的检察图书修订本。

新中国较早的世界检察院组织法汇编,是中央人民政府最高人民检察署办公厅于1954年6月26日编印的《检察署组织法研究》。16开82页;全书依次包括:(1)说明;(2)目录;(3)检察署的性质;(4)检察署的任务;(5)检察署的职权和行使职权的程序;(6)检察署的组织;(7)其他规定;(8)通则和过渡规定。

我国“文革”后较早的检察小册子,是金默生著的《人民检察工作浅谈》。1981年9月写成,群众出版社1982年2月初版,共37页;全书由作者发表于《人民日报》《中国法制报》的“我国人民检察院的任务是什么”等14篇检察论文以及前言、附记汇辑而成。因此,它也是“文革”后我国较早的检察论文集。

我国“文革”后较早的检察专著,是王舜华著的《我国刑事诉讼中的检察机关》。1981年8月写成,群众出版社1982年4月初版,共109页;全书依次包括:前言以及人民检察院的性质和任务,人民检察机关的历史,人民检察院的工作原则,人民检察院直接受理案件的侦查、审查批捕,提起公诉,检察人员出庭支持公诉,检察人员出席第二审人民法院审判,监所检察8章。因此,王桂五著的《人民检察制度概论》(法律出版社1982年6月初版),并不是我国"文革"后较早的检察专著。

我国较早的检察志,是湖北武汉市人民检察院史志办公室1983年编印的《武汉检察志》。

我国较早的的检察年鉴,是云南省人民检察院1985年编印的《云南检察年鉴》。

我国较早以"检察学"为名的检察专著,是王洪俊(1924~2007年)著的《检察学》。1986年8月写成,重庆出版社1987年10月初版,共218页;全书依次包括:作者说明、序言、绪论、总论和分论5部分。①

我国较早的检察辞典,是曾龙跃主编的《中国检察百科辞典》,黑龙江人民出版社1993年初版。

我国较早研究检察权的检察专著,是洪浩著的《检察权论》,武汉大学出版社2001年10月初版。

我国较早的检察笔录专著,是拙著《检察机关办案笔录制作技巧》,中国检察出版社2005年3月初版。

我国较早的中国检察文献专著,是拙著的《中国检察文献研究》,2013年2月1日编印;2014年由中国检察出版社公开出版发行。

四、中国最早的检察报刊

谁是我国或新中国较早创刊的、狭义的检察期刊?

多数人认为,是1953年10月创刊的《检察工作通讯》(《人民检察》前身)。例如,"作为最高人民检察院的机关刊物,《人民检察》的前身为

① 其实,在本书出版之前,早在西南政法学院诉讼法教研室1984年4月编印的《我国的检察制度》说明指出:"本书由我室王洪俊同志编著,可作为我院各专业学生学习刑事诉讼法的参考书,成稿于1982年。"因此,亦可将其视为新中国第三部检察专著。王洪俊(1924~2007年):四川铜梁县人,曾任西南政法学院法学系教授,中国检察学会理事,中国法学会诉讼法研究会顾问;他也是我国较早(1984年)提出检察学学科建设和较早(1985年)在高等院校——西南政法学院开设并讲授检察学课程者。

1953年10月创刊的《检察工作通讯》。1956年5月,最高人民检察院作出《关于出版〈人民检察〉的决定》,将《检察工作通讯》改名为《人民检察》,确定了交流经验、指导业务的办刊宗旨,并于1956年6月正式创刊。1960年,因中央公、检、法三机关合署办公,《人民检察》在出版了第76期之后便停刊了(而如上所述,1961年,根据最高人民检察院、最高人民法院、公安部的决定,《人民检察》《人民司法》同《人民公安》合刊——引者注)。随着检察工作的恢复,1962年12月30日,最高人民检察院作出《关于〈人民检察〉复刊的通知》,决定《人民检察》于1963年复刊。1966年,'文化大革命'开始,《人民检察》再度被迫停刊。1979年,最高人民检察院《关于〈人民检察〉复刊的通知》,决定《人民检察》于1979年6月复刊……从1989年第1期开始,由内部发行改为向国内公开发行,页码由32页增至48页;1991年4月,《人民检察》并入筹办中的中国检察报社。1993年1月杂志由48页扩版至64页,开始向国外公开发行;2001年1月,改为国际标准刊本出版……2005年,为了加强检察理论研究的宣传力度,扩大杂志的容量,同时建立更加灵活的管理和办刊机制,报社领导决定将《人民检察》改为半月刊,《人民检察》成为我国法律期刊中第一本半月刊"。①

但是,窃认为,尽管1953年10月创刊和1956年6月更名为《人民检察》的《检察工作通讯》是高检院较早的机关刊物,但它及其后世——《人民检察》都不是我国或新中国较早的专门性检察期刊。理由在于,尽管1949年10月22日最高人民检察署检察委员会议第一次会议在罗荣桓检察长主持下于中南海勤政殿举行并宣布最高人民检察署成立,但是,由其主办的检察期刊——《检察工作通讯》,却直至1953年10月才得以创刊。而在此之前,一方面,由最高人民检察署西北分署主办的《西北人民检察汇编》已于1951年4月1日创刊。其《通知》(相当于发

① 《人民检察》杂志社社长、主编徐建波语(参见"《人民检察》创刊55周年暨出版600期座谈会在京召开",载正义网,2011年6月3日)。

刊词)第二点指出:“本汇编系不定期的业务参考数据,出刊时间,视材料情况而定。”因此,《西北人民检察汇编》是我国较早的不定期连续出版的检察期刊或“检察准期刊”。另一方面,最高人民检察署华东分署主办的《人民检察工作学习》(1951 年 2 月)、最高人民检察署西南分署主办的《西南检察工作》(1951 年 4 月)、湖北省人民检察署编印的《检察汇编》(1951 年 5 月)、江西省人民检察署办公室主办的《人民检察概览》(1952 年 11 月 20 日)、青海人民检察署编印的《人民检察工作材料汇集》(1954 年 6 月 8 日)、最高人民检察署办公厅主办的《检察工作参考》(1954 年 7 月 24 日,《检察工作通讯》不定期增刊)、广西省人民检察院主办的《人民检察工作汇编》(1955 年),都要早于《人民检察》(1956 年 6 月)创刊。

而我国较早的狭义或专门性检察报纸,是最高人民检察院主管、中国检察报社主办的《中国检察报》(1991 年 5 月 1 日试刊,1991 年 7 月 4 日创刊,1996 年 1 月 1 日改称为《检察日报》)。

结　语

诚然,中国特色社会主义检察制度,既是中国共产党探索符合国情的社会主义民主政治和权力监督制约制度的伟大创举,也是马列主义法学理论中国化的重要成果。它发端于战火纷飞的革命年代,形成、发展于社会主义建设和改革开放伟大实践,既传承中华传统法治文化,也借鉴了其他国家的有益做法,有着广泛的实践基础和深厚的历史渊源。它具有顽强的生命力,虽历经风雨,仍不断开拓发展新境界。中国特色社会主义检察制度来之不易,凝聚着我们党在法治领域的奋斗与探索,也承载着几代检察人的光荣与梦想。我们必须倍加珍惜、始终坚持、永不动摇。

176 年中国检察实践特别是 88 年中国人民检察制度实践证明,坚持好、巩固好、完善好和发展好中国特色社会主义检察制度的关键之一,便是以史为鉴,自强不息。这一点,对经历了“九落九起”的中国检察人来说,弥足重要。

在新时代中国特色社会主义的今天,法律监督及其检察监督在全元监督格局下何去何从? 一方面,需要社会、国家、执政的中国共产党特别是中国检察人的智慧、坚忍。另一方面,在习近平新时代中国特色社会主义思想特别是关于政法工作重要论述指引下,中国检察人既不能忘记国家代表创设检察制度的初心和检察工作志趣,也不能忘记检察制度性质和立足点——法律监督;既不能忘记苦难历程和经验教训,也不能忘记现存问题和姓啥叫啥;既不能忘记全元监督体系中的位置和职责，更不能忘记党对检察工作的绝对领导……

总之，“重视历史、研究历史、借鉴历史，可以给人类带来很多了解昨天、把握今天、开创明天的智慧”，[①]也可以为中国检察人走出不断沉浮的怪圈指点迷津。

① 参见《习近平在致第22届国际历史科学大会的贺信》，载人民网，2015年8月24日。

跋

诚然,“党的十八大以来,政法战线坚持正确改革方向,敢于啃硬骨头、涉险滩、闯难关,做成了想了很多年、讲了很多年但没有做成的改革,司法公信力不断提升,对维护社会公平正义发挥了重要作用”。①

然而,面对检方“反贪、反渎、预防”的转隶,当下的中国检察人,似乎有些“憋屈”难以释怀。的确,旧中国也好,新中国也罢,每当国家司法体制甚至人员编制变革调整之际,中国检察人都会“六神无主”;每当中国检察法律立释改废之时,中国检察人都会“胆战心惊”;每当“大大小小的著名人物”小觑、唱衰中国检察制度的时候,中国检察人也都会“大惊失色”……究其原因,难免“九落九起”经历的“杯中蛇影”和“心有余悸”。当然,中外检察制度的厘革,也不像中国夏令时的立改废那么简单易行、一令而就。其实每种制度的兴废存亡,都是需要成本、代价乃至流血生命的。

历史是最好的营养剂,也是民族(包括检方)安身立命的基础。特别是回到历史源头,悉心回望中国检察制度的来因去果、兴衰落起,既有利于中国检察制度的道路、理论、制度和文化自信,也有利于中国检察人对自强不息和工作志趣的秉持。于是,便有了《检察制度辨论》。

---

① 参见习近平:《坚定不移推进司法体制改革 坚定不移走中国特色社会主义法治道路》,载《人民日报》2017 年 7 月 11 日,第 1 版。

在当下的学术氛围中,《检察制度辨论》权作铭记历史、鉴往知来的一种尝试,抑或算作本人感悟检察制度之"多余的话"。但有一点可以肯定、秉持——坚持和巩固好、完善和发展好,是坚持和完善中国之治的重要内容、内在要求。其中错误难免,望读者指正、批判!

薛伟宏于京西

2019 年 12 月 10 日

图书在版编目(CIP)数据

检察制度辨论 / 薛伟宏著. -- 北京 : 法律出版社, 2020
ISBN 978-7-5197-4272-0

Ⅰ. ①检… Ⅱ. ①薛… Ⅲ. ①检察机关-司法制度-研究-中国 Ⅳ. ①D926.3

中国版本图书馆 CIP 数据核字(2020)第 028156 号

检察制度辨论
JIANCHA ZHIDU BIANLUN

薛伟宏 著

策划编辑 郑 导
责任编辑 郑 导
装帧设计 汪奇峰

出版 法律出版社
总发行 中国法律图书有限公司
经销 新华书店
印刷 三河市龙大印装有限公司
责任校对 杨锦华
责任印制 张建伟

编辑统筹 独立项目策划部
开本 710 毫米×1000 毫米 1/16
印张 22.25
字数 280 千
版本 2020 年 3 月第 1 版
印次 2020 年 3 月第 1 次印刷

法律出版社/北京市丰台区莲花池西里 7 号(100073)
网址/www.lawpress.com.cn
投稿邮箱/info@lawpress.com.cn
举报维权邮箱/jbwq@lawpress.com.cn
销售热线/400-660-8393
咨询电话/010-63939796

中国法律图书有限公司/北京市丰台区莲花池西里 7 号(100073)
全国各地中法图分、子公司销售电话:
统一销售客服/400-660-8393/6393
第一法律书店/010-83938432/8433
西安分公司/029-85330678
重庆分公司/023-67453036
上海分公司/021-62071639/1636
深圳分公司/0755-83072995

书号:ISBN 978-7-5197-4272-0
定价:88.00 元
(如有缺页或倒装,中国法律图书有限公司负责退换)